高等学校文化产业专业系列教材

文化创意产品开发

WENHUA CHUANGYI CHANPIN KAIFA

主 编 孙丽君 李军红 李海燕

北京师范大学出版集团
BEIJING NORMAL UNIVERSITY PUBLISHING GROUP
北京师范大学出版社

图书在版编目(CIP)数据

文化创意产品开发/孙丽君，李军红，李海燕主编. —北京：北京师范大学出版社，2021.1(2025.1 重印)
(高等学校文化产业专业系列教材)
ISBN 978-7-303-25358-6

Ⅰ.①文… Ⅱ.①孙… ②李… ③李… Ⅲ.①文化产业—产品开发—高等学校—教材 Ⅳ.①G114

中国版本图书馆 CIP 数据核字(2019)第 265963 号

出版发行：北京师范大学出版社 https://www.bnupg.com
北京市西城区新街口外大街 12-3 号
邮政编码：100088
印　　刷：北京虎彩文化传播有限公司
经　　销：全国新华书店
开　　本：787 mm×1092 mm　1/16
印　　张：15.75
字　　数：373 千字
版　　次：2021 年 1 月第 1 版
印　　次：2025 年 1 月第 4 次印刷
定　　价：45.80 元

策划编辑：张自然　陈仕云　　　责任编辑：张自然
美术编辑：焦　丽　　　　　　　装帧设计：焦　丽
责任校对：陈　民　　　　　　　责任印制：马　洁

读者服务电话：010-58806806
如发现印装质量问题，影响阅读，请联系印制管理部：010-58806364

前　言

党的二十大报告指出，必须坚持守正创新，以中国式现代化全面推进中华民族伟大复兴；必须坚定历史自信、文化自信，坚持古为今用、推陈出新，把马克思主义思想精髓同中华优秀传统文化精华贯通起来、同人民群众日用而不觉的共同价值观念融通起来。这不仅是马克思主义中国化时代化的需要，也是中华优秀传统文化创造性转化、创新性发展的需要。

党的二十大报告对文化产业的发展提出了新的要求，对文化产品的创新提供了根本指导。创新是文化产业的灵魂，产品创新则是文化产业创新的核心，而文化创意产品开发则是文化产业产品创新的具体表现。本书聚焦于文化创意产品开发的基本理论与基本问题，分析文化产业不同行业的文化创意产品开发的特殊规律，通过具体的案例，探讨文化创意开发的共同规律，以期提升我国文化创意产品开发的能力。

本书大体可分为两个部分，其中，第一章到第四章主要分析文化创意产品开发的基本理论与基本问题。基本思路是文化创意产品的定义、文化创意产品开发的主体、文化创意产品开发的思维方式以及文化创意产品开发的创意生态等问题。第五章到第十二章分别分析了图书出版创意产品、影视创意产品、动漫创意产品、博物馆文创产品、艺术创意产品、数字创意产品、广告创意产品、文化旅游创意产品八个文化产业不同行业的文化创意产品开发的具体问题，总结了不同行业文化创意产品开发的特殊规律。

本书注重从一般与特殊的结合中探讨文化创意产品开发的本质规律与具体问题，在理论分析上，以中国式现代化理论为指导，以传播社会主义核心价值观为导向，注重吸收国内外最新研究成果，并通过具体案例分析来体现文化创意产品理论与实践相结合的成果。在实践规律的总结上，本书不仅分析不同行业中经典文化创意产品的开发过程，也试图总结这些开发过程中的共同规律，以期形成和丰富新的理论体系。在具体论述过程中，本书强调深入浅出，理论与实践结合，符合读者认知规律。本书可供高等院校、高职院校文化产业相关专业教学、科研及文化产业相关从业者参考使用和自学之用。

编　者

目　　录

绪 论

在新的经济发展过程中，文化要素和经济要素日趋融合，文化竞争力成为衡量一国综合实力的重要标准。文化创意产业是知识经济在当代的新型产业模式，由文化和经济交融而成，是信息时代和文化经济时代的产物，同时也被证明是深具前景和发展潜力的“优质”产业。

当其他欧洲国家还在继续使用“文化产业”这个旧标准的时候，英国最先使用“创意产业”，成为第一个使用此概念的国家。术语的变化显示出创造力在政治与经济结合的文化事业与产业中的变化。“创意产业”这一术语强调观念与产品的创新，将创造力置于个人才能、创新与生产力的背景之中。

近年来，广大人民对精神产品的需求日益凸显，市场规模不断扩大，文化创意产业需求巨大、市场广阔、消费群体不断扩大，文化创意产品增长率不断增高。感性消费正逐渐取代理性消费，全社会对文化创意产品的需求量日益提升。在这样的大环境变化下，文化创意产业有了很大的发展空间。一方面，随着经济的增长、收入水平的提高，人们的生活方式有了很大的改变，这直接影响到人们的消费心理。另一方面，文化创意产品以其自身实用性、观赏性和纪念性深受广大消费者的喜爱，典型的例子就是北京故宫的文化创意成就。2017 年，故宫博物院的文化创意类产品已经突破一万种，其中囊括了陶瓷艺术品、服饰、器具、书画等多种类型，这也为故宫带去了高达 15 亿元人民币的收入。

首先，我国文化创意产业虽然发展迅速，但有些文化创意产品仍未摆脱缺乏内容、品牌价值和多元性的局限；有些文创企业缺少独立自主研发能力和创新精神，“中国制造”还未完全转化为“中国创造”；文化创意产品的国际影响力有待提高。目前市场上已有的文化创意类产品虽然品种繁多，但是其中有些包含的文化因素却不尽如人意。另外，某些产品粗制滥造现象依然存在，商品的价格也偏高。虽然很多文化创意类产品已经不再像从前那样大批量出现在路边摊，而是已经进入了博物馆，甚至还拥有了单独的展厅，但是，即使这些商品陈列在比以往高了很多档次的展厅里，还是不能掩盖它们中的一些产品本身做工粗糙的事实。此外，在销售方式上有些文化创意类产品也缺乏创新，目前文化创意类产品很少有被拿出来单独做宣传的机会，这导致了人们对其不甚了解。再加上文化创意类产品的广告还未进行全面推广，很难有更多的受众群体知晓。

要想在全球创意经济中取得成功，文化创意产品生产商需尽量满足受众喜好的同时，又必须忠实于本国的传统与文化。我国正试图将制造经济提升为创意经济，以产品为基础，变“中国制造”为“中国创造”，而我国制造业经济的诸多优势，如效率、市场意识、速度等对创意和传媒类组织同样重要。反过来，创意思维和创新对制造业也不可少。文化创意产品开发就是连接二者的桥梁。

目前，我国文化创意产业的发展已经使人们认识到：文化创意产品的开发已经成为文化创意产业良性运作的关键，我国文化创意产业经历了以传播平台为核心、商业模式为核心、资本运作为加速器的阶段后，终于意识到只有文化创意产品的创新，才应是文化创意产业发展的核心。没有有吸引力的文化产品，上述传播平台、商业模式和资本运作等，都会成为无源之水和无本之木。因此，学术界与业界都已开始转向文化创意产品的研究和开发。而国外对创意学的研究也开始转向与产业的结合，这些都为文化创意产品研究的顺利展开提供了前提与条件。

文化创意产品主要的特点就是文化元素与有形产品的结合，在鉴赏、使用文创产品过程中，沉浸于文化意境的享受；有利于“文物活用”，通过文创产品可以让那些令人感觉高高在上的文化元素走进人们的生活，真正地“活”起来，生动起来，满足人们的心理需求。目前，人们越来越追求生活品质化、艺术化，文创产品也就有了巨大的市场需求空间，这也是文化产品“供给侧”改革的结构性发展趋势的必然转变。这有利于社会主义精神文明建设。文创产品开发是推动中华文化创造性转化和创新性发展、使中国梦和社会主义核心价值观更加深入人心的重要途径；是推动中华文化走向世界、提升国家文化软实力的重要渠道；是丰富人民群众精神文化生活、满足多样化消费需求的重要手段；是增强文化文物单位服务能力、提升服务水平、丰富服务内容的必然要求。文创产品开发对推动优秀传统文化与当代文化相适应、与现代社会相协调，推陈出新、以文化人，具有重要意义。文创产品开发能够带来社会效益与经济效益，只要充分运用创意和科技手段，注意与产业发展相结合，推动文化资源与现代生产生活相融合，就能够达到既传播文化，又发展产业、增加效益，实现文化价值和实用价值有机统一的目的，达到社会效益和经济效益的最佳结合。可以预见，未来文化市场会形成形式多样、特色鲜明、富有创意、竞争力强的文化创意产品体系，满足广大人民群众日益增长、不断升级和个性化的物质和精神文化需求。

我们编写这本书的目的，首先是在创意产品氛围中为其寻找一个适用的定义和方法。这个定义将利用文化产业理论，植根于创意的意义和价值，列举各行各业的案例分析，不把创意产品开发当作一般制造业的替代品，而是将其看作一种可以寻找规律的新的形式。

本书共分为十二章。

第一章文化创意产品的本质与特征。本章首先介绍了文化创意产品的特点、双重属性，进而阐述了文化创意产品的概念，在产业链的视角下分析了文化创意产品的基本特征。

第二章文化创意人才。人才在文化创意产品开发的过程中担任着关键角色，优秀的人才是创意生成的根本，创意本就是来源于人的智慧。要想发展文化创意产业，必须依靠的是一批规模大、素质高的创意人才。本章从人才和创意人才的定义、分类和评判标准入手，进而引申到文化创意人才的特点，分别阐释了文创人才的知识观、伦理观、道德观、审美观。

第三章创意思维。本章从形象思维、抽象思维和灵感思维三个角度对思维进行了分类，并分析了以上三类创意思维的特点。分别从个人角度、社会环境角度阐释了培养创意思维的方法。

第四章文化企业创意环境。创意环境是融感性和理性、物质和意识为一体的一个创意场，不同的时间、空间又形成各个风格迥异的“小创意场”。本章总结了企业创意环境的特点，从创意环境的特点和类别入手，结合企业的特点，总结出企业创意环境的类别。最后在微观和宏观不同的视角下，阐述了企业创意环境的开发路径。

第五章图书出版创意产品。创新是出版行业的核心价值之一，在建立社会主义市场经济的过程中，图书产品创意开发成为目前我国出版行业深化改革的重要着力点之一。首先，本章从图书概念的角度入手，阐述了图书产品的四个方面的内涵，以及不同于其他创意产品的特点。其次，罗列了多种图书创意产品的分类方式，阐述了进行文化创意产品开发时选题创意策划、制作创意策划和营销创意策划的过程。最后，从纵向延伸和横向拓展两个方面阐述图书创意产品产业链的开发路径。

第六章影视创意产品。以丰富多彩的视听产品为核心内容、以电影电视为传播媒介的影视创意产品不仅在传媒、艺术、娱乐休闲几个系统中占据着独特的重要地位，而且对于政治、经济、文化、社会、科技乃至外交、经贸等各个领域都产生着直接或间接的重要影响。本章总结出影视创意产品的四个特点，从电影创意产品、电视创意产品两个角度对影视创意产品进行分类。阐述了影视创意产品的生产阶段，最后从市场营销学的角度阐述了影视创意产品产业链的开发路径。

第七章动漫创意产品。现如今动漫创意产品的消费群体、影响力和价值与日俱增，在全球已经发展为21世纪深具潜力的产业形态。优秀的动漫产品不仅可以成为消费者乐于消费的文化产品，为本国动漫产业带来丰厚利润，还在文化、外交中扮演了十分重要的角色。本章总结了动漫创意产品的定义及其异于其他文化创意产品的特点，还从原创产品和衍生产品两个角度列举了不同的分类方式。阐述了三种类别动漫创意产品的开发路径，最后提出动漫创意产品产业链的开发路径。

第八章博物馆文创产品。博物馆文化创意产品作为博物馆发展的一个新方向和文化产业发展的一个新内容，对其研究是博物馆发展文化创意产业的必然要求。本章介绍了博物馆文化创意产品的特点以及分类方法，进一步介绍了目前博物馆文化创意产品的开发模式以及细分流程，最后阐述了博物馆文化创意产品产业链的开发路径。

第九章艺术创意产品。艺术产业的蓬勃发展，作为20世纪以来人类精神生产史上的一场革命，使之成为文化界、经济界深切关注的对象之一。本章阐述了艺术产品的商品性以及其他特点，又从三个角度对艺术产品进行了分类，接着介绍了艺术创意产品开发流程，最后阐述了艺术创意产品产业链构成及开发路径。

第十章数字创意产品。随着数字技术的普及，数字创意产品在生活中出现的频率越来越高。当前我们对数字创意产品的研究正在逐步深入，而且数字创意产品带来的问题越来越引起人们的关注。本章通过对数字产业及其产品的概念阐述，总结出其特点，介绍了目前的划分方式。从多个方面介绍了数字创意产品的开发路径，最后从数字创意产品产业链的组成部分的角度阐述了其产业链开发的路径。

第十一章广告创意产品。伴随着广播、电视、网络、手机等新媒体相继出现，广告创意产品在经济和文化创意方面都扮演了重要的角色，既是传播信息的重要载体，又是一种创意艺术产品。本章介绍了广告创意产品的定义、分类以及特点，又详细阐述了广告创意产品的开发路径，最后围绕着广告主、广告公司、广告媒介和广告受众分别介绍了广告创意产品产业链的开发路径。

第十二章文化旅游创意产品。2018 年 3 月，国家文化部、旅游局组建成立文化和旅游部，预示着旅游产业与文化产业有机融合而成的文化旅游产业有着巨大的发展前景。文化旅游是一种知识含量高、寓教于乐的旅游类型，体现了国民不断增长的精神文化的需求和消费能力的提高。本章从文化旅游和旅游产品的定义中推论出文化旅游产品的定义，总结出其不同于一般旅游产品的特点。从实践角度对常见的文化旅游创意产品进行了分类，阐述了文化旅游创意产品的开发路径，从产业链的视角出发总结出三种适用于我国文化旅游产品的开发路径。

第一章　文化创意产品的本质与特征

第一章课件

本章学习目标

通过本章的学习，学生应了解或掌握如下内容：

1. 文化产品的本质、特征；
2. 文化产品的双重属性；
3. 文化创意产品的由来与特征。

学习重点、难点

1. 文化产品的双重属性；
2. 文化创意产品与一般文化产品的区别。

第一节　文化产品的本质与特征

一、文化产品的本质

文化产品实际上很早就伴随着人们的生活出现了，如风筝、中国结、京剧、年画等。到了2006年，联合国教科文组织(UNESCO)发表了一份名为《文化产品与服务的国际流动(1994—2003年)》的报告，报告中对文化产品做出了定义："文化产品指的是能够传达思想、形象和生活方式的产品。"这些产品拥有丰富的文化内涵，因此属于"核心"文化产品。联合国教科文组织将7个行业16种产品确定为核心文化产品，其中包括文化遗产(如收藏品、百年以上的古玩等)，书籍、报纸与杂志、其他印刷品，有录制内容的多媒体产品(如唱片、磁带录音等)，视觉艺术品(如绘画、雕塑等)，视听产品(如电子游戏、摄影和影视制作等)。另有一些产品并不具有鲜明的文化内涵，但却对文化的传播起着重要的作用，如空的CD盘或CD播放器、乐器、电视机、收音机、录音机等，此类产品属于"相关文化产品"。文化产品包括有形产品和服务两部分，文化服务有视听服务和相关服务、信息服务、新闻中介服务、其他个人文化和休闲服务。

人们通过劳动(包含脑力劳动和体力劳动)所产出的具有文化内容的产品并提供相关服务的就是文化产品。文化产品首先是一般劳动商品，具有一般劳动商品的特性，其内核是产品所包含的精神文化内涵。

文化生产的重要问题是"文化创意"的生产。也正是在这个意义上，有的学者把文化产业称为"创意产业"，用以说明没有文化创意就没有真正意义上的文化产业。如果说，"产业文化"是指从产业中培育起的文化精神，那"文化产业"则是从文化中滋长出的产业力量。文化产业的重要内容是文化创意的生产和扩大再生产。没有"文化创意"

的文化产业是不完整的。关于文化创意，物质产品生产中的一个理念被称为“人无我有，人有我优，人优我特”。物质产品的生产尚且如此，文化产品作为精神产品的生产，显然应有更高的“创意”含量，也应有更高的“创意”追求。当下有些自称为“文化产业”的文化生产，缺少文化创意或者说缺少有质量的文化创意。我们需要的文化创意不是“天上掉下来的”，也不是“自己头脑里固有的”，而只能来自人民群众社会实践的感悟、凝结和升华。

文化产业作为文化产品的批量化、规范化、集约化生产，在文化创意方面应该有几个基本的要求：首先，是文化创意的创造性。在建立社会主义市场经济的进程中，我们的文化创意有了更宽阔的视域和更前瞻的目光；当下物质产品的生产已经有了由“中国制造”向“中国创造”迈进的紧迫感，“文化创意”作为文化产业的重要内容组成和文化产品的内核之一，更应该加速完成“仿创”向“原创”的转型。其次，是文化创意的创价性。所谓“创价性”是指对文化创意的价值追求，这主要是对“精神创价”的追求。面对西方发达国家将自己的价值观念作为“普世价值”强势推行，我国文化创意的创价性就是要把我国“核心价值”的守望作为第一要义。最后，是文化创意的创业性。文化创意的“创业性”指的是它有助于催生新兴文化业态也有助于既有文化业态的规模发展，从而使文化产业在经济发展方式转型中发挥重要作用，也让人民群众有更多参与文化产品生产的创业机会。

二、文化产品的特征

文化产品转变为具体、现实的消费，要经过文化产品的生产、传播与消费过程。其基本特点就体现在以下几个方面。

第一，文化产品能满足人们的精神需求。马克思在《资本论》中提道：“商品首先是一个外界的对象，一个靠自己的属性来满足人的某种需要的物。这种需要的性质如何，例如，是由胃产生还是由幻想产生，是与问题无关的。”[①]这就是说由思考、幻想所产生的需求，就是精神的需求，满足这种需求的产品，就是文化产品。在这里，马克思指出的是文化产品与一般劳动商品的相同之处，在他看来，文化产品也具有同物质产品一样能够满足人们的某种需求。由此我们可以发现文化产品与其他物质产品一样，都具有一般商品的属性，但是文化产品以其包含着的独特内涵又注定着它具有其他一般商品所不具有的重要而独特的属性。

第二，文化产品不会随着使用过程而损耗。相比于一般商品，文化产品不是一件一次性消费物品。对于一般物质商品的消费，人们往往是对物品进行直接占有和使用，且物品具有损耗性，这种损耗性是不可逆的。而对于文化产品而言，作为有物质载体依托的文化产品，其物质载体具有损耗性，但其审美价值和艺术属性不具备损耗可能。也就是说文化产品所包含的文化内容是无法被泯灭的，是长久持存的。所以说，文化产品的消费持久性就是指文化产品在发挥其艺术价值时，是可以被二次甚至是多次使用的。这种特性是一般物质商品所不具有的。文学作品、电影、戏剧，都可以通过再版、再演或复制而获取永久的生命力。文化产品本身的物质载体并不是其价值的核心

① 马克思：《资本论》，47页，北京，人民出版社，1972。

存在，物质载体所承载的文化内容才是文化产品的核心价值，才是真正被人们所使用的部分。

第三，文化产品具有传承性。物质产品是满足人们的物质需求的，物质产品在历史沿袭中被保存下来的是其制作工艺，甚至也可被称为一种文化。而文化产品由于其文化内涵具有传承性，在历史的长河中得以不断地流传、保存、进步。因此，文化产品的这种传承性可以被视作一种可持续性。

三、文化产品的双重属性

文化产品兼具商品属性和精神属性，双重属性的特点直接影响着文化产品的内涵，所以，在看待文化产品时要充分地理解其双重属性。

第一，谈论文化产品的精神属性，必须要明白文化产品与一般物质产品的区别，文化产品赋予产品精神文化内核，这种内核是用以满足人们某种精神文化需求的，而物质产品是为了丰富人们的物质生活。与物质产品使用价值满足人们衣食住行的需要有所不同，文化产品虽然在形式上也能被消费，但它却直接作用于人的精神，提高人们的思想境界，改善人的精神状态，培育人们的道德情操，着眼于全面提高人的素质①。同时，由于文化产品具有精神属性，某些文化产品往往不会受到时间、空间的限制，也不会被磨损，有时还会随着时代的推进与历史的迁移逐渐丰富其内容。

第二，广义的文化产品既包括精神产品也包括物质产品。狭义的文化产品专指精神文化产品。一般我们认为，文化产品分为具有物质载体形态的文化产品与非物质类文化产品两大类。具有物质载体的文化产品是借以一种物质来表现其历史或文化内蕴的产品，或是只是以物质为依托传播精神文化消息的产品，如文物、书籍、报纸、录像带等；非物质类文化产品是指无法通过物质去感受，只能通过精神交流并凭借人的感官而获取的产品，如现场演奏的乐曲、戏剧、演说等，有时也被称作文化服务。

第二节 文化创意产品的由来与特征

一、文化创意产品的由来

文化创意产品与传统消费品的差异从静态角度考察是由于文化和科技要素的沉淀与植入；而从动态角度考察，可以视为在其生成过程中的特有机理。文化创意产品具有以文化为基础、以创意为源泉、以消费者需求为动力的生成机理。文化是创意产品生成的基础。文化创意产品对于文化的需求一方面表现为对文化资源的开发和利用，另一方面则表现为需要具备一定文化品位并对文化创意产品与服务有消费需求的消费群体。

文化创意产品通过对文化资源的开发利用使人们在消费产品中达到精神需求的满足。这种资源并不完全由物质自然界决定，它是可再生和可重复利用的。但具体怎么利用则取决于人们对这些资源的认识程度。文化资源越是被人们深入了解，其市场就越大，它的重复利用的可能性也就越大。如石库门是凝聚在建筑上的上海文化，上海新天地通过对这一建筑旧区的改造，对百年历史的石库门建筑外表依旧如旧，内部彻

---

① 欧阳友权：《文化产业通论》，长沙，湖南人民出版社，2006。

底现代化，既适应了21世纪都市人的生活需求，又保留了一个城市的历史风貌。来自各国和各地区的餐馆、商店、娱乐业投资者纷纷落户于此，不仅变石库门原先的居住功能为商业经营功能，也使古老建筑具有观赏价值，还具有自我生存和发展的能力，而且创造了一种新的时尚休闲文化生活，成为了一个尝试通过文化建设带动经济发展的成功案例。上海新天地目前已经成为一个具有国际知名度的聚会场所，并被纳入了上海旅游景点的清单中。上海新天地的缔造者罗康瑞说，老房子不是包袱，是财富，城市里的老房子是这座城市的历史和文化的载体，是城市的价值，要保留老房子的特征，又按现代人的要求对它进行改造，让老房子的价值体现出来，并得到提升①。

具有一定文化品位并有消费需求的消费群体，是文化创意产品生成的又一文化基础。根据预测，在人均GDP达到1 600美元水平时，对文化产品的消费应占收入的20%，但我国目前对文化产品的消费尚不足四分之一。我国人均GDP水平的提高并不一定意味着对文化产品消费需求的提高，实质上还存在着消费水平的差异和对文化产品价值的认识问题。从产品供应方来讲，通过产业链的开发满足不同层次消费者的需求和开发出居民愿意消费的产品是关键因素②。与传统产业注重改变产品使用价值不同的是，文化创意产品是以消费者的文化需求为导向，关注顾客价值，特别是对文化的认同，通过改善产品的观念价值获得市场和利润③。

创意是文化创意产品生成的源泉。在创意经济时代，人类的创意力将逐步成为经济发展的首要推动力④。文化创意产品的生成在本质上是创意的生成，并进行相应的开发。无论是原创类、运作类还是延伸类文化创意产品，都离不开创意以及创意的开发和运用。创意分为科技创意和文化创意两种。科技创意在于改变产品与服务的功能结构，为消费者提供新的、更高的使用价值，或改变生产工艺以降低消耗和提高效率；而文化创意则为产品和服务注入新的文化要素，如观念、感情和品位等因素，为消费者提供与众不同的新体验，从而提高产品与服务的观念价值⑤。

常州虽古称龙城，但在我国被称为龙城的不止常州一个城市，而常州中华恐龙园却成为近几年来人们津津乐道的"恐龙之乡"。虽然中华恐龙园没有出土过恐龙化石，但其借着几具恐龙骨架，而成长为一条"产业之龙"。常州中华恐龙园通过创意，突破了资源的限制，建立了"中华恐龙园"这一优质主题公园品牌，引领了常州经济增长方式的转变。不断放大的恐龙文化效应，进一步拉长了企业的产业链，开发了卡通衍生品，如卡通片《奇奇颗颗历险记》、动画片《恐龙宝贝之龙神勇士2》、图书《恐龙宝贝》、自主研发的千余款玩具《恐龙宝贝》系列，逐渐形成了"动漫投拍、衍生产品开发、主题公园连锁、休闲旅游目的地"的产业链，成为江苏省文化创意产业的领头羊。

消费者需求是文化创意产品产生的动力。随着人类经济的不断发展，人均GDP不断提高，城市消费层面也随着经济的发展而不断升级。人类基本的需求不再仅限于生存需求、安全需求，自我实现、美的需求也已成为创意经济时代消费者新的需求目标。

---

① 孙福良、张迺英：《创意上海》，上海，学林出版社，2009。

② 白元：《中国——文化创意产品的出口大国VS消费小国》，载《财贸研究》，2010(10)。

③ 厉无畏：《创意改变中国》，北京，新华出版社，2009。

④ 弗罗里达：《创意经济》，方海萍、魏清江译，北京，中国人民大学出版社，2006。

⑤ 郭辉勤：《创意经济学》，重庆，重庆出版社，2007。

这一新的需求层面的出现，促使了文化创意产品的产生，并呈现出多样化的趋势，满足了城市对文化创意产品的需求。

创意经济时代消费者对文化创意产品的需求表现出追求产品的奇特性、追求满足精神需求的产品和消费者社会责任及其观念的更新等消费特点。首先，在市场经济时代，产品供大于求，消费者有更多的选择余地，在产品质量和服务保证的前提下，人们更多地将目光投注于产品的奇特性上。文化创意产品创意元素的植入，恰好能够满足消费者的需求。其次，追求满足精神需求的产品也是文化创意产业时代的消费特点。在创意经济时代，人们的生活方式已发生极大改变，追求高雅艺术、欣赏音乐、参观展览、收藏艺术品等已成为城市中部分消费者的生活方式，而文化创意产品中所蕴含的文化要素、科技要素正是满足消费者精神需求的主要吸引力。最后，消费者社会责任及其观念的更新，体现了文化创意产业时代人们追求自我价值观实现的消费特点。经济的快速发展，使地球面临着资源枯竭的危险，而文化创意产品一般都是低能耗、少排放或者零排放的产品，对于自然资源起着保护的作用。

二、文化创意产品的特征

文化创意产品以其丰富的创意内涵区别于一般文化产品。它能够更好地做到使物质产品和人们生活相结合。源于文化的再创造也注定了文化创意产品能够带给人们更新奇的精神享受，同时也代表着它具有独一无二的创意特征。

由于文化、创意和高科技元素的植入，决定了文化创意产品价值和使用价值的不确定性、流通过程的共享性和重复利用性、生产过程成本的复杂性、应用过程的增值性和知识产权保护性等特点。

(一)价值和使用价值的不确定性

文化创意产品的特点及其生产制作不同于一般传统产品，这使文化创意产品的价值和使用价值具有不确定性。文化创意产品的价值是不确定的。从消费者的角度来看，文化创意产品为消费者创造的产品价值，包含着功能价值和观念价值。功能价值主要是指物理功能，是商品的物质基础，主要指向市场价值；观念价值则是商品中包含的能够符合一部分社会群体精神追求和文化崇尚需求产生共鸣的无形附加物，是文化的附加观念。

文化创意产品的价值更多依赖于消费者个人的精神和文化偏好，不同的需求偏好者对同一种文化创意产品可能会从不同的需求角度出发，对其文化价值、艺术价值、娱乐价值或者是商业开发价值做出不同的价值评价，而且只有在认同这种文化创意商品的价值之后，消费者才会做出购买决定。一方面，这种依照消费者主观标准对文化创意产品进行评价的特点，使文化创意产品的价值具有不确定性。另一方面，文化创意产品的使用价值具有潜在性和不确定性。文化创意产品的内涵是文化资源与创意结合的非物化形态的观念、内容、符号。

文化创意产品围绕文化资源内容展开创意开发，所以内容是核心价值创造的中心，具有高创意内容价值的文化创意产品才是真正的文化创意产品，才能在文化市场中占有一席之地，真正凸显出文化创意产品的特点。文化创意产品的高创意内容价值可以体现在其知识性、创意性、数字化等方面。这些方面具体的是指在市场交易过程中，其核心竞争力表现为知识产权的价值附加性、创意效果的吸引能力和较强的产业融合能力等。创意内容价值展现了文化创意产品的本质，文化创意产品的大多数特点也是基于其创意内容价值而体现的，因此，具有较高价值的创意内容是文化创意产品传播、扩散的基础，也是整个文化创意产业链中的价值核心。

消费者购买文化创意产品是因为其所具有的审美价值、思想、内容、愉悦功能等，能满足消费者精神文化的需求，如对一部电影的使用，从观看中，消费者可以直接得到精神上的满足感或视觉上的愉悦感等。而对一部电影的版权使用则是看不见摸不着的，该电影版权本身并不具有任何价值，可以说它们的使用价值是潜在的，电影的使用价值只有通过版权交易、电影的发行才能体现。因此，文化创意产品的使用价值是潜在的、不确定的。

(二)流通过程的共享性和重复利用性

具有知识产权的文化创意商品可以在同一时间内分别由若干人使用，并与他人共享文化创意产品与服务，这就是文化创意产品流通过程的共享性和重复利用性特点。这是传统商品交易中不具备的。传统商品交易中，生产者将让渡使用价值，丧失所有权和使用权。如一个音像产品、一项设计技术的专利，版权人和专利权人既可以自己使用，也可以同时转让给他人使用，或者由若干使用者同时共享这项专利。这种知识的独享和共享行为并不会降低文化创意产品的价值，也不会影响版权和专利技术的质量，这就是文化创意产品与服务的非排他性特征。

无论是在创意阶段还是在制造阶段，甚至在营销阶段，文化创意产品的整个生产营销流程都离不开与其他产业的有机融合。这种融合是为了能够更好地体现出产品的创意性，是为了让产品能够获得更好的市场表现。文化创意产品进行产业融合是将文化创意进行辐射和扩散，是将文化内容渗透进其他产业的过程。这一过程实现了内容和载体的组合与分离，并为文化创意产品的发展拓展了思路。从生产链的角度来讲，较强的产业融合能力是延长产业链，促进衍生品成长的“胚土”。进行有效的产业融合不仅有利于复合人才的培养，也有助于推动相关产业的同步发展。

文化创意产品还可以进行重复使用并带来这类产品的重复生产，因而易于形成规模经济效应，能有效降低社会交易成本。但是，文化创意产品由于是对文化资源的再利用和再开发创造，具有非实物形态，同时又具有个人意义的创造性劳动成果。因此，同一文化资源题材可通过创意创造出不同的精神产品，如相同的历史故事，可以创作成电视剧、小说等不同形式的文化创意产品，也可以由不同的创作者从不同的视角，在不同的阶段对其进行不同的演绎，生产出不同的文化创意产品。

(三)生产过程成本的复杂性

文化创意产品作为人类社会一种特殊的知识产品，其生产过程不是一个简单的过程，而是复杂的脑力劳动过程，因而其生产过程成本非常复杂。同一般物质产品的生产不同，决定文化创意产品价值量的是精神生产劳动投入。由于精神生产劳动具有独创性、不可比性，无法以社会必要劳动时间作为确定价值量的唯一标准，因而，文化创意产品生产过程成本具有复杂性。文化创意产品价值链增值能力呈现先期研究与开发附加值高、中期生产制造利润低、后期营销利润高的“微笑曲线”特点，同时显示了文化创意产品高成本研发、低成本制造、复制产品的成本几乎为零的特点，这是传统商品生产过程中所不具备的，这种成本复杂性给产品定价带来了极大的困难。文化创意产品在未被生产出来之前，市场对它的需求是难以判断的，具有高风险性和不确定性。这就决定了文化创意产品难以采用以生产者为导向的、以费用为基础的成本定价模式，而适宜采用以消费者为导向的、以价值为基础的差别定价模式。

（四）应用过程的增值性和知识产权保护性

传统产品如洗衣机、汽车、手机等产品，使用的过程实质上就是其价值的消耗过程。但是，文化创意产品知识共享和重复利用的特殊性，以及其产业链各环节的相互联系，使文化创意产品的使用过程，不但不会像传统物质形态产品消耗其价值，而且在一定条件下可转换为其他的使用价值并带来大量的增值价值。例如，动画片《米老鼠和唐老鸭》，随着各国迪士尼乐园的建成，不但在使用过程中没有消耗其价值，产业的衍生产品反而使其价值不断增大。文化创意产品应用于具体的工艺生产过程中，通过合理有效的运用，其使用价值不仅可以等量地转移到新产品中去，而且可能会创造出其他新的产品，或改革原有产品，在同样条件下创造出更多更好的物质财富，开发出更多的文化能量。

文化创意产品无论价值有多高，因其复制成本的归零特性，一旦得不到知识产权保护，产业将面临被任意仿制，产品也将面临被任意复制的危险，产品的价值就不能体现。文化创意产品交易的内容与一般传统商品交易内容的不同之处，就是蕴含在文化创意产品背后的知识产权交易内容。其知识产权交易内容具体涉及文化创意产业不同领域的创意符号、创意要素、创意所有权、创意使用权等的交易，还有特定的文化创意产品的著作权、专利权、商标权等交易内容。如美国迪士尼产品，其增值部分就是迪士尼这个创意符号、商标和版权。

文化创意产品的价值是由文化内容价值与硬件载体价值组成的，其中，无形资本是文化创意产品的价值核心。虽然如此，无形资本并不能有效地削减文化创意产品的造价，反而在一定程度上决定了文化创意产品的大部分成本。艺术家在进行文化创意产品生产时要对所使用的文化资源进行剖析和解读，从而进一步将其与个人或时代的审美特点结合起来，这一部分工作所需要的时间成本、沟通成本、资料成本是巨大的。同时，无形资本获取的不确定性很大，其风险也相对更大。所以文化创意产品的初始造价往往是较高的，但是一旦成形，其传播与复制的成本就相对较低了。

在文化创意产品的营销阶段，文化创意产品中所包含的文化创意内容一旦传播开来，其流行速度比一般商品要快。精品文化创意产品本身所包含的内容价值高，通过快速的流行和传播，文化创意产品高附加值性的特点就更加凸显。但是文化创意产品的风靡程度通常取决于其文化创意内容。创意内容的普遍性及其产品内容本身的定位是否能得到定位人群的认可等问题都将影响着文化创意产品在市场中的表现，这又使得文化创意产品的经济风险性相对更高。随着时间、空间的变化，在不同地域、不同民族、不同时机，不同的消费者会对同一文化创意产品做出不同的选择，社会环境、文化差异时刻在影响着人们对文化产品的审美消费，多种不确定的因素也增加了文化创意产品在产业链各个环节中的风险。

案例分析

故宫博物院文化创意产品的开发

习近平同志在党的十九大报告中提出了要推动文化事业和文化产业的发展，加强供给侧改革，推动建设创新型国家。我国社会的主要矛盾已经转变为人民日益增长的美好生活需要和不平衡不充分的发展之间的矛盾，在社会不断发展的进程中，人民群众对创新型的文化创意产品的需求也在不断地增加。为此，文化企事业单位要增强动力、激发活力，为给人民群众提供更新更好更具创意内涵的文化产品而努力。

党的十九大报告中还指出："加强文物保护利用和文化遗产保护传承。健全现代文化产业体系和市场体系，创新生产经营机制，完善文化经济政策，培育新型文化业态。"要求如故宫博物院等单位不仅要保护好文物文化遗产，还要善于加以利用。运用传统文化资源进行文化创意设计开发并投入文化市场以创新生产经营机制。近年来，故宫博物院开始利用其丰富的文化资源优势，借助新媒体或电商平台进行文化创意产品的创造和售卖。自故宫博物院开发的文化创意产品上市后，他们根据用户对产品的争论一直在做调整，现已得到很多消费者对故宫博物院品牌产品的认可。下面我们将从剖析故宫博物院文化创意产品的特点入手，分析故宫博物院文化创意产品的开发售卖是如何占领市场，拓展受众的。

一、文化创意产品是科技创新性与时代结合的产物

在人们的印象中，基于对历史的敬畏和对皇家历史尊重的传统印象，故宫博物院是个肃穆庄严的参观场所，其参观价值是以还原清朝紫禁城原貌并展出部分文物为主。但是近年来，"传统"的故宫博物院利用新媒体渠道和网络电商平台打造了属于自己的文化产业链。利用原有的丰富的文化资源，与时代科技相结合开发出多种文化创意产品。部分因时间和地域限制或因喜好原因放弃对故宫博物院进行参观的消费者，也因故宫博物院文化创意产品迎合了他们的消费需求而选择了故宫博物院的产品进行消费。这种传统文化资源结合时代特色并进行科技创新的产物得到了广大消费者的大力支持，拓展了故宫博物院的市场渠道。

在宣传阶段，故宫博物院准确定位了新媒体使用人群的喜好，利用"卖萌"的创新表情包对品牌文化创意产品进行宣传，这是利用数字文化加深和更新故宫博物院品牌在用户和潜在用户心中的印象。相似的宣传手段还有部分 APP 的开发，例如，"紫禁城祥瑞""皇帝的一天"等，是以历史故事、皇族服饰等为题材开发的 APP，使用户可以方便地使用手机或电脑对传统文化进行重新认识，也是对故宫博物院的重新定位。

故宫博物院对自身品牌的重新定位与大胆宣传正是其在市场营销和扩展消费群体道路上的"敲门砖"。由于故宫博物院"搏出位"的创新创造，使得故宫博物院可以在传统范围之外制作更具吸引力的文化创意产品。进入到产品设计开发及生产阶段，结合时代特色和新潮流发展趋势，如朝珠耳机、顶戴花翎防晒伞等，令人意想不到的文化创意产品在面世后得到了消费者的追捧。避免同质化，传统与科技创新的时代性结合是故宫博物院创意开发的亮点，也是所有文化创意产品开发的重点。同时，严格的质量把关也是文化创意产品抢夺市场的重要步骤。

对文化产品内涵的诠释不仅体现在设计上，在生产过程中的艺术品塑造也是极为重要的。因此，对产品质量越来越严格的管控也是文化创意产品建立品牌，征服市场的必要举措。

网上购物已经成为人们在21世纪普遍的消费方式。所以在售卖阶段，故宫博物院选择了天猫商城开设名为“故宫文创”的天猫旗舰店。其天猫旗舰店销量最高的“瑞启红福手绳手工编织创意手绳”半月销量达1 104件，可见其巨大的市场潜力和开发价值。线上售卖模式结合了当代科技性，并满足了各地人们对故宫文创产品的消费需求，可以说是故宫博物院宣传加盈利的不二选择。

二、针对细分市场进行相应开发

在所有文化创意产品的开发过程中，最需要注意的就是如何确定细分市场以及如何对细分市场进行相应产品的开发。一般各地博物馆周边产品的消费群体定位在外地游客群体，商品种类以相关纪念品为主，设计较为简单，一般是将文物原样图案和花纹应用到商品中去，较少加入创意元素，如书签、茶杯、文具用品等。而故宫博物院为了拓展消费群体，尽量顾及所有年龄段、不同社会角色、不同性别的人群，有针对性地进行文创产品的开发。比如，对于热衷收藏升值的中老年用户，故宫博物院提供了宫廷饰品、仿制书画、文房雅玩等产品；对于年轻女性用户，提供了周边玩偶、手账用品、包袋服饰等产品。同时，为了方便拥有不同兴趣的用户进行文创产品的挑选，故宫文化创意天猫旗舰店中还设计了各类专题，如“你好，故宫”“千里江山”“月圆中秋感恩有你”等多个专题。而针对不同消费能力的消费群体，故宫博物院文化创意产品的价格从8.8元的祥云福禄红包到39 000元的紫砂茗壶套装应有尽有。多种多样又方便实用的文化创意产品，结合对传统文化资源进行现代化改进的设计创意，使得故宫博物院的文化创意产品能够吸引更多的消费者并在市场中获得更多的利润。

故宫博物院在文化创意产品开发设计中尽量拓展消费群体的做法为其拓展展览受众起到了很好的铺垫作用。在文化创意产品受到消费人群广泛欢迎的前提下，这部分消费群体进而会滋生对故宫博物院品牌的好感与好奇，从而愿意进一步去了解“故宫博物院”这个品牌及其相关活动。这就为故宫博物院的文物展览培育了观众。

三、社会效益与经济效益兼顾

讲求销量和收益的艺术机构容易忽略社会影响，讲求社会影响的艺术机构容易欠缺对市场的观察能力。

一方面，故宫博物院文化创意产品的开发在一定程度上很好地兼顾了社会效益和经济效益。可以说是在产品中融入文化元素，或者是在文化资源的基础上开发产品。不仅利用产品吸引了更多消费，还传播了我国优秀的传统文化。同时故宫博物院开发的“国礼”系列又是一类可以将我国文化进行国际化传播的文化创意产品，这系列的文化创意产品设计高贵典雅，符合我国大国形象，同时兼具我国悠久历史的文化内涵，在一定程度上加强了我国的文化软实力，实现了供给侧的改善。

另一方面，故宫博物院与多家厂商合作，制作出具有故宫文化特色的其他产品。例如，电子书领军品牌Kindle联合故宫博物院推出了“Kindle Paperwhite X故宫文化联名礼盒”。共同盈利、传播文化的社会效益的同时，在展现特殊的文化资源结合大厂品牌的优质化产品可以给予双方可观的经济效益。故宫博物院为推动经济的发展和文化的传播做出了表率。

故宫博物院在参照其他艺术机构创新经营模式的同时，结合自身特点和消费群体的喜好进行了自身定制化文创产品的开发。这无论是对其本身博物馆观众的拓展还是市场方面的运作都大有裨益。但是在这过程中，故宫博物院还须严把质量关，在“进口”和“出口”两个方面都要严格把控，为给广大人民群众提供更好、更新、更有益的文化创意产品而继续努力。

（资料来源：王蒙：人民日报海外版．2019-03-01.）

思考题

1．文化创意产业与文化产业的区别是什么？

2．文化创意产业的核心价值是什么？

本章小结

1．人们通过劳动所产出的具有文化内容的产品，并提供相关服务的就是文化产品。文化产业的文化生产和扩大再生产，本质上就是文化创意的生产和扩大再生产。

2．文化产品具有与一般劳动产品相同的特性，其内核是产品所包含的精神文化内涵。具体体现为：文化产品能满足人们的精神需求；文化产品不会随着使用过程而损耗；文化产品具有传承性。

3．文化产品与一般物质产品的区别在于，物质产品是为了丰富人们的物质生活，满足人们衣食住行的需要。文化产品虽然在形式上也能被消费，但能直接作用于人的精神，提高人们的思想境界，改善人的精神状态，提高人的素质。

4．文化创意产品以文化为基础、以创意为源泉、以消费者需求为动力。文化创意产品通过对文化资源的开发利用使人们在消费产品中达到精神需求的满足。文化创意产品以消费者的文化需求为导向，关注顾客价值，通过改善产品的文化价值获得利润。

5．文化创意产品具有多重特征：文化创意产品使用价值和价值的不确定性；流通过程的共享性和重复利用性；生产过程成本的复杂性；应用过程的增值性和知识产权保护性。

第二章　文化创意人才

第二章课件

本章学习目标

通过本章的学习，学生应了解或掌握如下内容：

1. 人才与创意人才的定义；
2. 文化创意人才的定义；
3. 文化创意人才的知识观特征、伦理观特征与审美观特征。

学习重点、难点

1. 文化创意人才的知识观特征；
2. 文化创意人才的伦理观特征；
3. 文化创意人才的审美观特征。

第一节　文化创意人才的概念

一、人才

何谓人才？各行各业都有着自己的定义，以下是部分具有代表性的定义：

《辞海》对“人才”的解释是：“有才识学问的人，德才兼备的人”。

俞果在《人才学基础》中指出：人才是“以主观的智能创造性地运用于实际并卓有成效者”。

王鹏在《用人之道》中说：“人才，有脑力劳动者，也有体力劳动者；在有学历、文凭的人员中有，在无学历、无文凭的人员中也有。只要知识丰富，本领高强，对社会进步有贡献者，皆可成为人才。”

刘圣恩在《人才学简明教程》中论述道：“人才就是在一定的社会历史条件下在认识世界和改造世界的过程中进行创造性劳动的人。历史性是人才构成的前提，任何一个人都是一定历史条件下、一定社会发展阶段上的人才，脱离社会、离开历史就无所谓人才。实践性是人才的基础，是重要的必要条件，人才是实践中的人才，离开实践的人才是不存在的。创造性是人才的核心，也是人才的最根本的特征，人才与非人才的界限就在于能不能进行创造性劳动。”

首都经济贸易大学黄津孚教授从学术角度阐述人才的概念：“人才是指在对社会有价值的知识、技能和意志方面有超常水平，在一定社会条件下能做出较大贡献的人。人才既包括知识超常的知识分子，又包括技能超常的能工巧匠、艺人和‘领袖’，还包括意志超常的‘英雄’。再简单一点，就是社会需要的高素质的人。”

人才，通常是指具有一定的专业知识或专门技能，通过自身的创造性劳动，并对社会做出贡献的人，是人力资源中能力和素质较高的劳动者。“人”“才”二字最早出现在《易经》中。“《易》之为书也，广大悉备。有天道焉，有人道焉，有地道焉。兼三才而两之，故六。六者非它也，三才之道也。”一般来讲“三才”是指天道、地道、人道，即天、地、人，阐释了天、地、人是一个相互联系的有机整体，同时又各具不同的特点和规律，发挥着各自的作用。人才这一概念最早见于《诗经·小雅》：“菁菁者莪，乐育材也。君子能长育人材，则天下喜乐之矣。”[①]此处的“人材”也就是我们现在所说的“人才”，用茁壮生长的植物来比拟人才的发展壮大，抒发了期盼人才可以成为人中龙凤的愉悦情怀。

在《现代汉语词典》中，关于人才这一概念的定义是：“德才兼备的人；有某种特长的人”。孔子曾提出过一个影响深远的标准，用于定义人才或者是人才水平的高低，也就是“生而知之者，上也；学而知之者，次也；困而学之者，又其次也；困而不学，民斯为下矣”。孔子所讲的“生而知之者”是他认为境界最高的人才，也就是他所追求的“圣人”“仁者”的境界；“学而知之者”“困而学之者”则是孔子心中君子、贤人的代名词；“困而不学者”则是孔子所认为的愚钝的人，没有求知欲的人。在我国古时，有学问的人被尊称为“士”“君子”等，学问高深，影响广泛的学者也被尊称为“子”，如孔子、孟子、老子、荀子等；而学问普通的便称为“民”，也就是绝大多数的普通人。孔子用“生而知之”“学而知之”“困而学之”“困而不学”四种境界来进行划分，不仅定义了人才的含义，也将其所掌握知识的多寡作为划分人才的标准。

人之所以为人，是因为有别于其他生命体，拥有独立的能动思考能力。通过人脑进行智慧的创造，通过勤劳的双手进行文明和财富的积累，这些都赋予了人类高于其他动植物的生命力与创造力。从一开始的古人类发展时期，便逐渐地演化出了分工合作，这也充分体现了古人类的聪明才智；而人类数量的不断递增，人口的迅速增长也为人才的产生提供了沃土，人类意识不同程度地觉醒使人们的阶层出现了分化，人与人之间不同的劳动方式使人获得的回报也不尽相同，人类逐渐开始划分人类从事的不同领域和不同能力范围，自此便开辟了“人人有所长，术业有专攻”的新局面。在某一特定领域具有突出能力的即为“才”，这也就是人们通常所说的“人才”。

我们在此将人才定义为：“具有一定的专业知识或技能、有能力从实践中把握根本的经验、具有良好的素质和一定的创造力，在特定的社会历史条件下，以其创造性劳动，对社会发展和人类进步做出积极贡献的人”。

以上关于人才的定义强调了三个核心要素，一是强调了创造力的重要性，人只有具备创造性的某种才能，才可以与普通人有所区别，只有在某一领域比一般人更具有创造性才能的人，才算跨过了成为人才的第一道门槛。二是正面性、积极性，其聪明才智，对社会发展和人类进步具有正面作用、积极作用的才是人才，能够推动社会的进一步发展和人类文明的进一步跨越。相反，如果才能突出，逆历史潮流而动，这样的聪明才智是绝不可取的，社会的发展可能是曲折的，但必然趋势是前进的，阻碍社会发展和人类进步的人无法称作真正意义上的人才。三是实际贡献程度，不论是对社

① 孔丘：《诗经》，225页，北京，北京出版社，2006。

会产生某种贡献，还是对某个领域的进步、个人的发展产生贡献，都可以被称为人才，而那些虽有一定能力，但未对社会产生贡献的，便无法称作人才。

人才的评判标准通常有以下几个方面：

(1)品行标准。即道德标准，是对一个人品行高低优劣的评判。君子以德立身，一个人的知识不足，可以用品德方面的高尚来进行弥补，但是一个人品行不端，却无法用知识弥补。一个人有没有道德的约束，结果是大不相同的。人在不同的境地下会面对许多诱惑，如果轻易改变自己的初衷，被世俗物质所迷惑，自然也就失了初心。从古至今很多人才是清贫的，但却不肯失了气节。君子固然清贫，但穷且益坚，穷不失志。

(2)学识能力。渊博的学识在于日复一日的积累，读书是各种知识的基础来源，读书使人内心更加充实和丰富。探究的兴趣也是一方面，人能够主动接受和思考是一件非常重要的事情，思考是思维的一种探索活动，可以充分调动大脑的积极性和创造性。人才普遍追求有一定的知识广度和深度，能够独立思考，举一反三，见微知著。典型的代表是王阳明先生，他做到了三立：立德，立功，立言。我国古代哲人提出过"人生有三不朽"的著名论断："太上有立德，其次有立功，其次有立言，虽久不废，此之谓不朽。"(《左传·襄公二十四年》)王阳明身上既有对功名利禄的淡泊，也不失报效国家的理想。集心学大成，倡导"心即理""知行合一"和"致良知"，将宋明理学推向了一个新的高峰。

(3)身体素质。健康的体魄也是成为人才的强力支撑，一个追求健康体魄的人必然是对自我要求高的人，拥有健康的体魄可以使人事半功倍，有充沛的精力完成自己的既定任务和实现期望目标。身体是革命的本钱，无论你身处哪个行业哪个领域，没有健康的体魄难以维持长久的学习和发展。凡事要量力而行，对自己的身体素质有规划，也是能力的体现，心有余而力不足的遗憾会使自己更加愤懑。

(4)人际交往能力。人生活在社会中，必然与他人存在联系，无论是在家庭、公司还是学校生活中都会与人产生交流、合作等情况。凡是某个领域的佼佼者，必然是人际交往能力的高手，通过与人的交流合作充分把握事态的发展，从而做到胸有成竹。人际交往能力强的人通常可以维持较好的身心状态，与他人保持和谐的人际关系，有较强的社会能力。此类人通常能够在事态不利的情况下，处理好自身情绪，实现自我激励，从而带动他人，扭转事态，充分发挥自身的热情、自制力、自我激励和驱动力，在自己擅长的领域做到最优，成为行业内或领域内的顶尖人才。

二、创意人才

要谈创意人才，首先必须明确的问题就是，什么是创意？创意在日常生活中被认为是与众不同的想法和点子，是具有个人独特风格的、原创性的，并且这些想法可以付诸实践，是个人依靠聪明才智参与社会活动，获取物质或精神上的满足感的行为。创意来源于人脑，是个人在参与社会实践、接受教育等活动的过程中衍生出的思想，不仅体现了个人的创造力，也体现了个人对于灵感的捕捉，从而出现新创意、新产品、新市场，推动整个行业的进步，是人类文明发展的动力源泉。

创意是人的一种思维活动，囊括了人类生活的物质生产与精神生产领域的创新行为。创意人才是创意生产的主体，与这个概念相似的还有创意阶层、创意知识生产者、知识密集型人才等。理查德·佛罗里达在《创意阶层的崛起》一书中指出，“创意阶层对于创意产业的发展极为重要，从根本上看，文化创意产业的高速发展必须依靠文化创意人力资本的投入产出和文化创意阶层的崛起”。[①]

在此基础上，佛罗里达从专业角度正式对“创意阶层”进行定义，第一层为核心群体层，包括超级创意核心和思想先锋两类，主要是原创性人才，其核心群体主要是科学家、教授、工程师、艺术家、设计师、作家等；第二层为创意专业人才层，主要是知识密集型行业内的从业人员，创意专业人才广泛分布于知识密集型行业中，如高科技行业、服务业、互联网业、新闻传播业以及娱乐产业领域。

综合以上考量，狭义上的创意人才主要是指创意的生产者，从事创意产品或服务的开发、设计，具有专业属性，是专门从事创意活动、以创意为职业的人。例如，在创意工作室、策划公司、广告公司、设计部门等组织中进行创意策划、研究设计的人就属于这个范畴。

广义上的创意人才，是指存在于创意产业链各个环节的专门人才，主要是指创意生产者、创意管理者以及创意经营者等。广义上的创意人才通常具有普遍属性，也就是指那些能够提出富有创造性设想、关键点的人。从这个含义上来看，任何人都可以成为其工作领域的创意人才。例如，人们在日常生活、学习、工作中的新想法、新主意、新思想、好点子等，都是一定意义上的创意行为。创意人才是以自身知识产权的创造为核心，将自己的知识转化为创意产品或服务的从业群体，普遍拥有较高的知识水平和业务创新能力，能够对创意产业有较为深刻的理解和把握，是行业内的尖端人才。

美国广告大师李奥·贝纳提出：“创意的核心是运用有关的、可信的、品调高的方式，与以前无关的事物之间建立一种新的有意义的关系的艺术。”创意最终的落脚点还是通过某种产品或服务表现出来，包含了创意人才的文化内涵和技术创造，是具有原创性和不可复制性的创意产品或服务。创意产业的行业囊括非常广，如广告业、建筑业、设计业、出版业、互联网业等，任何产业都可以乘上创意的东风，提升自身的行业内涵，实现转型升级。

真正能落于实处的创意产品或服务必然是经过反复推敲，认真实践的。创意产品的生产，需要各种专业技术人员将个人技能倾注其中，创意人才通常对技术的要求很高，才能使自己的产品艺术性与技术性相统一，审美性与实用性相协调。创意产品的销售也需要人员参与，观察产品的市场认可度，获取信息反馈，及时调整产品策略。创意人才也必须把握消费者的审美情趣，提前对之做出预判，才能创造出大众喜闻乐见、愿意购买的创意产品或服务。随着越来越多的人参与这种经济活动，一个崭新的创意产业便诞生了。

人才是创意的第一要素。人才在创意的过程中担任着关键角色，优秀的人才是创意生成的根本，创意本就是来源于人的智慧，要想发展创意产业，必须依靠的就是一批高素质的创意人才。创意人才的工作属于脑力劳动，依靠的是多年来的教育与自我

---

① 理查德·佛罗里达：《创意阶层的崛起》，北京，中信出版社，2010。

成长形成的价值观与世界观，需要丰富的知识储量，既依靠灵感来源，也需要经验积累，因此难以做到高产量，但是却拥有高质量和可复制性。创意产业需要复合型人才。以电影电视产业来说，一个人的聪明才智是难以完成一部片子的拍摄的，这需要导演、编剧、摄像、演员、道具、后期剪辑等人员的配合。由于创意产品的特殊性，创造一部高质量电影的工作非常烦琐，但是一旦拍摄完成，由于电影的可复制性强，可以同时在全国各个地区的院线同时进行放映，迅速回收成本，获得收益，使创意从业人员获得资金，投入到新的创意产品生产。但也同样由于其产品的特殊性，可复制性强，知识产权的保护工作便显得尤为重要。

欧美等发达国家较早步入工业化和资本化，在消耗“硬资源”来实现资本快速积累的方式下发现了发展的不可持续性，从而意识到发展方式转变的重要性和紧迫性，越来越多的人加入创意产业的阵营，从事创意产业的人才越来越多。来自中国社科院的一项调研显示，目前我国文化创意人才仅占就业人口总量的千分之一，而日本东京创意产业人才占工作人员总数的比重为15%，伦敦为14%，纽约为12%。发达国家的创意产业从业人员在就业人口中的所占比例远远高于我国，我国创意产业的人才需求与人才储备之间存在着巨大的差额，急需更多有志青年投入到创意产业这个新兴的朝阳行业。

三、文化创意人才

文化创意人才是文化创意产业的中坚力量。文化创意产业是依靠创意这个核心要素得以安身立命的，创意的产生和实施都是依靠人的智慧和能力，文化创意人才通过在文化创意产品中增加文化内涵来获得人们的认同感，从而激发人们的购买欲望。文化创意产品正是由于文化创意人才的灵感和智慧才能一步步走向现实，成为一个个独立精致、奇思妙想的文化产品，不再单单只是机器的毫无灵魂的批量制造。不论是创意的构思，还是策划的实施，或是产品的初见雏形，每一步都在文化创意工作者的匠心精神下渐趋完善，这些环节共同组成了文化创意产品的诞生，其中的任一环节都离不开创意人员的聪明才智。因此，文化创意人才是文化创意产业最重要的影响因素，文化创意人才数量的多少和文化层次的高低将是决定文化创意产业发展的核心因素。

所以，我们在这里把文化创意人才定义为：经过系统的学习，能够掌握较高水平的文化知识，具备一定的创意思维和专业素养，能够运用自己擅长的技术手段将创意转化为文化创意产品或服务。文化创意人才能够通过敏锐的嗅觉感知到当前行业的发展动向，能够充分运用个性化的艺术表达满足不同类型的消费者需求。文化创意人才的通用特征为掌握丰富的专业知识，具有敏锐的洞察力，乐于创意和创新，敢于打破现状，突破自我，实现个人价值等。根据文化创意产业人才所在的行业类别，可以区分为电影创意人才、广告创意人才、策划创意人才、设计创意人才、视觉创意人才等。

在经济飞速前进的时代背景下，文化创意产业的发展速度也随之加快，从而推动了经济发展方式的转变，把通过物质和能源消耗实现经济发展的“老一套”，转变为通过文化资源生产文化产品和文化服务的“新路子”，增加产品中的文化附加值，降低能源、资金的投入，通过文化创意的不断强化来满足人民日益增长的精神文化需求。

自《中华人民共和国国民经济和社会发展第十三个五年计划纲要》提出“十三五”期

间文化产业要成为国民经济支柱性产业的目标，文化产业便乘上了发展的快车。集中精力发展文化创意产业，是顺应历史潮流、满足市场需求、充实人们的精神文化生活的重要举措。文化创意产业发展的核心力量来源于文化创意人才，文化创意人才肩负着增强我国文化软实力的重要任务。但是，目前制约我国文化创意产业发展的恰恰是文化创意人才总量不够、总体素质不高、结构失衡等问题。我国优秀的人才并不在少数，只是缺乏优秀人才成长的平台要素，缺少高水平的人才管理者和人才管理模式。若是梧桐，凤凰自栖，我们拥有了完善规范的法律制度保障，优惠的产业政策激励机制，搭建高素质人才园区，实现文化创意人才的集聚效应，充分进行思维碰撞，会更利于产生、孕育高素质文化创意人才的沃土。

目前，我国文化创意产业发展仍处于起步阶段，现有文化创意人才的数量远远不能满足预期文化创意产业发展的需求，产业发展所需的人才储备与人才需求之间存在巨大逆差。这不仅表现在文化创意人才总量不足，现有文化创意人才结构也不尽合理，部门型专业人才居多，创新型探索人才较少；单独领域技术人才居多，掌握多项技能的综合性全才较少，这些问题已经成为掣肘文化创意产业发展的诸多因素。人才是文化创意产业发展的中坚力量，直接影响着文化创意产业的发展速度。文化创意产业急需大批创新型、复合型的高素质人才，充分运用文化创意思维促使中国文化走出去，提高我国文化软实力，这样才能够在世界文化市场的激烈竞争中掌握话语权，占据一席之地，发挥原有的作用。

第二节　文化创意人才的特征

一、文化创意人才的知识观特征

知识观具体指个人怎样理解知识，是关于知识问题的总体认识和基本看法。不同的人依据个体的偏好、受教育程度、社会环境、价值观等，有着不同的知识观。

从古至今，我国文化知识的传播经历了从线性到网状的发展过程；掌握知识的权利也逐渐下移，从以往的少数贵族、精英教育发展到大众教育。随着科学技术的不断进步与发展，人们也逐渐认识到将知识被看作固定的、静态的思维是非常具有局限性的，以往知识传播的过程就是从一个实体转移到另一个实体的过程，这种结构具有极高的传播效率，但是却不利于知识创新。如今，互联网、智能终端、大数据、云计算等一系列新技术使人类的能力不断延伸，获取知识的途径不断拓宽，知识环境的变革使更多人有机会参与到信息与知识的创造活动中，在这种环境下成长起来的文化创意人才，被赋予了更多参与权，与信息建立起了更强的链接，人们通过获取新的知识，将碎片化的信息进行解构与重组，文化创意人才的思维才能够不断在灵感碰撞中活跃起来，成为知识创新的主力军。

文化创意人才虽从事着不同行业，但其知识观具有以下共同点(图 2-1)。

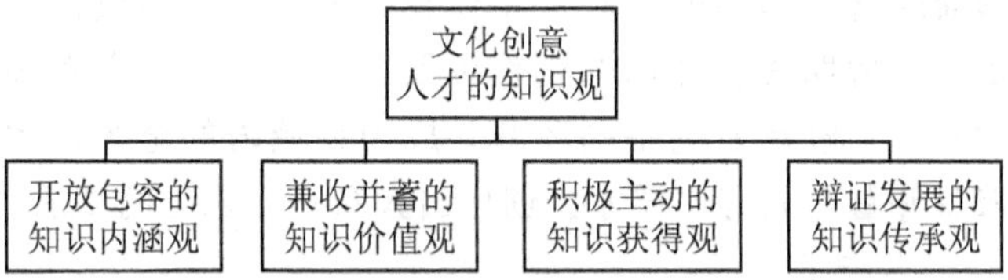

图 2-1　文化创意人才的知识观

（一）开放包容的知识内涵观

知识观的内涵也就是如何理解和看待知识，是对知识的看法和观念，在知识观中处于决定性地位，影响了不同人们对知识价值的评判和对知识获取的迫切感。知识内涵观潜藏于意识之中，具有一定的潜隐性，并不是看得见摸得着的具体事物，而是具有一定深度和层次的想法。知识蕴含着人的价值取向，文化创意人才也不例外，他们的知识观是在一个开放包容的知识文化环境和社会活动中逐渐形成的，文化创意人才的工作就是对不同类型的文化资源进行创造性的开发，是艺术与技术的结合，要求文化创意人才具备开放、包容的知识文化素养，既要有一定的文化底蕴，也要有与现代新媒体技术结合的实践，力争在从事的领域内了解不同的学科，以期达到各类知识的融会贯通。

文化创意人才的知识内涵观既是开放包容的，也是动态发展的。知识内涵观具有非常显著的时代烙印，伴随着人类文明的不断进步而不断发展演进。不同时期的知识内涵观，都是由当时的社会历史条件和生产力发展水平共同导致的，每个时期的文化创意人才的思维、意识，也都是时代的产物。知识内涵观作为一种意识，是难以脱离当时的经济、政治、文化、社会环境的。知识是动态的、发展的，科技的进步使我们不断突破现有的认知，打破当前的环境，文化创意人才能够认识到当前的认识具有局限性，才能用动态的、开放的、发展的思维认识问题、解决问题。正是由于文化创意人才开放、包容的知识内涵观，才能够跟上知识的动态发展，不故步自封，不拘泥于当前的环境条件。文化创意人才的知识内涵观既能反映社会，也为改变这个社会做出了反馈。

（二）兼收并蓄的知识价值观

文化创意人才通常具有深厚的专业知识积淀，具有敏锐的洞察力、高度的专注力、较强的好奇心，了解行业内的各个环节，能够充分把握行业的发展变动和趋势走向。文化创意人才兼收并蓄的知识价值观有利于完善自我发展，了解多种相互关联的知识，从而形成体系，彼此相互完善和补充。创新是文化创意人才的活力源泉，兼收并蓄的各种知识能够调动文化创意人才的灵感思维，推陈出新，使其勇于突破原有的知识体系，成为文化创意人才新的灵感源泉。

例如，文化创意人才中的编剧从业者，讲故事的能力是第一要务，讲得好坏暂且不谈，但会讲故事是职业的第一个门槛，就如同编程能力对程序员的重要性一样。首先，一个优秀的编剧不会仅仅局限于此，成熟的编剧还具有极强的对白构架能力，让人物语言符合人物性格。其次，故事还需要有镜头感和画面感，以便将文字转化成动态画面和声音。尽管编剧不是导演，但仍然要在头脑中构建出镜头前的每一个场景，并且与导演充分沟通磨合。影视剧作品是集体智慧的结晶，不仅需要编剧的创作，还有导演、演员、摄影、后期等各方面的创作以及投资、制片、宣发等的配合，这就要求编剧专业知识过硬，了解行业的不同环节，成为领域内的全才，才能更好地沟通工作，相互配合，兼收并蓄，只有这样才会创作出大众喜闻乐见的高质量影视剧作品。

(三)积极主动的知识获得观

知识是由文化创意人才主动建构的，并不是原封不动地接受原有的知识，而是结合了个人的经验不断发展完善的。传统意义上的知识获得观强调确定的知识，是对于客观事物及其规律的把握，而文化创意人才秉承着积极主动的知识获得观，认为知识不是固定不变的，而是螺旋式上升、不断演进的，继而引发了创意领域的不断创新。

文化创意人才的知识获得是一个积极主动的过程，将书本上的知识积极内化，主动吸收成为自身知识体系的一部分。通过学习新的知识，使新知识与观念中的旧结构相互碰撞，新旧知识得以充分整合，旧知识得到更新，原有知识结构得以拓宽，更好地理解了新知识。新旧知识在头脑中进一步整合，文化创意人才可以有意识地在新知识结构、旧知识结构之间建立起层次关系，形成多层次、有秩序、相关联的有机整体。通过这个知识结构的有机整体，便于文化创意人才进行下一步的知识创新，生成新的知识、新的创意，也就是文化创意人才在已有的知识结构基础上，糅合自己的实践经验，生产新的创意，是继承与创造的统一。这一系列积极获得新知识、新旧知识整合、主动生成新知识的行为，都是源于文化创意人才知识获得观的内在驱使，他们乐于学习业内知识，充实自我，提升自我。

(四)辩证发展的知识传承观

知识是文化创意人才本身与社会文化价值互动而产生的，文化传承和创新是文化创意人才被赋予的任务。文化创意产业的发展壮大有利于文化传承和文化创新。众所周知，文化创意产业的核心要素就是创意能力，掌握创意能力的人才具备发展创意产业的条件。拥有一批高素质的文化创意人才，便能在文化市场中掌握更多话语权。不论是怎样的文化创意活动，都是在某一特定的社会环境和文化背景下产生的，都是基于文化自身资源上的创意性演绎，通过自己的创意诠释文化，以期获得最大的社会效益和经济效益。身处文化创意产业中的文化创意人才，通常具有辩证发展的知识传承观念，既能吸收和继承前人的优秀创意思维，又能不断推陈出新，结合实际需要创造适合当前环境、引领时代风潮的优秀创意成果。

文化创意产业的本质在于知识和文化的创新。文化创新实际上就是文化随着时代的发展不断更新和演进。文化并非一成不变的，文化发展的过程便是文化创新的过程。文化创意人才辩证发展的知识传承观也受此影响，既是文化发展的必然要求，也是文化创意人才自身发展的内在动力。倘若创意人员忽视对于传统文化的继承，一味追求效益，创意产业必将成为无源之水、无本之木，难以长久发展。文化创意产业须植根于文化的沃土，要求文化创意人才辩证地理解文化的发展内涵，不单单是流于形式和简单复制，也要突破传统思维带来的桎梏。只有将发展的文化与传统的文化有机结合，外来文化与民族文化结合，吸收先进文化，发扬创意人才的辩证思维，去粗取精，去伪存真，去其糟粕，取其精华，才能辩证发展地理解当代文化，创造出优质文化产品，为增强我国文化软实力添砖加瓦。

二、文化创意人才的伦理观特征

"伦理"一词最早出现在《礼记·乐记》之中："乐者，通伦理者也。"[①]东汉学者郑玄对此进行了解释："伦，犹类也。理，分也。"[②]此处的伦理指的是事物的条理。学者许慎在《说文解字》中对伦理的阐释是："伦，从人，辈也，明道也；理，从玉，治玉也。"[③]用现代语言进行释义：伦的意思是类别、辈分，用以区分辈分和长幼，进而可以引申为人与人之间交往的行为规范；理的本意是指玉石本身的纹路、层次，客观事物本身的次序等，可以引申为事物内在的特征和规律，是非得失的标准等含义。

伦理观的含义是人们对于伦理问题的根本看法和态度，是世界观、人生观、价值观的集中体现。伦理是道德的外在化，属于客观的行为关系，表现为显示的群体规范，它具有外在性、客观性、群体性的特征。伦理多指行为判断标准，它按照风俗、习惯和观念的检验和反省，来对行为进行判断。

文化创意人才的伦理观具有客观性与主观性的统一、他律性与自律性的统一、功利性与非功利性的统一这三个特征(图 2-2)。文化创意人才的内在道德要素共同组成了人才伦理观，文化创意人才的伦理观是内在道德伦理要求的规则化，约束的对象是文化创意人才自身，激励着他们做出符合其伦理观的行为，体现着文化创意人才之间的互动、创意人才与创意资源之间的互动、文化创意人才与社会环境之间的互动关系以及处理这些互动关系中所坚持的行为准则和规范。

图 2-2　文化创意人才的伦理观

(一)客观性与主观性的统一

文化创意人才的伦理观既存在主观性也存在客观性，是客观性与主观性的统一。从客观性的角度来看，文化创意人才的社会活动离不开人与人之间的交往与合作，自然也就存在人与人之间的伦理关系，这种关系是一种客观性的存在。这种客观性融合在创意生产、销售、反馈中的每一个环节，其中产生的伦理关系和伦理性因素是一种客观性的存在，是进行创意活动的必要条件。从主观性的角度来看，文化创意人才的伦理观是其内在的主体意识，通过具体的外在行为才能表现出来，主体性是人自身作为某种行为的主体的价值特性。文化创意人才伦理观的主观性是文化创意人才在创意生产过程中所表现出来的独立自主的特性，能够自觉地进行创意活动，具有充分的能动性。伦理观虽然是看不见摸不着的，但却是实实在在存在的，是不可否认的客观性存在，但是其客观性存在与内在的主观思维和行动是相生相伴的。

文化创意人才的伦理观是客观的社会关系和人的主观意识互相作用的结合体。马

① 陈注：《礼记》，205 页，上海，上海古籍出版社，1987。

② 阮元：《十三经注疏》，1528 页，北京，中华书局，1980。

③ 许慎：《说文解字》，12 页，天津，天津古籍出版社，1991。

克思曾提出关于这个观点的著名论断："人们按照自己的物质生产的发展，建设相应的社会关系。"[①]也就是说，伦理观是受物质生产的发展影响的，即物质资料的生产方式，任何时代的进步都受制于当时的社会条件，人类社会的演进的一个客观的历史进程；同样，社会的方方面面都是由人类按照当时的物质生产的发展而建立起来的，这其中必然蕴含着人类的主观思想。例如，不同时代从事媒体行业的文化创意人才，运用着不同的物质手段进行信息传播，报纸时代、广播时代、电视时代、互联网时代的传播手段都不尽相同，但是传播的方式、传播的内容等都是源于文化创意人员的主体思想。

（二）他律性与自律性的统一

文化创意人才的伦理观通常是他律性与自律性的统一。他律是指"服从于自身以外的权威与规则的约束而行事的道德原则"。自律是指"不受外界约束和情感支配，根据自己的善良意志按自己颁布的道德规律而行事的道德原则"。从他律性的角度来看，文化创意人才的工作职责是社会赋予的，是客观存在的外在规范，经济基础、政治关系、社会环境、文化环境等都会对文化创意人才进行规范和约束；法律法规、规章制度、社会规范、道德准则等也会对文化创意人才的伦理观进行他律性的影响，受外在规范的约束和节制。例如，新闻媒体从业者就必须承担起平衡社会效益与经济效益的责任，当社会效益与经济效益冲突时，经济效益必须让位于社会效益，这是新闻媒体他律性的规定。新闻媒体作为党和政府的喉舌，向人民传播信息，为党和人民服务，必然要受到意识形态方面的管控。

从自律性的角度看，创意人才的创意生产是受其主体思想支配的，创意行为是在创意人才自身的道德伦理影响下进行的。创意人才的他律性行为受制于外力，受外在的规范制约，是社会对创意人才的角色定位和约束。但是，他律性的规范节制，始终是外在性的行为，倘若创意人才没有将这些外在规范转化为内心真正的思想约束，没有实现他律到自律的转变，是难以达到期望的规范效果的。同样，创意人才最初的道德约束是从学习和接纳他律性的规范为起点的，而当外在的约束内化为自身的自律性时，才能实现真正意义上的自我规范。唯有创意人才自发地将外在约束内化为约束内心的道德力量，才能真正达到自我约束，自我管理，成为高度自觉的自发行为，而非是外在的强迫，有时过度地强调外在约束反而会适得其反。将创意人才的他律性内化为自律性，即使是在没有具体规章制度约束的某些新领域下，创意人才也会引导自我，做正确的事。

（三）功利性与非功利性的统一

文化创意人才的伦理观既有功利性的一面，也有非功利性的一面，是功利性与非功利性的统一。创意人才的工作性质使得创意人才不可避免地具有功利性的一面，文化创意人员需要满足自己的生活需要，维持家庭的吃穿，用来进行娱乐化消费，提升自我的消费等，这些都充分地说明创意人才需要有功利性的一面，才能更好地满足自我需要，更加有动力进行创意生产。

文化创意人才功利性的一面并不影响其非功利性的思维，文化创意产品的特殊性就表现在创意产品的精神性，是创意内容构成了消费的内容，尽管大多数创意内容需

① 马克思、恩格斯：《马克思恩格斯全集》，144页，北京，人民出版社，1958。

要依附在具体实体上，但具体的物质形态只是载体，人们消费的是创意产品的精神内核。创意产品精神性的特征决定了其意识形态属性，带有创意生产者精神内容的主观输出，是精神内容的物化。人们在消费文化创意产品的同时，或多或少会受其影响，因此，文化创意产品在进行娱乐价值或者教育价值的传达时，不可避免地需要发挥意识形态的作用，很多时候创意人才所提供的创意产品是超出个人利益的，是为人民群众提供精神文化产品，满足人们的文化需要和娱乐需要，是为社会的整体利益着想，为提高社会整体的文化素质而进行创意生产。通过文化创意产品的生产，输出正确的价值观念、高尚的道德观念、优雅的审美情趣等，凝聚社会精神，建立向上的价值观，提高国民整体素质。文化创意人才要把握好社会效益与经济效益的辩证关系，传达正确的思维导向。

三、文化创意人才的审美观特征

审美是指人类通过感觉、知觉等对外界事物的感知活动。在《中国工艺美术大辞典》中，审美被定义为："人对周围现实美的特性(如社会关系中、人的行为中、艺术中的美和丑、崇高和卑劣、悲剧性和喜剧性)的一种特殊感受"。亚里士多德将审美的观念被看作对客观现实美的观照，是快感、愉悦与求知的统一；达·芬奇则认为美的感觉最初是来源于对美的欣赏；康德对于审美的认知则是一种情感判断，认为审美只涉及形式，不触及利害计较和欲念的满足。

审美观则是建立在审美基础上形成的对于美的认识，通常建立在审美活动中，是作为审美主体的人所持有的，对美的标准的态度和看法的总和，建立在理性与感性的统一上。文化创意人才的审美观是在对美的实践活动中逐渐形成，又能反作用于文化创意人才的审美活动，进而形成了相对稳定的审美观。审美观是人们在进行审美实践时所坚持的评判标准，不同的人在进行审美评判时，评判的标准不同，其审美观或者说是审美的评判标准会受到时代、民族、阶级、社会生活等方面的影响和制约，也会受到教育水平、道德观念以及职业环境、年龄大小、实践经历、社会环境、家庭环境等各方面因素的影响。

中华文明历史悠久，源远流长，留下了无数的文化艺术瑰宝，不论是诗词、书画、建筑、雕刻、陶瓷、戏剧、乐曲、小说等各个方面都精彩纷呈。当下，这些凝聚着中华民族精神的优秀文化需要文化创意人才传承并发扬光大，深受中国美学浸润的文化创意人才也形成了别具一格的审美观：包括审美的多样化、审美的专业化、审美的高雅化(图 2-3)。

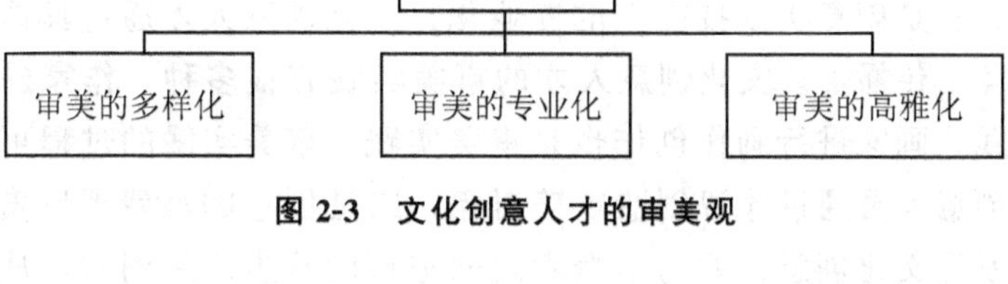

图 2-3　文化创意人才的审美观

（一）审美的多样化

文化创意人才的审美观决定着文化创意行业审美水平的整体性，倘若不具备多样化的审美是难以立足的。文化创意产业本身是一个涵盖面非常广阔的行业，一方面文化创意从业者多样化的审美观是由于个体的差异性决定的，不同文化创意人才的审美观由于受教育水平、道德观念、宗教信仰、社会环境以及年龄大小、所从事创意门类的不同等因素，其审美观会表现出差异性；另一方面是因为文化创意人才本身需要练就多样化的审美来应对工作中多样化的需要，倘若文化创意人员没有多样化的审美素养，是难以应对瞬息万变的文化创意产业发展的。

不同的人拥有不同的审美观，文化创意人员需要拥有多元化的审美思维来应对，每种审美都有其对应的受众，文化创意人员需要具体事件具体分析，对症下药。例如，综艺节目《创造 101》，通过将一个非主流审美的女孩置于话题之中，制造了现象级的话题流量，通过部分人的口口相传，将越来越多的网民纳入节目的收视群体。节目组精准地把握了当下审美的反向口味，意识到大众看够了千篇一律的流水线上量产的美女后，会选择了更加自由、更加多元的审美理念，不再将外貌作为审视女团的第一标准。这种对传统审美和成熟商业偶像模式的反向思考，尽可能地发掘了多元化的粉丝经济价值。

文化创意人才多样化的审美洞察力，对于发掘内涵丰富、价值较高、可操作性高的创意资源具有极大帮助，为实现优秀创意奠定了基础；文化创意人才多样化的审美想象力是实现创意的重要因素，缺乏想象力的创意作品难以吸引并且满足受众的审美需求；文化创意人才多样化的审美传达力会影响内容创意的转化力度。即便是来源于同一素材的创意内容，在不同表达方式上进行的创作都是不同的，同一内容的电影创作方式与电视创作方式不同。例如，张艺谋导演的电影《红高粱》和郑晓龙导演的电视剧《红高粱》，创意的出发点都是作家莫言的小说《红高粱》，而上述三种创作方式搭载的物质媒介不同，呈现出来的作品效果则大相径庭，在形象的塑造、表现手法、意蕴揭示方面具有很大差异，表达的侧重点各有不同。

（二）审美的专业化

运用专业化的审美视角去衡量文化创意产品是文化创意人才的共同点，专业化的审美来源于高素质的专业化文化创意人才队伍。文化创意人才审美的专业化包括以下三个层面：一是审美价值与理念层面上的专业化，研究审美价值，必须先要认识到艺术价值的复杂多样的性质，认识是实践体验的前提，只有被审美的对象和人具有审美视角、发生互动时，审美体验才会产生；二是审美理论与审美知识层面的专业化，审美理论是文化创意人员经过学习或者实践形成的审美意识的理论形态，通过学习前人的美学思想、美学观点、美学学说等，对审美实践经验进行理论概括，解释审美现象，揭示美的规律；三是创意实践技能上的专业化，文化创意人才通过具体实践有目的地创造美、生产美、传播美。文化创意人才的审美实践有很多种，作家进行文学作品的创作是审美实践，画家进行画作创作也是审美实践。审美实践的过程可以分为两个步骤：一是文化创意人员通过才智创造审美对象；二是创意的消费者欣赏、认同、接纳审美对象，也就是文化创意人才与消费者之间进行的从生产到消费，从创造到接纳的过程。

文化创意人才审美的专业化是经过了主动学习理论，广泛涉猎书本知识，积极思考并且认真总结，细心观察周围生活中美的事物，积累丰富的生活经验，勇于探索并且进行审美实践来实现的。最关键的要素是文化创意人才自己能否不断地进行自我探索、突破知识的边界，进行能力的提升。详细地说，自我能力的提升是通过读书、学习、培训、深造等途径学习理论知识，积极地学习前人的经验来实现的，文化创意人才需要主动地将理论知识运用在实践当中，并且总结在实践中形成的新的理论和实践经验，不断学习和完善知识体系。文化创意人才的审美专业化总是源自积极的思考和主动的实践，没有思考的过程就不能发现问题，也就无法根据问题进行实践的探索，“学而不思则罔，思而不学则殆”说的便是这个道理。文化创意人才通过对知识的获取，再到理性的思考分析，从而付诸于文化创意活动的实践，并且在实践中发现问题和解决问题，再反馈于理论的完善和上升，便是文化创意人才审美专业化的成长过程。

（三）审美的高雅化

文化创意人才的审美高雅化不仅表现在对于优秀文艺作品和高雅文化的欣赏和赞美，还表现在接纳多种文化的包容性，能够用专业的眼光进行审美。这种海纳百川的审美情趣，是审美视角达到一定高度时才能表现出来的。文化创意人才审美的高雅化对于创造优秀文化产品、提升社会整体的审美观具有很大的积极作用。审美的高雅化代表着当下社会和民族的审美理想和文化主流，可以促使人们提升审美水平，接纳高雅文化。

文化创意人才审美的高雅化表现在审美经验的高雅化、审美趣味的高雅化和审美理想的高雅化三方面。审美经验的高雅化是指文化创意人才通过反复的创意学习和实践形成的对于高雅的、优秀的文艺作品的识别能力。文化创意人才通过其审美的敏感度在众多作品中发现优秀作品，产生审美注意，发现美并且沉迷到审美实践中。文化创意人才的审美判断力也能够在极短的瞬间对于审美对象的本质高下做出判断。审美趣味的高雅化是创意人才以丰富的文化知识积淀作为支撑，以丰富的审美经验作为途径，实现高雅的审美激情。不同层次的审美主体能够激励文化创意人员不同程度的审美激情，高雅的、符合文化创意人才审美品位的作品自然能引起极高的审美激情。审美理想的高雅化是文化创意人才对于审美最高境界的追求，不仅仅是外在感官的审美愉悦，更是心境情境的深切感受。文化创意人才审美的高雅化可以发现美、创造美，加深文化创意者的美感体验，达到愉悦自身的目的；能够自觉地提升审美判断力和敏锐度，是完善自我的重要途径；还能够提升审美趣味，获得人生感悟，实现审美理想高雅化的至高追求。

案例分析

案例一　文化创意人才的转型尝试：罗振宇和他的“罗辑思维”

互联网时代，泛滥的信息和精品的内容似乎是一对矛盾，由此催生了知识经济的到来。2016 年被称为“知识付费经济”的元年，这一年，知乎 live 专栏、分答、喜马拉雅、得到、千聊等知识付费产品的兴起，引起了社会的关注，“知识付费”成为新的风口。知识付费有利于人们高效筛选信息，激励优质内容的生产，这两个条件不断催生完善的交易市场和生态，知识付费悄然崛起。在种类繁多的知识付费产品中，有以喜马拉雅和得到为代表的专业化垂直内容；有以千聊、分答、荔枝微课等为代表的生活化实用内容；有以社群为基础的知识付费APP如小密圈、贵圈；有基于平台的付费模块，像知乎live、微博问答；还有内容社区的打赏模块，如微信公众号、人人都是产品经理、简书等。

一、知识付费兴起的原因

知识付费由来已久，为何知识经济突然变成风口了呢？互联网时代，人们长久以来已习惯了对网上资源的免费获取，而现在，随着用户版权意识的提高以及新一代消费者消费观念的改变，“知识付费”的概念逐渐在互联网领域兴起。其原因主要有以下几个方面。

一是互联网时代，确实有价值的信息成为稀缺品。面对信息爆炸，近八成人存在着对于想获取的知识或资源无从入手的情况。因此，花钱寻求专业化的帮助，对大多数人来说，为其节省了时间成本。

二是在线支付的普及和便利，使小额钱款的支付成为可能。随着支付宝、微信、银联电子支付等第三方支付平台的普及，网上交易得以顺利完成。

三是消费升级，人们更加注重对自我的提升。根据马斯洛的需求层次理论，随着物质生活的丰盈，人们进而寻求对自我价值的追求与实现，对精神产品的需求随之增加。

四是音频制作的低成本与用户使用时的伴随性强特点并存。纵观这些知识付费产品，都以音频作为主要传播载体，主要原因在于音频制作成本低、程序简单，加上音频消耗的流量少与伴随性强，满足了人们可随时随地听读的需求。据企鹅智酷发布的《知识付费经济报告》数据显示，有55.3%的网友有过不同形式的知识付费行为。在有过知识付费行为的人中，订阅付费资讯和付费下载资料的人占比达到50.3%；对于已经有过知识付费体验的消费者，有38%的人表示满意，还会继续尝试。可见，知识付费有着巨大的市场空间。

二、“得到”App运营特点分析

在众多的知识付费产品中，“得到”App市场成绩喜人，在激烈的市场竞争中分得一杯羹。根据“罗辑思维团队”CEO脱不花透露的数据显示，自2016年5月上市以来，不到一年时间，“得到”App的总用户数为529万，日活跃用户42万，订阅总数130万，总人数超过79万(2017年2月21日数据)，目前“得到”App的总营收为1.409 1亿元。“得到”App凭借其不多的栏目获得如此大的收益，还拥有了庞大的用户基础，离不开以下几个因素。

(一)创始人的品牌背书

“得到”App创始人罗振宇作为从央视出来的传统媒体人，拥有丰富的媒体从业经验和资源，这使他在一开始进行转型的时候就获得了很大的便利。罗振宇的“罗辑思维”自2012年12月上线后，大获成功。优酷的统计数据显示，一直到2014年年底，“罗辑思维”光是在优酷上的点击量就超过了2 000万次，粉丝数多达50万人左右。

在累计205集脱口秀节目中，在优酷、喜马拉雅等平台播放超过10亿人次，这样的数据对于一个白手起家的自媒体节目来说是一个奇迹。此后，他通过招募会员、建立社群、举办各种活动，还进行了几次称为“互联网实验”的销售活动，例如，“惊鸿书箱”“真爱月饼”等，将商品直接卖给用户，实现了自媒体变现，这种成功的模式及规模至今无人能复制。其实，与其说是用户在支持罗振宇，还不如说是为他的名气及思维付费，像高晓松的《晓说》、黄健翔的《黄·段子》，也是基于人气作用而赢得前期粉丝。罗振宇用自己的态度和行动打造了一个受欢迎度高的“魅力人格体”，用户乐于为此付费。他一直以低姿态示人，提出了“有种、有趣、有料”的口号，自称是书童，为用户读书，是知识的提供者，并且用“死磕自己，愉悦大众”的精神把内容做到极致，赢得了用户的青睐。罗振宇已经建立了一批忠实的拥护者，本着已有用户的情感认同，用户愿意相信他的决策以及推荐，相信罗振宇的“得到”App上的内容是精品，从而萌发了购买意愿。所以说，“罗辑思维”衍生的一切产品受到关注与支持，离不开“魅力人格体”的背书。

(二)精准的用户定位

罗振宇对当代人社会心理的准确把握，是他获得成功的又一重要因素。当下变化快速的社会，寻求更好更快的成长对于奋斗中的年轻人尤为重要，但是信息呈爆炸式增长，用户虽有迫切的学习欲望却无从下手，优质的内容与泛滥的信息是一对矛盾，于是，罗振宇精选的内容就有了一定的社会存在必要。打开“得到”App的首页，出现的问候语是“和你一起终身学习”，这种给用户贴标签的方式满足了用户的内心需求，也以一种低姿态让用户产生可以与“精英”一起学习的感觉。“得到”App的受众定位是具有一定知识文化基础，对自身成长学习有要求，对知识渴望的群体，而这类人群有庞大的基数，因此，已经赢下了潜在的用户市场。之前“罗辑思维”节目和公众号的主要订阅户，存在着向“得到”App迁移的潜在可能性，为“得到”App省下了很大一笔推广宣传费用。此外，“得到”App对用户的需求定位也是值得借鉴的，通过大数据抓取的方式来留存用户感兴趣的门类，不仅有助于用户购买，还帮助用户筛选已购买过的产品，“得到”App也会通过“猜你喜欢”的功能，来为用户推荐各种垂直类电子书。

(三)严格把控的权威优质内容

此前，罗振宇通过一条朋友圈回应了很多人对如何入驻“得到”App的提问，并表示：“我们永远不会做开放平台。你若有料，我必邀请。”罗振宇的表态被外界视为代表了其对“得到”App平台上内容筛选把控的标准和态度。罗振宇在挑选知识付费服务的提供者时，有自己的标准，知识内容提供方必须是绝对的高手，“得到”平台绝对不会接受第二名。正是这条理念，使得“得到”App上所有栏目的主讲人都是该领域顶尖的人物。尽管目前App上的栏目不多，仅有26个，但是每个栏目都有可喜的订阅量。2016年6月5日，《李翔商业内参》在“得到”上线，10日内获得超过4万用户的订阅量。被订阅得最多的专栏是李笑来的《通往财富自由之路》，共计有12.608 4万份订阅，李笑来因此产生总营收2 508万元。相比于其他付费知识平台的UGC创作，“得到”更注重的是专业化的PGC生产，使得普通民众的进入门槛很高，也有效地保障了内容的权威性，让优质的内容可以传播得更广。互联网时代，信息已不是稀缺品，但是精品的信息淹没在其中难寻踪迹，因此，像这类有专业的意见领袖作为担保的知识内容，是很受用户喜爱的，在知识提供者在该领域的品牌背书和用户对他们喜爱的情感认同的双重作用下，用户也愿意为之付费。

三、"得到"App 的提升路径

从整体来看，目前"得到"App 的运营成绩是不错的，但是，它还是存在一些需要改进的地方，完善"得到"App 的运营策略，改善用户的使用体验，才有利于这个终端的可持续发展。

（一）完善内容体系，避免碎片化

"得到"App 的付费订阅栏目，每天只有一篇 2 000 多字的小短文，而且每周有一两天还是用户的问答专栏，这使得内容呈现碎片化，不成体系，想要学习的用户最终得到的也只能是碎片化的内容。一些题材宽泛的内容，如果没有主线贯穿其中，用户很难把握内容的精髓，而可能沦为被动地接受知识的灌输。这与日常利用碎片化时间学习到的内容并无差异，学习者很难从中构建起知识的体系，满足不了原本想要的需求。这种碎片化的内容，也会使用户养成碎片化阅读、碎片化吸收的结果，达不到预期的效果，恐怕也很难实现最初的知识学习的目的，这在无形中给用户造成了心理压力，甚至用户不觉得自己所得到的内容是有价值的。在"每天听本书"这个板块中，内容的接收就更碎片化了，在 20 分钟内把一本上百页的书的内容讲述出来，除了增加与他人交谈的谈资，并不能更多提升个人的素养。另外，"得到"App 上的内容从经济到艺术，涉及领域广、信息量大，容易造成信息洪流淹没用户的后果，并对用户的认知造成干扰，用户难以得到真正需要的内容。因此，在优质内容的基础上，还应该构建起有框架的内容，细化知识，而不应是一个宽泛的大标题后的夸夸其谈。

（二）增加内容库存，避免同质化

早在视频和微信公众号上线之初，罗振宇就尝试推出"得到"App，但是由于当时内容还不够丰富，运作机制不完善，"得到"App 上的很多内容与微信上重复，用户所需要的信息能从订阅号上获取，再下载一个"得到"App 实属鸡肋，无奈"得到"App 也不得不关停了。但是，今天的 App 也面临着同样的问题，App 上的内容与微信上的内容有重复，甚至付费专栏的内容在微信上能免费体验，这实在给用户很糟糕的体验，甚至有人调侃，"李翔商业内参"都变成"李翔商业外参"了，现在这个节目也确实成为免费专区。这在很大程度上说明了 App 的内容库存不充足，不足以维系运营一个 App。有些专栏作家甚至拿以前自己撰写的书中的观点来提供给付费用户，让用户觉得不值得花钱买原本就是免费的东西。用户花了钱却没有得到相应的知识服务，这种心理落差可能很难实现用户的继续订阅。"罗辑思维"团队下一步应该思考的是，如何给付费用户专属的内容体验，针对不同类型的用户提供不同的内容，既稳定现有的用户，也挖掘潜在的用户，以增强用户的信赖感，不断成为内容的订阅者。一个好的模式应该是实现 App 和微信公众号的良性互动，在相互的平台上推广彼此的内容，实现信息的最大化曝光，让更多只打开一个平台的用户也能看到相关的内容，最终实现两者的点击率提升。

（三）维系社群经济，避免离散化

"罗辑思维"打造的会员群体是一种社群经济，这些用户有着共同的目标和兴趣爱好，因而能实现有效率的交流。"罗辑思维"还通过多种手段来弱化中心的作用，建立每个人都有话语权的社群。如专属于会员的"阅后即焚小报"，第三个月就开始向群内招聘编辑员，负责一个月每天的小报内容。另一个淡化中心的措施就是微信公众号每日固定60秒语音推送以及配套的图文内容，让用户通过有道云笔记来推荐好文章分享。这些改变和措施使得“罗辑思维”的内容贡献者并不是依靠一个中心团队或者中心个体“罗胖”，而是会员与普通用户都参与的过程，使所有的内容阅读者都能成为内容的生产者、贡献者，这对社群的构建是十分关键以及本质化的转变，这也是粉丝经济和社群经济最根本的区别。但是，“得到”App上的用户，更多的是出于对创始人或专栏作家的崇敬之情而订阅，彼此之间的交流不多，与专家的互动也很少，虽说有互动栏目，但是难以确保每个问题都能被回答到。而且，这种问答的方式其实是以专家为中心，具有一定的中心性，与社群经济中“去中心化”、人人平等的理念是背道而驰的。用户更多的是对专家的追随，每一个学习者都是孤独的个体，难以对团队有归属感，很容易造成用户黏性不强，从而失去了对其的吸引力。因此，如何增强用户间的互动，维系其中的情感纽带，是“罗辑思维”团队下一步应该考虑的。让用户在交流中达到情感的升华，建立一种对品牌的忠诚度，还可以实现以熟人带动熟人的模式，实现订阅数量的增长。

四、结语

从目前的发展情况来看，知识付费领域的产品很多，这些不断兴起的知识付费产品体现了人们对优质知识的渴求，这一趋势还将在未来持续很长时间。这些产品各具千秋，各有定位，但是仍缺少垄断性的行业巨头。“得到”App作为一个比较新的产品形态，还有很大的成长空间。

“得到”App基于目前所取得的成绩以及背后创始者的聪明才智，可以继续发扬自身的优势，在专业生产内容方面用心深耕，持续为用户提供优质的内容，优化用户的使用体验，就有更多机会在这个领域中大有作为。

（资料来源：谢金钿，周建青．知识付费运营特点及提升路径——以“得到”App为例[J]．视听界，2017(5)：76-79.）

案例二　王潮歌：我就是一个手艺人

老工匠会悉心打磨别人看不见的抽屉背面，在王潮歌看来，这就是价值观，而不仅是所谓的工匠精神。专业精神代表着一个时代的气质，追求极致的专业精神，可以在企业上下形成一种文化上的共同价值观，并由此培育出企业的内生动力。著名导演王潮歌，是这个时代出色的艺术家，被誉为中国最具创新精神的导演。从《印象·刘三姐》到《又见五台山》《又见国乐》《又见敦煌》，她像一个老匠人一样，一点点打磨自己的作品。

一些看似疯狂的行为发生在王潮歌身上，好像反而才正常。

比如，创作《印象·刘三姐》时，她在两年间不断推倒重来，先后修改过109次。再如，她曾为了让常年居住在深山里的少数民族业余演员达到她要求的专业演出水平，下令谁表演不好，谁就别吃饭，自己也不吃。结果在近10天里，她每天以咖啡、葡萄干果腹，同时保持早8点至晚12点的高强度工作。

王潮歌开创了实景演出“印象”系列和室内情景剧“又见”系列。她还是2008年北京奥运会开幕式的导演之一，2010年上海世博会民企馆的总导演。她也是现今我国作品观影人数最多的导演，每百人中就至少有两个人看过她的演出。

但王潮歌从来没有停下过，她说："我做的不是精品，是绝品。"

北京大妞王潮歌生于书香门第，少时就热爱文学创作，14 岁时诗作发表在《人民文学》上，紧挨着贾平凹的诗。高考时，她选择了北京广播学院的导演系，大三那年执导《暑假里的故事》，在中央电视台反复播放了多次。1995 年，舞台剧《华夏民族魂》在人民大会堂演出，让王潮歌逐渐为业内人士所知晓。

真正走入公众视野的是她导演的《印象·刘三姐》，宏大壮观的山水实景，气势恢宏的表演，触动无数观众的心。世界旅游组织官员看过她的作品后说："从地球上任何地方买张机票来看都值得。"在这一时期，王潮歌、樊跃和张艺谋被誉为导演界的"铁三角"。

"他(张艺谋)会挑选伙伴，挑你的背景、你的专业、你过往的经历、还有很重要的一点，你对这个项目是不是够上心，够热情。"张艺谋的投资人之一叶迅说。王潮歌是组合中不可或缺的一角，靠的是"第一，相信我一定要比他更勤奋；第二，一定要比他更聪明"。当时曾有媒体这样评价王潮歌："她的热情和用心可以打 120 分，战神附体、刀枪不入、金刚不坏。"

如果你能看到王潮歌的工作状态，就会知道以上所言非虚。爱美的她能一连多月穿黑棉服裹头巾，在冬日海边的露天剧场，顶着海风上下跑跳，就为执导《印象·海南岛》；她能在排练期间，像探测机器人一样，一晚上发现二三十条问题。而这种高频率的颠覆原有创意的"疯狂"，在她执导奥运会开幕式时体现得淋漓尽致。有一个在奥运会导演组中很流行的笑话：构思创意讨论会上的人们是不能轻易去厕所的，而且即便忍不住去了，剩下的人也会担惊受怕，因为等那个人回来，之前所讨论出的成果被推翻的可能性将会大大增加。

"之所以要不断地调整和修改，不断地经历这种创作中的磨难，就是希望能给大家献上一部好的艺术作品，我希望观看演出的朋友也能够看到我们这些创作者的敬业与真诚，印象演出是天赐的，我渴求这种赐予，但我更知道天道酬勤。"

这些年，王潮歌慢慢走出"铁三角"组合。她先是同樊跃一起开创了情境体验剧《又见平遥》(图 2-4)，随即独立执导《又见五台山》和《又见国乐》。王潮歌把创作比作"爬坑"，功成名就之后，她仍然愿意把自己抛下深渊，再次向高山进发。

图 2-4　大型情景剧《又见平遥》的演出现场

这次，她执导的是《又见敦煌》。"大漠孤烟直，长河落日圆"，但敦煌触动王潮歌的不仅是美景。敦煌的“绝无仅有、玄秘、史诗般的感觉”吸引着她，打捞敦煌的历史变迁，并展现给世人，成为了她的动力与压力。

“我王潮歌何德何能，要肩负起还原敦煌文明的使命，我真想穿越回几千年前，看看敦煌究竟是什么样子。”诗词、佛教、建筑……王潮歌找来了一大批关于敦煌的书籍研读，“一年多了，每天敦煌都一直在我脑子里头”，简直“走火入魔”。

对于敦煌，王潮歌认为所有人的状态都是在井底。故纸堆里、壁画上只有微弱的亮光，指引她向上爬。这种绝望中寻找突破的状态，对她而言并不陌生。

对《又见敦煌》，王潮歌已经说不清改了几稿，“少说几十，多说得上百”。每一次的颠覆，每一次的否定，对一个艺术家来说都是灾难，但又意味着浴火重生。

王潮歌非常清楚颠覆的可怕：增加工作量，会把自己推向深谷，也会让一起工作的人疲惫不堪，最终，所有的压力，包括时间的压力、资金成本的压力都将压向自己。但她不屑于打磨和改进，她要的是颠覆，在诋毁性的颠覆中日臻靠近心中想要的作品。

比如，1.8 米宽的布景放在 3 米高的台子上，人站上去会是什么感受？如果 4 米高呢？王潮歌为了精准的效果，就得搭一个 4 米高的台子，在那上面放上 1.8 米宽度的布景，她亲自站上去感觉。这些创作，她必须要实验，不合适就得推倒重来。

她想在演出场景中加入移动屏幕。通常情况下，屏幕移动，焦距变了，影像效果往往“差之毫厘，谬以千里”。没有成熟的技术，王潮歌和团队就天天在琢磨怎么做跟焦系统，使得屏幕移动后，影像投在屏幕上还是清晰的。如果这个设想实现不了，她就得重新规划这块的空间设计，甚至是剧本也要重写。

但创作团队相信王潮歌，当《又见五台山》距离公演还有三天时间，还在艰难复排时，他们仍然认为，这个困难不管有多大，有王导呢，告诉她，她会解决的。“我也会这样告诉我们的人，不用着急，有我呢，会有办法的，我能行。”一个拍摄王潮歌纪录片的导演说：“她脑子里有个小宇宙，‘脑洞’一开，问题就解决了。”

即使到正式演出，王潮歌的创作过程才只完成一半，剩下的，她要和观众一起完成。“我的作品最重要的是抚慰人心，所以观众的感受对我而言很重要。我会根据观众感受做调整，希望他们能够觉得它好。”

导演通常是个全才，需要懂剧本、表演、灯光、舞美等。这些东西，“谁都甭想蒙我，我没有不知道的”。对于王潮歌，她还多懂得一门技艺，即建筑设计。北京市建筑设计研究院院长朱小地这样评价与王潮歌的合作，“我们在设计过程中和王导的创作团队是一种斗争”。他们成功合作了《又见五台山》，现在正在《又见敦煌》的建筑外形设计上“斗争”。

王潮歌提议，将敦煌建筑做成沙漠里边的水，黄色的沙漠，一个蔚蓝色的晶体在里面，象征着希望和生命。朱小地院长也很喜欢，但他觉得建筑要写意，不需要做成水滴形状。这中间尺度怎么把握，两人还没达成共识。不过根据过去的经验，王潮歌说，“一般是以他惨败我胜利告终”。

王潮歌脾气急，个性张扬，自己也说“工作中有点不容人”，看见人犯了错，不能好言好语跟人家说，反而是“恨不得毙了人家”。50 多岁的朱小地当了多年的国企主要领导，但每次与王潮歌的创作团队讨论，都会遇到很尖锐的碰撞，这多少会让他有些难堪，但他更“舍不得放弃”这种直抒己见的创作氛围。

对于王潮歌的创作团队，这种感受更是强烈。很多团队成员已经跟随王潮歌十几年了，每天经历创作的痛苦与快乐，甚至陶醉在这种远离人间烟火的创作中。工作室的门卫大爷早适应了他们这种拼命工作的作风。哪天如果王潮歌他们夜里 11 点、12 点离开，大爷还说："今儿走得早点。"

在管理团队上，王潮歌信奉"无为而治"。"管理办法有两种，一个是管人身，一个是管人心，心怎么归我呢，要靠共同的价值观，共同的艺术观和以身作则。"

王潮歌极度自信，更幸运的是，她将自身天赋、喜好、专业和职业完美统一在一起。她的团队，招揽了不同领域天资不错的人才。他们都极度勤奋，这个勤奋不光是后天的努力，更因为陶醉其中。"我理解的勤奋就是不舍得睡，不舍得耽误任何一分钟的时间，觉得干这个事情极度有趣，我就没完没了地干。"

在王潮歌看来，创作没有专业和不专业之分，更反对设立专业门槛。她评判作品，就看喜欢和不喜欢。如同西天取经，在历经种种磨难后，她将作品打磨成极棒的艺术品，然后收获观众的喜爱，从而她成了"中国最会赚钱的演出导演"，但她创作的初心永远是推出好作品，抚慰人心，而不是金钱。

艺术可以有商业属性，但它根本不是商业。王潮歌想要浇灌人的心灵。在《又见平遥》里，她写的是，我是谁？从哪里来？在《又见五台山》里，她写的是，我是谁，我要往哪里去？在她看来，世界上有一种慈善是扶危济困，也有一种慈善是抚慰人心，"我做的是大慈大悲之事。"王潮歌说。

王潮歌之所以被称为这个时代最专业、最出色的艺术家之一，或许源于她要用这种"度人"的善意去完成创作。这种价值观，在专业之上，千金不换。

老工匠会悉心打磨别人看不见的抽屉背面，在王潮歌看来，这就是价值观，而不仅是所谓的工匠精神。这是老工匠对自己手艺的尊敬，也是对使用者的尊敬。这或许就是这个时代的专业精神。

"我和老工匠完全是一类人，我觉得自己就是一个手艺人。"

（资料来源：段明珠，邓攀. 王潮歌. 我就是一个手艺人[J]. 中国企业家，2016(14)：42-45.）

思考题

1. 探讨人才的评判标准。
2. 比较创意人才与文化创意人才的区别和联系。
3. 简述文化创意人才的基本特点。

本章小结

1. 人才是指具有一定的专业知识或技能、有能力从实践中把握根本的经验、具有良好的素质和一定的创造力，在特定的社会历史条件下，以其创造性劳动，对社会发展和人类进步做出积极贡献的人。

2. 狭义上的创意人才主要是指创意的生产者，从事创意产品或服务的开发、设计，具有专业属性，是专门从事创意活动、以创意为职业的人。广义上的创意人才，是指存在于创意产业链各个环节的专门人才，主要是指创意生产者、创意管理者以及创意经营者等。

3. 文化创意人才是指经过系统的学习，能够掌握较高水平的文化知识，具备一定的创意思维和专业素养，能够运用自己擅长的技术手段将创意转化为文化创意产品或服务的人才。文化创意人才能够通过敏锐的嗅觉感知到当前行业的发展动向，能够充分运用个性化的艺术表达满足不同类型的消费者需求。

4. 根据文化创意产业人才所在的行业类别，可以区分为电影创意人才、广告创意人才、策划创意人才、设计创意人才、视觉创意人才等。

5. 关于知识问题的总体认识和基本看法，构成了文化创意人才的知识观；人才内在的道德要素，共同组成了文化创意人才的伦理观；对美的标准的态度和看法的总和，共同构成了文化创意人才的审美观。

第三章　创意思维

第三章课件

本章学习目标

通过本章的学习，学生应了解或掌握如下内容：

1. 思维的分类与特征；
2. 文化创意思维的特征；
3. 创意思维的开发方式。

学习重点、难点

1. 集体创意的开发；
2. 个体创意思维训练；
3. 社会文化环境对创意思维的影响。

第一节　思维种类

一、形象思维和抽象思维

按思维内容的抽象与否，可以将思维的种类分为形象思维和抽象思维。

形象思维，是指运用形象来进行的思维活动，也称作“艺术思维”，与“抽象思维”所对应，是文化艺术创作的主要思维方式。形象思维需要作者通过关注生活，从现实生活中汲取创作灵感来源，再经过思维进行主体化的再创造，形成具有鲜明创作者特色的精神内容产品。

抽象思维，也称作科学思维或逻辑思维，是指人们通过抽象的概念、判断、推理作为思考的工具来认识客观事物，分析事物的本质特征和内在的规律性之间的联系。抽象思维是从认识的对象开始，伴随着认识的逐步深入而慢慢从认识对象的直观表象剥离出概念、理论，对其独有的性质进行分析。虽然抽象思维认识的出发点也是源于感性认识，但却是通过不同事物的个别、表象、偶然发生，通过抽象思维将感性认识提炼为事物的共性、本质和必然，实现从感性认识到理性认识的实质性蜕变，将现象提炼为理论。这个思维过程是从具体到抽象，将感性认识上升到理性认识。

二、再现思维和创新思维

按思维内容的智力程度，可以将思维的种类分为再现思维和创新思维。

再现思维，也称重现思维，是将他人关于某一具体事物或者对象的语言描述汇总，在思维中形成对于该事物的整体形象和体会的心理过程。再现思维在创意思维中的运用，体现在吸收他人的知识和长处，根据他人的介绍在头脑中建构新的形象，再通过生动准确的表达将脑海中的形象传达出来。对于创意活动来说，再现思维的过程是非常重要的，因为创意者个人感知到的东西毕竟有限，将别人口头的、书面的以及从其他途径获得的大量材料，运用再现思维进行提炼加工，只有博采众长才能更加充实自己。

创新思维，也称创造性思维，是一种新颖而有价值的、非结论的，具有高度机动性和坚持性，且能清楚地勾画和解决问题的思维活动。通常表现为思维主体能够打破惯常解决问题的方式，充分发挥人的主观能动性，不墨守成规，突破既有的固定思路和条条框框，重新组合既定的感觉体验，探索规律，寻找新的突破口，获得新成果的思维过程。具体来说，创新思维又包括发散思维、集中思维、立体思维、直觉思维四种形式。

1976 年心理学家吉尔福特在《人类的智力本质》一书中论证了发散性思维与人的创造力关系最为紧密，并对流畅性、变通性、独特性进行了阐述。我们在这里将发散思维定义为，“沿着不同的方向，从不同的角度来思考问题，重组信息及知识，从多方面寻找解决问题的答案的一种思维形式。”

作为一个完整的思维过程，发散思维离不开集中思维。集中思维是根据一定的规则，利用已知的信息，解决问题或产生某一结论。它是一种有方向、有范围、有条理的思维形式。如果没有集中思维，思维只是漫无边际地发散，尽管其中有正确的、新颖的答案，也会因为不能集中而寻找不到最佳的解决方案。在创新思维的过程中，发散思维与集中思维总是相互依存，辩证统一的。

立体思维也称整体思维，是指跳出点、线、面的限制，从不同角度、不同层次、不同方面，运用多种方法进行综合的多维联体思维。通过不同层面的纵横延伸，使问题的广度与深度交叉后，成为新的思维体系。立体思维有助于创意者从整体看问题，思维具有极强的联系性和开放性。

直觉思维是一种直接领悟事物的本质或规律，而不受固定逻辑规则所束缚的思维方式。它不依赖于严格的证明过程，是以对问题全局的总体把握为前提。以直接的、跨越的方式直接获取问题答案的思维过程。直觉思维的过程极短，稍纵即逝，其所获得的结果是突如其来和出乎意料的。人们对某一问题苦思冥想，却不得其解，反而往往在不经意间突然顿悟问题的答案或瞬间闪现具有创造性的设想。

三、显意识思维和潜意识思维

按思维过程意识的深浅，可以将思维的种类分为显意识思维和潜意识思维。

显意识思维是指思维过程能够被察觉，而且还能用言语进行描述的思维。首先，显意识思维具有自觉性，它表明主体处于自觉反映外部事物或自觉地与他人交流信息的思维过程。其次，显意识思维具有他觉性，可以为别人所了解、记录、评价、吸纳和利用。最后，显意识思维具有普遍性和常规性，无论是群体还是个体，都会普遍运用显意识思维来反映其意志。

潜意识思维是指思维过程不能被察觉，无法用言语进行描述的思维，它是主体对客体不自觉的、不自主的、未加注意的认识，是人们认识客观事物的一种不可或缺的反映形式，是一种未被意识到的认识。

显意识思维与潜意识思维都是人脑的机能和属性，两者相互影响、相互作用，并在一定条件下相互转化。显意识思维与潜意识思维的相互作用是产生创造性思维的重要途径。

第二节 文化创意思维的特征

一、形象思维与抽象思维的并存

形象思维是人们参与思维活动的重要途径，对于人们理解和改造世界具有重要意义。人类最先认识客观世界就是运用形象思维，形象思维出现的时间早于抽象思维。只要是从事思考的人，无论是科学研究还是文艺创作，还是日常的工作生活，都免不了使用形象思维。钱学森认为："科学工作是源于形象思维，终于逻辑思维。形象思维是源于艺术，所以科学工作是先艺术，后才是科学。相反，艺术工作必须对事物有个科学的认识，然后才是艺术创作。"①

形象思维是从整体的感性图像开始进行艺术加工，通过想象、联想、幻想和情感的融合，创造出典型的艺术形象，从而体现出创作主题想表达的艺术形象的整体意义。狄其聪在《关于形象思维问题》中认为："形象思维虽也上升到理性认识，但认识跃进的全部过程，不是脱离对象的具体感性和生活细节，而是自始至终把客观对象作为活的整体来综合地把握。形象思维是思维性和形象性辩证统一的整体。"②例如，编剧在进行电视剧本创作时，通常要大量参考现实生活，对人物的设置，情节架构从现实、整体性出发，使形象思维的创作源于生活但又高于生活。

文化创意思维中的形象思维需要一个长期的积累过程，不是一蹴而就的，是长期积累的知识和实践经验促成了形象思维在创作中大放异彩，出现突破性创新。通过知识的不断积累，使得文化创意人员形成一定的世界观，将自己的思想与作品相结合，把自身想要表达的情感通过形象表现出来。不论是何种形式的思维创造，只有经历前期的积累与辛勤汗水的挥洒，才能收获后期的硕果累累。编剧在进行人物角色的创作时，在创作过程中只有对于人物进行各方面深刻的理解和剖析，才能使剧作中的角色成为有血有肉的人物形象。

形象思维始于感性形象，通过图画、形象和意境等思维过程，其形象性的特征使形象思维具有生动、直观的特点。形象思维所反映的对象是事物的形象，形象思维的表达方式是以形象为中心创造出的典型艺术形象。不论是什么形式的形象思维作品，都是形象生动的事物，画家可以用画笔描绘，作家可以用语言描绘，设计师可以用图片或者实物表现其技术形象，摄影师可以用照片表达思想，这些形式都可以是形象思维的表达方式。

抽象思维的产生则在于构建丰富的知识结构，能够培养联想、抽象的思维能力，对文化创意工作者大有裨益。抽象思维依赖于严谨的概念、判断、推理，注重条理性和系统性，它的基本特征是将创意所需要的感性材料与科学分析相结合，并从表面和

---

① 涂元季：《钱学森书信》第2卷，371～372页，北京，国防工业出版社，2007。

② 复旦大学中文系文艺理论教研组编：《形象思维问题参考资料》，138～143页，上海，上海文艺出版社，1978。

偶然事物中概括本质和规律。当抽象思维在运转时，许多概念、定义和规则需要根据某些逻辑关系紧密相连，存在严格的内在联系，它们的发生顺序是确定的，不能任意颠倒。

抽象思维基于逻辑思维，因为只有在理性认识生活和掌握角色的基础上，再结合形象思维的处理才能营造出灵动的文艺作品。因此，文化创意工作者只有正确认识到抽象思维的逻辑性特征，才能创作出观众喜闻乐见的文艺作品。

抽象思维是思维的各种本质核心所反映的思维结果，具有高度的综合性、概括性。在文化创意过程中，通过获取大量的文化资源、素材以及相关知识，综合运用各种思维方式，深入分析并找出发展的规律，创造出新的成果。思维的创意一方面依靠全新的发明，另一方面依靠把已知其原理、概念的事物进行概括整合。当然，抽象思维的概括性和综合性也绝不仅仅是简单地堆积、叠加，而是将先前所积累的资源的优点和长处进行协调、整合和再创造。

文化创意人才的创意生产需要形象思维，同样也需要抽象思维。一名合格的文化创意人才应当实现形象思维与抽象思维的并存，创意人才开展创作过程前，形象思维的充分积累是必不可少的，只有大量的积累创意素材、创意来源，才能有进行抽象思维的基础。抽象思维可以将文化创意人才头脑中所积累的素材转化为思想和认识，产生创意灵感；在文化创意人才进行创意生产时，抽象思维也能辅助形象思维，进行查漏补缺，修正创意方向。抽象思维能够帮助文化创意人才认识事物的一般规律，将具体提炼为事物的一般和共性，是感性认识到理性认识的飞跃。形象思维与抽象思维的结合，有助于文化创意人才更好地进行艺术创作。

二、灵感思维与偶然性的突发

创意思维中的灵感，也称“顿悟”。灵感，是在某种创作活动中，因为长期的经验积累和实践活动而突然产生的创造性的构思。文化创意人员在进行创作时，时常会遭遇瓶颈，苦思冥想也难以得出解决方法时，由于某种偶然因素的启迪突然打开了思路的突破口，完成了一项创造性活动，这便是灵感的功劳。灵感的出现并不是毫无根据的，而是人依靠累积的实践经验，在经历艰苦卓绝的探索之后出现的创造性思维，既是量变到质变的结果，又是必然性与偶然性的统一。灵感思维出现时，创作者可以思维高度集中，思维敏锐，逻辑明确，完成工作的效率极高，但灵感思维并不会眷顾所有人，只有在乐于学习、精于钻研、勤于实践的创作者身上才会出现。

灵感是一种极具创造性的思维，尤其是集中表现在其独创性上。灵感通常能获得常规思维难以企及的思想成果，使得思维创造出现质的飞跃，创造出新事物、新思维，甚至能够为社会和个人创造新的价值。灵感的独创性在电影《阿凡达》中表现得淋漓尽致，2010 年詹姆斯·卡梅隆导演的影片《阿凡达》在国内掀起了“阿凡达热”，众多影院一票难求，许多影迷在上映当日连夜排队购票。取得如此令人瞩目的成绩，导演卡梅隆的个人品牌吸引力是一方面，另一方面就是技术方面的独创性和丰富的想象力，为观众呈现了一场视觉盛宴。《阿凡达》运用了当时最为先进的技术手段：3D 建模、IMAX 光影技术、数字高清、高速摄影、虚拟摄像、图像渲染以及合成等，是先进技术手段在电影创作中的独创性运用，是技术上的新突破。卡梅隆导演还匠心独具地开发了虚拟摄像机，用来实时监测拍摄画面，使摄像机拍摄演员的同时，另一端的电脑屏幕实时出现阿凡达的形象。为了使阿凡达面部表情敏锐而真实，影片拍摄过程中还采用了表情捕捉和动作捕捉技术。动作捕捉技术通过演员服装上的100多个传感器点，来记录演员每个动作的细微差别；面部捕捉则是一种微型高清摄像头，安装在演员头部，捕捉细微的面部表情变化，然后传输到计算机，使动画图像与人类面部表情高度相似。创作人员精益求精的态度和灵感的独创性才有了影片《阿凡达》的诞生，文化创意从业者在进行创意生产时，独创性的灵感会使创意作品出类拔萃，使观众眼前一亮。

但是灵感是可遇而不可求的。文化创意主体没有办法预测灵感到来的时刻、场合、受什么诱因触发，等等。就像费尔巴哈所说的那样："灵感是不为意志所左右的，是不由钟点来调节的，是不会依照预定的日子和钟点迸发出来的。"[①]H. 奥斯本对此也有相似的观点，他认为："在那些进行创作的艺术家中间，有一种非常普遍的感受，这就是艺术家在艺术创作中是某种来自他们自身之外的信息或启示的领受者，或者处在某种外部的强制或者指导之下。"[②]灵感的突发性是思维上升到潜意识产生的结果，是思维的一次飞跃。当思维在显意识中进行创造时，潜意识也在活跃运转，虽然潜意识的运作未能表现出来，但是到了一定的临界点，就与显意识产生了联系，产生了创造性的成果。文化创意工作者的灵感迸发，绝不是神灵的赐予，而是文化创意人才在实践中产生的显意识思维和潜意识思维的相互碰撞而得到的。

灵感出现的突发性是不以人的意志为转移的，但是文化创意人才可以创造条件，有意识地加强行业知识的积累，创造灵感出现的条件，营造万事俱备，只欠"灵感东风"的境界。与此同时，我们要敏感地察觉灵感的到来，不忽略任何有用的灵光一现。许多文化创意从业者、艺术家，在进行创作的过程中都会有这种灵感来临的体验，像文艺复兴时期的意大利画家米开朗琪罗，在创作西斯廷教堂壁画时，怎么也想不出来如何以宏大的场景构思来凸显画面中上帝的威严。当他苦思冥想也毫无头绪的时候，决定去户外散散心，正巧看见了天空中波澜壮阔的云彩，像极了他所追求的天堂的构思。他一下子茅塞顿开，马上回去进行绘画，创作出了气势磅礴的穹顶画《创世记》。这都是艺术家抓住了突如其来的灵感火花而突破了创意瓶颈，完成优秀作品的范例。

创意思维的偶然性，在形式上表现为出乎意料，可能是外界因素的偶然性触发，也可能是无意之中的灵光一现。要知道爱迪生在发明电灯泡时，找到了6 000多种不同的材料来制作灯丝，最终才找到了最合适的钨丝作为电灯泡的灯丝，这么多种材料，在爱迪生当时进行的实验中最终找到钨丝，偶然性因素占据了大半。

创意思维是艺术家、创意工作者等人通过接触社会的认识、业内知识的训练与创作时的氛围共同作用的结果。创意主体本身的积累造就了灵感思维的必然性；创作时的氛围则是灵感思维的触发条件，是其偶然性的因素。我们不能片面地认为灵感是偶然的，否认灵感产生的必然性条件。袁守定在《谈文》中说："文章之道，遭际兴会，摅发灵性，生于临文之倾者也。然须平日餐经聩史，霍然有怀；对景感物，旷然有会，尝有欲吐之言，难遏之意，然后拈题此笔，忽忽相遭。得之在俄倾，积之在平日……

① 《费尔巴哈哲学著作选集》下卷，504页，北京，商务印书馆，1984。

② H. 奥斯本：《论灵感》，载《国外社会科学》，1979(2)。

舍之，虽殚精竭虑，不能益其胸中之所无。犹探珠于渊本无珠，采玉于山而山本无玉，虽竭渊夷山以求之，无益也。”①这段话的意思也表达了古人也认为“灵性”的出现“得之在俄倾”，但是却“积之在平日”，变相地表达了偶然性与必然性之间的转化关系，创意思维实质上是偶然性与必然性相结合的统一体。

三、理论与实践的统一

人才是文化创意思维的来源和生产力。人才在创意的过程中担任着关键角色，要想发展文化创意产业，必须依靠的就是一批高素质的创意人才。文化创意人才属于脑力劳动者，文化创意思维的出现依靠的是多年来的教育与自我成长形成的价值观与世界观，需要丰富的知识储量。文化创意思维的产生需要相关的理论知识的储备，要求创意主体拥有一定的自然科学知识、社会科学知识、人文科学知识和专业技术知识，其中，专业技术知识的理论储备十分重要，对创意主体的学识进行了要求，包括艺术史、文化史、设计史、经济知识、营销知识、媒体知识、逻辑思维能力、出色的口头表达和书写能力、敏锐的市场意识、专业的艺术素养和审美能力等。文化创意产业知识更新速度快，创意主体的知识结构还应是开放的、动态的，随时根据认识的发展和实践的需要，不断优化和提升自身的理论知识储备。同时，文化创意主体还应了解文化创意思维的基本特征，文化创意思维的形成机制等。文化创意产业的知识面涵盖范围广阔，文化创意主体需要合理配置知识结构，争取成为一专多能的人才。

文化创意思维是一种实践思维。文化创意思维是实践中的认知和思维环节，由实践直接驱动，旨在解决实践中的认知问题。文化创意思维总是在实践中提出具体的目标、任务和计划，在整个创意思维过程中所创造的形象及其所表达和隐含的意义。都是在特定的实践目标、任务和计划所规定的范围内进行的，是为了解决现实生活中的具体问题。例如，文化创意产品的设计，创意思维一直在设计过程中发挥作用，创意主体通过提炼文化内涵，结合市场取向和受众需求，将文化意蕴和实用产品进行结合，做到审美价值与实用价值的统一，既满足了人们的精神需要，又满足了人们的物质需要，蕴含文化创意的产品自然更受市场青睐。文化创意思维的实践性不同于一般的生产实践，它主要是一种艺术生产实践，文化创意思维是产品的核心和卖点。约翰·霍金斯曾说：“创意就是在不断实践中得到的。不能只想，要在不断实践中进步。”通过文化创意理论和实践的统一，更能充分发挥文化创意思维的巨大潜力。

第三节 创意思维的开发

一、集体创意的开发

(一)头脑风暴法

“头脑风暴”一词最初用于精神病理学，指的是精神病人的精神障碍。现在，它转向了不受限制的自由联想和讨论，目的是产生新的想法或激发创新的想法。亚历克斯·奥斯本(Alex Osborn)是头脑风暴的提出者，被称作“头脑风暴法之父”。他的许多创意思维方法早已家喻户晓，最为著名的便是头脑风暴法。这种方法的目的是通过组

① 任贵祥：《华夏向心力——华侨对祖国抗战的支援》，25页，南宁，广西师范大学出版社，1993。

织成员在自由、平等、开放的气氛中，积极思考和发表意见，通过畅所欲言的讨论，找到新的和异想天开的方法来解决问题。

在创意的开发活动中，某个集体通过进行头脑风暴会议，产生解决问题的方法路径，是突破现有难题的一种极佳方式。它通常由一个小组在主持人的引导下组成。在进行集体创意头脑风暴会议之前，必须明确首要目标问题。头脑风暴法的力量在于，参与者可以在自由思考的环境中互相进行灵感碰撞，从而拓展了解决方案的思维。

一次成功的头脑风暴应当做到以下几点。

1. 自由思考，平等畅谈

头脑风暴的参与者不应当受任何规章制度的限制，首先要做到解放思想，不被束缚地去表达；其次要做到放松思维，让思维自由驰骋；最后要敢于想象，敢于标新立异，敢于创新。

2. 会后评判，鼓励引导

主持人要有一定的把控能力，会议中，禁止评论和批判他人的想法。在头脑风暴的过程中，成员需要全神贯注，在头脑风暴的过程中产生的任何想法都是有价值的，不应在过程中评判，否则会导致他人思绪中断，影响他人的积极思考，影响会议的整体气氛，所以必须坚持不当场评判任何想法的原则。

3. 追求数量，以量求质

头脑风暴会议的目标是尽最大可能得到最多的设想，无论是好是坏，以数量来确保质量，追求数量是其首要目标。会议上的每个人都必须要抓紧时间多思考，提出更多的想法。不要担心占用别人的创意，可以在别人想法的基础上产生新的设想，通过思维碰撞生成新的创意。产生的设想越多，创意就越多。

(二)强制联想法

世界上的一切事物都处于普遍联系、变化与发展的矛盾运动之中，因此，人们通常可以通过各种方式运用强制联想来连接不同的事物。强制联想法，是思维发散、拓展、聚焦的训练方法，能够开发大脑的想象力和创造力。一些在性质上相接近的事物更容易产生联想，就像我们看到粮食就会联想到农民的辛苦，看到书本会联想到知识等。但是，如果没有强制联想，人们很难在相距遥远的事物之间建立联系，而创造性思维往往需要发现或者建立事物之间的新联系。

强制联想法就是强制人们运用联想思维，充分激发人脑的想象力和联想力，提高创造性思维能力，从而产生有创造性的设想的方法。运用强制联想法时，需要在不相干的事物之间强制性地建立某种联系，使人们去联想那些根本联想不到的事物，从而产生思维的大跳跃，突破思维屏障，产生更多新奇的想法，并在其中孕育出有价值的创意。

在集体创意活动的开发中，使用强制联想法有很多优点。首先，强制联想法有助于克服思维刻板印象，将关联从熟悉的领域扩展到陌生的领域，乃至意想不到的领域，使不同的事物在不同方面、不同角度和不同层次上相互关联。差异和跳跃越大，开放思想和超常规组合就越容易。其次，强制联想法能够充分整合自身，不断更新和发展，而且可以与其他领域相结合，形成大量的非常规的新思想、新设计和新方案，就像飞机的优化改造，就来自于生物界的仿生学。人类最初对飞行的认识，便来自于鸟类。19 世纪初，英国科学家凯利模仿山鹬的纺锤形身体形状，找到阻力小的流线形结构，对航空技术的诞生起到了促进作用。

（三）移植法

移植法是一种创造和发明的方法，将某一学科和领域发现的新原理、新技术、新方法移植、应用或渗透到其他学科和技术领域，为解决其他学科和技术领域的难题提供启迪或帮助，使之取得新进展的创新思维方法。移植法主要包括原理移植、技术移植、方法移植、结构移植、功能移植、材料移植六种主要方法。创意人员在进行创意开发时，不妨利用以上六种方法，开展创意活动，将不同领域的奇思妙想移植到文化创意中来。

(1)原理移植，即把某一领域的原理移植到另一领域，解决其他学科的问题。例如，当巴斯德发表关于有机物腐烂和发酵的研究时，一位英国医生突然意识到这个原理可以移植到外科手术中。他认为有机物的腐烂和发酵是外来细菌感染的结果，术后伤口的脓疮和溃烂也是外来细菌感染的结果。于是他用苯酚（又名石炭酸）进行消毒，在 1865 年时发明了无菌手术法，将外科术后死亡率从 80％降低到了 15％。

(2)技术移植，即把某一领域中的技术运用于解决其他领域中的问题。例如，拉链的发明是由一个名叫卡特森的人构想出来的，目的是为了减轻系鞋带的麻烦，但是销路平平，并不被人们所接受。后来，一家服装店的老板把拉链移植到腰带式钱包上，这种钱包大受欢迎，获得了很好的反响。人们通过巧妙地将这一技术移植到合适的地方，实现了创新，使它发挥了更大的价值，由此可见技术移植的有用性。

(3)方法移植，即把某一学科、领域中的方法应用于解决其他学科、领域中的问题。例如，共享单车自出现以来便带“火”了“共享经济”，不同的领域都将这个方法移植到自己的身上，如共享汽车、共享充电宝、共享雨伞、景区或者商场内的共享轮椅、共享婴儿车等。

(4)结构移植，即将某一事物的结构形式或者其结构特征，部分或整体地应用于另一产品的设计、制造。例如，当普通缝纫线移植到手术中时，会出现专用特有的手术线；衣服、鞋子和帽子上使用的拉链被移植到手术中，专用的“手术拉链”比医生缝合快接近 10 倍，并且不需拆线，大大减轻了患者的痛苦。

(5)功能移植，即设法使某一事物的某种功能也为另一事物所具有，从而解决某个问题。例如，通过蛙眼原理，科学研究人员利用电子技术制成了能够迅速准确识别目标的雷达系统，摄影从业者常用的斯坦尼康稳定器也来源于鸡颈部的仿生学原理，能够极大地增强摄像机拍照运动画面的稳定性，提升人们观赏影片的体验感。

(6)材料移植，即将某种材料运用到新的载体上，以产生新的发明创造。例如，近年来极为“带货”的故宫文化创意产品，这一类产品结合了古典与现代，穿越气息十足的故宫元素产品一夜爆红。朝珠耳机等文化创意产品一经发售就被人们抢到断货。这款戴上能让人感觉像在批奏折的朝珠耳机，材质为仿蜜蜡，将古朴的仿蜜蜡材料移植到耳机这一载体上来，这样的创意将清代宫廷特有的物品与现代时尚产品相结合，既体现了复古风潮，又做到了时尚实用。

二、个人创意思维训练

通过创意思维的训练可以使个人的创意能力得到提升，个人创意思维的训练不是一朝一夕就可以练成的，需要日常的练习和积累。

(一)提升观察能力，拓展个人兴趣

创意主体可以通过对周围的事物进行细致的观察，提升创意思维。每个人都具有一定的观察能力，但是观察的结果因人而异，善于观察的创意主体可以从细微处触发灵感。由于观察主体的知识体系构成不尽相同，对同一事物的观察结论也是不同的，例如，在观察同一件艺术品时，有的人注意的是艺术品的形状、色泽，有的人注意的是艺术品出自谁之手，有的人可能只是走马观花地看一看。

同时，个人兴趣对于创意思维的发散很重要。兴趣是人们试图了解某事或喜欢某种活动的一种选择倾向。兴趣是创意思维出现的动力和催化剂。如果创意主体在观察的过程中有广泛的兴趣和爱好，那么他自然会重点关注兴趣中心，多方面地进行观察和学习，得到的观察结果就会是细致而全面的。兴趣会影响人们对事物的关注程度。有强烈的好奇心的人通常能够发展想象力和创造意识。兴趣是保持想象力和创造力的活力源泉，从而带来创意思维的产生和创意产品的诞生。保持对于外界广泛的兴趣，可以使人们能够向他人学习，获得足够的信息，并在复杂的情况和关系中保持灵活，营造出适合创意思维存在的愉快氛围。

(二)发散想象力，增强分析能力

想象力与感性思维和理性思维都有很大的关系，想象力是在头脑中转换和创造新思想的过程。在想象的过程中，创意者可以充分打开思维，不受拘束地进行天马行空的想象。创意者可以在想象中将两种事物进行优化重组，也可以通过夸张和强调突出事物的某一特性，把最典型和最具代表性的图像特征集中在某些事物身上。

其中，幻想也不失为一种好的想象方式。积极的幻想可以对创意者产生巨大的推动力，甚至可以超越社会发展的进程，进而鼓励创意者付诸实践，再困难的境地也能让创意者有坚持的方向。就像科幻作家儒勒·凡尔纳，竟然有如此奇幻的想象力，而更奇妙的是，他的想象力有很强的科学依据，这位一百多年前的作家，早就在书中想象了电视机、导弹、潜水艇、坦克等现代事物，后世的很多科学家考证发现，他的绝大多数想象的情节超越了那个时代的知识范围，却是科学合理的。

分析能力是创意主体对实践中不同现象的理性感悟，用以获得更深刻的规律理解。分析能力可以使创意主体对创意有更好的方向把握，更好地适应未来的市场需求，创意思维的分析可以是对创意市场需求方向的预测，也可以是创意过程中的质量预测，还可以是对市场反馈后的创意结果预测。创意主体应该考虑的第一件事是他的想法是否为市场所接受，倘若他的创意产品不符合市场需求，那么实现这个想法的意义不大。

(三)夯实知识基础，强化心理素质

创意思维的产生是扎实的知识与创造性的艺术思维结合的创造性活动，仅仅空等创意从天而降是不现实的，需要夯实的知识基础和全面的知识素养为创意提供温床。首先，一个优秀的创意工作者需要拥有哲学的方法论，历史性的思辨思维，一定的文艺理论和审美思维。其次，由于创意活动是基于社会这个大环境的，创意工作者掌握

必要的社会关系学、经济学理论、创意营销学的思维也会有很大的帮助。

一般来说，具备敏锐的直觉、开放的思维、流畅的思路、灵活的变通思维等的心理素质的创意者更容易产生创意思维。敏锐的直觉可以使创意者抓住一闪而过的灵感思维；开放的思维可以使创意者更善于接受新的事物、新的观念，不因循守旧，不固守于原有的思维框架；流畅的思路可以使创意者在混乱的信息中抓取自己需要的那一部分；灵活的变通思维可以使创意者弹性地面对状况。例如，最初的吸尘器是"吹尘器"，将灰尘吹得到处都是，却达不到清洁效果，一个年轻人看到后灵机一动，创造性地将吹尘改为吸尘，使用效果大受好评，这也就是现代真空吸尘器的雏形。人们通过变通思维的运用，打开了思维的另一面，在创意难以推进的情况下，不妨多灵活地运用变通思维。

(四)实践创意能力，激励创意行为

创意主体与社会的联系越广泛，他们的理解就越深刻。经验稀少的创造者往往会对社会中的某些现象做出急功近利的判断，而经验丰富的创意人员则能够透过现象看本质。具备创意思维的最终目的是进行创意生产，创意生产需要长期进行实践，创意主体必须了解创意生产需要的物质材料，否则难以将创意思维转化为现实。

实践创意能力，有利于产生创意思维。创意主体通过参与创意活动，增强创意思维在现实生活中的实践，有利于体会到自己具有的创意能力在现实生活中发生的作用，达到提升后续创意活动的信心和毅力。只有创意者相信自己具有卓越的创意能力，才能勇于拼搏，追求更高层次的卓越表现。

三、社会文化环境

(一)企业激励，促进创意落地

创意人才需要不同于传统行业的成长环境，营造自由宽松、多元兼容的文化环境更有利于创意思维的运用。创意人才需要在轻松、自由和有激励的环境中创作，需要在灵活、多变、充满竞争的环境中进步。

为创意人才提供适宜的工作环境有利于创造更多效益。哔哩哔哩(上海宽娱数码科技有限公司)上海总部的工作环境堪比休闲咖啡馆，提供不限量的员工餐和小零食，拥有影音室、台球桌，也可以带宠物缓解工作压力，而且不限上下班时间，员工却能创造更多的效率和价值。谷歌公司鼓励平等、健康、休闲的工作环境，尽可能地促进员工之间的互动和沟通，加强思维的碰撞。这种看似松散的办公氛围所促进的互动和沟通实际上对于创意思维和创造力的影响极大。在思维的碰撞中实现多样化的思维，在宽容度高的环境中，创意人才更能激发创造活力。这种员工之间的和谐氛围对于团队向心力的凝聚至关重要，和谐的人际关系有利于思维的创新，多个创意人才的配合更能达到事半功倍的效果，创造出更大的价值。

创意人才的发展需要公正透明的竞争机制，创意人才往往更善于靠实力说话。企业还需要机建完善的人才晋升机制，使优秀人才能够脱颖而出。创意人才的管理不同于传统的人才管理模式，要减少对创意人才硬性的条框控制，把控制权转化为协调共赢的合作关系。企业需要提供创意思维落地的物质基础，当创意人员遭遇物质方面的困扰时，企业应当积极协助解决，消除创意过程中的障碍，以确保创意人才能够在心无旁骛的条件下进行创作。

对于创意人才的激励机制需要物质激励与精神激励并行。创意人才的价值观是功利性与非功利性的统一，创意人员需要满足自己的生活需要，才能更加有动力进行创意生产，不能只谈理想而没有实质性的物质激励；然而创意人才非功利的一面也需要精神动力的支持，才能有创造的热情。

(二)政府扶持，设立创意园区

创意人才具有集聚性的特征，创意人才的集聚更有利于创意思维产生碰撞。政府营造尊重创意、尊重知识、尊重人才的社会氛围，会让创意人才在良好的文化氛围里更加锐意进取。

首先，在城市的发展规划中，把创意氛围的营造纳入其中，通过大街小巷中的创意美学艺术，创造整个城市的创意空间和社区，从而形成各种创意活动的联系，构建人人都有创意思维的“创意城市”。通过设立典型的文化创意街区、园区，满足创意人才的集聚，既能美化空间，又能使创意人才有用武之地，激励创意思维源源不断地产生。创意园区独有的人文艺术环境，有利于创意人才生产、体验、消费。创意园区蕴含当地的历史文化资源，创意人才具有创新精神和艺术活力，二者结合会产生意想不到的价值。创意园区具有包容性和开放性的氛围，完善的文化基础设施，更能吸引创意人才，发展文化创意活动。例如，北京798艺术区、上海1933老场坊、成都东郊记忆文化产业园区、杭州西湖创意谷，等等，都是卓有成效的文化创意园区实施案例。

其次，除了营造有利于创意人才发展的文化氛围，建立创意园区，政府还可健全文化基础设施，建立文化馆、电影院、剧院、博物馆、图书馆等，引导文化消费，培养文化消费习惯，这样更能使创意人才的创意思维有用武之地，为创意产业的培育和发展打造硬件设施。

最后，政府的职能还可以在以下方面下功夫：①完善文化创意产业人才培养、引进与使用机制，打造文化创意人才高地；②完善市场交易机制，扶持小微企业发展；③强化市场导向，培育市场主体，充分激发文化创意主体的活力；④拓展市场需求，充分发挥市场在创意资源配置中的决定性作用；⑤完善文化创意激励机制，激发创意培育及其成果转化的积极性；⑥健全和完善财税金融支撑机制；⑦完善知识产权保护制度，特别是要关注有别于版权的创意保护。[1]

案例分析

不仅仅是艺术区——798艺术区的功能提升路径

798艺术区(图3-1)位于北京的东北角——朝阳区酒仙桥街道大山子地区。此区域西起艺术区酒仙桥路，东至京包铁路，北起酒仙桥北路，南至将台路，面积60多万平方米。798艺术区20世纪50年代建成的工厂命名，是目前国内乃至亚洲最大、最成熟的艺术社区。截至2013年12月，入驻798艺术区的画廊、艺术家个人工作室、动漫、影视传媒、出版、设计咨询等各类文化机构有近500家，其中包括来自20多个国家和

① 范玉刚：《文化创意城市的理论思考——兼及“创意北京”建设的若干建议》，载《人文杂志》，2015(2)。

地区的境外机构，如法国、意大利、英国、比利时、德国、日本、澳大利亚、韩国等。798艺术区已经成为国内最具国际影响力的当代艺术的展览展示中心和国内外具有影响力的文化创意产业集聚区。

图3-1　798艺术区一角

“纽约有SOHO，伦敦有CHELSEA，北京有798。”798艺术区早已经引起了国内外媒体和大众的广泛关注，2008年北京奥运会的举办更进一步提升了798艺术区的国际影响力，使其成为北京文化的新地标。每年都会有超过300万的游客到798艺术区参观游览，而来自海外的客人更是占据了其中的30%～40%，“登长城、吃烤鸭、逛798”正逐渐成为外国游客到北京游玩的首选行程。可以说，798艺术区既是中国看世界的窗口，更是世界看中国的窗口。那么，它的魔力究竟是如何形成的呢？

一、名扬海内外的北京文化地标

北京798艺术区毗邻机场高速、京顺路等主干路，与北京的使馆区、商务区和首都国际机场等距离适中。该地块最早是100多万平方米的一片洼地，新中国成立初被选址筹建新中国的电子工业基地，又称“北京华北无线电联合器材厂”，属于国家级战略工程。中国第一颗原子弹的许多关键元件和第一颗人造卫星的许多重要零部件均产于此，使该厂具有了辉煌的历史和神秘的色彩。798在当时看来只是718联合工厂中的一个组成部分。随着后工业时代的到来，718联合工厂所生产的产品开始没落，工业用地逐渐被闲置，甚至面临被拆迁。但因为其独特的建筑风格、宽敞的厂房以及低廉的租金，赢得了大量艺术家的青睐，最先入驻的艺术家以独特的眼光对工厂进行了合理的改造利用，既保留了工业时代的痕迹，又融入了现代文化和创意元素，这才有了798艺术区的故事。

美国《新闻周刊》曾将北京入选为世界城市十二强，原因之一就是798艺术区的存在和发展证明了北京作为世界之都的人文精神和创新潜力。如今的798艺术区给社会大众提供了一个享受精神文明的去处，是“坚持以人为本，树立全面、协调、可持续的发展观”的良好印证。

798艺术区用自己独特的表达方式，展现了人与自然、人与社会如何和谐相处的主题，颇受外国参观者关注。英国当代艺术中心前任总监菲利浦·道德曾说道：“从伦敦，到纽约，到巴黎，每一个关心艺术的人都在谈论798。它从一个50多年前机器隆隆作响的工厂，转型为眼前融汇当代艺术的文化产业聚集地。它的华丽转身无声地证实了中国与时俱进的发展理念。”

未来，798艺术区将坚持“政府引导、企业主体，艺术机构共同参与”的模式，坚持“保护、促进、发展”的基本原则，将城市遗产保护、土地利用、空间规划、环境建设和文化创意产业发展相结合，遵循“艺术798为主体，时尚798为配套，休闲798为补充”的园区业态规划布局，将798艺术区打造成为集当代艺术品展览、展示交易、国际文化交流为一体、世界知名的文化创意产业园区。

二、由制造工厂到艺术区的转型脉络

798艺术区从工厂转型到艺术园区的过程中，脉络较为清晰。以2006年为界，前期依托中央美院搬迁的良机，以艺术家的自发聚集为特点，一系列关键的人物与事件成为其中的标志，2001年个别艺术家入驻，2002年艺术家开始集聚，2003年形成集聚效应，大批艺术家入驻；2006年以后以政府主导为特点，园区步入规范有序的转型发展时期。

(一)中央美院搬迁为798工厂转型首创机遇

798工厂之所以能同艺术结缘，与中央美术学院搬迁过渡有直接关系。中央美术学院从1995年迁出王府井原址，到2001年迁入望京花家地新校址，其间在798附近的北京电子器件二厂有过6年的过渡期，被称为美院的“二厂时代”。1995年，雕塑系接受政府委托，制作卢沟桥抗日战争纪念群雕。由于工程浩大，二厂的工作室空间无力容纳这一作品。为便于大型雕塑创作，隋建国教授开始在学校周围寻找更大的空间，最终在798工业区以每天每平方米0.3元的价格租用了一个3 000多平方米的仓库，作为他的雕塑放大工厂。在随后的近四年中，雕塑系的所有教师学生都在此工作。这开启了798厂从工业区走向艺术区的先河。此后，鉴于这里较安静、空间大、租金低的优势，特别是地理位置与中央美术学院邻近，隋建国又于2000年租了一个80平方米的个人工作室，成为第一个利用798空间的艺术家个体。此后，不同风格的中外艺术家群体汇聚于此，租厂房作为自己的个人工作室。同时，一些艺术媒体也加入进来，使798具有了一定的知名度。

(二)艺术家纷至沓来迅速催熟艺术区

2002年前后，798艺术区迎来了艺术家入驻的高峰期。黄锐、贾涤非、于凡、喻高、陈羚羊、刘野、孙橙宇等艺术家纷纷入驻，并建立自己的工作室，推动了艺术园区在短时间内迅速成形。2002年2月，美国人罗伯特入驻园区，此举被认为是798艺术区的开始。他租用了仅有120平方米的回民食堂，开办了798艺术区第一家艺术机构——“现代艺术书店”。罗伯特是美国当代艺术专家，因制作中国艺术网站，成为了中国当代艺术的积极传播者，吸引了众多艺术家落脚798艺术区。他所开办的“现代艺术书店”也逐渐成为艺术家、批评家、策展人等出版展览活动的新闻发布会场所。2002年3月，艺术家黄锐从日本回到北京，成为第一个被允许租用包豪斯风格大车间的艺术家。黄锐随后介绍了日本的东京画廊入驻798艺术区。10月，画廊首展“北京浮世绘”开幕，成为798艺术区的第一个艺术展览，为中国当代艺术家了解和认可798艺术区，树立了信心。“东京艺术工程”的展览让很多艺术家和经营机构看到了闲置厂房和车间的潜在价值，赵半狄、刘野、苍鑫、张小涛、石心宁等10个艺术家先后入驻798厂，租用了原料车间排列成一行的“料格子”，由原10个门隔成了10个工作室，约

1 000 平方米。截止到 2002 年年底，入驻 798 艺术区的艺术类、商业类机构超过了 40 家，艺术家工作室达到了 30 多个。“长城空间”“时态空间”等大型展示空间开始立足 798 艺术区，不断地在这里策划和举办各种艺术展览与学术活动，参与其中的艺术家快速递增，雕塑、画廊、摄影、艺术书店、出版传媒、设计广告、咖啡店、餐馆、酒吧等各类主体应运而生，自发的 798 艺术区大致形成。

(三)政府介入引导 798 艺术区转型发展

由 2003 年“再造 798”活动引起的风波之后，北京市委、市政府，朝阳区委、区政府，北京市朝阳区人大、政协、规划等部门陆续到 798 参观、视察和调研，开始谋划相关政策支持，调整区域规划。2004 年 7 月，北京市委、市政府在深入调查的基础上，明确对 798 艺术区未来的发展持谨慎而又积极的态度，奠定了政府介入 798 艺术区转型发展的基调并担任引导者。在北京市、朝阳区政府的引导下，798 艺术区逐步形成了“政府引导、市场主导、企业主体、机构参与”的机制，实现了从“自发形成、无序发展”到“规范管理、有序发展”的“质”的转型。

2006 年后的 798 艺术区发展体现了更多政策支持的影响。由朝阳区委、区政府、七星集团共同组成“北京 798 艺术区领导小组”，下设工作机构“北京 798 艺术区建设管理办公室”，挂靠朝阳区委宣传部。在这种管理体制下，地方政府、园区机构和经营主体结合成利益共同体，分担责任与风险。从 2007 年开始，798 艺术节由民间性质转变成了准官方性质。北京文化发展基金会、北京市朝阳区人民政府酒仙桥街道办事处、北京 798 艺术区建设管理办公室等 798 艺术节的组织机构，担当了“亲民使者”。2008 年北京奥运会期间，798 艺术区成为北京市重点推荐的旅游景点。到 2010 年 7 月，朝阳区委、区政府正式成立北京 798 艺术区管理委员会，主要承担 798 艺术区的统筹协调、监督管理、产业促进和接待服务等工作。政府借此更为深入地对艺术区发展予以干预和规范，主要表现在两个方面：一是政府对其配套设施与文化环境进行了整改，艺术区在配套设施和文化环境上，都有了大幅改观；二是有组织性地筹划艺术活动，为中国当代艺术发展提供指导规范。

在发展的十多年时间里，798 艺术区已经从一个文化园区、一个艺术区，转变成一个文化创意产业园区；从一个艺术交流的平台转换成了一个产业的、商业的平台。798 艺术区的功能变化之后，其聚集形态也自然会随之变化，园区生态在升级，由最初创作型工作室聚集向高端展览交易中心转变，并逐步巩固其成为国内当代艺术中心的地位。

三、园区发展面临的困难与瓶颈

798 艺术区的发展经过了大环境的不断变迁，经过了历史的不断洗礼，可以说 798 艺术区的发展过程既经历过风雨的冲刷，也见到过彩虹的绚丽。随着文化产业发展不断受到重视，园区建设不断升级，大环境的改变为园区带来了机遇，随之而来的也有困难和挑战。主要有以下几个突出问题。

(一)如何加速从“瓦片经济”向创意经济转型

房租问题是 798 艺术区长期存在的焦点问题。在发展初期，租金便宜是 798 艺术区吸引艺术家来此建立工作室的核心要素之一，从此艺术区才得以发展。但随着 798 艺术区的发展以及日益增强的品牌影响力，房租也随之上涨。房租的上涨使得一些承担不了高房租的艺术家开始迁移，原有的工作室面临更迭，高端的艺术品展示交易中心、画廊经济开始进入798艺术区，整体业态面临转型升级。在现有园区经济结构下，房租物业收入成为园区的主要来源，一旦房租上升到过高的水平，入园者无法承担空置率高启的时候，园区发展就会受到制约。因此，物业管理方一味依托房租来获得收益的“瓦片经济”模式，亟待向以艺术品交易为核心，多元业态为支撑的“创意经济”模式转型，通过对入园企业或艺术家提供增值服务获得收入，来摆脱简单依靠房租来寻求发展的初级模式是当务之急。

(二)如何充分发挥艺术家的主体作用

艺术家在798艺术区从工厂转变到艺术区的过程中起到了核心作用。早期入驻的艺术家，包括黄锐、徐勇等，对798艺术区的形成和发展起到了直接的推动作用，其中部分艺术家已经在国内外的艺术领域发挥着重大作用。但是，这部分人大部分已经离开了798艺术区。从画廊或艺术机构的数量来看，画廊、艺术机构的数量急剧膨胀，而艺术家的数量在减少，但是798艺术区作为中国当代艺术的中心，亟须强化艺术家在园区中的主体作用，一个失去了艺术家的当代艺术区，必然要失去发展的活力。为此，通过充分发挥艺术家的作用，将影响力转化为GDP是需要798艺术区正视的一个问题。

(三)如何延缓艺术区的日趋商业化倾向

798艺术区人气走旺，引起更多画廊和其他非艺术机构大举进驻，从而带动和加剧该地区的商业化。一些非艺术机构的进驻，虽然很多打着手工创意等旗号入驻，但明显表现出低俗的商业气息。商业化的过度泛滥以及商品品味的低俗，影响了整个文化区域的形象，正在逐渐失去其早期最具活力的创造性。并且，当前新发展的商铺已经和前几年以创意、精品为理念的商铺有了很大不同，有的仅仅售卖普通旅游纪念品，很多商铺的商品都是从一些小商品市场和旅游商品市场批发来的，打着798艺术区的旗号赚取利益。延缓798艺术区的商业化倾向，迫切需要提高对入园的艺术家与企业的筛选标准，确保优质的企业和艺术家入园，推动园区的可持续发展，而不是“谁交得起房租，谁入驻”的低门槛准入。

(四)如何提升画廊的经营能力

由于当代艺术投资热退潮，加上不断上涨的房租，一些画廊和艺术家开始陆续搬离798艺术区。很多画廊不能正常营业。画廊经营困难，与艺术区管理者之间的矛盾凸显，更多的画廊考虑撤离艺术区，而坚守在这里的画廊和艺术机构则面临如何与物业谈判、如何开拓市场等问题。一些画廊收支出现了严重问题，一方面支出照常，甚至因房租提高等支出有所增加，另一方面则是收入出现萎缩，有些画廊在金融危机期间，甚至没卖出一幅画。因此，培育画廊的国际竞争力，势在必行。

四、园区产业功能提升的成功经验

798艺术区作为一个自发产生、自然生长、急速发展至今仍气势如虹的国际文化艺术集聚区，既是一个生产区域，又是一个展示区域、生活区域。它深具文化发展的规律性、合理性因素，在引领发展文化自主创新上具有巨大的动能和潜力。798艺术区，是一个中国语境下的艺术特区，同时也是当代中国贡献给全球社会的一个崭新的国际艺术中心。798艺术区产业化发展之路是否能走得通，对其他园区的发展也具有重要的示范作用。

(一)创新“政府引导、多方参与”的管理运行机制

798 艺术区通过文化管理体制改革，加强对艺术园区的科学引导、规范管理和有效服务，有效推动了艺术园区的健康、有序发展，创新性地形成了由政府和国有企业共同规划治理，其管理体制、运行机制体现了政府引导、企业主导、艺术机构主体参与的发展模式。第一，着眼大局，协调矛盾，适时介入。798 艺术区自发形成过程中出现一系列的管理和规划问题，政府根据 798 艺术区自身形成、艺术家心理以及艺术区开放性等特点，对艺术区的转型发展执行引导不干预政策，并且在其转型发展过程中给予多方面的支持，从全局利益出发，积极争取各方面的理解。第二，完善配套基础设施，改善硬件环境。798 艺术区是自发形成的新兴园区，硬件基础条件差。艺术区建设伊始，为改善环境，提高持续发展的承载力，朝阳区政府投资 1.5 亿元，重点对停车位、重点道路、路灯、危旧电路、电话线路、标牌、保洁及公共卫生设施等进行了改造，使之成为管理到位、环境优美、适宜参观到访的园区。第三，加强监管、确保文化安全。朝阳区政府投入大量的精力加强艺术园区的文化安全监管，形成了由 798 艺术区建设管理办公室监督、朝阳公安分局指导、酒仙桥派出所协助、七星集团保卫部及七星物业安保部门落实的安全管理互动体系，一经发现涉及意识形态安全的问题作品，及时处理。

(二)聚焦打造 798 艺术区品牌影响力，促进形成“泛 798”效应

依托 798 艺术区的品牌效益打造 798 艺术区的软实力，将 798 不仅仅定位为一个创意园区，而是中国文化软实力的先锋代表。在这样的品牌力基础上，798 艺术区除了每年一度的 798 艺术节，还举办了包括北京 798 印象当代艺术展、798 艺术区国际儿童节、798 品牌出国门等系列活动，提升了 798 艺术区在海内外的品牌影响力。此外，798 艺术区不仅实现了自身发展，而且带动周边形成了 751、显像管厂等多个大大小小的文化艺术区，推动了北京东北角的国际化，形成了显著的正外部效应，辐射带动了附近四五十万平方米的新艺术区开发，解决了园区空间的拓展问题。例如，随着北京市政府的新规划出台，毗邻 798 艺术区的 751 北京时尚设计广场也被认定为市级文化创意产业聚集区，这一政策的出台，带来了新时期意义上的“798”，也就是出现在后来许多文献资料中所提及的“泛 798 艺术区”，而这个名词的产生标志着 798 艺术区示范效应的辐射结果。

(三)整合集聚产业要素，发展和完善园区内产业发展模式

整个艺术产业包括一级市场、二级市场，从产业要素层面看核心就是资本与人才。要想发展需要通过各种不同手段来集聚各类要素。798 艺术区在不断发展的过程中积极探索经验，从资源集聚来看，798 艺术区积极申请各级文化创意产业发展资金，并通过申请艺术品保税政策，将文化艺术贸易出口与园区发展有机结合起来。与此同时，798 艺术区建立人才库，将散落在园区内外各个艺术机构的人才集中起来，且人才库不仅是针对艺术人才，还包括策展人才、管理人才等，借助人才库，园区将成为一个文化产业人才的孵化器。

(四)依托艺委会等专业协会组织，提升园区功能

在政府的引导下，798 地区的发展充分结合区域特色和具体发展情况，从实际出

发，充分调查艺术园区和机构特色，全面建立以办公环境为核心，做好服务管理平台，做好协作工作。艺术区的健康发展应在不断变换合适的管理模式下顺应艺术园区发展规律，定期与艺术家进行交流和沟通，针对艺术区到访者开展问卷调查，广泛听取艺术家和到访人群对园区的建设性意见。为此，798 艺术区发起建立了“艺术指导委员会”，由国内外著名艺术家、产业专家和机构代表组成，主要负责针对艺术区的规划发展提出相应建议，以及对进出艺术区的机构提供评审意见。目前，这一管理模式已经逐步完善，充分调动了园区和企业机构的各方面力量，促进了园区的整体发展，成为了推动园区科学发展的有效探索。

(五)完善园区内的服务功能设施，创建良好的园区环境

798 艺术区的发展表现在其专业化水平的提升，国际化、品牌化的突出形象和开放性需求。为了激发园区的发展潜力，需要园区的物业管理水平能够得到有效提升，具体做法包括：一是引进高端的服务团队和服务设施，推动园区的物业管理向专业化、人性化、规范化转变；二是依托政府的大力支持，建立 798 艺术基金，进行资源整合和形象推广，并且通过举办北京 798 艺术节等有效措施，扩大园区影响力；三是建设公共服务平台，成立艺术区咨询中心、建立专门的接待部等，为到访者和园区机构提供优质服务，并可安排免费游览车，从园区入口处开始，经停园区主要线路和机构，同时更新楼宇门牌，为艺术机构编号，在交通要道设立五级中英文引导标志，为园区到访者提供便利服务。

(资料来源：文化产业案例研究课题组．不仅仅是艺术区——798 艺术区的功能提升路径[J]．科技智囊，2017(8)：60-66.)

思考题

1. 简述形象思维、抽象思维、灵感思维的含义。
2. 形象思维、抽象思维、灵感思维分别具有什么特征？
3. 个人应该采取什么措施进行创意思维的训练？

本章小结

1. 按思维内容的抽象与否，可以将思维的种类分为形象思维和抽象思维；按思维内容的智力程度，可以将思维的种类分为再现思维和创意思维；按思维过程意识的深浅，可以将思维的种类分为显意识思维和潜意识思维。

2. 创意思维是一种新颖而有价值的、非结论的，具有高度机动性和坚持性，且能清楚地勾画和解决问题的思维活动。通常表现为思维主体能够打破惯常解决问题的程式，充分发挥人的主观能动性，不墨守成规，突破既有的固定思路和条条框框，重新组合既定的感觉体验，探索规律，寻找新的突破口，获得新成果的思维过程。

3. 文化创意思维具有多重特征：形象与抽象的并存；灵感与偶然的突发；理论与实践的统一。

4. 集体创意的开发：头脑风暴法，即通过组织成员在自由、平等、开放的气氛中，积极思考和发表意见，通过畅所欲言的讨论，找到新的和异想天开的方法来解决问题；强制联想法，即充分激发人脑的想象力和联想力，提高创造性思维能力，从而产生有

创造性的设想的方法；移植法，将某一学科和领域发现的新原理、新技术、新方法移植、应用或渗透到其他学科和技术领域。

5. 通过创意思维的训练可以使个人的创意能力得到提升：首先，提升观察能力，拓展个人兴趣；其次，发散想象能力，增强分析能力；再次，夯实知识基础，强化心理素质；最后，实践创意能力，激励创意行为。

第四章　文化企业创意环境

第四章课件

本章学习目标

通过本章的学习，学生应了解或掌握如下内容：

1. 创意环境的本质与特征；
2. 企业创意环境的种类及内容；
3. 企业创意环境的开发流程；
4. 企业创意环境的开发路径。

学习重点、难点

1. 企业创意管理环境的营造；
2. 企业创意经营环境的营造；
3. 企业产品创意环境的营造。

在经济新常态下，全面审视我国创意环境是创意产业进阶发展的必然条件。从微观层面看，创意环境通过影响员工行为来提高企业经营额；从宏观视角看，创意环境的改善通常被认为是创意集聚的动因。

作为文化企业来说，是否具有竞争力，体现在是否具有持续的竞争优势，并在很大程度上取决于创新能力。文化企业强调的是无形资源和主体资源的开发和利用，文化企业的发展需要智力密集和思维的碰撞，需要创意环境的构造。

文化企业作为文化市场的重要组成部分，在经济发展的拉动、经济结构的调整、经济增长方式的转变等方面发挥了重要的作用，也对文化事业的发展起到了举足轻重的作用。要使我国文化创意企业的经营管理取得进一步进展，就必须营造更好的创意环境；就需要将创意环境的开发融入到企业管理经营理念之中；就必须改变墨守成规的观念，逐步建立起有利于文化创意企业自身发展的有效措施。文化企业以适应市场需求为导向，通过合理的研究与开发，提供给大众丰富多彩的文化创意产品，同时也增加文化创意企业的社会效益和经济效益，更好地发展具有中国特色的文化企业经营管理模式。

企业创意环境构造作为企业管理发展的一个新方向和文化产业发展的一个新内容，对其研究是发展文化创意产业的必然要求，对我国文化企业理论的构建和发展将起到一定的借鉴意义，在一定程度上也对文化创意产业相关理论进行了丰富和补充。同时，对于当下管理学理论发展也是一种积极的探索，这在一定程度上将有助于扩大当代管理学的研究领域和范围，更重要的是对于推动经济社会协调发展具有深远意义。

第一节 企业创意环境的本质与特征

一、创意环境的本质

在经济新常态下，人们可支配收入的增加、消费结构的演变、日益增加的经济下行压力，都在倒逼新的产业业态的出现。

创意环境包括对文化创意产业组织发生影响的区域文化氛围、产业政策、创意阶层与资本等要素。丁道韧、陈万明提出，创意环境是影响创意阶层分布的经济要素和非经济要素的统称[①]。Jacqueline Mayfield 和 Milton Mayfield 运用结构方程模型验证创意环境改善对企业经营额的促进作用，得出显著的结果[②]。Florida 指出，创意人才相较于其他社会群体对城市生活环境的便利与舒适要求较高。创意产业在大城市集聚也就是由于城市生活与工作条件的改善，便捷的交通、整洁的环境和稳定的治安等都是吸引创意人才的重要条件。除此以外，他们还认为，先进的商务环境、知识产权保护、发达的制造业和高素质的人力资本，都是构成创意环境的重要因素。创意经营环境和创意资本基础是发展城市创意产业的基础。其中，创意经营环境包括创意氛围、商务环境和知识产权保护状况。厉无畏指出，创意资本是创意产业的内在属性和基本条件。创意指数最早用来刻画创意环境的优劣，创意环境对创意产业发展有着重要的影响[③]。丁道韧、陈万明提出，优化创意环境是促进创意人才均衡分布乃至经济均衡发展的有效路径。然而，创意环境具有复杂性、多样性、稳定性，分别指创意环境的开放、包容、动态的特征。赵继敏还使用区域产业竞争力评价方法分析创意产业发展环境[④]。

兰德利在《创意城市》中指出："创意环境指的是一个具有必要先决条件(包括软件和硬件基础设施)的地方——不论是建筑群、都市的某一区、整个都市，或是某一区域——由于这些条件，观念与发明能够源源不断地被创造出来。这样的生活圈构成一种物理场所，在这个场所中，企业家、知识分子、学者专家、艺术家、管理者或学生处于一个开放放松的环境中，形成了一个平等友好的集体。彼此面对面的互动创造出新的观念、事物、产品、服务以及制度，进而带动区域经济的发展。"这里的硬件基础设施指的是建筑物与制度设置，包括研究机构、教育、文化设施、会议场所以及相关的交通、医疗保健等设施；软件基础设施则指的是社会结构和社会网络，人与人之间的交流渠道等，包括俱乐部、正规会议、非正式协会、行业俱乐部、市场协会、风险投资等。

可见，创意环境是一种综合的文化共享空间。司各特指出，创意环境内部存在明显的企业间网络和弹性的劳动市场等元素结合所形成的，一个相对高程度的信息产生和交换的基本的网络，以及一些公司不断试验的场所。格特勒则指出，创意环境是开放的社会网络和多元的文化氛围，这样的网络和氛围不仅为创意人员提供了工作和生

---

① 丁道韧、陈万明：《创意环境差异与区域经济发展——以江苏省三大区域发展为例》，载《华东经济管理》，2013，27(6)。

② Milton Mayfield，Jacqueline Mayfield，Cassandra Wheeler：《Talent development for top leaders：three HR initiatives for competitive advantage》，Human Resource Management International Digest，2016，24(6).

③ 厉无畏：《创意产业推动城市发展》，载《团结》，2006(4)。

④ 赵继敏：《区域产业分工的历史演进及对中国首都圈发展的启示》，载《改革与战略》，2014，30(3)。

活的空间，并且还在不断吸引区域外部或行业外部的人员进入，在交流中碰撞形成更多的创意。经济网络和文化氛围互相影响，再加上和谐的社会环境和便利的生活环境，形成了对创意人才的强大吸引力，最终会形成创意人才的聚集。所以创意环境是创意产生的催化剂，是培养创新的温室。如果一个地区缺乏这种综合的创意环境，那么很难形成创意人员的聚集。

营造创意环境、创意氛围，吸引人才，最终会推动企业乃至社会的发展。因为艺术家和科学家越多的地方，越能吸引高素质的居民，随着而来的是以人才为最重要的生产要素的高科技产业，然后这个地方的人口、就业机会就会随之增加，地价与工资也随着增加。所以，创意环境的营造直接或者间接地影响到了高科技产业的聚集，并最终会影响当地的文化氛围，而好的经济和文化环境会吸引更多的人才流入，从而形成了良性循环。

创意环境是融感性和理性、物质和意识为一体的一个“创意场”，不同的时间、空间又形成各个风格迥异的“小创意场”。不同的“小创意场”又彼此相互影响制约，最终形成了有一定明确倾向性的总体意识流，这种意识流构成了创意环境的内容。这是创意环境中质化的东西。而在创意环境中，创意和创意者通过哪些途径组合而形成的这种意识流，则是创意环境的形式，是量化的东西。所以我们认为，环境即“场”，创意环境即若干小的“创意场”的相互作用。

二、创意环境的特征

(一)丰富性和可塑性

创意环境具有量的丰富性和质的可塑性。由于创意环境是创意者活动的舞台，那么舞台可以是一个，也可以是千千万万个，故具有数量丰富的特性。就某一舞台(创意环境)来说，根据上演节目的不同，舞台的布置可以风格多样。所以，创意环境如果就数量的丰富性来讲有量化的丰富性；就风格多样来讲，又有其变化多端的质的可塑性。

(二)客观性和稳定性

创意环境具有客观性和稳定性。由于创意环境是创意产生的客观背景，这一背景可以是表象的，也可以是理念的。如果是表象的，我们可以一目了然。如果是理念的，我们通过分析、辨别，最终还是要将它转化为表象的东西来对待。所以，这种背景一目了然也好，雾里看花也罢，总是能反映出一些有规律的东西来。它不以个人意志所随意改变，因而又有客观性。①

(三)集聚性

创意人才喜欢人口密度高、经济较为发达、文化包容性强的城市，例如，成都作为近年来深受年轻人喜爱的城市，市中心或大学城都有不少“街头文化”，年轻人喜欢聚集在交通便捷的文化娱乐场所，方便他们面对面畅所欲言，交流思想；他们喜欢在文化公园类型的公园场所附近聚集，注重自然环境舒适度，方便他们放松心情，创造出更多新奇的想法。

如果要雇用人才，那就去行业的中心地方，如果是区域的管理者，想吸引文化创

---

① 郝鑫：《浅析文化创意产品的内涵和外延》，载《现代交际》，2012(7)。

意产业及公司，那就需要构建一个能吸引人才的环境。

创意环境一大特点就是集聚性，促使创意人才集聚的重要影响因素是见面及交流的次数。在创意环境中，创意人才有各种空间来进行相互之间的连接，或是跟志同道合的人分享自己的喜悦、庆祝传统节日。例如，在当下很多大型互联网企业的办公区域内的办公空间内，办公室的门都是透明的；有大片的开放办公场所，每个人都能看见彼此，也增进了人与人之间的连接；每一层都是连通的，最大程度增加见面及交流的数量与质量。同时设计者安插了非正式即兴的交流空间，最大程度促进沟通，并增加信任。

如果有一个强联系的合作伙伴入驻了某个社区，那它的上下游极有可能会过来，因为产业聚集将降低供应成本，提高研发协作能力，并相互协助构建熟练的劳动力等，提供更多就业机会选择，并形成协同增长。例如硅谷，山景城(Mountain View)附近聚集了大大小小的企业，都是与谷歌有强合作联系的大小公司。如果是一个对于研发人才要求非常高的企业，他可能会选择在研发机构附近去落位，因为这样比较容易接触到业内的人才。又如，位于 Mission Bay 的加利福尼亚州立大学洛杉矶分校，在它的附近有非常多的大大小小的医疗健康公司，这些公司看重的就是洛杉矶分校能提供的研发资源与人才资源。

(四)开放性

知识工作者需要移动，他们很多时间是不在办公桌前面的。研究发现，最有效率的工作者 1/4 的工作时间都不在办公室里，他们要么在开会，要么在外面非正式地交流及办公，要么参加活动，甚至在旅途上。因此，公司需要向这些人才提供移动办公的工具，如笔记本电脑，也需要建立相应的内网系统及公司政策来支持员工的移动办公，更需要在办公环境的设计上跟上步伐，不然公司空间的浪费反映在财务报表上的数字会非常难看。

作为一个产业社区的管理者、运营者，也需要提供便捷的交通与相应的第三空间。这里不得不提到“千禧一代”，他们占亚洲劳动力总数的 47%。这一代的工作时间与个人时间相混合，也更容易成为自由职业者，所以他们的“移动性”更强，而适宜“千禧一代”的办公空间设计基于三种关键的配套设施：协作空间、休息空间和餐饮空间。这类空间的需求和所占比例都将提高。

微软德国的 CEOSabine Bendiek 表示：“格子间、部门分区这些已经过时。我们的新办公室是一个跨学科实验室的孕育新想法的开放平台。”在这里，没有固定的工作位，也没有固定的工作时间，员工甚至不必在办公室工作。所有工位共 1 200 个，分布于六个楼层中，可供约 1 900 名员工使用。类似地，在荷兰工作的德勤员工，没有一张固定的办公桌，2 500 名德勤员工分享约 1 000 张桌子。这个做法是鼓励员工更多地与同事交流以及更高效地使用办公空间。员工是要去坐式办公桌、站式工作台、会议室、工作亭、包厢，小隔间或者“注意力集中室”，完全取决于当日的工作安排。

创意环境的开放性最大的创新在于把冷冰冰的办公空间变为一个社群，办公室也变得更密集和更开放，过去的隔间办公室迅速让位于各种不同形式的工作环境，从非正式的“桌子群”到团队合作，到私密的个人冥想沉静空间，空间形式应有尽有。创意环境内部由玻璃隔开的办公区、会议室、咖啡间、柔软的沙发，大部分采用的是工业化的风格，这种风格成本不高，在带来高效的工作环境的同时，更易于人们交流。这些空间可以快速组装和重新配置，可以轻松且自发地进行大型团队的互动，它们在某种程度上表现了更扁平的管理文化。而在高层的楼层中，垂直的构建方式广泛被认为是无缝协作的障碍。

（五）紧张感和放松感交替的健康工作方式

与创意人才光鲜外表相对应的是他们高强度的工作。创意环境要引导的是一种健康的工作生活方式，一种宜人的工作场所，通过各种技术手段，切实保证创意人才的健康，营造出紧张感与放松感交替的环境氛围，振奋他们的精神，提高他们的效率。创意环境通常配备了会议室、展示中心、员工餐厅、健身房、咖啡厅等配套设施，打破了传统单一的模式，丰富了8小时之外的生活空间，创造出各种多样化的“场景”，创意人才可以在这里野餐、散步、戏水，进行各种活动，激发人们的交流创新。例如，通过屋顶绿化等措施将绿化与景观引入室内，通过各种不同的景观中庭，提供景色优美、开阔明亮的集对外接待、会议展示、交流沟通等功能于一身的开放空间，有效地提升了办公场所的适应性，营造舒适健康的办公环境。

三、创意环境的种类

（一）从对人类活动影响的程度来讲

从对人类活动影响的程度来分，创意环境分为自然创意环境和社会创意环境。自然创意环境即非人类活动可以影响其本质的一些创意者活动的领域，如风、霜、雨、雪、沙漠、草原、海洋等非人类创造的环境。如人类最初从森林天然火中采取火种，那是在自然环境中产生的一个极其伟大的创意。人类利用自然创意环境的最根本目的是改造自然环境，这也是一切创意的根本归宿点。社会创意环境可以理解为人为创造的可产生创意的环境，如工业的发展使交通运输的改革提上了日程，四轮马车必须被一种效用更好的交通运输工具来代替，于是产生了火车。人类利用社会创意环境是为了使社会更符合人类的需求意愿，这是创意者的直接动机。

（二）从对创意者和创意本身影响的程度来讲

从对创意者和创意本身影响的程度来分，创意环境可分为一般创意环境和特殊创意环境。一般创意环境是一种对创意具有普遍影响力的、一种共享性的创意环境。特殊创意环境是一种对创意有影响力的特定的时间、空间条件所组合的环境。如爱因斯坦对科学知识的挚爱与个人特定的心理素质相互结合才有了相对论的发现，这个创意环境是特殊的。相对论发现后，各国对它进行研究，便形成了一个具有普遍影响力的创意环境。一般创意环境在进行着创意本身量的积累，而特殊创意环境则担负着创意本身质的突变。

（三）从创意环境的内涵来讲

从创意环境的内涵来分，创意环境可分为外部创意环境和内部创意环境。创意一般在内部创意环境和外部创意环境二者结合的环境中产生。内部创意环境指对创意有决定性影响的因素，如个人的知识层次、思维模式、心理素质、世界观、人生观等。外部创意环境是指对创意不具有决定性而只有辅助或推动性作用的创意环境。现代商业运作中，广告的作用占有相当的比例，但说到底，广告不过是一种针对产品销售的辅助性手段。如可口可乐公司作为饮料市场上一棵常青树，广告媒介为之立下了汗马功劳，但是起决定作用的还是可口可乐独到的口味。如果广告名不副实，就等于是在喝倒彩。内部创意环境和外部创意环境即内容和形式的关系，决定创意的最终因素在于内部创意环境。

（四）从创意环境对创意的利弊影响来讲

从创意环境对创意的利弊影响来分，创意环境可分为有利创意环境和不利创意环境。有利创意环境指对创意起促进、推动作用的创意环境因素总和；不利创意环境指对创意起滞后、阻碍作用的创意环境因素的总和。创意者创意的成功或失败即在于有利环境与不利环境哪一方占上风。如果是前者占上风，则会使创意水涨船高，精益求精；如果是后者占了上风，则创意或功败垂成，或被扼杀于摇篮之中。

（五）从创意者自身外向型或封闭型的思想性格倾向来讲

从创意者自身外向型或封闭型的思想性格倾向来分，创意环境可分为封闭型创意环境和开放型创意。封闭型创意环境是指在整个创意活动中环境相对封闭；开放型创意环境是指在整个创意过程中环境一直是开放的。虽然创意的实践往往证明封闭型创意环境更能发挥决策的果断性作用。但总体来讲，开放型创意环境更可取一些，因为它能使创意者集思广益，更细致、翔实地做出一些决策。

在这里强调的是社会环境而非自然环境、是特殊环境而非一般环境、是内部环境而非外部环境、是有利环境而非不利环境、是开放型环境而非封闭型环境更多更大地影响了创意的产生。

第二节　企业创意环境的主要种类

一、企业管理环境

任何组织都是在一定环境中从事活动的，任何管理也都要在一定的环境中进行，这个环境就是管理环境。管理环境的特点制约和影响管理活动的内容和进行。管理环境的变化要求管理的内容、手段、方式、方法等随之调整，以利用机会，趋利避害，更好地实施管理。尤其对于行政管理来说，管理环境的影响作用更是不可忽视。这是由行政环境的特点所决定的。因此，文化企业创意环境的营造必须进行管理环境的创新。

管理环境分为外部环境和内部环境。

（一）管理的外部环境

外部环境一般有政治环境、社会文化环境、经济环境、技术环境和自然环境，是组织之外的客观存在的各种影响因素的总和。它是不以组织的意志为转移的，是组织的管理必须面对的重要影响因素。

对非政府组织来说，政治环境包括一个国家的政治制度，社会制度，政府的方针、政策、法规法令等。社会文化环境包括一个国家或地区的居民文化水平、风俗习惯、道德观念、价值观念等。经济环境是影响组织，特别是文化企业的重要环境因素，它包括宏观经济和微观环境两个方面。宏观经济环境主要指一个国家的人口数量及其增长趋势、国民收入、国民生产总值等，通过这些指标能够反映的国民经济发展水平和发展速度。微观经济环境主要指消费者的收入水平、消费偏好、储蓄情况、就业程度等因素。技术环境反映了组织物质条件的科技水平，技术环境除了直接相关的技术手段外，还包括国家对科技开发的投资和支持重点；技术发展动态和研究开发费用；技术转移和技术商品化速度；专利及其保护情况等。自然环境，包括地理位置、气候条件及资源状况。地理位置是制约组织活动的一个重要因素。

不同的组织有一般的共同环境，同时也要在一定的特殊领域内活动。一般环境对不同类型的组织均产生某种程度的影响，而与具体领域有关的特殊环境则直接、具体地影响着组织的活动，如企业需要面对的特殊环境包括现有竞争对手、潜在竞争对手、替代品生产情况及用户和供应商的情况。外部环境与管理相互作用，一定条件下甚至对管理有决定作用。外部环境制约管理活动的方向和内容。无论什么样的管理目的，管理活动都必须从客观实际出发。脱离现实环境的管理是不可能成功的。“靠山吃山，靠水吃水”一定程度上反映了外部环境对管理活动的决定作用。同时外部环境影响管理的决策和方法。当然，管理对外部环境具有能动的反作用。

(二)管理的内部环境

1. 内部环境内涵

内部环境是指组织内部的各种影响因素的总和。它是随组织产生而产生的，在一定条件下内部环境是可以控制和调节的。一般包括人力资源环境、物力资源环境、财力资源环境和文化环境。人力资源环境对于任何组织都始终是最关键和最重要的因素。人力资源的划分根据不同组织、不同标准有不同的类型。例如，企业人力资源根据他们所从事的工作性质的不同，可分为生产工人、技术工人和管理人员三类。物力资源环境是指内部物质环境的构成内容，即在组织活动过程中需要运用的物质条件的拥有数量和利用程度。财力资源环境是一种能够获取和改善组织其他资源的资源，是反映组织活动条件的一项综合因素。财力资源环境指的是组织的资金拥有情况、构成情况、筹措渠道、利用情况。财力资源的状况决定组织业务的拓展和组织活动的进行等。文化环境是指组织的文化体系。包括组织的精神信仰、生存理念、规章制度、道德要求、行为规范等。

2. 内部创意环境的营造

内部环境随着组织的诞生而产生，对组织的管理活动产生影响。内部创意环境影响管理活动的可选择的方式方法，而且在很大程度上影响到组织管理的成功与失败。

(1)团队管理。

以项目为基础的创意工作以及小规模创意组织要求多角度观察创意问题和商业现实的能力，使专业化趋于温和。创意企业家必须能够联系和适应众多的项目和人际网，而创意团队的管理者面临两个主要挑战：第一，他们必须保持团队的多样性和灵活性，克服趋同一致与自鸣得意的趋势；第二，避免过度专业化和分裂，确保部分不至于从整体中分离出来，团队成员在专家技能和理解力之间保持平衡。

创意团队的产生和发展新想法，需要通过转换参考系和挑战彼此的偏见来实现。创新需要十分严格的方法，强调产生的新想法的质量和价值，而不是数量；创意思维要求辩证的过程和有层次的批评。

管理者可以通过选择个别成员以及定义调整角色和小组内部的关系，从而干涉创意团队的组成。转换角色和观点会打乱创意团队的内部格局，并防止产生那些围绕着个人或者小组整体的习惯和做派。创意团队所依靠的正是这种处于个人关注与集体过程间的张力。滑向过度专业化或滑向过度熟悉化都是偏颇的。如果要有效地进行管理，就应当通过让人们走出自己的角色与别人交换位置。对于创新团队，关键的问题是团队的离心倾向与向心倾向间的内部调整。每一次新的招聘都将改变组织的职能，并提供一个重新选择的机会。角色扮演意味着重新选择扮演者，交换和走出预定的角色，可以帮助保持更好的自省态度，为一成不变的系统重新注入多样性和不可预测性。

打破共识，鼓励多样性。创意团队可以通过招聘、在不同团队之间交换成员或者引入新成员使团队构成多元化甚至团队重组。当团队变得对彼此的思维习惯和方法等太过熟悉的时候，引进新的成员打破这种一致性，提高创意能力。此时，管理者在集体的创意过程中扮演的角色更加复杂，他通过协调内部关系，重新安排现有成员到新的结构中。这里，创意过程相当于不同人群在两个不熟悉的参照系中间的"异态混搭"。

调节者的角色在创意团队中经常被低估，创意过程中最明显的贡献者是那些产生或者完善想法的人，而非一开始将职能联系起来的人。因此高级管理者有时不能识别那些管理团队关系的人员的贡献，只看到有创造能力的团队成员，而没看到他们所连接的作用，这导致组织中协调管理的角色有被剔除的倾向。但是在创意团队中，往往是那些看不见的、非创意性的成员担任者无形的催化剂的角色，他们通过有效地"经营"团队内部关系将团队联系在一起。

创意团队需要积极的管理参与，这种管理参与不是直接控制和领导创新的过程，而是间接监督和调整隐藏在过程中的关系。不仅连接不同的人才，而且也连接共同的创意者、资源提供者、评论家和观众，参与职能已不仅仅是在初始阶段组建团队或小组，还包括进入业务执行中的重整和互动，为团队重新注入多样性，带来创意张力。

建立联系，纵观全局。通过干涉团队的构成以及"经济"创意关系，管理者可以打破因思维同质化和过度熟悉化而形成的桎梏。随着组织日益走向分散化和个性化的结构，混乱的范围就会不断地增加。以团队为基础的组织特别容易受到过度多样性和复杂性带来的伤害。以项目为基础的团队鼓励个体成员专注于眼前的项目和他们的切身问题，而不仅是组织目标。个体成员若被自己的角色限定，就像一个只专注自己表演的角色，很可能不会对周围其他人的工作做出反应。

因为对专业人才的技术和技能依赖，有些创意产品开发工作中存在着过度专业化的倾向。这可以促进员工从一个狭义的职能角度确认自己和任务，从背景环境中分离出来。因此管理者首要任务之一就是在个人和集体成就之间建立联系。在创意产品开发中，这常常可以归结为把个人的专门任务与完成的产品联系起来，也就是说，要让个体理解他们的工作环境背景，更好地适应和构思他们的贡献。因此，管理者在创意团队中探寻克服过度专业化的最优先要考虑的事就是建立一套强有力的内部文化体系，并且在成员间建立联系和沟通。创意产业的内部文化经常模仿某种审美价值或者社会价值，或者模仿企业文化创意产品共有的热情。这会导致一种流动性、非正式的、跨越层级式的交流风格，但同样可以分解成独特的亚文化和小圈子。管理者可以通过培育强烈的集体归属感以及让成员共同参与更大的项目，将关于公司的优先事项和价值观的等级式沟通替换为开放性对话，以解决分歧。

培训和管理是管理者需要解决过度专业化的第一个领域。动态的创意团队和创意组织意味着新成员不仅符合职位描述所规定的技能和性格特征，而且在性格特征和技能上最好能和其他成员互补。个人的优秀只是产品开发成功的一半——创意工作者还需要了解他们的角色如何与其他角色合作。

过度专业化在文化创意产品开发技术方面，尤其是新媒体领域尤为显著，这仅仅适用于专门从事更具“创意职能”的人。如果精细的技巧不能和大背景融合，这些技巧就可能被浪费掉。专业化技巧和精细化知识的获取在细分式的文化中扮演了重要角色。技术使人感到安全，而创意让人感到风险。

管理者开发团队营造创意环境的另一个重要领域是管理团队和组织结构。随着创意团队的扩大，他们成功的基础因素就会被冲淡。于是团队内基于非正式的接触和经验共享建立起来的交流，被正式的体系和重新定义的角色所取代。如果个人变得过于重视自己的角色，或者被管理定型，那么组织和个人想要获得进展就会很困难。管理者虽然不能解决所有问题，但是可以仔细思考个人变化和集体变化间的关系。如果团队开始扩大，个别成员却被困在熟悉的角色中，由此引起的过度熟悉化和过度专业化倾向将削弱个人的积极性和团队的完整性。产品开发团队的动态要求管理者重新设定人力资源的努力程度，妥善处理团队成员之间的关系。

(2)激励制度。

如今，管理的角色也正在发生变化，这使员工的个人自治和自我实现成为可能，而不是通过设定限制和最后期限控制员工工作。层级扁平化，组织文化自然就轻松了。

在创意管理环境下，管理者致力于消除各种不必要的束缚，让员工有机会表达自我、承担风险并且鼓励挑战传统模式。员工自然会干劲十足且充满创新精神。管理者不再告诉员工具体工作细节，他们更强调用愿景和价值观激发员工。愿景和价值观的作用在于使员工想要在共同的使命感和信仰下完成工作。这种管理风格的组织文化鼓励突破束缚，允许员工在工作场所享受娱乐活动，让他们享受工作，找到满足感。雇用的形式也变得更加灵活，家庭办公、网络办公、自我雇用等工作不断增加。这节省了雇主的雇用成本，也为雇员提供了更好的家庭生活和工作生活的可能，使之能够根据个人喜好建构工作身份而不是一如既往地由工作身份建构自己的个性和生活方式。

放权到员工个人的管理手段要求给员工更多自治的可能性和灵活性。文化创意公司的核心是员工，因此忠诚度极为重要，而招聘高技能、训练有素的员工花费极高。有形资产已经被知识创意取代，管理者必须给予一线员工更多自主权而不是控制他们。在个人真正变为组织禀赋的过程中，新的管理方法可以使个性充分融入组织，在旧的科层制管理模式中这很难实现，从前员工是被动行事，现在他们要热爱工作。

(三)创意管理环境的营造

创意是整合思维风格和联合人才的二元过程。管理者通常会将创意乍现的时刻与此前酝酿创意的各种条件相分离，也与之后对创意的发展和应用相分离，这种做法实际上限制了创意产生的各种可能性，而不是释放创意；它们虽然在努力使创意团队与组织相隔离，与各种可以赋予创意产品开发工作价值和意义的各种限定与束缚相隔离。其实这是在制约创意的能力。解除束缚，给创意更多自由，商业现实并没有从创意过程中抹除。实际上，来自外界的激励和约束是创意过程不可少的一部分。艺术家既在商业和政策的要求下工作，同时也在自我制定的准则和相应的评价体系中工作。对管理的挑战不是消除束缚而是将束缚融入创意开发之中。创意管理环境的营造不仅仅依靠打破束缚那么简单，还要给老游戏设立新规则。将传统管理和创意管理(创新、价值)的作用相结合才是有效途径。

没有创意过程不能起作用的边界和约束，不管这些约束是内在形成(正式规则、传统类型)或者外部所加(任务、大纲、要求)。创意工作者和管理者都在忙于在规则内改造它们。管理和创意之间的类比关系并不是指管理是内在创意，而是指创意工作像管理一样，需要一种放松和控制之间的平衡，并且在组织和边界内部发生，而不是发生在绝对自由的幻想世界中。

二、企业经营环境

(一)宏观环境与微观环境

1. 宏观环境

影响企业经营的宏观环境要素包括社会环境、经济环境、技术环境和文化环境。

社会环境包括社会的政治、法律、人口、教育等环境因素。政治环境在国内主要涉及政治的稳定性，国家的有关政策等因素。

经济环境是宏观环境中对企业经营具有重要影响的因素。它主要包括：资源的丰瘠及其分布状况；国民经济的发展速度；国家、地区的经济发展战略；通货膨胀率；银行利率；税制与税率；国民收入水平等。就国际经济环境来讲，还包括国际性贸易组织、国际贸易关系、经济周期等因素。

技术环境的重要特点是，新技术的出现往往会改变产业结构和战略局势。技术发展以高速度在进行，对产业结构的调整产生了强大的冲击波，企业必须以战略眼光密切注视科学技术前沿的动向和发展趋势。

文化环境也属于社会环境，但是对企业经营具有特殊的意义。文化因素包括人们在特定的社会环境中形成的特定的习惯、风俗、观念、道德准则等，其核心是价值观念。不同社会、不同国家、不同民族的价值观念有很大差异，往往会造成一定的文化障碍，忽视这种差异，会导致战略失误。

2. 微观环境

影响企业经营的微观环境要素包括市场需求因素、市场供给因素、市场竞争因素。

市场需求因素，比较复杂，包括某一行业市场的容量、顾客的需求偏好、价格弹性、讨价还价能力，以及市场活力等。市场需求既有中间需求又有最终需求，许多需求的满足要通过中间商的活动，而且大多数行业的需求市场都是可以细分的。因此，市场需求因素的分析必然呈现出多层次的格局。

市场供给因素，主要是指企业经营战略实施过程中所需各项资源的来源、获取方式和保障程度，具体包括人力资源、能源和原材料、资金、技术与设备、零件和整体服务质量等。由于资源相对不足，地理位置和国家资源政策等影响，会使企业在供给因素方面形成优势或劣势，制约着企业的资源选择和竞争能力。

市场竞争因素，包括行业内的竞争者(其中有现有的竞争者和潜在进入的竞争者)、跨行业替代产品的竞争者。竞争因素的分析，不仅要了解有哪些竞争者；还要了解行业竞争的激烈程度，哪些是关键的竞争者。关键的竞争者可能是行业中的那些最大的公司，也可能是那些最富创新能力的企业。

（二）微观环境分析

1. 市场需求分析

需求分析的主要内容是消费者的基本需求和需求偏好的变化趋势、市场活力以及价格决定等因素。

(1)基本需求与需求偏好的变化趋势。消费者购买商品的动机，是商品向他提供的效用，如果出现了效用更好的商品，他会毫不犹豫地改变购买取向。效用高的商品能满足消费者某种特定需要，价格又合理。由于购买力的普遍提高，我国消费品市场需求偏好变化的总趋势，正在由价格偏好转变为功能偏好；由质量偏好转变为服务偏好；由模仿追逐偏好转变为创新时尚偏好。

(2)市场活力。市场活力是指某种商品市场的总需求规模或称市场容量及其变化趋势和幅度。市场活力受多种因素制约，主要因素是购买力、消费结构和替代产品，购买力和消费结构的变化是确定性的，而替代产品的出现具有不确定性。

(3)价格决定。价格决定主要是指用户左右价格的能力和价格弹性的大小。在买方市场条件下，价格在很大程度上是由顾客愿为他所需要的商品付多少钱决定的。商品在市场上的销售是同价格成反比例的。价格高则销售量少，价格低则销售量高，也有些商品的价格下降，导致销售额的降低。

2. 市场竞争因素分析

为保证行业竞争的有效性，必须注意确定行业中关键的竞争者。在一个确定的行业中，有成百上千的企业从事相同或相似的产品生产。但是，对一个稳定的企业环境来说，并不是所有同行业企业都具有同等的重要性。因此，确定能够影响整个行业或影响本企业赢利的关键竞争者是十分重要的。

(1)波特模型(图 4-1)。这主要描述企业各种可能的竞争力量，包括供应商的讨价还价能力、潜在竞争者进入的能力、行业内竞争者现在的竞争能力、替代产品的替代能力、购买者的讨价还价能力。

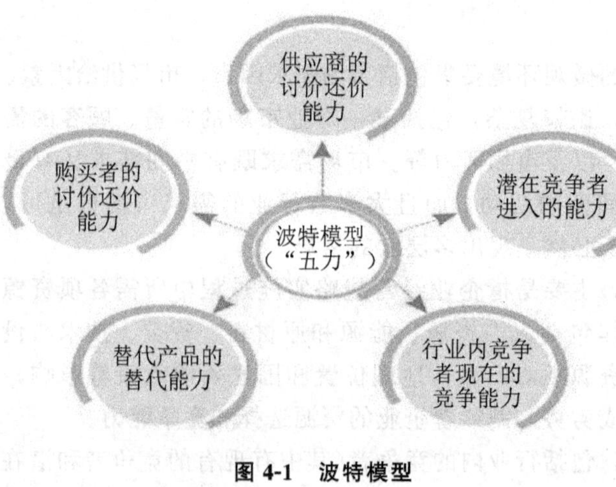

图 4-1 波特模型

(2)行业竞争者竞争密集度(图 4-2)。这一般依据新进入者、供应商、客户、替代者等这几个要素影响着企业的行业竞争者竞争密集度。

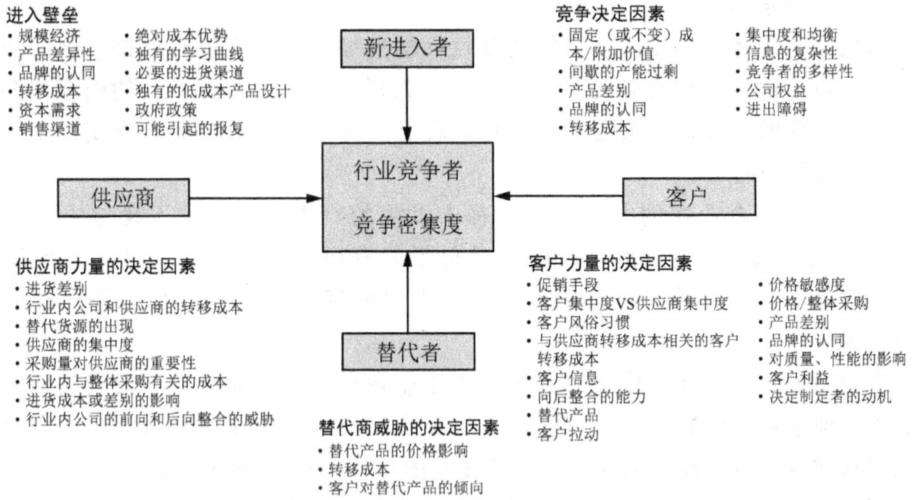

图 4-2　行业竞争者竞争密集度

3. 市场供给因素分析

企业是一个实行能量转换和价值增值的开放系统。企业对社会提供产品或服务的先决条件是必要的人力、设备、能源、原材料、给水、协作等有效供给。供给是企业从事生产经营的必要条件，也可能是形成企业竞争优势的因素。资源的配置、地理位置和国家资源政策等方面的影响，会使企业在供给方面形成自己的优势或劣势。这种特点对企业的战略选择具有重要影响。

(1)人力资源。人才是企业经营成败的关键因素。企业为完成战略计划需要大批特殊人才。因而，人力资源在质与量方面的供应情况将影响战略计划的选择与实施。在我国，人口众多，但高级科技人才、管理人才占人口总量的比例很小，人力资源在质的方面的矛盾要远比量的方面要突出。

(2)能源和原材料。在竞争的环境下，企业必须为获得充足和必要的能源和原材料而进行激烈的竞争。尤其在我国企业面临能源和原材料极度短缺的情况时，能源与原材料供给是供给因素分析中不可忽视的方面。

(3)资金。在市场经济条件下，由于货币、资金起着一般等价物的通兑作用，资金成为企业从事生产经营活动或扩大生产经营的基本条件。对于企业来说，必要的资金就如同企业的血液。因而，企业必须有效利用已有的资金条件，把挖掘内部资金条件与利用外部资金贷款结合起来，为自己创造良好的资金供给环境。

(4)技术和设备。企业可以通过具体与非具体两种形式获得较先进的技术。当企业购买一套新的设备时，其中就已包含了现代技术的优势，这是一种以具体形式获得先进技术的方法。非具体形式是指企业直接购买有关技术蓝图和文件等资料。

(5)零部件供应。零部件的供应与需求是社会化大生产条件下企业生产正常开展的重要条件。为了保证正常生产和降低产品成本，企业必须建立自身长期稳定的协作供应企业。

(6)综合服务。综合服务包括邮电通信服务、生产保障服务、运输条件、企业安全与职工健康保险服务、教育体系和法律保证体系等。

(三)经营机会与经营风险分析

经营机会是指有利于实现企业的经营目标的良好条件或客观可能性。这些条件和客观可能性可以通过企业的战略制定与实施变为现实，形成经营机会的因素很多，如新技术、新发明的出现，需求结构的变化，政府的税制及投资政策的改变以及国际关系或贸易环境的改善等。

经营风险是指企业在创办或经营过程中发生的对未来结果的不确定性，使企业遭受一定损失的风险。企业经营风险主要包括筹资风险、投资风险和经营风险。国内外一切政治、经济、技术、市场等因素的变化都存在着某种对企业经营成果影响的不确定性。

在企业所处的经营环境中，有许多有利于企业经营、企业生存和发展的因素，也有不利于企业生存发展的因素。企业环境的有利因素构成企业的经营机会，企业环境的不利因素构成企业的经营风险。在复杂多变的市场经济条件下从事经营，参与竞争，追求发展，企业的经营机会与经营风险并存。通过进行经营机会与经营风险的分析，企业可以“知虚实，明得失”，做到“知己知彼，百战不殆”。

1. 经营机会分析

企业经营环境的众多的有利因素形成企业的经营机会。有些机会有一定的延续时间，人们可以充分准备，从容抉择；有些机会稍纵即逝，反应迟钝的人只能望洋兴叹，追悔莫及；有些机会是显而易见的，明眼人一看就知；有些机会却有伪饰，识别这些机会，抓住这些机会，需费一番周折。

(1)显在性经营机会。这是常常可以凭即时环境感受到的一种显而易见的机会。一般地说，显在性经营机会常与某一时期特定环境的变动相联系。捕捉显在性经营机会有赖于企业环境预测的实力和水平。

(2)潜在性经营机会。这是人们不易直接判断的一种不明显、隐藏的机会。潜在性经营机会中隐藏着许多似是而非的机会，一个出色的经营者应独具慧眼，善于对其进行由表及里、去伪存真的分析，以免错捕机会，造成战略失误。

2. 经营风险分析

社会在前进，条件在变化，企业从事经营活动，既有机会也有风险，机会与风险并存。人们期望抓住机会，回避风险。但现实中，机会总是与风险并存。企业要经营就必须抓住机会，企业要发展就必须承担风险。冒险的冲动在于机会中的丰厚利润，而实现机会的可能性在于冒险行为的成功。

经营风险包括显在性风险和潜在性风险。前者易被把握，后者难于辨识。企业日常的管理决策和业务决策体系中已包含了许多预测、评估和对策。企业减少确定性风险的主要途径在于对日常的管理经验不断总结，对应对和补救措施不断完善。

三、企业产品创意环境

企业创意产品生产的关键要素包括：产品特征、包装、包装的色彩、品牌识别及标签信息。

(1)产品特征。产品特征是影响消费者认知、情感和行为的主要刺激物。这些特征是消费者凭借自身具有的价值观、信仰和过去的经验来评价的。

(2)包装。有效的产品包装能够提高消费者对产品的认识，在商店或家庭中加强品牌印象，巩固已有顾客并吸引新用户，提高产品的竞争优势和利润。在某些情况下，包装可使一种产品获得相对优势。

(3)包装的色彩。包装的色彩对消费者购买行为的影响也不容忽视。这种影响比消费者用视觉感到的颜色更能引起人们的注意。当然，包装的色彩还意味着使消费者产生联想，并且要具有一种战略意义。

(4)品牌识别和标签。产品包装上印着的品牌识别和标签信息是企业提供给消费者的额外刺激。品牌识别在许多情况下，简化了消费者的购买过程，并使品牌忠诚成为可能。标签信息包括使用说明、含量、成分或原材料、使用和保管产品的告诫等。

第三节　构造企业创意环境的主要方法

一、创意环境的营造

由于社会体系由社会基础、上层建筑和意识形态三部分组成，故我们应从推进企业内形成平等友好的氛围、发展市场经济、倡导思想解放三方面入手去做。

(一)推进企业内形成平等友好的氛围

平等友好的社会环境氛围能为创意提供动力、保证，使创意者活动的舞台更加广阔，因而它是开发创意环境的大舞台。只有推进了文化创意企业内平等友好管理的氛围，创意才有更大的发展空间，更多的发展机会。

(二)发展市场经济

经济是社会发展的基础，它的发展可以带动社会所有领域的相应发展。因为创意本身就带有很大的创造性，所以市场经济的繁荣可进一步激活创意机制，扩大创意环境。社会主义市场经济为创意者提供了创意的动机、物质条件及创意产品的最后归宿，所以发展社会主义市场经济是开发创意环境的源泉、落脚点。因为社会主义市场经济的运行主要由四个环节组成，抓好这四个环节可进一步拓宽创意环境。

1. 生产环节与创意环境

生产是市场经济运行的根本。它是智力思维模式转化为产品模式的一个环节。生产力的加速发展有可能使已有的创意投入到实际生产中去，进一步提高生产力，而生产力的提高客观上又提出了更高层次的创意要求与基础。简单来说，从蒸汽时代到电气时代再到电子时代，正是这个连锁反应的最明显例证。目前许多国家的高新技术由于配套生产能力有限而被大量闲置，这正是生产这一环节对创意环境的消极负面影响所致。

2. 分配环节与创意环境

由于分配环节是将社会产品以货币形式分配到个体劳动者手中。货币媒介在这里起到了极大的作用。货币将分配环节与个体的创意环境联系起来。创意者作为社会的一分子，很多人的创意服务中有商业目的的因素，归宿点客观上已转移为创意的形式来表现。有这样一个公式：低廉的费用＋心不在焉的创意者＝劣质创意。即：

恶劣创意环境=劣质创意。所以，从某种意义上说，把高价钱付给成熟老练、思维敏捷的创意者，收到的回报或许是创意投资的几倍、几十倍。

3. 消费环节与创意环境

消费包括生产资料消费和生活资料消费。其中，生活资料的消费对创意者的影响更大。这些消费是创意者能生存、活动的基本前提。“仓廪实而知礼节，衣食足而知荣辱”，换个角度用在创意上也相当恰当。

4. 购买环节与创意环境

用货币来购买创意，创意即变成了一种商品。这种商品虽然是无形的，但往往比有形的商品更耐用、更可靠。有些购买下来的创意已经成为一种资源。显然，这已经是一种未来创意的基础环境，如购买专利，即是购买一种很好的创意环境。

(三)倡导思想解放

思想解放是文化环境，可以培养创意者的个性，为其提供智力支持，所以倡导思想解放是开发创意环境时所要解决的重要问题之一。创意说到底是一种有机思维活动的有效结果。思维活动往往是伟大实践的先导。事实上，人类的能动性比个体行动的效率要高得多。如果个体意识、个体创意表面上看对社会毫无帮助的话，那么群体意识则在接受先辈某种创意理念的基础上继续积淀，直至最后强大创意的爆发。如人类登月计划的实施。

由此可见，思想解放应该被提到一个显要的位置上来。一方面，要改变创意者自己的惯性思维模式；另一方面，要对他们的新理念高度敏感，由此营造出打破常规的全新的创意环境。

二、企业创意环境构建方法

创意环境是企业成长中最重要的影响因素，企业应该高度重视创意环境的打造。创造力是创意企业的核心资本，创意人才又是创造力的源泉，是创意企业的重要生产力。文化创意人才通过创造性活动发挥创造力，为企业创造价值，带来收益。开放性的社会网络和多元化的文化气氛不仅能够给创意工作者提供所需的工作和生活空间，而且还会不断吸引区域外部或行业外部的人员加入，创意人员在交流中通过思维的碰撞能够激发更多的灵感。因此，打造适宜创造力发挥的创意环境对文化创意企业尤为重要。

企业创意环境构建可以从两个方面人手：一是企业内部创意环境；二是企业创意人员的生活环境。

(一)企业内部创意环境

(1)给予企业创意人才适当的经济满足。虽然创意者追求的是自我肯定和自我价值实现的满足感，对薪资、福利等物质层面的需要或许没那么强烈，但是根据马斯洛需求层次需求理论可知，只有满足或者适当满足了低层次的需求，才能激发其向更高层次满足的追求。发达的经济体系，密集的劳动力市场，充足的工作机会，依然是目前国内创意工作者最关注的因素。因此，给予创意者经济保障，满足其正常的生理和安全需求，有利于其发挥更大的创造力。

(2)企业内部和谐的人际关系。和谐的人际关系能够有效地消除员工之间的距离感，增进员工之间的感情，有利于内部员工在和谐的氛围中激发创意。创意人才是社会人群中较有个性的一类，和谐的人际关系能够使他们的个性不受束缚，在愉悦的身心感受中全身心地投入到创意的开发创造中去。

(3)打造一定的创意空间和创意时间。创意的开发不是一个人的苦思冥想就可以完成的，它需要创意人才之间的交流、沟通和研讨，在交流和讨论过程中思路的开拓和灵感的碰撞是创意的源泉。因此，在企业内部，一方面，设置交流讨论的场所，如头脑风暴室、圆桌会议室等，方便创意人才的工作讨论；另一方面，设置休闲场所，如休息吧、咖啡厅等，在休闲场所中创意人才会不经意地闲聊，亦会滋生出好的创意。在创意时间方面，由于创意的产生偶然性和随机性比较大，有时创意人员的讨论会持续很长时间，远远超过了公司规定的工作时间。因此，企业可给创意人员设定弹性的工作时间，没必要也不需要像普通员工一样有着限定的工作时间。

(二)创意人员的生活环境

创意人员对生活环境有着较高的要求，便利的生活空间、宽容的社会文化空间、舒适的环境氛围更能受到创意人员的青睐和吸引他们聚集。便利的生活空间主要包括完善的商业配套服务、便利的交通方式以及公共服务等；宽容的社会文化空间包括文化中心、图书馆、博物馆以及展览会等可供创意人员休闲和消费的场所；舒适的环境氛围包括舒适的社区环境以及良好的邻里关系等。创意人员喜欢聚集在一块，他们在一起交流、探讨，彼此之间的相互欣赏和认同感让他们产生归属感。

文化创意产业园区或文化创意产业集聚区能够为创意工作者提供便利的生活空间、宽容的社会文化空间和舒适的环境氛围。文化创意企业聚集吸引了大量的创意人才，同时创意人才的汇集又吸引着创意企业的集聚，形成了相互吸引的良性循环。因此，中小文化创意企业应该入驻文化创意产业园区，在这里，企业能够以最低的成本为创意工作者提供他们期望的创意环境，这样才能够有效地留住创意人才，催生创意产生，促进企业发展。

三、企业产品创意构建路径

(一)数据分析

大数据时代下，根据大数据分析结果获取创意来源，将成为企业产品生产链中的第一环。文化创意行业的大数据主要包括用户大数据、内容大数据和渠道大数据等。这些庞大的数据不仅记录了用户的性别、居住地、性格特点、消费习惯等信息，还详细记录了点击、搜索、分享、转发、评论等大量偏好数据。对此类数据的分析，有利于企业找出潜在受众的产品偏好，捕捉受众对某些产品功能用途的兴趣方向，据此为产品的创意设计提供思路和素材。用户社区也可以为企业提供更好的创意来源，企业可以根据消费者的集体智慧和反馈信息来生产创意产品，生产满足消费者需求的个性化产品。在大数据时代，数据会驱动创意内容的产生和传播。创意产品的生产方式会转向个性定制的方式，该方式会使得创意产品的内容更加精准化和个性化。

(二)筛选创意

筛选创意是指根据前期大数据分析的结果，锁定受欢迎的产品创意，选定合适的方向等。例如，在传统的影视制作中，影视公司对受众喜欢何种故事、哪些导演和演员组合在一起比较受欢迎并没有确切的依据，做决定往往是根据经验所定。即使部分影视公司进行了项目前期调研，也是基于对抽样样本数据的分析，往往只有局部代表性。

大数据分析结果的优势是可以预测、感知观众兴趣所在，投其所好满足观众。能从海量数据中去预知观众的喜好，从而回归受众本位视角创作作品，实现由“生产什么消费什么”到“消费什么生产什么”的实质性转变。在大数据预测信息的帮助下，创作者更容易保持作品的原创性，更加注重作品内容。影视作品是精神产品，不能完全等同于工业产品，保持作品的原创性、独有风格，更能凸显其个性化。以受众为本位进行产品创意的筛选和设计可以实现长期吸引受众的目标。

（三）选定消费人群

用户是创意产品最终的消费者，也是决定一种产品成功与否的关键所在。企业借助大数据结果可以更加准确地定位创意产品的目标人群，尽早锁定与创意内容相匹配的消费人群，进而分析其年龄、消费习惯、偏好等行为习惯。在创意产品制作之前就选定用户群，将有利于根据用户群的喜好，去进一步完善创意产品内容本身，也有利于产品生产过程中增加一些吸引用户的细节。

电视剧《欢乐颂》根据受众“90后”群体对品牌服饰的关注，在电影制作中为演员搭配品牌服饰。电视剧《我的前半生》更是根据观众的反馈调整了剧中男主角的服装和配饰。细节的处理都让这些创意作品更吸引观众的眼球，获得受众很大的关注。对潜在用户选定、分类和深入分析，还将使创意产品的营销宣传更加精准，推广活动信息能准确快速地传到达到潜在受众，从而提高营销效果。

（四）预热市场

在创意产品正式推出之前，先进行市场预热活动已经成为创意产品生产链中的重要一环。通过各种社交平台引导目标受众进行故事讨论，让产品故事成为持续热点，将有利于创意产品更加精准地预测市场反应，并提前进行宣传推广。电视剧《欢乐颂》通过发布演员定妆照、海报、主题曲、花絮片、预告片等信息，持续进行市场预热，一直吸引着目标受众的关注，通过在微博上保持与受众的互动，培养了大量“铁杆粉丝”。据统计，在《欢乐颂》第二部上映前五天，其微博搜索量已高达数千万，有十几万个微博原创作者，他们都积极参与了前期营销，进行了信息转发和分享。以微博、微信等新媒体为代表的社交平台也使得创意产品的市场预热活动容易实现，预热市场已经成为创意产品营销推广的重要开始。

（五）定制产品

定制产品是指企业根据数据分析确定的内容、观众和市场方向，组织、生产相匹配的创意产品。在传统创意产品制作模式下，产品内容的创意主要来自于创作者，用户基本无法参与到前期内容的创作中，只能被动接受制作完成的产品。而在大数据时代，创意产品的内容来自对用户偏好的分析结果，甚至于用户可以主动参与到创意产品的创作中。网络剧《你好，旧时光》根据网络上对此剧首轮播出的反馈，重新进行了第二次拍摄制作。根据用户喜好定制创意产品，已经成为创意产品生产的一种创新方式。

（六）推广产品

大数据时代下，创意产品的推广模式发生了重大变化，精准营销、O2O营销成为重要的营销方式。大数据可以帮助创意企业锁定目标受众，从而做到精准营销。针对不同的目标受众设计不同的营销方案，更能直接、准确地打动目标受众。电视剧《致我们单纯的小美好》站在“90后”的角度进行网剧的营销宣传，这种有针对性的营销方案有利于将有限的营销预算投入到最关键的点上。整合线上、线下双重资源为创意产品进行宣传的O2O营销模式，也成为一种有力的营销方式。电影《捉妖记》上映前在线上频繁参与各电视台的春晚现场等活动，在电影上映后也在影院启动相对应的线下活动，从而保持电影宣传的线上线下互动。O2O营销更加注重线上线下互动黏性，用户可以获得更好的产品增值体验，创意产品企业也可以获得提升品牌影响力的好机会。在这些新的营销方式的助力下，创意产品的宣传推广信息能够持续、有针对性地直达目标受众，提高营销效果。

案例分析

案例一　谷歌是如何设计创新工作空间的

谷歌不是一家传统的公司，它也不打算成为一家传统公司。今天我们回顾一下2008—2009年的设计故事，主人公是谷歌位于瑞士苏黎世的EMEA工程中心的办公室，至今仍有较好的参考价值。

EMEA工程中心在苏黎世市中心，最初是一个当地的啤酒厂，被改造成一个包含公寓、商店、办公室和温泉旅馆的混合社区，谷歌办公建筑是一个现代化的六层建筑，1.2万平方米的建筑面积，是多达800多名员工的办公场所。

2008年，谷歌迅速扩张，单单在苏黎世，12个月中员工人数就翻了一番。建筑师面临巨大的挑战：设计和建造过程要定制化、灵活化，以满足紧迫的时间和预算限制，同时需要一种非常广泛的参与式设计方法。这一点也是谷歌之后设计办公室的原则。

苏黎世的谷歌团队内部成立了指导委员会，参与到办公区域的设计环节中，建筑师开始快速分享出机遇和挑战，这不仅要考虑建筑空间本身，也要考虑谷歌工作人员对空间的功能或情感诉求。通过调查，辅之以一系列的研讨会和访谈，在心理学家指导下，通过谷歌工作人员提交的人格类型、价值观和动机因素等心理特点分析，谷歌构建了该公司独特的、多元化办公环境。这一环境超越了纯粹的功能方面，为谷歌工作人员营造了一种欢快、和谐有利于合作与交流的工作氛围。

调查还显示，虽然个人工作空间需要考虑更多功能，可以更具综合性，但公共区域必须提供强大的视觉审美享受和娱乐性，以激发创造力、创新和协作。在调查的基础上，设计师再提出概念方案。

此外，当时，谷歌员工离职人数和增长人数都很高，谷歌人的工位平均一年要移动两次，因此办公空间布局的目的是最大的适应性，所有的组织和部门可以利用办公室空间的任何部分（图4-3）。

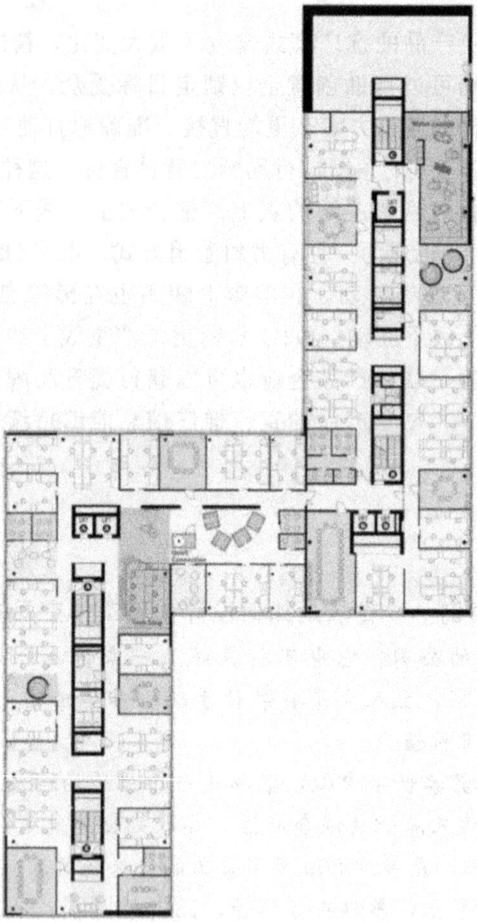

图 4-3 Google 公司办公区平面设计图

办公区围绕着中央核心，是6～10人的开放式工作区和4～6人的封闭办公室的混合体。所有办公隔断都是采用玻璃隔断系统，保持透明度，优化了日光，同时，减少了噪声，实现了工作团队所要求的隐私(图4-4、图4-5)。

图 4-4 Google 公司工作区(1)

图 4-5 Google 公司工作区(2)

每一个办公楼层都是彩色的，便于主题定位。例如在蓝色层里，有关于水、雪花的照片与平面，让整个楼层更像是一个有主题的整体。由于苏黎世的许多团队与世界各地的谷歌团队一起工作，配有电视会议设备的会议室非常重要。因此，整个办公室空间中有大量的中小型会议室。除了标准的会议室外，还有许多非正式的会议区域，让团队在白板上有创造性的讨论更轻松(图 4-6、图 4-7)。

图 4-6 Google 公司工作区(3)

图 4-7 Google 公司工作区(4)

谷歌相信：玩乐放松对创新和激发原创思维至关重要，工作和游戏并不是相互排斥的。谷歌说："可以在编码的同事之间传递冰球。"基于这一概念，设计师以运动和休闲为基础进行休闲空间设计。例如，一个有鱼缸的休息室，一个可以玩台球、桌上足球和交互式视频游戏的游戏室，还有一个以古董为主题的图书馆和可以舒缓任何紧绷的肩部肌肉的按摩水疗中心，大多数这些空间也包含"微厨房"，为员工全天候地提供各种饮料和零食。

公共区域的多样性提供了独特的情感体验和视觉体验。有意思的是，公共区域故意分散在闲置楼层，鼓励楼层内的不同工作组和团队之间的沟通。这样的建筑已经演变成一个谷歌城市，让员工与访客有寻找探索的快乐。不仅有"明道"，还有一些小道，例如，你可以通过"快速连接"——消防杆滑下来，快速到达咖啡区；或者通过陡峭滑动螺旋下来，直接进入食堂(图 4-8、图 4-9)。

图 4-8 Google 公司工作区(5)

图 4-9 Google 公司工作区(6)

餐桌供应对谷歌非常重要，一楼的 milliways 餐吧提供免费的早餐、午餐和晚餐，厨师用新鲜的食材制作健康美味的食物。不仅为了员工健康，也为谷歌人提供一起吃饭的机会；在健康方面，谷歌不仅提供平衡的饮食，还提供一个瑜伽、普拉提和健身课程的健身房(图 4-10、图 4-11)。

另外，谷歌也进行了大量的技术会谈。谷歌的"科技讲堂"旨在传播从时事、科学和工程到娱乐和艺术的各种各样的观点。所以，在一楼也设计了多达 200 人的会议设施。

图 4-10　Google 公司工作区(7)

图 4-11　Google 公司工作区(8)

谷歌的办公室可谓是一个高能量的办公空间，在这种环境中，员工们尊重彼此的个性，鼓励创造力和创新的商业实践，强调个人的重要性，于是，在公司成长中始终保持了一个和谐友好的氛围。

（资料来源：TOP 办公研究院．谷歌是如何设计自己的创新工作空间的？[EB/OL]．东方资讯网，2019-12-19.）

案例二　创业城市——奥斯汀

在仅仅 30 年的时间里，奥斯汀地区就从一座无名的小镇变成了“国家级”的创新创业先驱城市。

奥斯汀地处美国德克萨斯州中部，丘陵环绕，加上高科技产业汇聚，有硅山(Silicon Hill)的美名，虽然人口不到 90 万，但它是戴尔(Dell)、全食超市(Whole Foods Market)、国家仪器(National Instruments)等企业的总部。

同时，亚马逊、Google、Facebook、IBM、三星、英特尔等人们耳熟能详的科技公司也都在此设立分公司。创业氛围就更不用说了，根据考夫曼基金 2016 成长企业家指数，奥斯汀的创业企业增长速度比华盛顿以外的任何城市都快，其初创企业数增长了 81.2%。该基金汇集了美国 40 大城市创业趋势的最新数据，声称大奥斯汀地区是创业浓度最高的地区，每 20 个成年人中，就有一个是企业家。它被美国财经有线电视卫星新闻台(CNBC)评选为美国最适合创业的地方，也被《Forbes》杂志誉为五个“硅谷接班城市”之首。

当然，奥斯汀气候环境也是非常宜人，被美国《新闻与世界报道》认为是美国最适宜居住的地方。

故事要从 20 世纪 80 年代说起，因为跟日本人竞争软件及半导体行业，奥斯汀逐渐进入世人的视野，新行业孕育了不少互联网公司：1984 年，德克萨斯州大学奥斯汀分校(UT-Austin)的学生戴尔(Michael S. Dell)从宿舍组装电脑，开始白手起家创立戴尔公司，1989 年 Trilogy 成立，这是专做 B2B 生意的企业软件公司，当年号称提供业界最高薪，因此吸引了大批软件高手竞相加入，显著地提高了奥斯汀的人才素质。

那个时代奥斯汀的经济非常不错，失业率只有不到 1.8%，当然，就业岗位在软件及半导体这两个行业中高度集中。好景不长，当网络泡沫在 2001 年破灭时，奥斯汀的经济受到了沉重打击：在 30 个月内，3 万人丢掉了工作，那可是 18 亿美元的工资！

奥斯汀地区快速反应过来，它制定了一个为期 14 年的战略，核心目标是：使产业多样化。当然，成果非常不错——近12年来，奥斯汀地区新增了35万个就业岗位，人均收入大幅提高，平均每天都有150人来奥斯汀地区定居。

一、适合居住

从2014年起，就有数十家旧金山湾区的科技公司陆续搬到德克萨斯州，从加利福尼亚州移居德克萨斯州的人数也超过24 000人。硅谷是美国高科技与创新创业的中心，但持续飙高的房价、长时间塞车与高度竞争的环境，让许多人才与企业难以忍受。地产公司Coldwell Banker数据显示，硅谷房价中位数高达230万美元，远高于全美房价中位数的34.58万美元。加利福尼亚州交通局的报告指出，在旧金山湾区车辆花在交通堵塞上的时间在过去十年增加了84%，上班族每天面对塞车的时间超过1小时。

但是奥斯汀就不一样了，这个城市非常适于行走，走在当地市中心，人们能够强烈感受到一种混合着科技、娱乐、跨界、商业的氛围。这里有玻璃帷幕的参天高楼，也有历史悠久的低矮砖房，有装潢时尚的米其林餐厅，也有平民级的餐车。

早上安静素朴的第六街，晚上便化身为洋溢着现场音乐、啤酒气息、高谈阔论与豪迈朗笑的酒吧一条街。更吸引人的是，这里房价平实、生活费低廉，从房产中介的价格表上可以看到，奥斯汀一房公寓每月租金中位数为1 100美元，比圣弗朗西斯科市3 500美元的三分之一还低。硅谷适合单身的人打拼，但有了小孩与家庭，就会发现奥斯汀吸引力无限。有竞争力的生活方式，让奥斯汀有底气与硅谷抢夺人才。

二、格调与个性

每年3月，在奥斯汀都会举办一次年轻人的狂欢节——SXSW(西南偏南)。SXSW在1987年首次举办，仅有700人参加。现在SXSW已经承办了整个奥斯汀的狂欢，是世界上规模最大的音乐盛典之一，每年都会吸引成千上万的音乐人来参会，大小唱片公司及媒体都会派代表到场，在1 000多场演出之间奔波。

慢慢地，SXSW变成了世界上大规模的“科技＋音乐＋电影”盛典，从白天的演讲、Show(表演秀)，到晚上的酒吧、Party(派对舞会)，参加者在这里展示自己的产品，找到志同道合的朋友，有人把它比喻为“戛纳＋TED＋CES”，成为了举办地得克萨斯州首府奥斯汀的一张名片。

2016年西南偏南音乐节(South by Southwest)从世界各地吸引了近4万名游客，创造的产值高达3.253亿美元。很多科技公司也是乘着SXSW的东风，快速起飞。比如，Twitter，2007年，刚成立一年的Twitter花了1.1万美元在SXSW会场主过道用时间线做实时播报的宣传，第二天其每日推文的数量就从2 000飙升到了60 000。而视频直播工具meerkat，是2015年SXSW上最火爆的应用，两周内即获得12万用户。

奥斯汀商会主席Michael Rollins说：“这巩固了奥斯汀的城市品牌——一个创新和思想萌芽的社区。”

三、科创氛围

这是最重要的一点。适合居住、城市的格调对科技人才来说只是一个plus(额外的赠品)，这里必须要有科技及创业的氛围。那奥斯汀是如何打造这样氛围的呢？

(一)大公司的“种子”效应

2000年左右的网络泡沫让实体企业大受打击，但离职员工纷纷选择留在奥斯汀创业，反而又为奥斯汀创造了新的机会，就如硅谷的仙童公司一样。

这里互帮互助的创业者氛围也很好，成功的企业家们会选择继续投资于该市的其他初创企业和创新项目，一些成功的例子如 HomeAway(2015 年以 39 亿美元的价格出售给 Expedia)，INDEED(2012 年，据说卖到 10 亿美元)，全食超市(1989 年上市，2016 年收入超过 150 亿美元，后被亚马逊以 933 亿元人民币的价格买下)，这些公司的人才在退出公司之后仍然会留在奥斯汀，投资当地的初创企业。

科技创新型的公司，不是跟着市场走，而是跟着人才走。人才在哪里，创业氛围就在哪里。

(二)孵化器效应

创业氛围少不了的一环就是加速器和孵化器项目，他们能帮助新公司成长。孵化器像是一个聚合器，这里有导师资源、有资金支持、有场地支持，还能第一时间享受到最优惠的政策。比如，在奥斯汀，企业不用缴纳所得税或个人所得税，所以很多来到奥斯汀创业的人都不会离开——这对创新产生了很大的影响。

看一个城市的创业氛围，看孵化器规模就大概知道了。在人口不过百万的奥斯汀，孵化器非常多——比如，Capital Factory，这里聚集了 592 个创业公司，1 748 名会员，有上百个非常有经验的导师，有不少投资人时常来这里“挖”项目，每年的活动达上千场。孵化器提供的环境也非常不错：有吧台、厨房、健身房，还有一个 VR/AR 的实验室。

在孵化器中，创业者可以互相学习，并从成功的导师那里学习，导师们也非常愿意回馈支持令他们成功的社会，协作和学习的环境——这些都给新创新者带来了信心。

(三)大学效应

德克萨斯州大学奥斯汀分校是一所非常不错的大学，它有 100 个研究机构，超过 40 个研究所，学校有约 10 万名学生，每年毕业的学生超过 1 万人，学生不仅有麦克戴尔与诺贝尔奖得主等知名校友，研究能力也非常扎实。这些年轻人才进入到当地的市场，很自然地，人才吸引人才，苹果、谷歌和甲骨文公司都注意到奥斯汀的魅力，纷纷在这里驻点，设立分部。

目前，奥斯汀 20%的人口在数字行业就职，所有行业都在数字化转变。随着时间的推移，这个城市已经成为软件和硬件公司的创业中心，除了专注于生物技术、健康技术、音乐和其他多种行业的公司，真正实现了产业的多元化，经济也更有韧性。虽然奥斯汀的创业生态系统远远领先其他伙伴城市，但是奥斯汀也仍然是在路上(图 4-12)。

图 4-12 奥斯汀鸟瞰图

打造一个创业创新的生态系统非常困难，相比其他城市奥斯汀最大的差距还是在钱上：就在2016年，奥斯汀的企业获得了约6亿美元的投资，而硅谷获得近40亿美元投资，这就是差距。

很多人抱怨：奥斯汀的企业家“思维不够大”，并不像硅谷同行那样热衷于打造垄断性的、改变世界的平台。不过，奥斯汀有它自己独特的优势——这里生长的企业更务实更朴素，而不是专注于用投资人的钱快速成长为“独角兽”。另外，虽然奥斯汀可能永远无法抗衡那些资金更充裕、更大的生态系统，但这座城市本身正变得越来越舒适，生活方式是一座城市最大的竞争力，这一点值得各地的创业中心学习。

很多城市不会成为硅谷，但是一些有想法的城市领导者参观过奥斯汀之后，会说：“如果我们足够努力，做出一些明智的选择，我们会成为下一个奥斯汀，这是可以实现的，这是现实的。”

（资料来源：TOP办公研究院．创业城市——奥斯汀[EB/OL]．搜狐网，2020-10-19.）

思考题

1．简述企业创意环境的重要性。

2．文化企业创意产品构建路径是什么？

本章小结

1．从对人类活动影响的程度来讲，创意环境分为自然创意环境和社会创意环境；从对创意者和创意本身影响的程度来讲，创意环境可分为一般创意环境和特殊创意环境；从创意环境的内涵来分，创意环境可分为外部创意环境和内部创意环境；从创意环境对创意的利弊影响来讲，创意环境可分为不利创意环境和有利创意环境。

2．创意环境具有量的丰富性和质的可塑性；客观性和稳定性；促使创意组合和创意人才集聚；开放的理念与氛围；令人产生安全感和归属感等特征。

3．文化企业创意环境的营造必须进行管理环境的创新，将传统管理与创意管理功用相结合；必须进行管理环境的创新，分析影响企业经营的宏观环境与微观环境，降低经营风险；必须进行企业产品环境的创新，提高消费者认可度。

4．企业创意环境构建可以从两个方面入手，一是企业内部创意环境：给予企业创意人才适当的经济满足；营造和谐的人际关系；打造一定的创意空间和创意时间。二是企业创意人员的生活环境，包括：便利的生活空间、宽容的社会文化、舒适的环境氛围。

5．企业产品创意构建路径：根据大数据分析结果获取创意来源；筛选出受欢迎的产品创意；准确定位创意产品的目标人群；进行市场预热活动；组织、生产相匹配的创意产品。

第五章课件

第五章　图书出版创意产品

本章学习目标

通过对本章的学习，学生应了解和掌握以下内容：

1. 图书出版创意产品的本质与特征；
2. 图书出版创意产品的分类；
3. 图书出版创意产品开发流程；
4. 图书出版创意产品产业链开发策略。

学习重点、难点

1. 图书出版创意产品的选题策划方法；
2. 图书出版创意产品的营销策划方法；
3. 图书出版创意产品的产业链开发路径。

图书是通过一定的方法与手段将内容以一定的形式和符号，按照一定的体例，系统地记录于一定形态的材料之上，用于表达思想、积累经验、保存知识与传播知识的工具。当下，出版产业已进入创意时代，创新是出版行业的核心价值，在社会主义市场经济的推动之下，图书产品创意开发已经成为目前中国出版行业改革发展的必由之路。从出版业的发展来看，“出版＋创意”为出版业的升级换代找到了一条较佳的解决途径，出版业可以以现有业务为基础，以创意为导向，对图书出版产品进行深入拓展，不断提升出版物的创意水平与出版企业的整体效益，用图书创意产品开发来引导出版发展新时代。

第一节　图书出版创意产品的本质与特征

一、图书出版创意产品的本质

图书是人类历史最悠久的文献类型之一，在图书漫长的发展历史中，其所承载的知识内容、表达记录知识内容的信息符号以及物质载体形式、复制生产的技术、传播(发行)活动等方面都在不断地发生着变化，因此“图书”概念的内涵、外延，甚至概念的名称在不同的历史时期都在发生着变化。

到目前为止，各种工具书以及论著对图书的定义有数十种之多，我们不一一列举。肖东发教授认为从竹木简牍到今天的各类图书，不管其形式与内容如何变化，作为图书应具有以下几个基本要素：①可传播的知识信息；②记录知识的文字、图像及其他信息信号；③记载文字、图像信息的物质载体；④基本的生产技术与工艺；⑤必要的装帧形式。肖东发教授并认为以上五项要素，其重要程度呈现递减趋势，又缺一不可。[①] 可见，知识内容、表达知识内容的信息符号、物质载体、生产技术、表现形态(装帧形式)和传播活动是构成图书的基本要素。这几个要素可以分为三个层次：①内容层，包括知识内容和表达知识的信息符号；②形式层，包括物质载体和表现形态；③附加层，包括生产技术和传播活动。三个层次互相联系，缺一不可，构成了图书的整体概念。[②]

由此，我们认为图书出版创意产品是人类为了满足、开发、创造自身的信息需求，以印刷方式或非印刷方式生产出来的各种出版物或社会信息载体。或者说，图书产品是经过作者的创造性思维劳动、出版编辑人员的编辑加工、印刷工人的印刷以及发行人员的经营劳动而形成的劳动成果。它包括如下四个方面内涵[③]：

第一，图书产品生产的目的是为了满足、开发、创造人类自身的信息需求，任何产品的生产都有一定的目的，图书产品的生产也不例外。正是人类自身存在着对信息的需要，才促使人类满足这一需求的活动——图书产品生产活动的产生。

第二，图书产品生产的方式既包括印刷方式也包括非印刷方式，以往图书产品生产的方式是印刷，这在一定程度限定了图书的定义。随着生产方式的进步，图书产品的生产方式也发生了质的飞跃，仅用“印刷方式”界定图书产品，已落后于图书出版发行企业经营的现实了。录音、录像制品、软件产品、电子出版物纷纷涌入图书产品大家族，成为图书出版发行企业经营的重要内容。因此，不论是以印刷方式还是以照相、录制、拷贝方式生产的各种出版物或信息载体都是图书产品。

第三，图书产品的存在方式既包括有形的方式也包括无形的方式。人类有目的生产劳动所创造出来的物质资料或劳动成果可以分为两个基本类别：一类是物质产品，另一类是精神产品。无论是哪类产品都有有形和无形两种存在方式，前者可以与生产者分离，而后者则不能与生产者分离。就图书产品形式而言，它是一种物质产品，而就其实质和效用而言，则是一种精神产品。因此，图书产品既包括各种出版物或信息载体的有形实体，也包括销售发行人员的服务以及图书的内容实质等无形的东西。

第四，图书产品的信息内容是其根本属性。在构成图书的几个要素中，最稳定、最核心的要素是其知识内容要素，信息内容是图书产品的本质，它决定了图书产品的性质、面貌和将来的发展状况。无论是出版物还是信息载体，离开了信息内容就失去其存在的价值。读者所关心的是图书产品的信息价值，而作者提供给读者的也正是其对自然、人类社会和思维进行系统研究和探索的成果。因为这些成果包含了有价值的信息，所以才得以借助出版物或信息载体的方式在市场上流通。

二、图书出版创意产品的主要特征

1. 物质产品与精神产品的二重性

图书既是精神产品也是物质产品，但图书在出版全过程中的不同阶段表现出不同的属性。从选题策划、作者写稿到编辑加工、校对定稿，是对知识的再现和再创造，

---

① 肖东发：《中国图书出版印刷史论》，14～16页，北京，北京大学出版社，2001。

② 方卿：《图书营销学》，205页，太原，山西经济出版社，1998。

③ 卢绍君：《图书产品结构及其组合策略》，载《武汉大学学报(社会科学版)》，1992(6)。

不是商品的生产过程，而是知识产品的生产过程，在此阶段的图书是精神产品，不具有商品属性。校对定稿后的书稿，还需经大批量印刷、复制才成为图书，印刷厂对书稿进行大批量复制的过程，是商品生产过程，此时的图书是纯粹的物质产品。因此，图书在形式上是物质产品，在内容上是精神产品，具有内容与形式既分离又统一的特征，在产品属性上表现出物质产品与精神产品的二重性。图书的生产过程由知识(精神)生产过程和物质生产过程两个明显的阶段组成。其知识(精神)生产是图书中知识内容的形成过程，是知识生产(劳动)过程，是对人类社会、自然界的认识过程，其劳动投入无法量化，劳动成果又是无形的，其价值很难用社会必要劳动时间衡量，这一特点决定了知识生产具有非商品生产的特殊性。图书经过规范化、标准化的批量生产，就是图书的物质生产过程，具有商品生产的特征。所以，整个图书的生产过程是知识生产过程与物质生产过程的阶段性统一，是非商品生产和商品生产的阶段性结合。

2. 知识密集性

图书出版创意产品必须以一定的文化为基础，任何关于图书出版的创意活动，都是以知识和智慧创造为特征的文化符号的积累、生产、交换和消费的产业活动。图书创意产品对生产者的知识结构和知识水平要求较高，产品以智力为主要形成要素，需要投入较多的高级复杂劳动——主要是脑力劳动，产品以创意为特征，受文化、技术发展的影响较为明显，具有知识密集型产品的显著特征。在出版产业中，知识和创造性思维是产业运转的基础。知识与创意不仅是进行出版活动的先决条件，还贯穿于出版选题、审稿、加工、包装及发行的各个环节，构成出版业发展动力的核心。知识密集型的文化产品是对图书出版产品的基本定位，也是图书出版产品的主要特征。

3. 社会效应突出

图书出版创意产品作为包含精神内容的物质产品，本身既具有经济属性，又具有文化属性。图书产品与其他文化产品一样具有商品属性，其从生产到流通的整个过程必须通过商品货币关系来实现，但图书产品可以产生一般文化产品无法比拟的社会效应。图书所包含的政治、经济、文化、科技、艺术、社会生活等方面的知识和信息是人类社会活动和精神活动的反映，并能对社会和历史的发展起到影响和推动作用，而且更重要的是它还对公众的价值取向和情感产生重要的影响力。所以，各国政府都充分肯定图书出版业在文化产业中的核心地位，予以高度保护和大力发展。在我国，图书出版更担负着弘扬和传播社会主义先进文化，丰富和提高人民精神生活水平的重任，肩负着更为复杂的价值目标与追求，不能在对利润的纯粹追逐中放弃对文化的坚守，必须将社会效益放在首位。

第二节　图书出版创意产品主要种类

图书产品分类的方法各种各样，下面列举几种具有实用价值、操作意义的图书产品分类方法[①]。

1. 根据知识门类、学科分类

这是图书内容上的划分，是最基本的图书分类。例如，根据《中国图书馆图书分类

① 徐建国：《图书营销管理分类》，载《出版发行研究》，2000(12)。

法》分类，将图书分为马列主义和毛泽东思想、哲学、社会科学总论、政治和法律、军事、经济、文化与科学和教育及体育、语言文字、文学、艺术、历史及地理等 22 类。而每类又可分为若干门，如哲学可分为美学、伦理学、宗教学等，经济可分为政治经济学、金融学、财政学、会计学等。

2. 根据图书内容、主题分类

这是以图书要实现的某个目的，或要研究或阐述的某个问题或学说进行的分类。按此分类的图书丰富多彩，层出不穷。例如，股票类、期货类、市场营销实务类、都市女性类、名人传记类、科幻小说类等。

3. 根据读者对象分类

这是依据消费主体的年龄、性别、职业、角色、文化程度或其他要素的差异，把读者划分为不同群体，将为不同读者群体适合阅读的图书归为一类。例如，将图书分为幼儿读物、少儿读物、青年读物、成人读物、老年读物、学生读物、通俗读物、女性读物、父母读物、律师用书、商家用书等。

4. 根据图书的格式、体例分类

这是从组织、表达图书内容的形式、体例、内容呈现的形态等角度去区分图书的类别。例如，将图书分为工具书、鉴赏书、图画本、画册、博览、语录、妙语、演讲、大全、年鉴、辞典、词典、手册、实务、概况、名录、政论、诗歌、小说、散文等。

5. 根据图书的著述性质分类

这是依据图书内容的创造性程度及所属类型的分类方法。例如，将图书分为原创性图书、编著性图书、编写性图书、改编性图书、编译性图书、翻译性图书、资料性图书。

6. 根据图书的功用分类

这是从图书的具体编辑出版目的、图书的直接用途和使用目的去分类图书。例如，将图书分为思想道德教育、政治教育、岗位培训、求职就业、教材教辅、艺术修养、工具书、工作用书、学术交流与研究、生活用书、休闲娱乐、人生教练等。

7. 根据图书的物质载体形式分类

这是根据图书的物质载体形态分类的方法。例如，将图书分为纸质图书、音像图书、电子图书、网络版图书、书配套磁带(或磁盘)图书等。

8. 根据图书的制作形式和档次分类

这是从图书的装帧设计、物质载体的物理参数来划分的分类方法。例如，将图书可分为精装本、软精装本、平装本、豪华本、彩色本、单色本、盲文本、各种开本、合订本、分册本、套书丛书等。

9. 根据图书版次、印次情况分类

这是根据图书的版次、印次情况进行分类的方法。例如，将图书分为新版图书、修订再版图书、重印图书。

10. 根据图书的市场生命力、图书内容的时效性长短、质量高低、图书保留价值大小分类

这是依据图书的生命力、图书内容的时效性、质量、图书保留价值等进行分类。

例如，将图书分为常备书、常销书、畅销书、一次性图书等。

11. 根据图书出版者的商业运作动机来分类

这是根据图书出版者的商业运作动机分类的方法。例如，将图书分为绝版书、珍藏书、礼品书、大众书等。

第三节 图书出版创意产品的开发路径

一、图书出版创意产品的开发

在激烈的市场竞争中，图书出版创意产品要想打开销路，必须体现创新思想。毫无创意的产品难以引起消费者的兴趣，更难以拓展市场。图书出版创意产品的创新主要包含内容创新、形式创新、销售创新等一整套的出版创新体系，其开发可以大致归结为以下几个方面。

(一)选题创意策划

选题策划，是指出版社编辑人员以及其他出版工作从业者，以强烈的创新意识、敏锐的市场洞察力和热情的工作精神，积极主动地筹划、组织图书出版内容来源的行为。在出版物市场竞争激烈的今天，选题策划已成为出版社的生存立足和发展之本。

一个好的选题，往往意味着一本图书成功了一半。选题策划是图书出版工作的起点，也是它的核心，在图书出版产业中主要起着四个方面的作用：第一，选题策划作为图书出版产品生产的第一环节，为其后的出版程序奠定坚实的基础。第二，选题策划有利于出版社打造符合读者需求的畅销、常销出版物，在为出版社规避风险的同时，更好地满足社会文化的需要。第三，选题策划有助于创立出版社品牌形象，提高图书产品知名度。第四，选题策划能推动出版物的顺畅发行并产生良好的经济效益。

选题即创意，想要拥有一个好的选题，就必须有新的创意。这个创意既要独特，还不能“曲高和寡”。既要迎合大众的口味，还要让读者感到新奇，阅读后有收获。优秀的图书创意产品选题策划一般至少具有以下特征之一：第一，具有较强的指导性，能为读者的工作和生活提供实用性的建议。第二，具有唯一性或创新性的内容，不雷同、不跟风，体现独特与原创。第三，具有较强的包容性，具有知识含量、文化含量和信息含量。第四，能够为读者带来阅读上与精神上的愉悦感受。

通常情况下，一个新的创意都不是毫无准备地凭空想出来的，它总是需要以敏锐的市场感受力和市场不断的检验为基础。也就是说，出版社要对图书市场具有敏锐的嗅觉，要了解市场兴奋点，能够把握阅读需求，并且针对市场的需求提出一些有创意性的选题，然后再针对这些选题进行市场调查和市场分析。只有这样，才能找到一个真正受到市场欢迎的图书选题。

1. 从信息中获取灵感

选题的创意与灵感实际上来自编辑对各种信息与知识的有效判断。众所周知，选题源于信息，但信息不等于选题，所以编辑要想策划好选题，首先必须对与选题有关的重要信息保持高度的敏感性与灵敏性，同时对与图书选题有关的一些重要信息有超强的预测力与敏锐的思维力，并且对这些信息能做出积极的、有效的、富有创造性的选题构思与研判——灵感。编辑的灵感是编辑在接收信息之时，对各种有用信息做出的一个综合的、积极的反应，并在恰当的时机做出恰当的、富有新意与创意的选题判断与构思。

2. 采用合适的选题策划法

在资源整合时代，出版社的存在价值体现在选题策划之中。选题策划离不开创意，一旦离开了创意，图书选题也就失去了存在的价值和意义，可以说创意是选题策划的生命线。出版业的创意策划人员应善于策划，主动出击，在别的策划者还未想出某一创意之前，就已经想到了好的创意，体现出有超前意识的策划行为。贺亮明总结有如下几种方法①。

(1)先行法。先行法是选题策划中最重要的策划方法，这种方法需要策划者反应及时迅速，具有善于捕捉出版信息的能力，在思考策划选题时善于联系社会上新近发生的重大热点问题。因此，这种策划方式主要适用于社科类图书的选题策划。读者会因为一些重大热点问题的出现而引发其读书求知的兴趣，从而促使这类图书的热卖。图书市场的热点具有周期性，能否在热点图书市场抓住商机，分得蛋糕，在运用先行法策划图书选题时，需要对重大社会热点问题反应敏锐、出版及时，并有一定的创意，否则容易成为跟风出版。

(2)扩充法。所谓扩充法是指当一种选题获得成功以后，策划者对其进行深度和广度延伸，也就是对相关选题进行横向和纵向的扩充。扩充法一般是研究分析过去一直畅销的某个选题，并把它的畅销原因分解为若干元素，在此基础上提出新的套书从书选题。如《演讲与口才》原本是一本畅销书，在此基础上又延伸出了《演讲语言技巧与实践》《公关语言技巧与实践》《导游语言技巧与实践》《律师语言技巧与实践》和《主持人语言技巧与实践》系列丛书选题，使之与职业培训、各行业实践直接挂钩，达到了比较理想的效果。

(3)联想法。这是指由某一个社会现象或事件引发出策划人员的联想，从而策划形成一本书。这种方法要求图书策划人员博闻强识，可以由一种社会现象联想到与此相关的很多内容，或者由某个事件引发出无限的联想，据此构思出一个出版选题。假如，我们看到有个叫“浪漫经典”的婚纱摄影连锁机构，这时我们可以联想到将“浪漫经典”作为书名，策划一本关于歌颂和赞美爱情的图书，书中可以汇编国内外众多经典爱情故事。采用联想法进行策划，需要编辑策划主体善于体会和观察生活，并能采用逆向思维和发散思维，不断联系图书市场和生活现实，对策划主体的素养要求较高。

(4)借鉴法。这是指借鉴别的策划者的经验，并在此基础上反复推敲取舍，从而策划出更有创意的图书的策划行为。借鉴法可分为跟踪、反思和网络三种具体的操作方法。

跟踪并不是简单地跟风，而是借助一种出版潮流，打造出自己的精品图书。由市面上成功的畅销图书出发思考选题，这就是运用跟踪的方法对一些选题进行借鉴和改造，从而策划出更好的选题。

反思是指当我们发现市场上有畅销图书后，可以反其意而为之，组织策划观点相反的图书，从而吸引读者的注意，借助畅销图书的势头分得市场一杯羹。这种方法需要策划者采用逆向思维，发掘市场“冷点”并等待“冷点”变为“热点”，以收到意想不到

① 贺亮明：《出版创意下的选题策划》，载《中国出版》，2011(1)。

的效果。如在影视文化圈的“戏说风”盛行之时，许多出版社纷纷出版影视同期书，而中华书局则凭借自身的品牌号召力和扎实的学术功底，推出了旨在“解密历史真相，走出戏说误区”的“正说”历史书系列，满足了大众读者对于历史真相的探索欲，受到了广大读者的一致好评。

网络法是在出版与读书相关的论坛、博客、贴吧中获得当前图书信息，特别是点击率很高的网络文学、论坛或者知名人士的热点博客等，往往可以直接成为图书选题，并通过与网友交谈，了解读者的潜在需求，是获得选题灵感的重要途径和重要方法。如《第一次亲密接触》《明朝那些事儿》《悟空传》《老徐的博客》皆因网络的流行而得以出版。北京开卷信息技术有限公司网、中国图书出版网、中国出版信息网等出版专业网站，中华读书网、博客中国网、“榕树下”等文学创作网站以及著名大学的网站都可以为图书策划者提供选题素材，激发策划灵感。

3. 内容创新

优秀的内容永远是优秀媒体的主宰。在图书市场中，无论外界如何变化，只要内容经得起推敲，图书就能历经百战而傲然挺立。因此，在媒介多元化的时代，提高内容质量，打造内容优势是图书编辑首先应该考虑的重中之重。策划编辑要通过详细的调查，收集读者购买的图书信息，确定特定的时代读者偏爱的阅读内容，并根据对图书市场现状和发展趋势的综合把握，充分考虑读者的需要，追求内容上的创新，制作出更多读者喜欢的图书。近年来，我国图书市场上出现的以《富爸爸穷爸爸》为代表的财商系列畅销书；以《杜拉拉升职记》为代表的职场小说；以《哈佛女孩刘亦婷》为代表的家庭教育类图书等，无一不是暗合了我国社会的某些文化需求。

（二）制作创意策划

制作创意策划，是指出版社制作及设计人员为了使出版物形式上更加时尚、美观和富于个性，而对出版物进行封面、版式、外观等形式方面的精心装帧和设计的行为。

在我国出版业发展早期，人们对出版物内容的关注远远大于形式，所以大多数出版物装帧设计较为简陋。但如今，随着人们生活质量的不断提高，读者对出版物外观和形式的审美要求也不断提高，图书不断以更精美的外观吸引读者的关注，出版物制作创意策划发挥着越来越重要的作用。近年来凭借装帧获得读者青睐的图书亦不在少数，一本《不裁》更是以其新颖的外观大放异彩（图 5-1）。著名书籍设计师朱赢椿设计的《不裁》被评为 2008 年度“世界最美的书”，书籍利用附带的书签作为“裁剪刀”，读者可以在阅读的过程中边裁边读，这种独特的设计为读者在阅读时创造了一定的期待感和新奇感，书中也有较多留白，方便读者写下阅读时的感受。另外，书籍经过裁剪又变成了“参差不齐”的毛边书，设计独具匠心，给人以另类的美感。

好的图书出版产品制作策划一般具备以下几个特点：第一，设计精美，出版物外观各个部分达到整体协调。第二，出版物形式与内容风格一致，达到高度统一，给读者带来愉悦的阅读感受。第三，出版物外观要体现丰富的想象力和冲击力，大胆突破传统制作和设计方式，给读者以独特的视觉体验。第四，出版物制作策划要具有充分的可行性，保证印刷效果与设计效果接近或一致。

图书作为一种文化商品，需要设计者在图书外观设计、色彩应用、材料选用及制作工艺等方面下功夫。图书制作创意就是通过观察、思考、想象和经验来表达作者和

图 5-1　《不裁》图书的设计别出心裁

设计师的思想意志，使读者通过想象和联想“深入其境”。在图书市场激烈竞争的当下，图书制作以艺术形态表现图书内容的同时，更是作为图书的包装和广告而存在，传达图书内容，更以创意形态形成强有力的视觉冲击和审美快感吸引读者的购买。图书的制作创意策划要突出以下几个方面。

1. 装饰性

图书靠装饰才能完美，俗话说：“货卖一张皮”，就像女孩子爱穿漂亮的衣服，佩戴一顶美丽的帽子，穿一双漂亮的鞋，来打扮、点缀自己，以显得更加协调、高雅、大方、娇美。封面设计也是同样。封面上所用的色块、文字、字母、图案、点、线、面都有一定的装饰性，哪怕是一两块协调的颜色，一个小小的图案，一排文字或字母，放在适当的位置，整个画面立刻会生辉。就会得到意想不到的艺术效果，使图文融合一体，也会使读者产生联想。如图案的变化、色彩的变化、文字的变化等，都可以造成多变的视觉反应和装饰效果，达到出神入化的艺术魅力。

2. 书卷气

每个民族都有自己的民族文化、精神，有自己独特的审美，图书作为文化传承的重要载体，在适应时代性要求的当下，更不应该丧失民族性。“书卷气”是我国图书制作设计的显著特征。“书卷气”是对于中国文化精神中的诗意、情趣、韵味等意蕴的表达，强调设计者将自己的思想意志融通于图书的整体形态之中，是与设计师审美情趣结合的表现。同时，“书卷气”蕴含了儒家、道家等的文化精神集合，和谐典雅、飘逸自然、空灵虚静都是可以经设计师思维的创意构成而体现。“书卷气”要求设计者不仅要对传统文化有深刻的学习和领会，还要求设计者必须具有良好的意趣修为。我国和西方文化在文化精神方面存在一定的差异，西方艺术品的美感产生来自于对“数”的掌握：比例、长短、节奏、均衡、曲直、明暗；而我国的文化精神更注重“气”的整体观念构建，注重由气产生的意蕴美感享受①。西方的审美特点注重实体性和明晰性，我国则更看重“气韵”的感悟，因此我国的图书装帧应通过对设计中各个元素的整合运用，使整体呈现出深刻的意蕴美，若有似无的神韵，却将图书整体形态呈现出立体、多面、多层次的美感。

3. 广告性

在商品竞争的时代，广告意识起着一定的作用，某些情况下，也起着决定性的重

① 邓中和：《编辑与装帧》，10 页，北京，首都师范大学出版社，2010。

要作用。图书在不脱离书卷气的同时，适当地增加广告性，甚至可以用强烈的广告意识在视觉上激发读者的购书欲望，以及促使书店业务人员增加订书量。用文字的大小、颜色的鲜明对比，以及在封面上加上广告用语，封面上印有作者或编者的肖像、照片等吸引读者。在设计上突出了广告性，也增强了竞争意识。现代图书的装帧设计不仅仅是书卷气，更在某种程度上要强化它的广告性，使社会效益和经济效益有机地结合起来。

（三）营销创意策划

营销创意策划是指出版社编辑或发行人员通过充分而巧妙地利用各种媒体的优势对本社及本社出版物进行宣传造势，通过各种渠道扩大出版物销量的行为。

营销策划的目的非常明确，是以提高出版物发行量为目的，采用变化多样、富于创意的手段引导大众消费。它强调的是积极主动、有更多谋划因素在内，并且精心组织实施的出版物推销活动。营销策划对于出版物的意义十分重大，好的宣传和营销可以改变出版物，甚至整个出版社的命运。图书出版营销策划，可从以下几个方面入手：一是及时掌握本社图书的选题动向，精心计算投入产出率，及时为重点出版物打造专门营销计划；二是根据出版产品的性质和读者分布情况确定适合的渠道，优化发行网络；三是进行促销方式与策略设计，适时利用价格策略增加出版物销量；四是加强与各种媒体的联系，善于通过借势造势吸引大众关注，以多种形式扩大出版物知名度。

图书业流行这么一句话："出一本书并不太复杂，复杂的是要把书卖出去。"因此，图书选题策划成功与否的一个重要的标准就是其销售量的大小。在图书出版品种越来越多的今天，媒体形式日益丰富，网络出版、电子图书增长速度不断加快，图书出版物的营销宣传已经变得越来越重要。事实一再证明，市场的经营决策与营销策略创意策划对图书销售具有举足轻重的作用。以下图书营销创意手法值得借鉴[①]。

1. 全媒体营销

除了实体店渠道销售外，图书商品可充分利用各种媒体，特别是互联网和移动网络进行宣传，向读者传递图书信息。如在公交车、地铁上搭载广告，或在移动电视上播出自己的新书资讯或书评；与门户网站合作，开办官方博客、微博，其中设置不同的宣传板块。如新书快讯、活动公告、打折促销、网上阅读、书评及排行榜等，最重要的是吸收点击读者为好友及会员，作为自己潜在的读者，提供尽可能实用、丰富的信息与服务，更好地进行双向沟通与交流；与各大网络平台商合作，定期发布图书信息，加强宣传，也是目前流行的互动营销方式。出版单位的互联网、移动网与实体店渠道在营销中要步调一致、取长补短，方才相得益彰。

2."限量版"营销

当郭敬明的《小时代2.0青铜时代》采用"限量版"销售模式后，售罄6万册限量精装书，带动了120万册平装书的销售业绩。其限量版图书，每本都有一个独一无二的专属号码，一个精心设计的盒子，其中包含一本精装书、四十余款插画海报卡片、精美笔记本，此外，还有一封郭敬明的亲笔书信，这使得每一本"限量珍藏BOX"都成为一个独一无二的个体。这种将读者的关注重点转至图书升值前景的限量版营销模式，

① 张令宇：《现代化图书营销创意在出版策划中的作用》，载《编辑之友》，2011(3)。

利用稀缺性找到出版契合点，不仅为了赚取限量版的利润，更是为了以品牌图书的人气带动平装书的更大的市场需求空间。

3. 名人营销

名人对图书给予评价，具有说服力，能征服消费者的心。图书出版者与社会各界名人群体联系起来，可以帮助进行图书的推广与销售。早期出版社大多采取为名人出书的方式，利用名人效应来带动图书销售。而现在，越来越多的出版社转变了名人在出版中的角色，不再单单作为作者或仅为图书内容的主线。如请影视明星为图书做代言人，在新书发布会上，名人不仅仅是简单地与记者答问，而是按照小型歌迷会或演唱会的形式打造；请歌星为图书创作同名主题曲，利用歌曲的广泛传播，引起人们对图书的关注；或将名人请进出版单位，让名人成为出版人，共同开发图书选题等。这种新型的利用名人的跨界营销模式，为图书的出版融入新的营销元素，开拓了更为广阔的市场空间。

4. 活动营销

读者见面会、作者签名售书等传统图书销售活动，虽然有它的作用所在，但读者伴随社会的发展，年龄层次的年轻化，对活动的内容要求和品位需求也在不断提高。他们需要更有新鲜感的创意，所以，有特色的文化沙龙、与作者零距离的交流和讨论、与门户网站进行视频访问、让有突出成就的作者做专题演讲、联合报刊或书店举行与图书有关的主题比赛等各种主题式宣介会，成为当前炙手可热的活动形式选择。与读者面对面的社会活动别出心裁，如此长期运作，形成出版社自己的品牌主题活动，定期举办，既宣传了图书，也树立了出版社的品牌。

5. 品牌营销

近年来，读者购书的品牌意识逐渐增强，出版业也进入了一个品牌时代。出版社的品牌策略应该贯穿于整个经营的全过程，在图书的选题、编校、印刷、发行的每一个环节都应体现出品牌意识，充分维护图书品牌的六个资产：图书、装帧设计、奖励荣誉、市场反响、书店与读者、出版社的标志。例如，山东出版集团着力打造以孔子和儒家文化为代表的齐鲁文化品牌、以《大染坊》《闯关东》为代表的影视同期书系列品牌、以《笑猫日记》为代表的少儿原创文学系列品牌、以《老照片》为代表的老照片文化系列品牌等七大精品工程，凸显了“鲁版图书品牌”。

实践中还有许多成功的图书促销创意手段，这些创意手段经常是通过几项促销策略组合使用来增强效果。在“内容为王”的背后，独特的营销方法，是让读者接触并了解一本书的关键。只有紧扣图书内容和读者心理，不断推出新的营销创意策划，才能适应现代化出版产业的发展。

二、图书出版创意产品的产业链开发

经过千百年的发展，以内容资源的深度开发为目的的图书出版业，以产业分工为基础逐步形成了包括图书出版产品的出版、印刷和发行等环节在内的基本产业链。随着出版市场需求多样化和出版技术升级的提速，图书出版产品产业链建设业已成为促进出版产业发展的重要战略选择。图书出版产品的产业链开发，有助于提升产品的价值创造能力，拓展价值增值空间。图书出版创意产品的产业链开发，主要包括产业链纵向延伸与横向拓展两个方面的内容。

1. 纵向延伸策略

产业链纵向延伸策略涉及向上游延伸策略和向下游延伸策略。

向上游延伸策略，是指将图书出版产业链中的创意、策划等部分职能分离出来，或成立独立的出版创意策划企业，由此类部门或企业向出版社提供出版创意、策划服务，向上拉伸出版产业链。出版产业链的向上游延伸不仅体现了出版产业专业分工的要求，而且进一步凸显和发挥了出版产业的智力特色。它既有利于出版产业链联盟企业的协调发展，也有利于出版创意、策划的专业化发展和出版创意、策划水平的提升，而人为出版市场提供更好的出版物产品。

众所周知，在传统出版产业链中，出版企业属于上游环节。在大多数国家和地区，出版企业通常处于“链主”地位，是出版产业链的“龙头”。它主导或控制着出版产业链中的出版物印刷和发行企业，影响着出版产业链的整体布局以及整个产业链的效率与效益。在这种出版产业链模式中，出版企业同时承担着出版创意、策划、编辑、加工、制作与营销等多方面的出版职能。这种集多种职能于一身的产业链模式有利于“链主”对整个产业链的控制，而且对提升“链主”的盈利能力十分有利。在主要依赖物质资源促进产业发展的历史背景下，这种模式具有一定的积极意义和较大的生存空间。但随着出版市场的进化和出版专业化程度的提升，出版产业的创意成分得到迅速发展，出版产业发展对于物质资源的依赖逐步让位于包括创意在内的智力资源。智力因素正成为促进出版产业发展的关键力量。在这种产业背景下，传统出版产业链模式的不适应性逐步得到显现，重构基于智力资源的新型出版产业链模式也就有了必要。正是在这种新的背景下，一些出版企业便开始了构建新型产业链模式的积极探索。

以我国为例，20 世纪 90 年代后期，一些出版企业基于市场竞争的压力，开始尝试改变传统“老三部”(编辑部、出版部和发行部)的组织结构布局，设置诸如策划部、市场部或营销部等新型业务部门的同时，也有不少出版企业开始了与“工作室”“文化公司”之类的社会文化机构的合作，将出版创意、策划等部分出版职能外包给这些社会文化机构。如中信出版社成功推出的《谁动了我的奶酪》，就有北京读书人文化艺术公司介入策划的痕迹；长江文艺出版社出版的《最小说》系列也有郭敬明的艾柯公司的参与；长江出版集团近年来陆续出版的大量卡通读物也都有海豚传媒的影子。由此可见,当今国内图书市场上出现的一些业绩较好的畅销书相当一部分都有“外脑”的介入。正是出版企业对创意、策划的需要，才导致了近十多年来“工作室”“文化公司”之类的社会文化机构在我国的迅速崛起，并逐步发展成为出版产业链的重要一环，进而导致我国出版产业链向上游的延伸。

向下游拓展策略，具体包含三个方面的内容：一是依据出版产业流程向出版物流通领域的延伸；二是针对出版产品提供增值服务以延伸出版产业链；三是利用出版产品品牌资源开发相关衍生产品以延伸出版产业链。上述三个方面策略都可以促进出版产品产业链的向下游拓展，这对于出版产品的价值增值和出版产业利润空间的拓展都具有重大意义。

出版企业向出版物流通领域的拓展，是指出版企业通过积极举措谋求与出版物流通企业的合作，通过产销双方的协作与联合来提高出版物产品的发行量，提升出版物销售的效率与效益，提升图书产品的分销价值。

针对出版产品提供增值服务，主要是指出版机构通过与关联企业的合作向其他市场提供不同于出版物主导产品的其他产品形式的服务策略。在现代信息技术迅速普及的背景下，各种不同的信息平台为包括出版产品在内的信息资源提供多种不同服务出口。传统的纸质图书出版产品除了可以借助网络平台直接销售外，还可以将其数字化的内容以多种方式在网上提供增值服务。发达国家的出版企业在这方面进行了许多积极的探索。例如，培生旗下的企鹅和DK先后建立起了企鹅和DK博客和播客，通过与电信运营商合作，利用手机发送旅游指南内容。再如，哈珀·柯林斯将经过选择的图书目录提供给苹果公司的iPhone手机使用，读者可以用iPhone手机通过哈珀·柯林斯的网络来阅读这些图书。出版企业通过与网络运营商和电信运营商的合作，为传统的出版物产品找到了提供增值服务的途径，延伸了出版产业链。

利用出版产品品牌资源开发相关衍生产品同样也是出版产业链向下游拓展的重要策略之一。这里的所谓衍生产品是指利用出版物(主要是少儿读物)产品中的特定形象，开发设计出来的玩具、服饰、食品等各种关联产品。出版业发达国家的相关经验表明，某些类别的出版物产品，尤其是少儿读物、卡通读物等，具有极大的衍生品深度开发价值。《哈利·波特》图书系列的衍生产品达上千种，形成了一个庞大的产业链，创造了令人咋舌的市场效益。杨红樱创作的儿童小说《淘气包马小跳》系列受到孩子们的欢迎与喜爱后，杨红樱以故事里马小跳的表妹杜真子养的宠物猫——笑猫为主人公，创作了系列童话《笑猫日记》。马小跳的形象历时十余年而不衰，迄今行销2 300多万册，销量居中国原创儿童文学图书之首，而《笑猫日记》也久居少儿畅销书排行前列。马小跳系列还衍生出动画电视剧、动画图书、漫画版图书、马小跳作文、马小跳杂志等。可见，图书出版产品的价值不仅仅只体现在出版物市场上，通过出版物产品中某些形象开发出的衍生产品，甚至可以创造远远高于其在出版物市场中所创造的价值。

2. 横向拓展策略

图书出版产品产业链的横向拓展策略，主要是针对产业链中的核心资源——出版物版权的放大利用而展开的，它是指通过出版物版权的转让，寻求出版产品内容资源更广更深的开发，以实现出版产品内容资源更大价值的一种产业链延展策略，它实现的是出版产业链的一种横向拓展价值。出版产业链的横向拓展面向不同市场，立足出版物内容资源的深度开发，谋求不同领域企业间的合作。它既有利于出版物内容资源价值的最大化，又有利于出版企业合作空间的拓展和社会影响的扩大。

传统出版产业链基本是一种线条结构，出版产业的发展主要也只是在拉伸这个线条上做文章。出版企业要想在出版领域谋求更大发展，往往是向上、下游发展，例如，出版社办印刷厂、经营书店等就是这种思路的产物。产业链的相关研究表明，从结构上看，产业链除了一般的线性结构外，还存在一种网状结构。对于出版企业而言，最有价值的资源还是其所掌握的出版产品的版权。从产业链网状结构的思路出发，出版物权这一核心资源才是出版企业产业链延伸的更重要的选择。

在美国、日本等发达国家，一些有影响力的出版企业往往设立专门的电影部，利用其所掌握的出版产品版权谋求与影视企业的合作。例如，美国的兰登书屋和哈珀·柯林斯、日本的角川书店都在这个方面进行了许多有益的尝试，其中兰登书屋电影部甚至在亚洲还设立了办事处。出版企业的这些电影部通过与电影企业的合作取得了很好的效果，有效地拓展了其线性的出版产业链。近年来法兰克福书展、波罗尼亚童书展、伦敦书展和美国书展最大的变化之一，就是业内人士日益重视影视版权，《哈利·波特》图书的电影业授权就是在书展上达成的。可见，通过开发出版物版权，拓展出版产业链已成为发达国家出版企业寻求发展的重要选择。

长期以来，出版与影视的互动仅仅限于出版物产品与影视产品在市场上的相互影响，图书产品偶尔搭上影视剧的所谓"顺风车"，而出版企业与影视企业之间、出版产业与影视产业之间却没有太多的实质性合作。这种彼此漠视的后果显然是不利于两个产业的发展的。随着社会信息化程度的加深，媒体交融互动的深入，两者之间强化产业链层面的合作，无论是对出版产业的发展，还是对影视产业的进步都具有深远意义。有影响力的出版企业，从出版选题的创意与策划开始，就应该站在出版产业链横向拓展的高度审视自己的创意与策划方案，为出版产品版权向影视等关联产业的转让创造可能。近年来，随着我国出版行业集团化进程的加快，出版企业实力的提升，国内一些出版企业如作家出版社、湖北长江出版集团等陆续通过各自所控制的出版物版权开始与影视企业联姻，合作拍摄了一些影视剧。其中，作家出版社的《国家干部》《大敦煌》和《桃李》，长江出版集团的《张居正》《幸福不拒绝眼泪》和《大话红楼》等影视剧就是图书产品产业链横向拓展的产物。

案例分析

图书创意产品《哈利·波特》

《哈利·波特》(*Harry Potter*)是英国作家 J. K. 罗琳(J. K. Rowling)于 1997—2007 年所著的魔幻文学系列小说，共 7 部。1997 年 6 月，第一部《哈利·波特与魔法石》由英国布卢姆斯伯里出版社(Bloomsbury Press)出版。随即《哈利·波特与密室》(1998)、《哈利·波特与阿兹卡班的囚徒》(1999)、《哈利·波特与火焰杯》(2000)、《哈利·波特与凤凰社》(2003)、《哈利·波特与"混血王子"》(2005)相继出版。2007 年 7 月，她的第七部作品《哈利·波特与死亡圣器》在全世界"哈利·波特"迷的热切盼望中问世，再次掀起"哈利·波特"狂潮。目前，《哈利·波特》系列小说已被翻译成 74 种不同的语言，在全世界 200 多个国家和地区累计销售达 4.5 亿册(截至 2015 年)，居于世界最畅销小说之列。图书的持续热销，让根据图书改编的哈利·波特电影系列成为全球史上最卖座的电影系列，总票房收入达 78 亿美元。这一切给曾经极度贫苦的罗琳带来了巨大的声誉和财富，也创造了出版史上的一个"神话"，产生了一个由平凡走向伟大的奇迹(图 5-2)。

一、J. K. 罗琳与《哈利·波特》图书系列

"哈利·波特之母"——J. K. 罗琳，1965 年出生在英国。历史悠久的土地上流传着很多古老的传说和神话，深厚的文化背景给了少年时代的罗琳无尽的遐想。中小学时代的罗琳对读书有着极大的热情，阅读了大量的小说。她喜欢写作胜过任何事情，希望将来能成为作家。大学毕业后，她一边工作一边仍坚持利用零散时间进行写作。

哈利·波特的故事诞生于 1990 年。这年 6 月的一天，在前往伦敦的列车旅途中，一个瘦弱、戴着眼镜的黑发小巫师不经意间闯进罗琳的脑海，使她迸发了创作生涯中

图 5-2 《哈利·波特》系列图书

最富创造性的灵感——哈利·波特。她将要按照自己的方式描述一个 11 岁巫师男孩 7 年的成长故事。这个念头彻底改变了罗琳的文学创作生涯。从此，她全身心投入到《哈利·波特》系列的创作中，将自己擅长讲故事的天赋发挥得淋漓尽致，写出了一部部奇妙迷人的魔法故事。从灵感来临的瞬间到第一部《哈利·波特与魔法石》最终完稿，其间历时近 6 年。在这期间，罗琳的职业生涯屡遭变化，生活上经历了种种苦难，但她从未放弃，而是利用一切可能的时间进行创作。

1996 年，罗琳将《哈利·波特》系列的第一部《哈利·波特与魔法石》的手稿寄到克里斯托弗·利特尔文学作品代理公司，此公司慧眼识珠，当即和罗琳签订了一份代理合同，代理公司抽取 15%的代理费，然后由代理商将手稿寄给出版社。在连遭 12 家出版商拒绝之后，最终布卢姆斯伯里出版社以 1 500 英镑的价格买断了该书的首版出版权。1997 年 6 月 26 日，《哈利·波特与魔法石》问世，首印只有 500 册。3 天后，美国学者出版公司(Scholastic Press)以 10.5 万美元的高价买下该书的美国版权。不到 10 天，华纳兄弟电影公司以 100 万美元的高价买下该书的电影改编权。《哈利·波特与魔法石》一上市便备受瞩目，好评如潮，数月之间的销售量超过了 15 万本。至该年年底，它一连获得好几项图书奖，其中包括英国国家图书奖、儿童小说奖、童书联盟团体奖以及斯马蒂图书金奖奖章等。随后，罗琳完成了《哈利·波特》系列的第二部《哈利·波特与密室》。1998 年夏天，《哈利·波特与密室》一出版，立刻成为抢手的畅销书。数月后，罗琳辞去教职，开始专职写作。并相继于 1999 年 10 月推出第三部《哈利·波特与阿兹卡班的囚徒》；2000 年 7 月，推出第四部《哈利·波特与火焰杯》，迅即售出 530 万册；2003 年 6 月，推出第五部《哈利·波特与凤凰社》，首发日当天 24 小时的销量为 500 万册；2005 年 7 月，推出第六部《哈利·波特与“混血王子”》，首发日当天 24 小时内销量达到 900 万册。《哈利·波特与死亡圣器》是这套丛书的第七部，也是最后一部，在 2007 年 7 月 21 日发行之日当天在英美两地的销售量就达到了 1 100 万册。《哈利·波特》系列小说的畅销势头一浪高过一浪，形成了一次比一次猛烈的“哈利·波特”飓风。

与此同时，美国传媒巨头时代华纳公司买断《哈利·波特》系列的电影版权，先后推出电影《哈利·波特与魔法石》(2001)、《哈利·波特与密室》(2002)、《哈利·波特与阿兹卡班的囚徒》(2004)、《哈利·波特与火焰杯》(2005)、《哈利·波特与混血王子》(2007)、《哈利·波特与死亡圣器(上)》(2010)与《哈利·波特与死亡圣器(下)》(2011)，七部“哈利·波特”系列电影走过整整十年，获得 78 亿美元的票房总收入。对观众而言，“哈利·波特”已超出了一部电影的普遍意义，而是或多或少地成为了他们成长道路上的见证者。

图书与电影并不是“哈利·波特”产业链的全部。除了电影版权，时代华纳还买断了“哈利·波特”的商品化经营权。可口可乐仅买断电影《哈利·波特与魔法石》的全球独家营销就出价1.5亿美元。医药巨头强生、玩具制造商Mattel、乐高(Lego)与孩之宝(Hasbro)、游戏商EA等，向时代华纳购买了“哈利·波特”的特许经营权，哈利·波特已经像米老鼠、加菲猫一样，出现在成千上万种商品上。2005年年初，美国版的《福布斯》撰文指出，由于书籍、电影及衍生产品等不断在全球热卖，《哈利·波特》系列已经成为全球最著名的品牌之一，品牌估价已突破了10亿美元。

经过作者、文学经纪人、出版社、电影制片人以及一系列营销高手的运作，围绕小魔法师哈利·波特，形成了一个令人难以置信的价值千亿美元的产业链，创造了出版史上的神话，产生了一个商业传奇，而“哈利·波特现象”也随之成为众多专家学者热烈讨论的话题。

二、《哈利·波特》系列图书畅销原因分析

(一)创意图书产品

图书的质量决定着该书在市场上是否以及在多大程度上得到市场的认可。图书本身要有丰富的内涵，切合读者需求，具有真正的原创性，能够提供崭新的理念和视角，能够独树一帜，使人耳目一新才能有所收益。任何一个好的商业典范，一个产业链整合的奇迹，其源头都是一个好的故事，好故事是畅销的基础，内容为王是文化产业发展的前提。

1. 图书内容

图书想要畅销，内容一定要足够吸引人。《哈利·波特》系列小说讲述了一个内容奇特、充满玄幻的魔法故事，从内容到艺术手法都具备了世界优秀儿童文学的潜质，其故事惊险离奇、奇幻莫测；情节跌宕起伏、悬念丛生。罗琳巧妙地将世界文学名著中所具有的美学品格集于一身，达到了想象丰富、情节紧凑、推理严密，人物刻画深刻的艺术效果，同时，它也是一套引导孩子们勇敢向上，见义勇为，善良待人的好作品。《纽约时报》评论说：“本书的大部分章节人物塑造得非常全面、深刻，与整体性的陈述也非常一致，故事情节有趣、感人。”这就使得《哈利·波特》的受众面不仅仅局限于儿童，许多成年人也是《哈利·波特》的铁杆“粉丝”。因此，富有创意、与众不同、精彩的图书内容使《哈利·波特》吸引了众多读者，为其风靡全球奠定了基础。

(1)深厚的文化背景。在欧洲这片古老的大地上，很早以前就出现了关于巫术的各种各样的传说。其中，1945年出版的著名小说《魔戒》就以其严密而具体地描述了霍比特人、小精灵、小矮人的故事，构建了一个庞大的魔幻“第二时空”，满足了人类对于虚幻的无限想象力，在此期间出现的大量欧洲文学作品，或多或少都烙上了魔法和巫术的痕迹。显然，罗琳正是生活在这种蕴含着深厚巫术文化底蕴的环境中并深受影响，在此基础上做了大胆的想象和整合。在她所构建的《哈利·波特》的魔法世界中，大量神乎其神的描写，并非横空出世，而是有很深厚的欧洲文化背景的，它们若隐若现地落伏在罗琳的笔端，也潜伏在读者的心底。《哈利·波特》有引人入胜的好莱坞式情节，

完美融合的西方古典文学精粹，并从希腊神话、狄更斯小说、《魔戒》三部曲与星际大战电影中广泛取材，生动描绘了哈利·波特、赫敏·格兰杰、罗恩·韦斯莱等主要角色学习魔法、与同学冲突、与伏地魔对抗等情节，在“哈迷”眼前展开了一幅神奇、惊险、传奇、真实的魔幻画卷。

(2)现实和丰富想象力的完美结合。深厚的文化背景，使得读者在阅读此书的过程中，减少了文化折扣度的影响。同时，罗琳巧妙地把这些想象“身边化”“家常化”——谁没有被同学搞过恶作剧？谁没有被家长咆哮过？谁不希望读书写作业时可以得到一支速写笔？这些遭遇和愿望，不分读者年龄，难道不是很多人所经历和内心曾暗暗希望的吗？正如许多商业品牌成功的奥秘一样，首先是这种充满想象力的写法本身，使《哈利·波特》这部文学作品轻易地突破了读者不同文化和地域的界限。

从哈利·波特的形象入手，我们可以发现他身上既有英雄的“神性”，又有普通人的“人性”。他不再像是好莱坞大片中的英雄人物、蜘蛛侠、外星人那样，不是和我们生活在同一个时空。哈利·波特，仿佛就是我们身边的邻家小男孩，读者伴随着他一起成长。他暗合了现代社会里人们的阅读期待。很多人的内心都曾渴望奇迹般地出现不平凡的生活，哈利·波特身上折射出人们这样的心理愿望；而哈利·波特不时表现出来的慵懒、恐惧、信心不足……也几乎是每个读者都有的缺点，他属于这个时代，这也正是他之所以能赢得不仅是儿童还有大批成年读者的原因。

2. 图书定位

《哈利·波特》系列基本上以儿童的视角来阐述故事，其构建是严密的、类似于现实世界的魔法世界，拥有荒诞、变形、夸张、幽默、搞笑、魔幻、时空错位等艺术要素，这都恰到好处地顺应和符合了儿童思维的特征，所以其基本定位是儿童图书市场。后来此书定位为“泛儿童化”。“泛儿童化”是指这本书不仅仅是儿童文学作品，同样也适合成年人阅读。这样的图书定位打破了之前儿童读物只适合儿童看的传统，无限扩展了《哈利·波特》的受众面，并且为了使受众接受其“泛儿童化”的定位，美国学者出版社利用美国发达的传媒业，组织了一大批写手从不同角度评价《哈利·波特与魔法石》，旨在给这本书重新进行舆论定位。经过长时间的媒体轰炸，这本书还没有出版，美国人对这本书的看法就发生了变化，很多人认为这本书既是一部讽刺文学作品，又是一部以虚构的方式反映西方美国现实社会的文学作品；既是一部带有神秘主义色彩的作品，又是一部历险记。总而言之，美国畅销书常见的文学类型《哈利·波特》全沾边，所以这本书还没有出版就具有了所有畅销书的特点，把读者的胃口吊得十足。

3. 图书包装

在《哈利·波特》系列第一部的美国版出版之前，为了更好地适应美国当地的情况，学者出版社对图书进行了重新包装。第一，对书名进行更改。《哈利·波特》系列的第一本书英国版本叫《哈利·波特与智慧石》(*Harry Potter and the Philosopher's Stone*)，出版社则要求将“智慧石”(Philosopher's Stone)改为“魔法石”(Sorcerer's Stone)，使读者一看书名就知道图书所讲的内容。第二，是对作者名字进行更改。罗琳的本名叫珍妮·凯瑟琳·罗琳(Joanne Kathleen Rowling)，由于美国人大多比较尊崇男性作者，为了不让读者一下看出这本书是由一个女性作者所写，所以只取名字前面 Joanne Kathleen 的首字母，作者署名就变为了 J. K. Rowling，于是，J. K. 罗琳这个不易让人识出性别的名字便随着《哈利·波特》一起风靡了全世界。第三，重新设计图书装帧。为了使《哈利·波特与魔法石》这本书在装帧设计上看起来更吸引人，出版社选择了美国最著名的设计师重新设计封面和插图，更加契合小说内容。

(二)创意营销策划

在《哈利·波特》系列图书的声名席卷全球的过程中，有两家出版社是制造这个商业奇迹的主角，这就是英国的布卢姆斯伯里出版社和美国的学者出版社。布卢姆斯伯里出版社的总部位于伦敦，创立于 1986 年，经营得相当不错，但不算很出名。在它谨慎地出版《哈利·波特与魔法石》后，看到了该系列小说良好的销售势头，接着便运用其出色的管理才能，采取了一系列巧妙的营销手段，成功地将此后几本书推向市场，使《哈利·波特》迅速成为出版社的摇钱树。

《哈利·波特》的大受欢迎，在很大程度上还得益于赖文——美国学者出版社的一位编辑。1997 年春天，当布卢姆斯伯里出版社正在印刷《哈利·波特与魔法石》的时候，赖文在意大利多隆那书展上，以 10.5 万美元的价格拍下此书的美国版权。《哈利·波特与魔法石》进入美国出版社的包装与营销体系后，经过学者出版社一系列精密的包装、策划、宣传、营销，《哈利·波特与魔法石》很快登上畅销书榜。接下来的 3 本书在《纽约时报》畅销书榜单上连续 81 周占据榜单前 3 名，致使《纽约时报》不得不应其他作者请求，为《哈利·波特》系列另开辟一个儿童文学排行榜。

1. 逆向营销

逆向营销又叫“悬念营销”，是指在新书推出之前，严密封锁消息，制造各种悬念，吊足读者的胃口。哈利的命运和冒险故事是读者关心的，他和两位好友的友谊能经得起考验吗？他和谁谈恋爱了？伏地魔的力量又增强了多少？哈利最后能否战胜他？在每一册续集推出之前，罗琳都拒绝透露任何关键信息，使读者对新书出版始终保持无尽的想象与期待。中国图书进出口公司上海分公司的徐先生认为，这种看似无意的安排，实际上起到了非凡的效果：“罗琳在写完前四部之后，整整停了两年才推出《凤凰令》，其实这是一个非常好的时机，连续地强烈刺激读者之后，然后停顿两年，让这些读者在未产生厌恶之前，又获得充分积蓄阅读欲的时间，而如今，这种对续集的渴望已经达到了峰值，出版社完全把握住了读者的心理。”

《哈利·波特》的出版商布卢姆斯伯里出版社也采取了类似的策略。在书籍出版之前，它拒绝透露有关新书的任何信息，并设计了独特的午夜投放市场新书发布方式——午夜 12 点，各加盟首发式的书店点着蜡烛，披着黑斗篷、藏着小眼镜的“哈利”同时出售《哈利·波特》。全球同步发行的奇特首发式使得每个新故事都显得神秘莫测，激起人们的好奇和遐想。在亚马逊网站，《哈利·波特》系列和其他图书的待遇完全不同。出版部发言人克里斯汀·马里安尼透露：“《哈利·波特》丛书享有一个专门的区域用于放置，它们被完全隔离，周围有高达 8 英尺的围墙，入口只有很有限的几个，每个都有保安层层把守，只有佩戴特殊徽章的才能获准进入，而且每次出入都必须向保安出示徽章。”“在《哈利·波特与“混血王子”》的销售过程中，为了保证不再出现 2003 年的盗书事件以及亚马逊抢先出售的事情，这一次英国的布卢姆斯伯里出版社决不允许新书提前一分钟离开保安的监护。”

2. 整体开发与营销

这是出版商和发行商推销《哈利·波特》系列的又一手段，它包括出版社对该系列图书的经营思路、经营策略、资讯收集、图书的整体制作，以及最后的上市促销。我们可以通过我国人民文学出版社(以下简称人文社)对《哈利·波特》系列中文版的出版销售来了解这一营销战略。

众所周知，人文社一直以出版经典文学名著著称，对经营少儿图书并不见长。但自1999年起，人文社调整了经营思路，开始下决心开发少儿图书市场。《哈利·波特》系列正是在出版社确定了新的经营思路和经营策略的背景下，通过编辑们及时的资讯收集，进入出版人的视野，最终成为人文社2000年和2001年的重点项目。之后，人文社经过同英方艰苦的版权引进谈判工作和与国内同行激烈的版权竞争后，终于获得《哈利·波特》系列的中文简体字版权。取得版权后，书籍的整体制作是整体开发与营销的一个重要环节。整体制作首先指的是一种理念，那就是要以整体设计的原则去进行一本书的设计制作。我们要求对于《哈利·波特》系列图书的设计制作，从一开始就要有意识地去适应读者和市场营销的需要。因此，对包括翻译、编审、校对、装帧设计、出版选料、印装等在内的一系列工序，都要做好统筹安排。为了让《哈利·波特》的制作不落俗套，人文社每一个制作环节都充分考虑到了读者的需求和市场营销的效果。在秉承注重翻译质量和编校质量传统的基础上，人文社对制作细节予以了充分的关注。例如，开本选用国际上流行的小16开本，封面设计力求与中国读者的审美趣味保持一致，版式设计疏朗、大方、活泼，引进国外版本具有现代形式美感的插图，选用优雅可爱的淡绿色书写纸，封面制作采用进口铜版纸和先印后压纹的工艺，直到最后的印装，出版社都付出了非同寻常的努力。总之，人文社以整体开发和营销的思维，对《哈利·波特》这套图书的各个细节进行精心设计和制作，创造了一个完整和谐的图书形态，为后续的促销和销售提供了质量过硬的产品，更好地引起了读者的兴趣和购买欲。

3. 上市促销

这是整体开发和营销的最后阶段。一部畅销书的营销全过程既包括出版者的前期宣传，也包括针对图书批销商的业内宣传和分销设计，还包括上市销售阶段鼓动性、弥漫性、持续性的宣传和推动。仍以人文社的上市促销为例。在充分的前期宣传的影响下，人文社选择了几家对图书批销业比较有影响的媒体，有意识地与媒体配合，加大报道和宣传力度，以此树立图书批销商的进货信心。在此基础上，人文社又召开专题订货会，邀请各地重要的批发商专程到北京参会，和他们交流《哈利·波特》系列的营销计划，包括后续宣传计划、首次印数、装收方案等，以增强合作的信心。经过缜密的前期准备，《哈利·波特》进入最令人兴奋的上市阶段，人文社为此做了同样周密的设计，实施了全国同时首发、广告招贴宣传、手册导读、赠送精美礼物等促销计划。在第一阶段促销大功告成后，出版社又发动了第二阶段的促销活动，在北京、上海、长沙等地召开儿童文学专家、文学评论家、教育专家、中学特级教师等出席《哈利·波特》研讨会，使其重要价值得到中国式阐发，为读者提供了权威性的、肯定性的意见，从而使图书销售形成了持续上升的良好态势。

人文社在此后几册《哈利·波特》的销售中也采取了同样的营销手段，使《哈利·波特》全套图书销量直线飙升。据人文社策划部负责人透露，《哈利·波特》系列中文版出版以来，前五部平均每部销售150万册，《哈利·波特》第六部中文版出版后，很快即售出近100万册。在中国，很少有哪部书的发行过千万册。一本书如果发行过10万册，那就相当不错了；如果销售过百万册，成绩就相当骄人了。《哈利·波特》中文版的发行用两个字形容，那就是"奇迹"。

4. 细节营销

这也是《哈利·波特》的作者、出版商和发行商惯用的营销技巧。它关注营销过程的各个环节，事无巨细，力图用细节打动读者。作者罗琳为了增强小说的可读性，不放过创作过程中的任何一个细节，她不但为作品中的人物、动植物取了极具创意的名字，还创造了许多稀奇古怪的名称，如麻瓜、笑话商店、怪味豆、鼻涕虫、魁地奇等，这些名词已随着哈利·波特的形象成为全世界流行的时尚话语。再加上那些神秘的咒语和离奇动人的情节，整套小说都透露出细腻生动的特质。

罗琳与《哈利·波特》系列的成功，除归功于故事本身的魅力以及上述出版营销战略外，还得益于科技传媒时代的跨媒体营销以及后续产品开发所带来的连锁效益。

（三）跨媒体营销

《哈利·波特》的成功是国际传媒巨头无所不包的跨媒体传播力量的整合。跨媒体营销是指现有各类相互独立的媒体趋向融合，形成一个全方位并以宽带网络信息服务为核心，整合各种传播媒介的跨媒体平台，给人们创造出一种整体的体验。跨媒体合作成功整合了IT业和传媒业的优势，使电影、娱乐业及相关产品的销售及时、迅速、低成本地走向世界。《哈利·波特》系列的成功，正是新型传播营销模式的典范。

1997年，时代华纳的一位合作伙伴看到《哈利·波特与魔法石》后，向公司推荐了这本书。时代华纳非常看好这本书的潜力，不仅购买了罗琳第一部小说的电影版权，还买断了前四部小说的电影版权与后三部小说的优先权，以及所有特许权和制造附属商品的权利。时代华纳整合线上线下的资源，围绕知识产权形成的众多媒体与资本间的一条产业链。具体到电影业，电影和相关广告构成第一层次收入，由华纳电影公司、网站及电影台经营；由影片诞生的原声唱片、家庭DVD构成第二层次收入，由华纳唱片公司经营；第三层次收入则由与电影相关的服装、玩具等人物副产品构成，由华纳消费品公司经营。在这种模式下，公司对《哈利·波特》是充满信心的。《哈利·波特》系列电影出自华纳旗下的华纳兄弟电影公司，原声唱片由其子公司录制；影片放映后的许多信息出现在时代华纳属下的《时代》杂志上，并成为另一份华纳刊物《娱乐周刊》的封面；而美国在线网站则成为在线宣传、网上订票和其他服务的最便捷之处。可以说，《哈利·波特》的火爆是时代华纳吹响跨媒体营销的号角，其内容整合与渠道统一的威力以及所带来的营销利润充分显示跨媒体营销的灿烂前景。

独特的优势使得整个时代华纳集团摇身一变，成为集庞大基础用户、快速娱乐业资讯、大范围销售渠道于一体的一个中心市场。跨媒体的优势在于其整合了当今时代最新科技成果，利用传统媒介和新兴媒介的长处，进行了整体的宣传营销，即利用媒体宣传电影，同时利用电影推广衍生品的开发，相辅相成，最终形成一系列的产业链的开发。这个市场没有固定的形态，但是从它的辐射力来看，势力之庞大绝对超出人们的想象。这个销售推广平台可以应用到娱乐行业的各个角落。

（四）创意衍生品开发

利用已经形成的品牌优势，开发相近或相关的系列产品，可以充分挖掘和利用品牌的潜在价值，实现新的利润增长点，从而达到效益和利润的最大化、最优化，这是品牌营销战略中重要的一点。对于图书营销来说，品牌的开发和经营同样显得十分重要。畅销书在市场上大受欢迎，说明在畅销期内畅销书的品牌已经形成，这时就要求相机而动，利用已有的品牌优势，推出与之相关的图书或其他产品，使这些“衍生”产品也能乘着原书的畅销之风而行销市场。反过来，这些图书或者产品也会使得原书更为走俏，从而延长了畅销的生命周期。

由一个好的魔幻故事开始成长到形成产业，《哈利·波特》形成了一个庞大的产业链。其大致经历了这样的延伸路径：系列图书畅销——系列电影——DVD 上市——玩具及电玩等商品热卖——带动英国旅游业发展——其他相关产业品牌不断出现——哈利·波特主题公园——一个更庞大品牌的出现。

伴随图书、电影蜂拥而至的相关的衍生品主要有：

(1)与《哈利·波特》有关的辅助读物。书籍如 2016 年以剧本形式出版的《哈利波特与被诅咒的孩子们》《神奇生物在哪里》《我与哈利·波特的真实故事》《哈利·波特的魔法世界》《神奇的魁地奇球》《怪兽与它们的产地》《写给哈利·波特的信》《读哈利·波特学英语》等，随着《哈利·波特》问世而陆续上市，与图书相关的书包、挂历、笔记本等也在各地出现。例如，德国 Eichborn 出版社在奥地利与瑞士出售哈利·波特日历，英国布鲁姆斯伯瑞出版社在英国销售哈利·波特日历、日记、信纸、通讯录等。

(2)《哈利·波特》的衍生品。即充斥市场的各类文体用品、游戏玩具、生活用品和服装等品牌商品。当《哈利·波特与魔法石》上映时，市场上已经出现哈利·波特明信片、黑白和彩色对照的填色书、笔记本、铅笔盒、贴画书、万花筒、飞天扫帚、魔法帽等 500 多种文具与玩具。到 2002 年，在美国加利福尼亚州一个特许经营权展会上，有 80 家公司向时代华纳购买了特许经营权，涉及 2 000 多种商品。现在，与《哈利·波特》相关的产品已出现在世界各地。从美国到中国，从苏格兰到澳大利亚，只要你上街，“哈利·波特”的饮料、衬衫、盘子、魔法小屋、魔法长袍、飞天扫帚、金饰与各种糖果等几乎到处都是。

(3)游戏行业。几乎每一部《哈利·波特》小说都会有一部相应的游戏，基本由美国著名的游戏商电子艺界(EA)进行开发，而其他网上流传的小游戏则更是数不胜数。

(4)主题网站、道具和玩具等行业。在哈利·波特的主题网站商店中可以买到巫师帽、文化衫、巫师袍、魔杖等道具。世界上最大的三家玩具商——丹麦 Lego、美国的 Mattel 以及 Hasbro 也将依照《哈利·波特与魔法石》中的人物、棋盘等做成玩具、纸牌、纸牌游戏等产品进行出售。

(5)杜莎夫人蜡像馆与电影放映一同在全世界范围巡展。各行各业制造商模仿电影里的魔法物品，如魔法扫帚、魔杖、摄魂怪、火焰杯、霍格沃茨四个魔法学院各自的院服、魁地奇球服、波特的隐形衣等风靡全球，拥有巨大且稳定的消费群体。

(6)旅游产品。《哈利·波特》的诞生地爱丁堡的大象咖啡馆——罗琳落魄时期取暖和创作的小咖啡馆，成为了著名的旅游胜地。《哈利·波特》电影的拍摄地以及哈利·波特主题公园，都成为"哈迷们"必去的旅游地，吸引了众多游客前去观光。

从图书出版开始，到改编电影、DVD、录像带，再到文具、玩具、游戏、饮料、服装等成千上万种特许经营商品，再到主题公园，以及哈利·波特旅游业，"哈利·波特"已经不再是一个幻想小说中的人物，而聚集成一个庞大的文化产业。这是一个最终价值可能超过千亿美元的产业，创造了儿童文学，乃至小说史上一个史无前例的商业"神话"。

三、《哈利·波特》图书系列的启示

(一)内容为王

文化产业的发展最终还是取决于文化产品本身的价值。文化产品的持久价值在于它的文化属性，而不是商业属性，文化产品应始终坚持以文化为本位的原则，挖掘它的文化内涵，并把这种文化内涵同市场需求结合在一起，这是发展文化产业首先应该考虑的问题。《哈利·波特》在世界范围内深受读者的普遍欢迎，正说明它是由其文化内涵决定的，并非商业炒作。文化内涵必然带来文化产品的审美价值属性，这是它具有市场的真正原因所在。营销活动不管以何种方式展开，如果脱离了内容这个实质性的东西，营销活动做得再好，资金投入再多，声势如何浩大，都无法达到销售业绩和利润的增长，最终有可能是一场空。营销者应该清楚地认识到，图书产品的内容的强有力支撑才是获得持续销售业绩增长的保障。围绕内容做营销更易于操作，方法也简单，投入回报比率也较高。

(二)鼓励原创优秀作品

在我国近年来的少儿图书出版市场上，盗版、克隆作品成风，一些出版社仅仅为了获得可观的经济利润，大量出版同一本畅销书的不同版本，造成了极大的资源浪费，同时扰乱了市场。特别是国内的有些出版社看到《哈利·波特》引进我国所带来的巨大利润之后，纷纷大量引进国外的儿童畅销书。虽然这使得我国青少年能够阅读到大量国外优秀儿童读物，却不利于我国原创作品的出版。因此，要培养大批中国的原创作者，产生大量优秀的原创儿童畅销书，不再出版那些简单模仿儿童畅销书装帧或内容相似的跟风之作。

(三)注重市场营销手段的运用

文化产品应注重市场营销手段的运用，通过有效的市场营销手段加大市场开发力度，有助于社会对文化产品的认知和了解。现代社会是一个营销社会，合理运用营销手段，是产品走向消费者的必要桥梁，文化产品也仍然遵循着这一规律。《哈利·波特》在这方面做得非常成功，在作品出版前就进行了大量的宣传推介工作，充分利用当代社会发达的媒介对作品内容进行介绍和宣传报道，使读者有了一种阅读期待，这对后来的热销产生了很好的作用，值得很多文化产品借鉴的营销经验。目前我国出版业的图书宣传手段还较为单一陈旧。美国出版业则不同，熟练地掌握在各种媒体上以各种形式宣传畅销书的功夫是他们的必修课，宣传方式显得更为灵活多变，可选择的余地更大，也更能显现各种媒体配合起宣传的优势。如前所述，电视节目的访谈和推荐、书评在美国对于畅销书的巨大推动作用无需多言，网络更是图书宣传的有效途径。美国出版商一般都会给畅销书建立专门的网页，并且设计得十分精美而有创意，《哈利·波特》的网站，我国人文社的网页和美国 Scholastic 出版社的网页比较起来差距颇大。

（四）图书产品应该注重产业链的开发

单纯地对于文化产品的营销时代已经过去，《哈利·波特》案例的产生，为文化产品和文化产业的价值增值策略提供了好的模板。《哈利·波特》之所以能成为一个完美的商业经典，最成功的就是对于文化产品不断开发，最终形成包括图书出版、电影、DVD、文具、游戏、服装等在内的成千上万种特许经营商品以及主题公园等文化旅游产品在内的产业链，这已经聚集成了一个庞大的文化产业——以文化图书出版为开端、以跨媒体营销与衍生产品开发为特点的文化产业链架构。

（资料来源：胡晓明，殷亚丽．文化产业案例[M]．广州：中山大学出版社，2011：296-304.）

思考题

1. 图书出版创意产品的选题策划主要有哪些方法？

2. 如何理解营销策划是图书出版创意产品开发的重要环节？

3.《哈利·波特》系列图书何以畅销？它给我国图书出版创意产品的开发带来的启示是什么？

4. 分析一本畅销书产业链开发的路径，指出问题并提出建议。

本章小结

1. 图书出版创意产品是指人类为了满足、开发、创造自身的信息需求，将知识内容以印刷方式或非印刷方式生产出来的各种出版物或社会信息载体。其基本要素分为三个层次：内容层、形式层和附加层。

2. 图书出版创意产品主要特征：物质产品与精神产品的二重性；知识密集性；社会效应突出。

3. 图书出版创意产品的创新主要包含内容创新、形式创新、销售创新等一整套出版创新体系，其创意开发可以从选题创意策划、制作创意策划与营销创意策划几个方面入手。

4. 图书出版创意产品产业链建设已成为促进出版产业发展的重要战略选择，有助于提升产品的价值创造能力，拓展价值增值空间。

5. 图书出版创意产品的产业链开发，主要包括产业链纵向延伸与横向拓展两个方面的内容。产业链纵向延伸策略涉及向上游延伸和向下游拓展。产业链横向拓展策略主要是针对出版物版权的放大利用而展开。

第六章　影视创意产品

第六章课件

本章学习目标

通过对本章的学习，学生应了解和掌握以下内容：

1. 影视创意产品的本质与特征；
2. 影视创意产品的分类；
3. 影视创意产品的生产流程；
4. 影视创意产品的产业链开发策略。

学习重点、难点

1. 影视创意产品的主要特征；
2. 影视创意产品的创意策划；
3. 影视创意产品的营销策划。

影视创意产品是人类文化创造中具有相当的高科技含量、市场价值、国际传播意义与社会影响力的文化产品样式之一。发端于19世纪末20世纪初的电影，百余年来，以其光彩夺目的银幕影像产品，构筑了人类大众文化消费相当重要的领域。诞生于20世纪二三十年代的电视，在近百年的历史进程中，更是以与人类的日常生活相伴相随的独特优势，生产和传播着数量巨大的屏幕视听产品。以丰富多彩的视听产品为核心内容、以电影电视为传播媒介的影视创意产品不仅在传媒、艺术、娱乐休闲几个系统中占据着不可替代的扛鼎地位，而且对于政治、经济、文化、社会、科技乃至外交、经贸等各个领域都产生着直接或间接的重要影响。因此，影视创意产品的开发，是一个国家或地区文化产业发展中不可或缺的重要组成部分。

第一节　影视创意产品的本质与特征

一、影视创意产品的本质

影视创意产品从字面上来讲是电影产品、电视产品的集合。将电影、电视产品结合在一起进行表述主要是因为二者之间具有非常突出、直观以及集中的共性或者说是相似性，这个共性就是都是由声音与画面相结合的活动影像形成的视听艺术类精神产品。虽然二者之间存在着与传播特征、技术特征和表现特征不同的个性，电影产品是根据视觉暂留原理，将摄录在胶片上的外界事物的静态影音像，还原为银幕上的动态影音像的视听文化创意产品；电视产品是使用电子技术手段，将事物的电子影音像通过光电转换系统，还原在接收机荧屏上的动态影音像的视听文化创意产品。但在将声音与画面相结合的动态影像这一基本形态特征上是一致的，声画结合的表现方法是影视产品成为一个整体概念的重要前提。所以，影视创意产品就是以画面和声音为表达方式来记录叙事、表情达意的文化产品。

二、影视创意产品的主要特征

1. 价值属性多元

纵观世界电影、电视的发展历程，不同时期对影视的认知、解读和观念都体现着特定时代的内涵与特征。早期的影视被视为娱乐，后来又被视为艺术，再后来更被视为文化工业，当今影视则已经成为一种集艺术、商业、文化等综合元素与功能于一体的文化创意产业。任何文化产品都不像影视产品有着如此多元的属性，不同的生产理念对影视产品提出了不同的标准。作为一种典型的文化工业的产物，影视产品是艺术品，是商品，是科技产品，是传播媒介，是宣传品等。影视产品具有艺术性、审美性、政治性、思想性、娱乐性、商品性等多元价值属性。正是多种属性的合力使影视产品成为文化产品中的核心产品，使影视产业成为文化产业中的核心产业，使影视文化成为现代社会最重要的文化形态之一。电影和电视通过“大众影院”和“家庭影院”向观众传输各种信息，满足他们不同的心理需要。与此同时，完成对大众精神的“导向”与“召唤”，规范与校正他们的思维方式与行为模式，对人类的精神生活和精神世界，包括价值观念、思维方式、生活方式、心理心态、道德观念、审美趣味等各个方面有着相当大的影响。

2. 综合程度高

影视产品是一种综合度极高的文化产品。其综合性首先表现在影视是吸收综合了美术、摄影、戏剧、文学、音乐、舞蹈等诸多艺术门类中的多种表现形式和艺术元素，并进行了具有质变意义的改造而产生独特而又巨大的艺术表现力。正因为艺术综合性的缘故，影视产品的创作生产是一种十分复杂的活动，几乎涉及所有的艺术门类，包括编、导、演、摄、美、录、音、服、化、道等许多部门，这些部门分工协作，水乳交融，才能形成影视产品有机的艺术整体。

从更高的意义上讲，其综合性突破了艺术学的层面，更加集中反映在美学层面上。这主要体现在“时间和空间的综合，视觉和听觉的综合，再现性和表现性的统一，纪实性和哲理性的统一，叙事因素和隐喻因素的统一。”①一部电影或电视剧可以在时间上浓缩百年风云，更可以在空间上自由转换，实现时空表现上的高度自由。与此同时，声画结合、视听兼备的综合，更使得影视产品魅力倍增。在电影摄影机和电视摄像机对客观世界逼真记录的同时，创作生产者作为创作主体在纪实性的手法中又显示出哲理性的思考，再现客观世界中表现主观世界，体现出客观因素和主观因素、逼真性与假定性的有机统一。美学层面上的高度综合性，正是影视产品区别于传统艺术门类的全新独特之处。正因如此，影视产品在新媒介急速发展、新业态文化产品不断涌现的环境中，仍然具有广泛的文化受众和生产传播优势，深受市场欢迎。

---

① 彭吉象：《影视美学》，238页，北京，北京大学出版社，2002。

3. 与科学技术联姻

电影电视的诞生和发展都离不开现代科学技术，科学技术的发展与创新带来了影视语言、影视思维甚至生产方式的巨大变化。电影从无声到有声，从黑白到彩色，从小银幕到大银幕，一直到立体电影和数字电影，每一次科技创新和革命，都会直接带来电影产品的创新和革命。电视更是基于现代高科技的支撑而不断地发展进步，从黑白到彩色，从微波传送到卫星传送，从录播到直播，从模拟系统到全面数字化，电视生产和制作的每一次跨越，都离不开高科技强有力的推动。随着科学技术的发展，影视产品越来越多地呈现出了智能化、数字化、虚拟化等新的技术主导型特征。

由新科技所带来的强烈的视听感受成为影视产品的核心竞争力之一。如数字技术的应用极大地颠覆了影像获取对于现实世界的严重依赖，它不仅可以对现实画面如灯光、舞美等进行高清晰度的剪辑和处理，而且能够在相当程度上虚拟现实，按照创作者的艺术思维在数字技术的世界里“讲述一个根本不存在的故事”。也就是说，数字技术的应用和发展甚至在一定程度上取代了现实表演的意义，能够无中生有地凭空创造出一个个栩栩如生的影像画面和视觉奇观，带给人们一场场华丽的视觉盛宴。毫无疑问，数字技术的应用使得影像世界与现实的关系脱离了简单的模仿与被模仿、反映与被反映的束缚，甚至在某种程度上完全割裂了艺术与现实的关系，使其完全独立于生活之外而成为一种纯粹的艺术形式，就像《星球大战》《侏罗纪公园》《阿凡达》等影片所表现的那样，虚拟出一幕幕毫不存在的“奇观”，使得电影拍摄对于现实真实的依赖不再成为一道不可逾越的鸿沟，极大地拓展了影视艺术的思维空间和表现空间。好莱坞影视一向以高科技手段制造宏伟巨制的大场面为主要宣传点，产品视觉冲击强烈，带给观众较高的感官体验，引爆一轮又一轮的观影热潮。

4. 市场风险大

相对于其他文化产品来说，影视产品的生产制作需要进行社会化的集体生产，需要大量的资金投入、放映渠道和标准化、规模化的播出，投入巨大。在好莱坞，近些年投资上亿美元的“高概念影片”比比皆是，《泰坦尼克号》投资 2.5 亿美元，《阿凡达》投资更是高达 5 亿美元。我国拍摄一部“大片”动辄也上亿元，2018 年暑期上映的《阿修罗》耗资达 7.5 亿元，创中国电影之最。然而影视作为精神性的创意产品，其消费需求具有文化性、娱乐性和心理性，经常受到时尚潮流、偏好转变、时间变化、社会环境、文化差异和地域特色等多种因素的影响，所以观众需求的不确定性很高。正是这一特点造就了影视制片业的高风险。即使是在电影产业非常成熟的好莱坞，投资人和编导、主创也很难在影片上映之前预先估计其需求的强烈程度和需求总量所能创造的票房。不过根据经济规律，和高风险相伴的往往是高收益，好莱坞大片的运作就是典型的高风险换取高收益的模式。从产业整体看，正是影视产品作为创意产品所带来的需求不确定性和高风险性塑造了影视产业的形态和结构，影响了影视产业链的布局。所以，影视产品在创意研发阶段就要将控制风险作为关键点，应当以两个理念为指导：其一，产品应当考虑文化差异的存在，尽可能做到大众化，减少文化折扣现象，以适应扩窗发行和国际发行实现大范围销售的要求；其二，应当考虑到影视衍生产品开发的要求，在故事情节、人物形象、场景设计、配乐等方面为价值链增值做出适当安排。

第二节　影视创意产品的主要种类

一、电影创意产品的分类

电影产品艺术、技术与商业的三位一体的特性，给其分类带来了复杂性。按照不同的标准，可以有多种划分方式。如站在电影产业的立场上，用影片是否具有市场和票房作为划分和评判的依据，约定俗成地分为商业片和文艺片；按照电影的投资规模，可以划分出大、中、小等成本影片；从电影的艺术本体特性出发，将电影产品分为故事片、纪录片和动画片三大类别(图 6-1)。故事片是以表演影像来叙事，纪录片是以实录影像来叙事，动画片则是以造型影像来叙事。[①]

纪录片《二十二》　　动画片《寻梦环游记》　　故事片《乱世佳人》

图 6-1　电影按艺术本体特征的三种分类

纪录片指的是对社会政治、经济、军事、文化、体育等领域做准确实录及报道的一类影片。纪录片必须恪守严格的真实性，不容许移花接木、弄虚作假。《二十二》是一部关于在日军侵华战争中中国幸存的"慰安妇"的长篇纪录片，该片以 2014 年中国内地幸存的 22 位"慰安妇"的遭遇作为大背景，以个别老人和长期关爱她们的个体人员的口述，串联展现出她们的生活现状。全片无解说、无历史画面，旨在尽量客观记录，让观众在平淡中去体会感受历史记忆的重量。

动画片是用各种美术创作手段来塑造形象，刻画环境，表现引人入胜的故事情节的影片。因不用真人实景，像真人不宜表演的童话、神话、幻想等题材，都可以用动画片得心应手地加以表现。如获得第 90 届奥斯卡金像奖最佳动画长片《寻梦环游记》以墨西哥亡灵节为创作灵感，讲述了热爱音乐的小男孩米格在五彩斑斓的亡灵世界的一段奇妙冒险故事。该片以详尽全面的故事、立体丰满的人物、温柔幽默又带着点恐怖的笔触以及生动美丽的视觉画面，为观众提供了一个令人感动和可以更轻松地面对死亡的故事。

在电影产品中，故事片数量最大、成果最多、社会影响最为广泛。它的取材灵活广泛，现实生活、历史、神话、传说、幻想等都可作为素材，它需要由演员来扮演角色，又要有一定的故事情节，还要表达相应的主题思想。自电影艺术诞生以来，世界各国拍摄了大量优秀的故事片，无论思想性还是艺术性都取得了很高的成就，成为了

① 蓝凡：《电影类型新论》，载《艺术百家》，2012(6)。

电影史册中的佳片。如好莱坞的《乱世佳人》《现代启示录》《辛德勒名单》《泰坦尼克号》，中国的《一江春水向东流》《卧虎藏龙》《霸王别姬》《战狼》等，都以对永恒人性和社会问题的故事化表达，获得了艺术和商业的双重肯定。

由于故事片是最大、最复杂的片种，对它的内部分类，在中外电影理论界迄今尚无统一的公认的标准。从影片内容的时间、时代角度划分，分为现实片、历史片；从影片与文学作品关系的角度划分，分为创作片、改编片；根据影片的题材内容归类，分为侦探片、爱情片、灾难片、战争片、体育片、传记片等；也可根据表现形式归类，分为音乐片、舞剧片、歌舞片、戏曲片等；也可根据观众对象来进行归类，分为成人片、儿童片等；还可以根据制片商为了影片票房利润而大量仿制(技巧和模式)而成为类型的，如西部片、功夫片、警匪片等，对于这类影片，我们习惯上将之称为类型片。

从这种意义上说，类型片就是商业片的代名词，是以商业目的为主的电影类型影片。类型片从本质上来说，是制片商在看到某部影片大受欢迎便争相模仿的产品，是适应电影市场的需要和观众观赏口味而产生的。“如果一部影片一开始就广受欢迎，那么其故事就会在后来的电影中被不断改写和重复，直到它到达它的平衡剖面——成为一个熟悉行动和联系的空间的、连续的和主题的模式。这样的重复是由制片厂和观众的互动产生出来的，只要它还满足着观众的需求和期望并且能够维持制片厂的利润，它将会一直持续下去。”①常见的类型片如西部片、歌舞片、黑色片、恐怖片、惊险片、科幻片、灾难片、传记片、动作片等，都是影像特征鲜明、市场盛行的商业片。如西部片是美国早期电影常见的一种商业类型片，多以 19 世纪美国开拓西部疆土为背景，表现美国西部大开发中发生的各种故事，一般用英雄救美人和有情人终成眷属的类型模式，获取大众的欢心而赢得票房，影片中经常出现的西部牛仔的形象，后来成为美国文化的象征。恐怖片以制造精神与心灵的恐怖为目的，通过影像以及情节和细节的恐怖，使观众产生毛骨悚然的感官感受。不仅如此，东西方在恐怖片的特征上大相径庭，西方注重影像的恐怖——外貌的恐怖刺激，东方则侧重心理的恐怖情节或细节的惊悚。动作片是对影像以动作为主的一类电影的习称，是一种将影像动作的特性放大到极致，以放大和超越人类感官的刺激来赢取经济价值的电影产品。一般说来，同一类型的影片会在主题策划和选定、故事情节的设置和安排、表现手法的层次设定、整体故事风格的把握、角色人物设定和人物冲突、拍摄技巧的运用等方面具有一些共性特征。“类型电影有三个基本元素，一是公式化的情节，如西部片里的铁骑劫美、英雄解围；强盗片里的抢劫成功、终落法网；科幻片里的怪物出世、为害一时等。二是定型化的人物，如除暴安良的西部牛仔或警长，至死不屈的硬汉，仇视人类的科学家等。三是图解式的视觉形象，如代表邪恶凶险的森林，预示危险的宫堡或塔楼，象征灾害的实验室里冒泡的液体等。”②这种按照一定配方完成的模式化创作获得市场认可后，同类型的文化产品创作在追求票房和收视率等目的驱动下，就会在影片生产中反复频繁套用成功的模式化叙事结构，同时对局部的细节进行调整，不断开发出新的模式化产品。

---

① 玛丽·特蕾莎·茹尔诺：《电影词汇》，74 页，曹轶译，北京，中国电影出版社，2006。

② 邵牧君：《西方电影史概论》，33 页，北京，中国电影出版社，1982。

二、电视创意产品的分类

电视节目种类繁多，分类没有定论。以内容属性为标准进行划分，联合国教科文组织将其分为新闻、文化、教育、宗教、娱乐五类。[①] 国际标准一般分为娱乐、纪实和电视剧三大类，国内则一般按其功能将电视节目分为新闻类节目、娱乐类节目、教育类节目、服务类节目四大类。[②]

(一)新闻类节目

新闻类节目包括口播新闻、录像新闻、专题新闻、访谈新闻、调查等。新闻类节目实现了电视节目最基本的社会功能——提供资讯，是电视节目最重要的类型之一。电视新闻节目的叙事方式是见证人的叙事方式，通过新闻播报、现场取景等方式，使人们能够见证现实。

(二)娱乐类节目

娱乐类节目是以为公众提供娱乐功能为主的节目形态，是目前电视产品中最重要的一类，包含电视剧、体育、电影、综艺、音乐、戏剧、游戏、真人秀、娱乐谈话专题、国际娱乐、大型娱乐等。其中，电视综艺和电视剧在电视市场上具有巨大影响力，并越来越成为各大电视台的重要节目形式。

电视综艺是运用音乐、舞蹈、戏剧、曲艺、游戏、参与体验等多种形式，满足观看者休闲娱乐需求的电视节目。我国电视综艺节目的开端可以追溯到1983年的第一届春节联欢晚会，晚会囊括了当时著名的艺人，节目形式丰富多样，融娱乐性、知识性、民俗性于一体，突出了春节祥和的气氛。“春晚”开创了我国电视综艺节目的第一个时代，即“晚会体”综艺。其成功导致了各地方台纷纷效仿，电视上充满了这类演员根据固定的节目流程和台本进行表演的综艺节目。1990年，中央电视台《综艺大观》又把“晚会体”综艺节目常态化。随着电视娱乐化的进程，电视综艺进入了“真人秀”时代。真人秀是参与者在规定情境中通过自我展示，满足自我目标的同时带给观众娱乐的节目。依据题材和内容，真人秀节目可以划分为艺术秀、游戏秀、生活秀、才智秀、体验秀等。艺术秀是以艺术表演与才艺PK为主要内容的真人秀，如《超级女声》《中国达人秀》《中国好声音》《跨界喜剧王》等。游戏秀是按照一定规则，有组织、有目标地挑战或互动，一般会产生心理或身体上刺激的真人秀，如《来吧，冠军》《全员加速中》等。生活秀是与人们日常生活息息相关的衣、食、住、行以及婚恋、择业等为主要内容的真人秀，如《十二道锋味》《非诚勿扰》等。才智秀是以参与者特殊才能和智能为基础的真人秀，主要考查参与者认识、理解事物和解决问题的能力，包括观察、记忆、想象、推断等，如《最强大脑》《中华好诗词》等是以记忆力为基础的智能节目，而《挑战不可能》是以除脑力外还包括特殊的才能的智能节目。体验秀是参与者通过亲身经历了解未知领域，产生感受、获得经验或感悟的真人秀，如《花样姐姐》《我去上学啦》《真正男子汉》等。

在所有的电视节目中，电视剧是拥有观众最多的艺术形式，一直是收视热点。从容量和播出形式角度出发，电视剧可以划分为单本剧、系列剧、连续剧等；以题材

---

① 壮春雨：《电视节目学概要》，183页，杭州，浙江大学出版社，2001。

② 张海潮：《中国电视节目分类体系》，79页，北京，中国传媒大学出版社，2007。

角度为标准，电视剧可以划分为历史题材剧、现实题材剧、农村题材剧、军事题材剧、医疗题材剧等。随着电视剧的发展其类型化逐渐明朗，电视剧类型主要有青春偶像剧、情景喜剧、一般喜剧、武侠剧、刑侦剧、谍战剧、言情剧、伦理剧、科幻剧、魔幻神怪剧、历史剧、古装剧、军旅剧等。[①] 随着电视剧的发展，还会出现新类型的电视剧，也会出现电视剧类型混杂的情况。

世界各国主要电视剧类型各有侧重。美国的情景喜剧、一般喜剧、刑侦剧、谍战剧、言情剧、伦理剧、科幻剧等比较发达，如《老友记》《生活大爆炸》《纸牌屋》等对世界电视剧市场产生了很大的影响。英国的破案剧、谍战剧、言情剧、历史剧、文学名著改编剧等比较成熟，如《神探夏洛克》《唐顿庄园》《IT 狂人》《神秘博士》《憨豆先生》《黑镜》《傲慢与偏见》等对世界电视剧市场也产生了较大的影响。韩国的青春偶像剧、言情剧、伦理剧、历史剧、军旅剧等比较成熟，如《蓝色生死恋》《大长今》等电视剧影响很大。

我国电视剧经历了一个由简及繁、由单一到多元、由宏大叙事到世俗叙事、由严肃到活泼的发展过程，目前电视剧产品主要有以下六大类型。

1. 家庭伦理剧

家庭伦理剧以家庭人物为中心，表现普通百姓家庭的种种遭遇，家庭成员之间的矛盾和亲情。其故事架构放在家庭伦理道德、人情世故等方面，通过生动的情节和家庭成员之间的浓厚感情来表现家庭生活。题材较为写实，既有喜剧式的幽默，又有悲剧式的凝重，寄托了观众对美好生活的向往和温暖情感的渴求。《咱爸咱妈》《金婚》《媳妇的美好时代》《小别离》《都挺好》等属于此类。

2. 都市情感剧

都市情感剧就是以表现都市人情感故事、情感历程、感情生活为主要内容的电视剧，反映都市人的价值观、伦理观和道德观。都市成为故事发生的背景，酒吧、豪华饭店、茶座、高档写字楼、高级住宅小区、时髦的发型服饰、名牌车等构成了都市情感剧的主要视觉图谱。感情在都市情感剧中呈现复杂的状态，爱情、友情、亲情的界限不再那么明了，多种情感交相纠缠、渗透，人物关系也不再单纯明朗，朋友、恋人、夫妻等，各种关系互相转换、变化。《东边日出西边雨》《牵手》《奋斗》《欢乐颂》《我的前半生》等剧都体现出这些特点。

3. 公安剧

公安剧以侦破各类犯罪案件、表现公安与罪犯之间斗智斗勇、正义与邪恶之间剧烈矛盾冲突甚至殊死较量为主要内容的电视剧。这类电视剧有着紧张、惊险、刺激、跌宕起伏、扣人心弦的故事情节，戏剧冲突与悬念设置环环相扣，内容从反黑到扫黄，从公安内部的整肃到各类犯罪案件的侦破，既有对公安人员可歌可泣事迹和精神的讴歌，又有对公安队伍中的败类和丑恶现象的揭露，甚至将反腐败这一重大主题也纳入了公安剧中，满足了观众对公检法人员生活、办案经过神秘性的好奇心，契合了观众对犯罪的深恶痛绝和期盼社会和谐、健康、稳定发展的愿望。代表性的剧作有《便衣警

---

① 张智华：《电视剧类型特点与产生原因》，载《艺术百家》，2012(4)。

察》《英雄无悔》等。

4. 历史古装剧

历史古装剧取材于古代历史人物或历史事件的电视剧。历史古装剧不以阐述历史为主要目的，而是借历史人物、历史事件来演绎故事，给观众以审美上的愉悦和放松。历史古装剧毕竟也是电视剧，是虚构的艺术，存在不同程度的艺术虚构。历史剧可分为正说剧和戏说剧。正说剧是指主要人物和核心事件尊重历史记载，相对次要的情节、次要的历史人物及事件、感情纠葛则在历史可能的范围内进行合理艺术虚构，力图既能营造出真实的历史感，又可以使人物形象比较生动、丰富、立体，剧情回环曲折，具有较强的戏剧性和观赏性，如《雍正王朝》《天下粮仓》《汉武大帝》《大明王朝1566》等。戏说剧也以历史人物或历史事件为载体，但只取其部分内容未展开，不乏杜撰、编造、想象的成分，其目的不是为了展现真实的历史，而是为了使观众得到放松和宣泄，如《宰相刘罗锅》《还珠格格》《琅琊榜》《大军师司马懿之军师联盟》等。

5. 武侠剧

武侠剧是我国独有的剧种，与中国传统武术联系在一起，是武术和武侠文化的结合。武侠剧既有传奇性，又有奇观性。传奇性是指其故事和情节离奇复杂、跌宕起伏、一波三折，矛盾尖锐复杂；奇观性是指武打招式天马行空、出神入化，令人眼花缭乱、目不暇接，尤其是一些特技动作，非常具有视觉冲击力。另外，武侠剧的动作具有虚拟性和写意性，追求动作的飘逸洒脱，有些优美的武术动作简直如舞蹈一般使人如痴如醉，是体育美、影视美和艺术美的结合，如《射雕英雄传》《神雕侠侣》《笑傲江湖》等。

6. 军旅题材剧

军旅题材剧以表现军旅生活、塑造军人形象为主的电视剧。早期军旅题材的电视剧多数是表现英雄模范人物，之后的军旅题材剧转为以军人情感和内心世界为主要表现对象，对军人的事业、生活、爱情进行深刻描绘和全新挖掘，塑造了一批鲜活的军人形象，如《激情燃烧的岁月》《亮剑》《DA师》《沙场点兵》《士兵突击》等，不断创下收视高峰。

（三）教育类节目

教育类节目包括文化教育类、社会教育类节目等。根据收视对象和功能不同，教育类节目又可以分为两种：一种是受众面广，旨在增强受众文化素养的人文、科技等教育类节目；另一种是收视对象明确，收视群体相对窄化的儿童、青年、法制、农业、军事等教育类节目。因此，也有人称后者为对象性节目。

（四）服务类节目

服务类节目包括衣食住行、卫生保健、就业、征婚、气象、交通旅游、购物烹饪、家庭工艺等。根据服务的内容和功能，主要分为生活服务节目、理财节目、广告类节目、国际服务类节目等。

当然，随着电视节目更新换代的速度越来越快，新的节目类型不断出现，节目类型边界模糊，日益凸显出一种相互渗透的现象，一些节目已经很难用传统的分类方式来界定其类型。例如，江苏卫视的婚恋交友类栏目《非诚勿扰》，可以说是一档服务类节目，旨在帮助未婚的男女青年介绍对象，但它又是一个真人秀娱乐节目，通过相亲这个平台，展现男女嘉宾不同的个性特征，揭示社会热点话题。湖南卫视借北京奥运会之机推出的大型礼仪脱口秀栏目《天天向上》，该节目的主题是传播中国千年礼仪之邦的礼仪文化，让国民在娱乐嬉笑之余，感受中华传统美德的精髓并借此发扬光大，主要形式是歌舞、访谈和情景戏三种模式。从这个节目的定位来看，就包含了许多不同节目的特点。从主题上看，《天天向上》是一个教育节目，旨在传播我国传统礼仪和灿烂文化，起到教育大众的作用。从形式上说，《天天向上》既是歌舞表演类节目，也是访谈类节目，还是游戏节目。节目的主持人团队中就有不少歌手和演员，节目通常会选取一个主题，请上几个嘉宾，现场采访、组织游戏并进行表演，整个节目气氛诙谐热闹。因此，这档节目包含有教育类节目的特点、访谈类节目的特点、歌舞表演类节目的特点和综艺游戏类节目的特点。

第三节 影视创意产品的开发路径

一、影视创意产品的开发

影视创意产品的开发是一种复杂的综合性艺术生产活动。它需要在统一的调度指挥下，通过各部门的密切合作、各环节的共同努力，才能够圆满完成。影视产品的生产大致都要经历前期筹备、中期拍摄和后期制作三个阶段。

1. 前期筹备

(1)创意策划。

创意是影视产品的灵魂，是影响影视产品成功与否的关键。这个创意，可能由某个制片人或影视制作公司的策划部提出，也可能是某个导演或编剧提出，或者从社会征集。确定下来的创意，经过几番讨论修改，最后达成共识，形成一个大体的方案。创意方案要力求做到与众人、前人有所不同，或者填补其他节目的空白，或者与同类产品相比显示出较强的竞争力。这种深具吸引力的独创性就是影视产品的“卖点”。比如，2004 年湖南卫视推出的“竞赛体”真人秀综艺节目《超级女声》，开启了我国电视娱乐节目的新时代。节目创意是“想唱就唱”，不分地域、唱法、形象，只要愿意都可以参赛。节目采用电视“海选”实行淘汰赛，增加比赛的戏剧性。利用电视直播优势，原生态的表演让节目更加真实，现场点评、手机短信、网络等手段，形成评委与选手、观众与节目、选手与主持人等的多元互动。独具个性的创意使节目成为“爆款”，极高的人气在我国电视节目界产生了很大的影响力，引起其他媒体的仿效或责难，已经成为一种社会文化现象。在影视产品市场竞争愈演愈烈、受众进一步分流的时代，随着人们审美需求的提升，前期的选题策划尤为重要。选题策划要通过科学、周密的市场调研把握观众需求，结合大众心理、社会文化、市场竞争等诸多方面加以考量，既要吸引观众眼球，又要打动人心。

随着大数据时代来临，对影视的创意生产也产生了极为深刻的影响。大数据系统对于“基数”和“关键词”概念的统计为影视项目开发、剧本创作提供灵感和创意来源，能够全面、准确、及时地反映消费者需求，指导剧本创作。用户在互联网上的搜索、视频网站的观看、各大门户网站的转发评论等各种行为都可以量化为数据，通过数据分析，制作方可以精准把握消费者的观影需求，根据观众的喜恶来调整节目内容，选择导演、演员，从而制作出符合观众口味的“影视大餐”，实现个性化定制生产和精准化推送。例如美剧《纸牌屋》的诞生就是其出品方兼播放平台 Netflix 从 3 000 万付费用户的数据中总结收视习惯，并根据对用户喜好的精准分析而进行的创作。

(2)剧本的运作。

创意方案确定后就要找专业的编剧来写剧本。对影视产品来说，一个好的剧本就等于成功了一半。对于自行投送到影视制作公司的剧本，如果认为可行，就直接找来原作者进行修改，或者买下整个剧本的创意，另找适合的编剧改写，以达到他们拍摄的要求。写剧本不同于写小说，尤其是电视剧的剧本，它要求把一个整体的故事分成几个部分(即分为几集)，每一集都要有它的卖点、高潮和噱头。一部好的剧本每一集都会在结尾为下一集留有余地，对白严谨通俗但又不失幽默，人物设置合理，逻辑缜密。在一部剧本的创作过程中，往往要考虑它的艺术性和商业性兼容的问题，既要有“做戏”的感觉，又不能非常明显。戏剧冲突的设计要合理，人物性格要突出，既要符合大众的口味，又不能太过庸俗；既不能有太多的矛盾冲突，又不能平凡无奇。一部好的剧本往往是最贴近百姓生活，最真实反映大众的心理世界，能够引起观众共鸣的作品。

剧本写作完成后，剧本的修改也是一个很复杂的过程。一部好的剧本往往是修改了许多遍的结果。它需要通过多轮审查，审查的次数依据剧本的创作质量和客观情况而定。公司往往会找一些专业或业余的工作人员来审改剧本，写出修改意见，集体讨论，遇到相关专业问题，报有关部门审核。比如，影视剧里涉及的民族、历史问题，要提交到民族事务办公室、社科院历史研究中心进行审核；涉及国家秘密的要送到安全部门进行审核等。一部剧本往往经过多番修改才能成型，最后敲定的剧本就可以投入拍摄了。

(3)融资。

影视产品的生产需要大量的资金支持。一般来讲，制片人在有了好的项目后，就需要估算出所需成本，寻求资金支持，这个时候，便会写出项目策划书，找到投资主体，两者为共同的利益而合作。随着影视产业的发展和国家配套政策的完善，目前国内影视产品的投资主体呈现了多元化的发展趋势。它主要包括以下几个部分：一是国家或各级地方政府部门、企业单位所属的影视制作机构及电视台；二是国有或私有商业企业；三是各种基金会或投资公司；四是海外投资公司或影视制作公司。不同的投资主体有不同的利益需求，如第一部分的投资主体，投资目的主要在于配合政府宣传，提高地方知名度，体现国家的主流意识，创造良好的社会效益，较少追求商业利益。其他投资公司的目的则主要是树立企业形象，商业利润是它们的重要诉求。例如，电影《唐山大地震》的融资就是一种政府主导、社会资本跟进的投融资模式的尝试，在 1.2 亿元的总投资额中，政府投资 6 000 万元作为风向资金，同时华谊兄弟传媒股份有限公司和中国电影集团公司共同融资 600 万元作为商业资金，此外政府还划拨了 200 亩土地作为拍摄场地使用。政府主导，多方资本合作的模式可在经济上弥补电影生产的成本，缓解融资压力，同时为电影拍摄带来便利。

此外，前期筹备过程中还有创作团队组成、产品的营销方案、发行播放渠道等问题。以上几个环节都不是相互独立的，而是彼此之间相互关联，甚至有时需要一起进行。比如，制定融资方案的时候就需要考量整个产品的成本价格，其中必然包括营销、发行环节的成本费用。

2. 中期拍摄

(1)建立剧组或摄制组，确定导演、演员等工作人员。一个剧组应该是一个紧密的合作团队，大家齐心协力才能拍好片子。剧组中一般包含以下几组。

导演组：艺术创作的组织者和领导者，负责整个拍摄过程及选定演员，一般包括导演、执行导演、副导演、场记等。

制片组：指影视剧制片生产制作人，主要负责安排日常事务，统筹协调，调控资金，一般包括制片主任、现场制片和生活制片等。

剧务组：影视剧摄制过程中的日常事务负责人，其主要工作任务是在制片主任的直接领导下做好衣、食、住、行等方面的工作，一般包括剧务主任、剧务、剧务助理等。

摄影组：负责拍摄工作，一般包括摄影师、副摄影师和摄影助理等。

美工组：负责演员等的化妆和服装打扮等，一般包括总美术师和副美术师等。

录音组：负责录音和声音加工制作，一般包括录音师和录音员。

在好莱坞体系中，如果公司同意制片人自己负责电影的拍摄；会派代表出任该片执行制片人，监督制片人的资金使用、时间进度和具体运作。制片人在拿到资金之后，就可以去雇用导演、演员和摄制人员了。与独立制片人相对，好莱坞的导演、演员比制片人还要多，同样是独立自主。他们通过经纪人等待着制片人的挑选、谈判、签约(好莱坞有许多专门跟踪调研导演、演员的机构，根据他们的票房和观众的喜欢程度，印成小册子，定期提供给制片人和电影公司作参考)。制片人根据导演、明星的走红程度和特点进行选择，同时要求得到电影公司的认可与赞同。导演、演员在与制片人和影片角色进行讨价还价之后，进行正式的拍摄。

(2)制订拍摄计划。在剧组成立之后，要针对拍摄工作制订出一个切实可行的有序计划。每个部门要做好一些准备工作，制订接下来的拍摄计划。拍摄的准备工作主要就是将剧本进行研究，分解出无数个拍摄场景。所制订的拍摄计划中一般包含对整个拍摄工作的一个计划，某一个时间段的拍摄计划，以及周、日等更加详细的拍摄计划。在制订拍摄计划的时候要注意保证拍摄在有限时间内完成，以降低拍摄过程中的费用支出，同时，还要随机应变，灵活应对拍摄过程中可能出现的突发状况。

(3)实地拍摄。实地拍摄之前导演要根据剧本进行分镜头剧本的创作，并确定每一个镜头的拍摄方式，同时，要撰写“导演阐述”，对影视剧进行艺术、技术、商业等诸方面的综合规划与整体设计。另外，导演还要与演员、摄影、美工、录音等创作人员进行密切的探讨和沟通。最后，导演要与制片人共同拟订“拍摄日程”。

拍摄日程安排好之后，摄制组就可以在摄影棚或选好的外景地进行拍摄了。这时，拍摄所需的布景和建筑都已经准备和搭建就绪；化妆人员已经依照剧情规定给演员化好了妆；负责服装的人已经让演员穿上了符合角色身份的服装；主要演员也都早已经试过了镜头。所以，一旦导演指示“开拍”，摄影师便可以根据导演分镜头剧本要求的拍摄方式开机进行拍摄了。为保险起见，摄影师有时在拍摄完一个镜头之后，还要补拍几个备用镜头。

每天的拍摄工作结束后，摄制人员都要洗出“工作样片”，供导演、演员和摄制组的其他主创人员一起研究观看。样片没有通过之前，布景不许拆散。一般说来，摄制组一天的工作量，在成品后的影片里只占几分钟的放映时间。一部电影的实地拍摄时间大致需要100天。电视剧的拍摄进度，目前国内进度是5～6天一集，一部20集左右的电视剧2～3个月就可以拍完。“拍摄日程”全部完成之后，实地拍摄的工作才算结束。

3. 后期制作

片子摄制完成后就进入了后期制作阶段。

首先是剪辑师要对样片进行“毛剪”，即按照分镜头剧本上每一个镜头的编号，依次将它们初步连接在一起。制片人和导演会对“毛剪”的样片进行仔细推敲，对不足之处提出完善措施，包括重拍不合格的镜头和补拍需添加的镜头等。直至这项工作全部结束，摄制组才可以最后解散，布景才能够拆除。

接下来，剪辑师要对毛剪过的样片进行加工，并精确计算出每一个镜头的尺数和上下镜头的连接点。富有创意的剪辑工作，往往会使影片大为增色。剪辑工作完成后，就可将样片交付洗印车间进行化入、化出、淡隐、叠印等技术处理了。

与此同时，该剧的作曲人员要写出全部的配乐定稿，录音师要把这些配乐和所有效果音响录成声带，并将原来分录在几条磁带上的对话、音乐和效果音响“混录”在同一条磁带上。最后的工作是要把音带和剪辑好的底片结合在一起，使之“音画合一”。

在后期制作过程中，一般来讲，动画特效、录音、音响、配乐、字幕、编辑等都是由影视制作公司委托专门的科技制作公司完成，签署合同后开始制作。有些时候公司也可以自行制作，这些都给影视产品起到锦上添花的作用。大量运用特技镜头，会令人耳目一新，带来丰厚的回报。

二、影视创意产品的产业链开发

在现代商业高度发达的今天，产品概念的内涵及外延早已扩大。现代市场营销理论认为“产品不仅是看得见摸得着的有形实体，而且是提供给市场的、能够满足消费者或用户某一需求和欲望的一切有形产品和无形产品的总和”。① 由此可见，现代影视产品的概念应该不仅指影视产品实体(即指影视片)，而且指一种以影视片实体为核心的，以影视制作、发行、放映为形式的，以影视衍生品开发为延伸的一套整体产品。这就需要在影视产业链视角下探讨影视产品的开发问题。

影视产业链是指以影视创意产品为核心，从其形成到最终消费环节所涉及的上下游环节各个主体的集合。传统意义上，影视产业链主要指影视产品的“制作——发行——放映”环节，我们称之为狭义的影视产业价值链，其基本模式是：内容供应商制作影视产品提供内容的输出，发行商通过竞争、买断的方式获取发行的权利，之后向下游的渠道(即指影院和电视台)进行发售。近几年，随着影视产业与其他产业融合发展的态势日趋明显，影视产业链不断向前端、后端和周边延伸与细分，形成了大影视产业链构成系统，如图6-2所示。

---

① 那薇、王昆来、曹国林：《市场营销理论与实务》，149页，北京，北京大学出版社，2012。

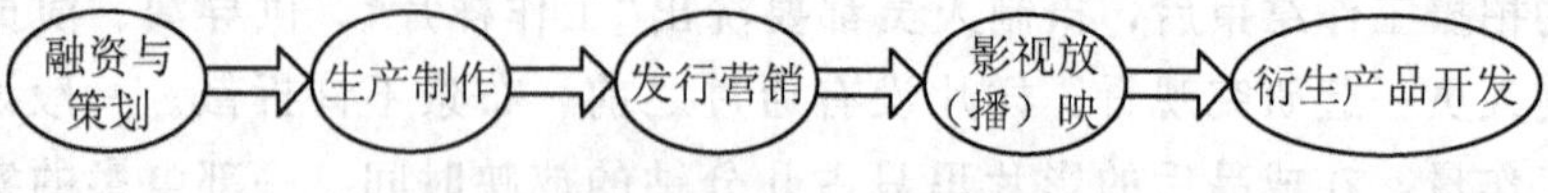

图 6-2　影视产业链示意图

融资与策划——在进行影视产品生产前期，首先要进行资金准备及与产品制作相关的策划活动。其中，融资环节可以说是整个影视产业价值链中最为关键的“硬件”基础；而策划环节则是使影视产品制作部分得以高质量完成的重要“软件”前提。

生产制作——在融资与策划基础上，影视人员开始进行影视产品生产制作，这一环节是使本产业价值链得以顺利运作并最终实现产业及产品盈利价值的主体构成。

发行营销——影视产品制作完成后，必须依靠有力的宣传、推广与市场营销手段助推其顺利上位发行，这是影视产业链中至关重要的一环。

影视放(播)映——影视产品在此环节首次实现其产品价值。

衍生产品开发——放映(播映)环节所得盈利仅为影视产品价值的第一次实现，而后衍生产品开发则是对其产品价值的二次乃至多次的深度挖掘与获取。

现代影视产业链是在对传统影视产业链深度开发基础上形成的一个立体产业链。它主要是通过纵向的整合与渗透、横向的整合与拓展以及关联产业的渗透与嵌入，贯穿打通产业链上下游的各个环节，实现各个环节之间的资源对接、相互撬动。其中影视产品的营销策划作为推动影视产业及其产品得以最大限度实现其价值的重要手段，其绝不应仅仅局限于影视发行一个环节，而是贯穿于产品从创意阶段到最后衍生产品开发的全产业链过程之中。

1. 营销策划

营销策划是在对企业内部环境予以准确地分析，并在有效运用经营资源的基础上，对一定时间内的企业营销活动的行为方针、目标、战略以及实施方案与具体措施进行设计和计划。营销策划的实质，是通过各种形式和媒介平台，实现和消费者的心理沟通，以达到销售的目的。“酒香也怕巷子深”，影视产品作为一种特殊的商品，不仅应以高超的艺术品质取胜，同时也要注意合理运用营销策略，推进影视的经济效益与影响力形成。在进行影视产品营销策划的时候，要以获得更多的收益为目标，以广大的潜在观众为对象，制定出符合当前市场情况的策划。

影视产品制作完成后，并不是只追求简单的市场投放和播映。制订相应的播放计划是首要任务，包括播放地点、时间、观看价格等很多方面。其次还需要策划大量的推广活动，包括召开记者招待会，安排首映礼、明星见面会等进行宣传，尽可能地打开市场，以获得更多的收益。上映档期也需要根据产品内容、市场情况、观众分析等综合考察而确定，例如中国电影市场的暑期档和贺岁档是电影上映的黄金时间。还要在户外媒体上投放预告片与海报，在影视杂志上做推荐，而最常见的是公关活动，特别是在自媒体时代，运用微博和微信，制作话题预热，在影视作品放映之前或者是制作过程中就让人们意识到它的存在而产生兴趣，在播映之时观众观看的可能性就会提高。

随着营销观念不断革新，影视产品营销环节不断拓展，营销传播工作不再局限于单一的宣传发行环节，而是向其他环节延伸甚至蔓延至全产业链条；营销的内容更加丰富，从单一要素变为多元要素的整合营销模式；营销渠道愈加多元，从传统的平面印刷媒体和广播电视媒体进入到全媒体融合式发展的时代。当下影视产品的营销形成了全链条、全要素、全媒体融合式发展的新格局。

新媒体的发展给影视营销带来了重大机遇。新媒体具备信息传播的高效、便利性，以及开展互动营销的先天优势，是影视剧作品宣传必选平台之一。唯有善于利用视频、微博、微信等高性价比营销渠道，创新营销方式，才能更好地抓住观众的注意力，并促成网民快速传播，以提升影视剧作品及周边产品的认知度。近年来，国产影视剧营销加大对新媒体的应用，并取得了不俗的成绩。例如电影《捉妖记》能在国际大片扎堆的档期里突出重围，成为以小博大的票房"黑马"的主要原因，在于其运用了SOLOMO模式进行销售，创造了24.3亿元的票房奇迹。

SOLOMO这个概念是硅谷"创投教父"约翰·杜尔在2011年2月首次提出的，他把三个关键词整合在一起即Social(社交)、Local(本地化)和Mobile(移动)。SOLOMO代表了当今新媒体营销三个典型的应用和趋势，也成为影视产品营销强有力的营销模式。在具体运用过程中，主要利用Social(社交媒体)，同时把Local(本地化)和Mobile(移动)作为提高营销效果和挖掘更有效营销方式的基础。

Social——社交平台的应用。电影《捉妖记》在微博、时光网、豆瓣网以及各大视频网站上重点宣传。这些媒介平台上用户的活跃度相当高，用户间相互转发和分享，以此对他人产生影响。与此同时，这些媒介平台之间也会相互影响。《捉妖记》的影评和视频被分享到微博和微信朋友圈，影响了其他微信好友和微博用户，最后又反作用于视频网站和电影网站。

Local——微视频预热市场。电影《捉妖记》在上映之前就在微博、视频网站等网络媒体进行了较长一段时间的预热，宣传方分别发布了姚晨版、汤唯版、钟汉良版、天天森碟版、曾志伟和吴君如版、井柏然和白百合版的预告片，利用明星效应及其在影片中所扮演角色的神秘性和趣味性，引起消费者极大的兴趣。宣传方同时又发布以主角"胡巴"为主要人物的公益宣传广告，并在浙江卫视放送了和《克拉恋人》的捆绑直销视频，让观众积极地参与，用户注意力迅速提升。

Mobile——移动App线上线下连接。随着智能手机的普及和App的风行，利用App进行宣传同样成为电影营销的重要手段。App的发布逐渐成为电影附属品领域宣传销售的重要方式，也正在成为我国电影营销的重要方式。

2. 衍生产品开发

随着影视业的发展开始步入成熟期，形成了相对完整的产业链，电影的票房收入和电视的广告收入只是整个产业收入的一部分，通过发展下游产业，开发衍生产品，可改变盈利模式的单一化，降低影视剧投资的风险，实现盈利的最大化。

影视产业蓬勃发展，衍生品被描述为新的"金矿"。它增加了影视产品附加值，有利于回收资金，可以持续不断地创造新的财富，发展壮大并形成品牌效应，它既是影视产品宣传的手段，也是开拓市场的利器。在好莱坞电影产业中，电影票房只占全部收益的20%，各类授权的电影衍生品在全部收益中占到了80%的份额，以电影产品为"火车头"带动相关产品和产业的综合开发。数据显示，《星球大战》系列电影已经形成了一个产业价值链漫长的商业帝国，票房18亿美元，而其衍生品产值更为惊人，达到

43.23亿美元，这条产业链包括超过50个电子游戏、至少120位作者创作的420本漫画书、240本小说、101套有声读物、难以计数的各种图片或形象授权、音乐授权、音像再发行收益；迪士尼动画电影《狮子王》前期投资仅4 500万美元，却收获了7.8亿美元票房，而衍生品收入更高达20亿美元；2013年迪士尼出品的《冰雪奇缘》中同款的“艾莎裙”，仅在美国一地就收获了4.5亿美元，而该电影在北美的票房也仅有4亿多美元；《哈利·波特》系列电影更是形成价值超过千亿美元的庞大产业链，创造出了绝无仅有的商业奇迹。

在好莱坞模式已完全改变影视剧收益模式的今天，我国影视文化衍生品开发还处于起步阶段，还处于传统意义上的玩具、服装、饰品、音像、图书、日用品、海报、珠宝、游戏等影视剧周边产品开发，更深层次的开发尚未形成有效的市场价值。影视文化衍生品可以通过金融化的资本运作拓宽影视文化产业的价值链，形成跨行业、跨媒体、跨地域的市场渠道化经营，对出现在某部影视作品中的相关视觉形象、名称和事件进行相关商品的生产、发行、销售或其他形式的开发，形成电影、电视剧、电视栏目、视频、音乐、游戏、玩具、交互式软件的完整商业生态系统，进而在不同市场的同一主题上进行多元化投资，发展成可以市场化的文化产品。

影视衍生品开发分为两大类产品：一为版权转让，即影视版权权属方向各类电视台、电台、网络视频运营商、航空器、交通工具、宾馆饭店、大型商超、公共广场等播出平台转让影视剧播映权或者授权许可使用。二为后产品开发，利用影视剧中的影像、音乐、文字、图像制品出版发行；利用片中的视觉形象进行的产品开发、与影视剧相关的主题建筑物等旅游娱乐项目的开发、有关的广告、商业推广活动以及游戏软件开发等。产品开发分为自行开发和授权开发。自行开发是指影视版权权属方自行组织影视衍生品的开发、生产、销售的模式，这要求影视版权权属方有足够的资金实力和经营实力；授权开发是指影视版权权属方将影片全部或部分商业资源开发产品权出售给其他经营者，由他们进行影视衍生品经营的模式。可见，影视衍生品的经营涉及跨地域、跨行业、跨媒介经营，其经营范围的广泛性可以涉及诸多其他行业。

案例分析

电视文化类节目《国家宝藏》

近几年，中国电视荧屏上出现了诸如《中国诗词大会》《见字如面》《朗读者》《非凡匠心》《读一本好书》等一批充满文化气息的节目，在众多娱乐综艺类节目中成为电视节目内容和形式创新的一股清流，引发了观众的热议，掀起了一股全民的传统文化热潮。特别是央视2017年第四季度推出的原创节目《国家宝藏》，更是收视和口碑齐飞，刷新了文化类节目的新高度。

一、电视文化类节目

顾名思义，电视文化类节目作为电视节目的一种类型，“是文化教育类节目，从属于社教类节目，它以文化教育为宗旨，采取电视传播的形式，是以传播知识为内容的一类节目。这类节目将传播文化知识和人文教化寓于服务之中”。①

相较于其他电视节目，电视文化节目最大的不同在于其植根于节目内里的传承历史文化的使命。电视文化类节目是提升观众文化素养的重要通道，是国民教育的重要手段。纵观我国电视文化类节目的发展，知识性、互动性、竞赛性等特征显而易见，如《走进科学》《开心辞典》等都是以直接的传播科学文化知识为主要任务。此后，随着市场经济的发展，娱乐节目的异军突起，导致文化类节目大多带有较为浓烈的综艺色彩，以《一站到底》《最强大脑》为代表的一批节目，虽然也带有传播文化知识的功能，但紧张刺激的竞技环节逐渐成为节目的核心。在泛娱乐的时代，许多文化类节目一度在精英文化和娱乐文化之间“游走”，文化成为节目的包装样式，而非精神内核。电视文化类节目一度在追求收视率的道路上，在资本和市场的驱使下，丧失文化。

2017 年以来，我国电视文化类节目呈现出一派繁荣的新局面。据不完全统计，2017 年国内各大电视台和视频网站推出的文化类综艺节目数量超过 50 档。其中以央视的文化类节目最为突出，部分卫视频道也出品了一些反响较好的文化类节目。这些节目以传统文化作为切入点，与当下泛娱乐的综艺节目形成明显的差异化，为电视荧屏带来了一股清新之风，同时在节目的形式上有所创新，朗诵、故事讲述以及表演等形式的文化表现，使得精英属性的传统文化与消费属性的大众文化有了契合点，并且带入较强的情感共鸣，成为中华文化当代化、大众化传播的重要载体。此外，节目制作精良，传播渠道多元，从而取得了不错的反响和口碑。

二、《国家宝藏》简介

《国家宝藏》是由当时的中央电视台联袂故宫博物院、上海博物馆、南京博物院等 9 家国家级博物馆倾力打造的一档大型文博类探索节目。节目于 2017 年 12 月 3 日在央视综艺频道播出后，引爆了电视、网络和微信朋友圈，3.89 亿次电视观众收看，节目视频网络点击量 7.9 亿次，成为现象级文化综艺节目，获得了央视唯一一档综艺节目的年度大奖，豆瓣评分高达 9.2 分，荣登 2017 豆瓣最受关注的大陆综艺节目榜首。

相较于之前的电视文化类节目，《国家宝藏》不论是节目制作的精良程度，还是节目的投入程度都达到了一个新的高度。秉承“让文物活起来”的宗旨，《国家宝藏》联合中国九大博物馆，甄选二十七件镇馆之宝，推举二十七位国宝守护人，其中包括王凯、何炅、李晨、撒贝宁、刘涛等明星，为节目吸引了一大批粉丝的关注。可以说不论是从国宝的价值还是嘉宾的阵容上，《国家宝藏》都达到了一个超越之前文化类节目的超高水准。《国家宝藏》在每期时长 90 分钟的节目里，分别聚焦一家博物馆所甄选的 3 件国宝，节目为每件国宝精心挑选由明星担当的“国宝守护人”来演绎国宝的前生故事，深挖国宝的文化价值、历史价值和艺术造诣，再由与国宝有着浓厚缘分的普通人讲述国宝背后的今生故事。值得一提的是，节目吸引了大量“90 后”“00 后”观看和讨论，获得了年轻人的青睐，并成功激发了广大观众对文物、对中华文化的兴趣和探求热情，在多个城市掀起了一股“博物馆热”。

---

① 刘晓欣：《电视文化节目研究综述》，载《中国广播电视学刊》，2015(12)。

三、《国家宝藏》走红的原因

(一)创作理念的创新

1. 站位高：用文物传递文化自信

习近平同志在中共中央政治局第十二次集体学习时指出，提高国家文化软实力，让收藏在禁宫里的文物、陈列在广阔大地上的遗产、书写在古籍里的文字都活起来。党的十九大报告要求文艺创作要实现传统文化的创造性转化和创新性发展。中央电视台作为国家电视台，更肩负着文化传承的责任和使命。而博物馆集纳着泱泱中华五千年灿烂辉煌的文化，是国家的文化象征，是国家文化最好的展示平台。“躺在博物馆里的文物，无声讲述着一个民族的信念，见证一个国家灿烂的文明。”因此，《国家宝藏》创新性整合了故宫博物院、上海博物馆、南京博物院、湖南省博物馆、河南博物院、陕西历史博物馆、湖北省博物馆、浙江省博物馆、辽宁省博物馆九家国家级博物馆的顶级资源。《国家宝藏》带领观众特别是年轻人，走近博物馆，解读中华文化的基因密码，了解国宝所承载的文明和中华文化延续的精神内涵，让观众在轻松收看电视节目的同时，感受中华传统文化的精髓，唤醒民族根脉中的文化自信，彰显了主流电视媒体弘扬中国优秀传统文化的社会责任，坚守了电视媒体应有的格调和品位，提高了电视媒体的公信力和影响力。

2. 形态新：引领文化综艺新潮流

与此前热播的文物鉴宝类综艺节目相比，《国家宝藏》摒弃了只关注文物的真假和市场价值的综艺理念和取向，摒弃了鉴宝专家用鉴宝行当的专业名词、术语进行讲解的综艺形式，摒弃了将文物带至节目现场由专家检验、审视的综艺流程，将综艺目光真正望向国之重器，赋予它们思想、性格和情感，并综合运用现代传媒技术，将它们从静态化的博物馆带到综艺的舞台，带入老百姓的日常生活，带给人们穿透历史的情感体验。《国家宝藏》总导演于蕾介绍节目制作的初心和理念：“我们是完全中央电视台自主原创的形态，界定为‘纪录式综艺’，是综艺节目的外壳表达文化的内容，也借鉴纪录片的讲述方式和纪录片的气场。节目定位为大型文博探索节目，无论是表达的内容还是节目形态都是一次全新探索。”《国家宝藏》之所以成功，重要的是研发出很好的自主原创的节目模式：以文化的内核、综艺的外壳、纪录的语言，创造一种全新的表达，用时尚现代的方式激活深沉古老的历史，实现文博类节目从抽象感受到具象表达的转化，实现了将中国传统文化的新意表达，为单纯的综艺节目增添了审美情趣和文化底蕴，引领了文化综艺的新潮流。

3. 切口小：用“国宝”贯穿古今

《国家宝藏》中的每一件文物都是一个记载民族血脉的基因密码，每一座博物馆都是一座守护中华文明的基因宝库。节目联手27位明星“国宝守护人”、9位馆长组成“点评天团”专家，还有各个领域与文物发生关联的人，为27件镇馆之宝打造自己专属的前世传奇和今生故事。《国家宝藏》用文物贯穿古今，展现中国文化历史纵深。所有的设计都与习近平总书记所说的“延续国家和民族的精神血脉”“代代守护”“勇于创新”一脉相承。不仅展现文物前世的传奇故事，向万千观众传递着每件文物背后丰富的艺术价值和文化价值；还让观众知道在今天发生了什么，激励观众承担起传承中华文化的重任。

（二）节目形态的创新

1. 故事化表达，让国宝会“说话”

《国家宝藏》首次将博物馆拉进了综艺舞台，给观众带来了极大的新鲜感。节目最大的创新在于叙事方式，每件国宝都有自己的明星“守护人”，也有专属的“前世今生”故事。节目选取国宝“前世今生”故事作为切入点，用小剧场形式，以明星演员的表演来演绎文物的“前世传奇”；用综艺化的表达，以文物专家现场解读和现代社会中不同职业的人物对文物的研究和拓展，来挖掘文物与现代生活的“今生故事”；古今联通，将国宝所承载的历史记忆、人文精神和大国气象生动解构，既显示了国宝从古至今未曾中断的传承，也拉近了观众与文物的距离感，激发了观众对历史、国家的文化认同，不但使文物“活”起来了，也让这个电视节目“火”起来了。

2. 年轻态呈现，让文物“活”在当下

与以往那些锁定中老年观众的鉴宝类节目和历史解读类节目不同，《国家宝藏》除了坚持央视出品一贯以来的高品质、大格局，将精致的国宝和精细的创作进行了很好的叠加，而且收起严肃古板的面孔，愿意探下身去倾听年轻人的需求，契合新生代的审美，遵循网络传播规律，用恰如其分的时代表达，点燃无数“90后”乃至“00后”的观众热情。让“冷门”成了“潮牌”，让传统变身时尚，成为文化综艺乃至国产综艺中具有引领意义的成功探索。“这是一档追寻历史和传统文化的节目，但它并非老气横秋，而是一个非常年轻的节目。”《国家宝藏》的总制片人吕逸涛表示，它通过一种非常有生命力的讲述方式来解构文物，让年轻人与文物产生情感的共鸣，爱上文物，爱上中华民族的历史文化。《国家宝藏》将“高大上”和“接地气”融合起来，将文物和故事相结合，用“小剧场”的形式讲述文物，用轻松的语态进行交流，拉近了年轻人和文物之间的距离，让很多网友自动参与其中。尊重年轻人的审美，并加以引导，这也是节目受到年轻人追捧的重要原因。

3. 品质化制作，用心诠释文物之美

《国家宝藏》的舞美设计备受好评。一是整体视觉都以“国宝盒子”为主体，一以贯之，视觉形象强烈而严谨。“国宝盒子”是由九个大小各异的小正方形组成的一个数学上的“完美正方形”，象征着第一季加盟《国家宝藏》的九个国家级重点博物馆。二是舞美利用最为先进的“冰屏”，即透明的LED，与吊杆、升降等物理运动相结合，使舞台多层次、多场景变化，将中华五千年文明呈现在百变的视觉景观中。三是灯光的设计运用，利用灯光的造型能力，打造“历史的四维空间”，在光影变幻中，将舞台时空“改朝换代”，穿越历史，演绎前世传奇，讲述今生故事。四是视觉内容的制作，匠心打造，每一处视觉内容在遵从历史真实的情况下，兼顾艺术创造，打造传统的时尚、时尚的传统。五是服装、化妆、道具等造型方面，与历史、文博界专家即时求证，尊重历史真实情况，精益求精。

（三）传播方式的创新

1. 互联网传播

《国家宝藏》播出后，有数据调查公司为节目组提供了《国家宝藏》的受众数据：其主体构成人群，最多的是20～25岁的年轻人，15～20岁的紧随其后。厚重的历史与现代的“脑洞”思维相结合，让节目焕发出新的活力，让年轻人乐于接受。《国家宝藏》在视频网站哔哩哔哩(以下简称“B站”)十分火爆，播出6集后点击量便高达1 500多万，B站主动在首页上建了一个专题。在B站上活跃的主流人群，多是一线城市受到良好教育的学生，而其在B站上的行为特点，就是会针对喜好内容通过弹幕进行高密度的交流。因此，弹幕本身也是内容制作者探知观众反馈的渠道。其实，《国家宝藏》选择上线B站宣传，说明当前的文化节目正在逐步打破与年轻群体的壁垒，呈现出青春的蓬勃活力。

2. 多媒体、跨平台、互动式的融合传播

《国家宝藏》节目启动、开播前后，与全国百余家媒体通力合作，各大中央及地方平面媒体、电视媒体、网络媒体全力推介，积极推进节目多媒体、跨平台、互动式融合传播。一是围绕节目立意，精心提炼宣传亮点，如明星“国宝守护人”古装造型亮相、创新发布原创主题曲《一眼千年》音频及MV、时尚与传统融为一体的舞台美术等，全媒体推送。二是设置议程，按计划有条不紊地释放宣传物料，使节目逐步升温，从2017年8月22日启动仪式以来，在宣传上保证每一周都有新鲜的物料传播出去。比如《天冷了，我妈关心我穿没穿秋裤，我却关心古人穿没穿秋裤》《故宫博物院联合八大博物馆＃周二见＃，答案在这里》等推送文章，一看题目就会激发阅读兴趣，特别契合年轻人的心理，自然点赞量、阅读量都会高。三是融合了各大平面媒体、电视媒体、网络媒体等多重新媒体，通过《新闻联播》、地方电视媒体资讯报道、App开机屏硬广资源位、微信微博等新媒体传播、央视媒体矩阵、网络媒体等多平台同时进行宣传。四是组织各类线上互动活动，如搭建微信、微博的投票平台、开展新媒体活动，如“国宝投票”“国宝表情包”“我为国宝写广告”“花样视频花絮大放送”等，充分满足了节目线上结合线下互动的需要，实时与观众网友保持互动，促进节目二次传播。

3. 从线上到线下、从国内到国外的全球传播

《国家宝藏》首次将文博与大众娱乐、综艺形态结合在一起，让更多人开始关注文物、喜爱文物。“＃CCTV国家宝藏＃”连续21天持续登上话题综艺榜，“农家乐审美”等热门话题持续火爆，“古典范儿”被新周刊评为“2017年度十大热词”之一。节目获2017年大陆电视综艺节目关注度第一，喜马拉雅的节目音频收视收听超过1.4亿人次。百度搜索关键词《国家宝藏》突破326万人次。节目主题曲《一眼千年》连续一周占据纪录片的排行榜第一名，QQ音乐MV热榜第一名，虾米音乐也位居榜首。

随着节目的播出，2018年元旦及春节期间，全国范围内掀起一股参观博物馆的风潮。自2017年12月初《国家宝藏》开播以来，通过“博物馆”搜索国内旅游产品的数据上升了50%。“为一座博物馆赴一座城”成为旅游项目新热门，《国家宝藏》中介绍的部分博物馆参观人数较去年同期提升了50%以上。因为《国家宝藏》，冷门的石鼓、云梦秦简、铜鎏金木心马镫等文物成了“明星文物”，也有多位博物馆馆长、今生故事讲述嘉宾成了被观众熟悉、敬仰和热议的“明星人物”。

这股中国传统文化的热浪更是从国内“燃”到了海外，多家媒体海外版面也纷纷推荐节目，法国、加拿大、韩国等各国网友，在当地组织朋友观看《国家宝藏》，表示“《国家宝藏》倾力造，传统文化凸骄傲，先祖先贤书春秋，华夏千古显荣耀。”

四、《国家宝藏》对影视创意产品开发的启示

《国家宝藏》令时代久远的文物重新回到人们日常生活中，与当下中国人的生活、

审美和需求有效地对接。它找准了历史与当代的契合点，用文物沟通古今，不仅利于国民在历史维度上立体感知民族文明，更增强了国民的文化自信与文化自觉，为文化电视类节目的创新树立了标杆，也为影视创意产品的开发提供了宝贵借鉴。

1. 挖掘传统文化

我国传统文化是历时五千年逐渐形成、完善和发展，体系庞杂，内容丰富，是中国影视产业发展取之不尽的资源库，也是中国影视产品保持民族性的基础和源泉。

对我国影视业来说，在资金、技术甚至“想象力”都逊于好莱坞的语境下，最大的优势就在于我国有着不同于美国和其他西方国家的悠久而独特的文化传统。切实对其加以合理利用将成为我们的竞争优势，在当前我国影视产业还无法与西方相抗衡的情况下，在产业发展中注重对本民族资源的开发利用，推出大批具有“中国风格”“中国气派”的影视佳作，借以进一步开拓国内市场，最终真正走向国际化的发展路线，将是我国影视产业提升整体竞争力和影响力的有效手段。

我国的传统文化资源，大致可以从三个方面和影视作品进行衔接和融合。一是故事内核。我国五千年的灿烂历史、各种神话传说、诸子百家、八大菜系、书法绘画等皆可入戏。早在2001年，电影《刮痧》就围绕传统中医疗法“刮痧”探讨了中美两国文化的巨大差异，造成了一定的社会反响。此外，李安电影《推手》同样利用了打坐、京剧、太极等传统元素，更不用说《霸王别姬》《卧虎藏龙》《故宫》《舌尖上的中国》等著名影视作品。二是画面表现。画面表现上，白描水墨皆可融入影视作品画面意境。特别是动画作品，除了如1961年的水墨动画《小蝌蚪找妈妈》外，剪纸、皮影等都能带来浓浓的文化底蕴。三是舞台表现。舞台表现力和场景音乐等方面，中国传统戏剧与希腊悲喜剧和印度梵剧并称三大古老戏曲。琴、筝、琵琶、丝竹等中华传统音乐乐器，亭台楼阁等中国建筑，袍襦等历朝历代的服饰，对于塑造舞台形象，提升表现力有着极大的作用。此外，我国56个民族中每个民族都是一个文化宝藏，这些都给影视作品提供了丰富的素材。

2. 寓教于乐，雅俗共赏

近20年来，影视屏幕掀起了强劲的娱乐旋风。普通老百姓的确需要娱乐，对普通观众而言，有权利要求作为大众文化主要载体的影视产品能够提供一点轻松的娱乐。但正所谓过犹不及，浅薄的娱乐满足的只能是表面的感官刺激，而真正的艺术愉悦的是人们的精神和灵魂。当然不能要求所有的民众都有如此高雅的追求，但也并非所有的影视观众都仅仅满足于一种简单的娱乐，必须为部分有着较高文化需求的受众提供适量的选择。从这个意义上来理解《中国诗词大会》《朗读者》《国家宝藏》《经典咏流传》等文化类栏目日渐红火的原因也就顺理成章了。从本质上讲，这是一种深层次的娱乐，是对当前浅薄娱乐的反驳，它满足了受众内心深层对于真善美的需求和对于严肃崇高的渴望。好的影视产品能满足人们的这种审美心理，通过较为轻松娱乐的形式，传递相对深层雅致的知识和情感，能够给人们带来一种精神的充盈和灵魂的慰藉。

过分的娱乐化不可取，但是板着面孔说话难免曲高和寡，观众很难产生共鸣，所以把握好“教”和“乐”之间的尺度就成为了关键问题。如果我们对央视曾经的《读书时间》等文化类栏目还有印象的话，一定不会忘记主持人和嘉宾们正襟危坐的严肃神态，让人敬而远之。央视早期的《百家讲坛》节目就是靠知识性较强的选题和高水准专家的讲述来保持学术品位的。该节目的嘉宾人选瞄准全国最优秀的学者和各专业领域里的顶尖人才，第一个登坛的就是诺贝尔奖得主杨振宁。但遗憾的是，节目初衷与呈现效果多少有些事与愿违，口味难以捉摸的受众似乎并不太领情，收视率一度低迷。后来《百家讲坛》及时进行了文化定位的调整，推出了阎崇年、易中天等一批善于把学术通俗化的嘉宾，实现了对高端文化的位移，进而风靡一时。所以，"寓教于乐"可以将厚重的文化之美在这个快速迭代的时代赢得大众的青睐。就《国家宝藏》而言，就很好地把握了这个尺度，这其中不得不提的就是节目中"小剧场"的设置，其很好地向我们展示了什么是"寓教于乐"。"小剧场"的设置具有虚构的成分，但其主要架构还是遵循史实，其巧妙地实现了节目效果与尊重国宝历史事实之间的平衡。例如，在故宫博物院展示"各种釉彩大瓶"这一期节目中，小剧场通过跨越时空的对话，在制造节目的娱乐性的同时，还巧妙地揭开"各种釉彩大瓶"的厉害之处及文化内涵，这比起以前的文化类节目面对面进行讨论的形式，要更能抓住年轻观众的心，真正实现了"寓教于乐"的效果。

近年来，《中国诗词大会》《见字如面》《国家宝藏》等文化类节目以我国深厚的文化积淀为基础，不断改革传统文化类节目的表现形式，创新传播模式，同时吸收其他综艺娱乐节目的成功经验，并运用新媒体思维，打造出独具气韵与品格的文化综艺类节目，实现了电视媒体的社会效益与经济效益的互惠互赢。2018 年春节期间，央视推出的《经典咏流传》，把诗歌与音乐大胆嫁接，令人耳目一新。这些节目既挥洒着一种精英文化的气质，又透露出大众文化的温情，获得了较高的收视率和观众的好口碑，较好地实现了文化性和娱乐性的平衡。以《见字如面》为例，该节目形式主要是邀请明星担任嘉宾来拆读信件。信件作者无论古今，只要内容能够打动人心都可以被嘉宾声情并茂地当众朗读，力图以真诚的文字和朴实的情感打动观众。在这个充斥着碎片化影像和速食主义的快消品时代，文化类综艺节目没有挖空心思地借助"鲜肉、小花"来冲流量、搏"眼球"，而是通过有思想、有品质的嘉宾朗读信件的方式，为观众呈现出有血有肉的真情实感，实乃是一种错位竞争。书信是一种逐渐远去的媒介形式，承载着丰富的情感与文化，浓缩着古雅的记忆与沧桑。认知历史、理解人际、体验情感是人类普遍的永恒渴望，而读信恰好可以满足人类精神层面的审美需求。在书信这种私密性的文体里所包含的历史文化信息，是其他文本没有办法替代的。书信中描述的历史，是主人公在事件中亲身经历的历史，其中带有丰富的个人感情色彩和鲜活的真实细节，可以让观众获得与以往学史、读史所不同的情感经历，给观众带来特别的人生启示。

3. 借助新媒体传播

现在的文化产品，构建适应新媒体的营销方式已经成为业界共识。毕竟在媒体融合时代，好的内容也需要好的传播，借助新媒体的宣传效力，使文化产品相关信息尽可能多地在不同平台发布和传递，可以最大限度地提升消费群体的关注度和受众黏度。

近年来，我国的媒体环境发生了很大的变化，媒体传播方式同样也因此发生了改变。相对于传统媒体，新媒体具有时效性强、传播速度快、传播范围广、更新速度快、自由方便等特点，这正符合了电影营销的需要。近年来的国内电影市场，《我不是药神》《夏洛特烦恼》《大圣归来》《捉妖记》《煎饼侠》及《战狼 2》等，都纷纷创造了票房奇迹。而这些电影的营销中有一个共同点，即都通过微博、微信等社交媒体进行营销，并取得了不俗的销售效果和宣传效果。

在电视节目营销方面，依托电视平台，联合互联网，采用台网合作，衍生媒介产品系列开发等全媒体战略思想，是当前传统文化类电视节目的宝贵经验。电视节目的制作平台和播出平台基本上是电视媒体，但是又都不仅仅局限于电视，而是要在一定程度上与网络合作。从最初河南卫视与爱奇艺深度合作的《汉字英雄》到后来《汉字英雄》《成语英雄》打造了同名App游戏等，都是在多屏收看、跨屏互动上力求有所作为，形成多屏共振。

（资料来源：陈剑英. 从文博类节目走红谈文化类电视节目创新[J]. 现代视听，2018(4)：9-13.）

思考题

1. 影视创意产品有哪些突出的特点？
2. 我国影视剧创作存在哪些突出问题？
3. 文化类电视节目该如何创新发展？
4. 试分析一个影视创意产品的产业链开发策略。

本章小结

1. 影视创意产品是由声音与画面相结合的活动影像所形成的视听艺术类精神产品。主要特征表现为：价值属性多元、综合程度高、与科学技术联姻、市场风险大。

2. 影视创意产品的开发是一种复杂的综合性艺术生产活动。其生产大致要经历前期筹备、中期拍摄和后期制作三个阶段。

3. 影视产业链是指以影视创意产品为核心，从其形成到最终消费环节所涉及的上下游环节各个主体的集合。随着影视产业与其他产业融合发展态势日趋明显，影视产业链不断向前端、后端和周边延伸与细分，形成了“融资与策划—生产制作—发行营销—影视放(播)映—衍生产品开发”的大影视产业链系统。

4. 影视产品的营销策划作为推动影视产业及其产品得以最大限度实现其价值的重要手段，贯穿于产品从创意阶段到衍生产品开发的全产业链过程中。影视产品的营销形成了全要素、全链路、全媒体融合式发展的新格局。

5. 影视衍生品开发分为两大类产品：一为版权转让，即影视版权方向各类播出平台转让影视剧播映权或者授权许可使用。二为后产品开发，利用影视剧中的影像、音乐、文字、图像等进行相关产品的开发，使电影产业在广度和深度上延伸。

第七章　动漫创意产品

第七章课件

本章学习目标

通过对本章的学习，学生应了解和掌握以下内容：

1. 动漫创意产品的本质与特征；
2. 动漫创意产品的分类；
3. 动漫创意产品的开发流程；
4. 动漫创意产品的产业链开发策略。

学习重点、难点

1. 动漫创意产品的主要特征；
2. 动漫衍生创意产品的开发路径；
3. 动漫创意产品的产业链开发策略。

动漫创意产品从最初被视为孩童的游戏到今天已经发展为21世纪最具潜力的产业形态之一，其消费群体、影响力和价值与日俱增。美国、日本、韩国等国家大量优秀的动漫产品成为全世界爱好者乐于消费的文化产品，不仅为本国动漫产业带来了丰厚的利润，而且在文化、外交中扮演了十分重要的角色。我国动漫产业近些年一直保持稳定、快速增长的发展态势，在产量、海外出口等方面不断取得历史性突破，但与国外动漫发达国家相比还存在质与量的差距，真正成功的动漫创意产品寥寥无几，国际动漫明星缺乏，动漫衍生产品市场有待于进一步开发和培育，动漫产业还有巨大的提升空间。这种情况下，我们就迫切需要从动漫创意产品的特点、产品开发路径、全产业链产品开发等诸多方面进行具体阐述，寻求我国动漫产业的发展之路。

第一节　动漫创意产品的本质与特征

一、动漫创意产品的本质

“动漫”是动画(animation)和漫画(comics)两个词语缩略而成。动画，是运用摄影机对许多帧静止的画面逐帧拍摄，之后连续播放形成活动的影像。漫画是通过虚构、夸饰、写实、比喻、假借等不同手法描绘生活、讲述故事的图画。动画和漫画是两种不同的艺术形式，都具有象征性和叙事性等特征。随着现代传媒技术的发展，动画和漫画之间的联系日趋紧密，两者常被合二为一称之为“动漫”。

当动漫以商品形式流通于市场时就成为动漫创意产品。狭义的动漫创意产品主要指漫画产品和动画产品，是以原创的动漫人物形象、故事为表现形式的文化创意产品，借助媒介载体成为能够被消费者消费的产品。漫画产品主要包括漫画图书、漫画报刊、漫画原画等，动画产品主要分为动画电视、动画电影、动画录影带(OVA)等。除了动画、漫画这两种动漫传播的原始主体外，随着新媒体的出现，动漫的传播也搭载了新的载体，如目前非常流行的网络动漫、手机动漫等，借助互联网和移动通信网等信息网络为传播平台，将动画、漫画作品在终端电子设备上播放进行传播，包括网络表情、Flash 动画等。

把动漫创意产品分为漫画和动画，是一种传统意义上的分类，这一分类显然已不适应今天动漫产业的快速发展。对于动漫产业，学者和政府多基于产业链的视角，将其定义为“以创意为动力，以动漫文化为基础，以版权为核心盈利模式，广泛涉及影视、网络、音像与书籍出版以及玩具、文具、服装、商品等行业的现代文化产业”。财政部等十部委于 2006 年出台的《关于推动我国动漫产业发展的若干意见》指出：“动漫产业是以创意为核心，以动画、漫画为表现形式，包含动漫图书、报刊、电影、电视、音像制品、舞台剧和基于现代信息传播技术手段的动漫新品种等动漫直接产品的开发、生产、出版、播出、演出和销售，以及与动漫形象有关的服装、玩具、电子游戏等文化衍生产品的生产和经营的产业。”由此可见，动漫产业是围绕动漫产品的创意、制作、发行、传播及衍生产品开发等环节所形成的一个完整的产业系统。因此，动漫创意产品是动漫创意产业链中开发、制作、传播、销售的各类产品，除了动画、漫画原创产品外，还包括其相关衍生产品。

动漫衍生产品是指传统漫画作品、动画影视中的人物及关联故事情节获得消费者认同，为满足消费者更高层次的精神和感官需求，延伸发展出来的有别于动漫核心产品的相关直接衍生品(包含动漫书籍、报纸杂志、音响制片、舞台剧和基于现代化信息传播技术手段的动漫新品种等)和间接衍生品(与动漫形象相关的服装产品、玩具产品、电子游戏等衍生品)。随着动漫产业的蓬勃发展，动漫衍生产品的种类也越来越多，已经不仅仅是可销售的实物产品，也包括与动漫产品相关的生活服务，如动漫主题餐饮、动漫主题公园等。动漫衍生产品作为原漫画和动画产品的延伸产品，愈发地凸显出它的强大生命力，不仅创造了巨大的商业价值，同时，也为消费者提供了全新的消费品种。

从漫画的出版到动画片的制作，再延伸到相关网络游戏的运营、卡通玩具的上市和动漫服装的生产等都是动漫产业链条中不同环节创作的动漫产品，这些产品背后都有一个共同的桥梁——动漫形象，它自始至终都存在于全部的动漫产品。如在国内市场获得较高占有率的北京梦之城文化有限公司将“阿狸”作为产品形象，由此加工制作各种动画、漫画、游戏、表情包、服饰、毛绒玩具、生活用品、文具等，自诞生至今，阿狸在国内已经拥有数亿粉丝，这些产品最大的吸引力就是其可爱的阿狸形象(图 7-1)。

图 7-1 阿狸表情图片

二、动漫创意产品的主要特点

动漫创意产品的基础产品和衍生产品围绕其灵魂“知识产品”共同构成了产业链条，

与其他文化产品相比，动漫产品除了具有以创意为核心、以版权为中心等共同特征外，还具有一系列异于其他文化产品的特征。

1. 种类丰富，载体多元

动漫创意产品涉及的行业范围非常广泛，具有多种载体和表现平台。从动漫产品的基础部分来说，就涉及漫画的出版、动画片的制作播出以及音像品市场这三大体系；从动漫创意产品的衍生部分来说，动漫创意产品则涉及角色扮演、舞台剧、主题公园、服装、日用品、玩具、游戏等诸多行业。庞大的产业链条不仅为动漫出版、制作、播出机构带来了直接的经济效益，同时动漫衍生品几乎可以涉及与生活相关的各个领域，波及众多行业。因此，动漫创意产品就具有了多业态的特点。

2. 产品周期长，产业关联度高

一般来说，一个成功的动画电影从概念设计开始，到最后完成并正式播出，需要一个团队几年甚至更多时间。如果把动画片前期的漫画绘制与后期的衍生产业也算在内的话，一部非常优秀的动画片在动漫产品市场上的生命周期将会更加持久。如迪士尼的米老鼠，在1928年上映的第一部有声动画电影《威利号汽船》(图7-2)中，米老鼠第一次出现在美国观众面前，时至今日，米老鼠的形象仍然每年为迪士尼公司带来数十亿元的收入。而作为全球动漫大国的日本，更是用众多的经典卡通形象证明了自己的地位。这些最初诞生在漫画作品中的形象，经由电视荧屏与人们见面，进而出现在服装店、文具店、游戏机房等生活的各个角落。动漫创意产品具有极强的生命力、适用性和渗透性，是后产品开发最为完善的文化产品类型。以动漫作品中的内容为核心、依靠动漫形象的知名度而开发出来的各种动漫游戏、动漫主题公园、动漫玩具、日常用品等，形成动漫产品的品牌效益，带动了相关产品的销售，延伸和扩张了产业链，获得了更大的收益。

图 7-2 《威利号汽船》

3. 虚拟性强，审美张力大

动漫创意产品所描述的艺术世界是迥异于现实的艺术生活，虚拟的角色形象、虚拟的环境、虚拟的故事情节，创作者可以充分展开想象力，不受表演、时空、真实性的限制，能够无拘无束地以夸张、变形、暗示、虚构的手法传达意义和情感。这种独特的美学特征使动漫创意产品被寄予了人类天真烂漫的情感和大胆新奇的想象，动漫创作者可以酣畅淋漓地在制作过程中追求个性、强调个性，展现自己的人生感悟和处世哲学，具体体现在动漫角色的设计、故事内容的创作、画面的架构和对话的设定等。对于受众而言，动漫中出现的人物、动物、植物以及各种事物、环境、气氛、情节、故事等都是在现实生活中未曾见过的、令人惊奇的、完全陌生的形象。陌生化的动漫意象与人们惯常思维的巨大反差所形成的审美张力，给人以独特的艺术享受。因此，动漫创意产品格外受到青少年儿童的青睐。动漫创意产品所创造的虚拟形象，或夸张、或卡通、或可爱、或搞笑、或幽默、或荒诞、或离奇，从不同的方面对观赏者的视觉感官产生不同程度的刺激，进而产生不同的新奇感和愉悦感。

第二节　动漫创意产品的主要种类

从动漫产业链的视角出发，我们将动漫创意产品分为动漫原创产品和动漫衍生产品。

一、动漫原创产品的分类

参照金元浦教授的观点，将动漫原创产品分为漫画和动画两种基本类型。依据各自内部的标准，漫画和动画又可以分为数种不同的类型。①

漫画产品的分类方式多种多样，可以根据篇幅长短的不同分为传统漫画和现代漫画；根据发行方式分为单行本和杂志；根据发行周期分为周刊、半月刊、月刊和季刊。常见的分类多以读者、题材、风格作为划分标准。

(一)以读者年龄为标准划分

1. 儿童漫画

儿童漫画是以6～12岁儿童为主要读者对象，具有趣味性、知识性、幽默性的特点。儿童漫画擅长寓教于乐，通常会借助于简短的小故事，生动浅显地传达一些真、善、美的道理，有利于培养儿童诚实、友爱、活泼等品质，深受家长们喜欢。代表性作品有《樱桃小丸子》《天线宝宝》《哆啦A梦》等。

2. 少年漫画

少年漫画是以12～18岁少年为主要读者对象。内容多以冒险、打斗、科幻为主。但也有不少成年和女性读者，如《圣斗士星矢》《变形金刚》《四驱兄弟》等。

3. 少女漫画

少女漫画是以12～18岁少女为主要读者对象。与少年漫画相比，画风更为精致、细腻，偏于华丽，内容多以校园、恋爱为主，但也有成年和男性读者。绝大部分少女漫画家为女性，如《美少女战士》《可爱漫妮》等。

4. 成人漫画

成人漫画是以18岁以上的成年人为主要读者对象。风格以写实为主，内容涉及政治、经济、历史文化等社会生活的方方面面，较少复杂怪异的情节，作品的取材和构思多来自于日常生活，但是也不排除科幻、神秘、探险类元素，如《超人》系列、《浪人剑客》等。

(二)以题材为标准划分

1. 科幻漫画

科幻漫画是以科幻故事为题材的漫画作品，如《机动战士高达》《铁臂阿童木》等。

2. 校园漫画

校园漫画是以校园为舞台，学生为中心人物的漫画作品，如《知音少女》《女子高材生》《热血高校》等。

3. 奇幻漫画

奇幻漫画是以与现实完全不同的世界为舞台的漫画作品，如《火影忍者》等。

---

① 金元浦：《动漫创意产业概论》，99-103页，北京，高等教育出版社，2012。

4. 冒险漫画

冒险漫画是讲述惊险刺激的传奇故事的漫画作品，如《海贼王》《古墓丽影》《JOJO冒险奇遇》等。

5. 竞技漫画

竞技漫画是以竞技比赛为题材的漫画作品，如《足球小子》《灌篮高手》《网球王子》《头文字 D》等。

6. 博弈漫画

博弈漫画是以棋类、牌戏、魔术为主题的漫画作品，如《游戏王》《围棋少年》等。

7. 推理漫画

推理漫画是以推理为故事主题，通常此类漫画多为共同合作，有推理故事的原作者及漫画人物的绘画者合力完成的漫画作品，如《金田——少年事件簿》《名侦探柯南》等。

8. 历史漫画

历史漫画是以历史故事为原型，进行再创作的漫画作品，如《三国演义》《战国》《信长》《水浒传漫画版》等。

9. 武侠漫画

武侠漫画是以武侠为题材的漫画作品，多为我国香港地区漫画，如《龙虎门》《风云》《刀剑笑》等。

（三）以风格为标准划分

1. 卡通风格

卡通风格的漫画最突出的特点是拟人化。当故事的角色为动物时，这些动物就会具备人的各种性情，明显地表现出喜怒哀乐；当故事的角色为普通人时，人物造型就会较为抽象，人体比例失衡，比如眼睛，占脸部 1/3 以上，经常出现 4 头身，表情夸张，线条简单等。像史努比、加菲猫、小叮当、蓝精灵、机器猫就是其代表。

2. 写实风格

写实漫画的形象一般是严格按照人体比例绘制，符合现实中人物的身长、体态特征，较为接近真人，这类漫画一般称为美式漫画。以超级英雄故事为代表，主要由美国的 DC 漫画和惊奇漫画两个公司出版。对我国香港地区武侠漫画的风格有一定影响。其他还有一些历史题材、严肃题材的漫画较多运用这类创作手法。

3. 半写实风格

半写实风格漫画的特点是人体结构比例与现实人物相当，但是略有夸张，人物的外观介于卡通和真人之间，通常以黑白为主色调，市场主要以青少年为主。现在日本漫画大多采用的是半写实风格，其中表现最明显的是，漫画中的人物在正常状态下，与普通人的结构相当，但是当遇到突发事件，或者要表达强烈的情绪时，漫画中人物形象往往会采用卡通风格的处理方式，显得较为夸张、有趣。

4. 唯美风格

唯美风格漫画以少女漫画为主，人物造型虽然华丽，身材颀长，非常俊秀，但是并不给人以压迫感，女主角一般娇小可人，男主角文质彬彬，深情款款。

5. 后美型风格

后美型风格要比唯美风格更为华丽，人物造型繁复，配有各种华丽复杂的配件和服饰，远远超出现实，只能用旖旎瑰丽来形容。此类漫画不仅风格夸张，故事情节往往也是曲折离奇。

（四）以播出渠道为依据

根据分析和播出的渠道不同，动画产品主要分为动画电视、动画电影和动画录影带（OVA）。

1. 动画电视

动画电视是指通过电视频道与观众见面的动画作品。根据剧情之间的连续性和前后故事之间的关联性，动画电视可以分为单元剧和连续剧两种主要类型。

（1）单元剧类型。故事之间的连续性较为松散，在每一集讲述一个独立的小故事，剧情较为简单。如《史努比》《猫和老鼠》《南方公园》等美式动画常运用该形式。我国的《喜羊羊与灰太狼》《蓝猫淘气 3000 问》均属于此类作品。

（2）连续剧类型。与单元剧相比，连续剧类型的动画电视则是指具有连续剧情的动画片。这类动画片的特征是分集讲述一个漫长的故事，故事情节较为曲折，具有较强的可观性，目前大多数动画电视均属此类型，其中也有许多仍保有部分单元剧之特性。《灌篮高手》等属于此类作品。

2. 动画电影

动画电影是指通过电影院线渠道与观众见面的动画作品。根据其性质不同，它可以分为两类：一类是电视动画的剧场版（电影版）；另一类是原创动画电影。剧场版动画取材来自同一部动画的电视版或者 OVA 版。与剧场版不同，原创动画电影则是指相关内容并没有在电视中播放过的动画。

动画电影作为电影的一个类型，不单是儿童的专利，现今动画电影在电影产业中所占据的位置越来越重要。世界动画重要国家美国和日本拥有两种完全不同的动画电影风格。美国的动画以数字化的计算机制作为主，随着计算机技术的进步，三维动画电影成为近年来美国动画电影的主流。其特点是立体的结构更符合人的视觉习惯，较二维动画更具视觉冲击力。此外，美国动画电影的特点还表现在人物形象和动作夸张，富有幽默感，故事情节紧凑，一波三折，以迪士尼、华纳等公司为代表的美国电影业巨头每年都要推出几部动画电影大片。日本的动画在 2005 年以前大量使用赛璐珞和喷笔绘制，表现方式主要以二维为主，目前也逐渐以数字技术为主要制作方式。与美国动画电影粗线勾勒、强调叙事性不同，日本动漫电影较为细腻，更注重于人物的神情和细微心理变化的描摹，体现的是一种唯美的风格，特点是以优美的人物造型、内涵丰富的对白及剧情吸引观众。

3. 动画录影带（OVA）

OVA，全称为 Original Video Animation 或 Original Visual Animation，直译为“原创动画录像带”。OVA 原意指直接发行录像带而非在电视、电影等媒体上播放的动画作品。后来随着 LD、VCD、DVD 等媒体逐渐普及，目前 OVA 中的“V”，已不单纯指录像带(Video Tape)，而是泛指单独发行的动画作品，包括后来出现的OAD(Original Anime DVD/Disc)均属此类。

二、动漫衍生品的分类

动漫衍生品是指利用原创动漫作品为基础，对其精心设计深入挖掘而开发制造出的一系列产品或服务。它深化了动漫品牌，扩展了盈利模式，不仅是动漫产品的延伸，更是动漫文化的延伸。动漫衍生品可以分为三类。

(一)直接衍生品

直接衍生品直接来自动漫作品的内容本身，直接截取原创动漫作品的音频、图像等构成元素而生产的产品，如音像(DVD或CD)、图书等。像原声音乐大碟(Original Sound Track，OST)一般与动漫作品配套发行，是为动漫迷们专门制作的各类动漫影片珍藏碟，其收录的音乐作品都是与影视作品有关的原创、原声音乐，包括配乐、片头曲、片尾曲、主题曲、插曲等。另外，随着动漫作品知名度不断提高，漫画集、图书、杂志等也会不断推出，进一步扩大原创动漫的知名度。

(二)形象类产品

形象类产品是指将原创动漫作品中的形象实体化之后形成的三维立体形象产品。按照国际惯例，这类衍生品被统称为Hobby，有硬性衍生品(Core hobby)与软性衍生产品(Light hobby)的区分。硬性衍生品(图7-3)注重产品的娱乐功能，主要是指玩偶、模型、扭蛋、手办、毛绒玩具、人型(Doll)、积木人、景品等，没有多少实用价值，纯属观赏、收藏、把玩性质的衍生品，通常只有核心粉丝、收藏爱好者才会购买。而软性衍生品(图7-4)则注重产品的实用性，我们常见的借用某个动漫形象生产的具有一定实用性的产品，如文具、服饰、钥匙扣、手机链等商品，就是所谓的软周边产品，这类产品所针对的消费人群更加广泛，市场更广大。

图7-3 硬性衍生品

图7-4 Hello Kitty软性衍生品

（三）综合类产品

这是借助动漫直接产品的人气和号召力，在动漫核心内容基础上开发出的新创意产品或服务，从一种艺术形式转向另一种形式，从一个平台跨入另一个平台，是动漫直接产品向外辐射，并与其他产业融合发展的结果，如动漫会展、主题公园、动漫改编游戏、动漫舞台剧、真人影视剧改编等。在美国、日本、韩国等动漫产业发达国家，这些产品是动漫产业链的重要组成部分。美国迪士尼是全球对动漫直接产品开发和拓展极为成功的动漫企业，它创作出许多脍炙人口的动漫作品，也在综合类产品开发方面成为动漫创意产业的绝佳样本。迪士尼主题公园将各种经典的动漫形象置入主题乐园，围绕几个主题模拟相关景观、营造游乐的内容和形式，集游乐、休闲、影视、表演、餐饮、住宿于一体，成为颇具吸引力的现代旅游目的地。目前全球已建成的六座迪士尼乐园为迪士尼集团带来的收益非常可观。据相关数据显示，迪士尼乐园的收入占公司总销售额的近30%，利润占公司总利润的一半。

第三节　动漫创意产品的开发路径

一、动漫创意产品的开发

（一）漫画产品的开发

漫画是动漫产品一个重要组成部分，也是整个动漫产业的基石和探路者。它的生产、出版和发行自成体系，但它同时又是动漫产品——动画片生产的环节之一。作为独立的生产、出版和发行体系，成熟的漫画出版业已经形成“漫画作者——出版商——分销网（含专卖店）——读者”的产业链。但是在其生产过程中，传统的漫画创作依然采用手工作坊式的生产方式，是漫画家个人手工创作的成果。后来，随着科技尤其是电脑技术的发展，漫画生产逐步转向技术性与艺术性、合作性相结合的生产方式，即采用计算机软件进行创作，一个产品多人或多个公司合作生产的方式。最初漫画的刊载往往借助于漫画杂志的连载，达到一定数量和一定的人气积累后，便有可能推出漫画单行本。从某种意义上来说，漫画杂志的作用并不在于发行，而是在于为单行本的发行出版做广告。此后，如有市场等各方面需要，商家还会推出豪华版、文库版、总篇集等各种壁画版本。

20世纪60年代之前，日本的漫画创作从文本内容、情节策划及构图上几乎皆是漫画家独立完成的。后来，为了适应经济复苏引发各类周刊数量增多、漫画版面增多及出版周期缩短的局面，开始出现了以工作室为单位的专属制。各个周刊或版面趋向于以协议的形式固定签约专属的漫画工作室或漫画家。工作室的出现使得漫画出现专业化的分工，其中包括：文字写手提供故事或脚本，从事漫画相关文本的撰写和内容的甄选，内容的选择多来源于轻小说、畅销小说以及热播电视和电影的剧情；职业画手根据文本内容构思并绘画；外联人员负责同签约的报纸杂志、出版社和动漫游戏公司进行宣传推广、版权交易等；职业经理人负责整个工作室日常生产运营和项目承接。工作室所创作的漫画内容包括自主创作和报纸杂志委托的形式。

日本漫画制作与出版的流程采用的是市场优胜劣汰的方法。首先，对于漫画选题而言，主要有自主选题、编辑选题、动画改编三种方式。其次，漫画出版后，出版商重视市场的调研，根据市场的信息反馈及时调整创作内容，以适应读者的心理诉求。由于漫画的终端市场较为广阔，这就为各种漫画提供了一个公平竞争的平台。能符合受众文化消费和精神需求的漫画会不断地连载，长期位于排行榜前列。同时，漫画出版机构会关注畅销漫画，辅以相关的市场调研，在短周期内出版漫画单行本。而对没有市场的漫画及时中止、不再连载。这种优胜劣汰的做法既能降低市场的预期风险，亦能及时获得市场收益。可见，日本漫画由于工作室的机制，形成了主体灵活、创意突出的良好发展态势。

漫画产品也是动画产品的创意来源。漫画的生产和发行本来与动画制作并不直接挂钩，是两个不同的生产、出版、营销系统。但是，当漫画一旦被改编为动画或真人电影电视时，它就被纳入了整个动画生产的过程，成为其中的一个环节。这一点在日本的动漫产品中尤为突出。自动漫画大师手冢治虫将《铁臂阿童木》改编为动画在 NHK 电视台首播以来，大量优秀漫画被改编为动画，促进了日本动漫事业的繁荣，如《灌篮高手》《机器猫》等。通常漫画的连载与动画改编是同步进行的，如当年风靡的《圣斗士星矢》就是如此。当然，并不是所有动漫视听产品都改编自原创漫画或小说，美国迪士尼的许多卡通大片，都没有改编来源，因而省去了漫画这一环节直接进入动画制作。

(二)动画产品的开发

传统动画片的制作过程大致要经历创意策划、前期准备、中期作业、后期合成、产品制作五个环节。

1. 创意策划

创意策划是一部动画片生产的起点，是以后所有工作的基石。首先，在创意策划的过程中，一般是先由策划人员提交策划文案，以征求制片人同意；其次，制片人会从商业化的角度多方考虑并求证，看是否值得投资；最后，由制片人决定创意通过与否。

美国迪士尼的创意来源一般有三个：一是主管部门提出执行的行政命令；二是公司内部会议的讨论；三是公司内部的创意执行部门。提出的创意得到肯定之后，会请剧作家写出故事大纲，进而拟订剧本。在正式制作之前，迪士尼公司通常会制作一个动画精华短片，提交给赞助商作为赢得投资的有力工具。

日本的创意策划往往有两个来源，一是通过漫画改编，被称为“原作”；二是“原案”，即没有改编来源，完全是新创。一般来说，“原作”会因为已经拥有固定的市场和比较容易得到赞助商的支持而通过。

2. 前期准备

当一部动画片的创意策划得到制片人的首肯之后，这部动画片就进入了前期准备阶段。前期准备工作繁杂，包括脚本、造型设计、背景设计等诸多方面内容，主要由导演根据制片人的意思进行统筹管理。在日本，动画片生产的前期包括脚本、导演工作、人物设计、背景设计、色彩设计等各个方面。

脚本的创意在策划阶段提出后，会根据制片人和导演的意见进行修改，并请不同的脚本作家进行写作完善。这些脚本作家通常是自由身份的作家。而后，导演会同制作人和各个脚本作家进行讨论，直至最后敲定脚本。

脚本敲定之后，分镜图师或副导演就要根据脚本做出分镜图——以图像呈现的脚本。分镜图不需要将人物造型很准确地画出来，只要能让之后的工作人员看得懂就可以。然后，导演会根据脚本分别与人物造型设计师、机械造型设计师、美术设计师等进行讨论，将各设计方案定稿。

接下来，各个部分的工作将按照设计方案有条不紊地开展起来，每一部分都由专人负责，分工明确。

3. 中期作业

动画片生产的中期作业，包括构图、着色、特效、摄影等多个专业工序。

所谓构图，就是构图人员在分镜图的基础上，根据制定好的人物设计和背景，画出放大的详细分镜图，以便后续添加动作。

着色是指上色人员按照色彩设计师指定的色彩，在指定的部位涂上颜色。制作过程数字化之后，上色人员开始通过电脑上色，即先用扫描机将原画和动画线稿存进计算机，然后在电脑里清理线条，按指定的色彩上色。

动画的特效通常用三种方法来形成：一是在背景上直接画出特效；二是用电脑在上完基本色后的镜头里加上特殊效果；三是使用摄影技巧造成特效。

摄影工序的主要任务是对动画稿和背景进行合成，目前这个工作也基本由电脑的合成软件进行。

动画中期制作是动画制作的重头戏，经过中期制作，一部动画作品才能基本定型。随着科技和动画制作理念的发展，该过程中的各个程序都实行了流水作业，越来越多地依仗于先进的电脑技术。

4. 后期合成

后期合成包括配音、剪辑等，属于动画制作的完善阶段，通过后期制作，动画作品才能最后定型，成为一部完整的动画作品。

后期剪辑是对之前制作的各个镜头进行组织拼接，使之能够完整连贯地表达故事情节，美化故事形式。所有的剪辑材料事先由制作管理人员或以其他方法交给影视制作公司，然后制作管理人和导演、副导、影视制作公司会在约好的剪接时间里进行剪接工作。在剪接室里，副导演会看着分镜图给予剪接人员以指导。

后期工作还包括音效添加和配音处理，这也是重要的一环。皮克斯和迪士尼的音响效果一直让人叹为观止，在一定程度上增加了影片的感染力。而在日本，对声优(配音演员)的挑选是一个关键。在日本动漫和娱乐界，声优一直是个令人羡慕的职业，当红声优可以与大牌明星相媲美，成功的声优表演往往会赋予角色新的生机与活力，同时也令自己走红。但并不是所有声优都可以大红大紫，声优界与演艺界一样，同样有不少无名英雄过着艰苦的生活。

5. 产品制作

由于销售途径多种多样，动画片的产品形式也表现不一。一是在电影院放映，通过票房收入、广告等收回投资的动画片，在日本称为剧场版；二是在电视台播放，通过播映权、广告等收回投资的动画片，在日本动漫界被称为TV版；三是不经电视、电影等媒介传播，而以OVA的形式发售的动画片原版录像带、VCD、DVD等。

其中，TV版是目前日本普遍的动画制成品形式，一般每集30分钟，留有悬念，长度根据情况而定；剧场版制作成本最高、质量最好、技术难度也最大，所以，一般制作方都只在TV版动画热播之后才推出剧场版，借助其余热来获得良好的票房效应；而OVA版是在20世纪80年代中期产生的，现在已成为日本动漫发行的一种重要形式。通过这种方式发行的动漫作品大多都是未曾在电视或影院上映过的，但由于其制作比较自由，长度不受限制，多数是针对某一作品的受众而作，制作压力较小，因此水平也参差不齐，但如果反响好的话也会在电视上播出，成为TV版动画。OVA发展到如今，其界定已经开始模糊，一些播出过的剧场版、TV版动画制成的音像制品也被称为OVA。当产品制作环节结束，动画片在各个渠道开始发售的时候，一部动画产品的生产过程就完成了。

(三)动漫衍生产品开发

以漫画、动画产品为核心，开发周边衍生产品，将动漫作品中的形象、道具、音乐等制作成商品进行销售，是动漫创意产业获取利润的重要手段。动漫衍生产品种类庞杂，形态各异，每一类产品的开发路径不尽相同，共通之处在于以下几个方面。

1. 贴合原创动漫

衍生产品的开发是以动漫原型为基础的“再创作”，从心理学角度分析，人们正是出于对原创动漫作品的喜爱，才会把这种感情通过“移情”，移植到创意产品上，所以衍生产品必须紧密依托动漫原型这一“母体”。在“母体”的基础上产生新的创意，这就要求在开发衍生产品之前，必须深刻了解原创动漫的受众人群，原创动漫形象的精神内涵，原创动漫故事的文化底蕴等。

核心动画产品并不一定适合全类别的衍生产品的开发，如果衍生产品的开发与原创动漫脱节，有可能会血本无归。如以青春校园动画片《我为歌狂》为基础开发的彩色本漫画书销量不足2万套，究其原因，就是漫画版的开发者完全无视原作的市场定位，没有将初高中学生作为它的消费受众。而《名侦探柯南》因为悬念迭起的故事，严密的逻辑推理，深深地吸引了14岁以上的青年观众，所以，以此为蓝本的图书、音像制品和电子游戏才能走俏青年群体市场，获得丰厚利润的同时反哺于动漫的原创。

2. 品牌授权开发

授权又称许可，是指授权者(版权商或代理商)将自己所拥有的商标或品牌等，以合同的形式授予被授权者使用；被授权者按合同规定，从事经营(通常是生产、销售某种产品或者提供某种服务)，并向授权者支付相应的费用(权利金)；同时，授权者给予被授权者在人员培训、组织设计、经营管理等方面的指导和协助。动漫形象授权已经成为品牌授权中最为常见的一种形式。消费者特别喜爱动漫形象，也就会接受有这些动漫形象的商品。目前动漫形象授权主要有三种形式：一是买断，即被授权方一次性付清授权费，获得此动漫品牌在某一领域的周边产品的开发权，由此所得利益全部归被授权方所有。二是保底提成，即被授权方支付授权方一笔保证金，根据具体的生产情况，按比例支付产品收益。三是版税，即授权方按照比例抽取被授权方的产品利润。

《小猪佩奇》从最初电视动画故事内容的创新挖掘，在打响知名度之后迅速进行合作授权变现，不断开发满足自身IP形象的多类型衍生产品，《小猪佩奇》成为当下实至名归的“带货女王”。《小猪佩奇》最初的发行商是Contender Entertainment Group，2007年，这家公司被动漫授权公司Entertainment One Group(简称eOne)以9700万美元收购。2015年，eOne又以1 400万英镑收购了《小猪佩奇》制作方Astley Baker Davies(ABD)70%的股权。eOne与ABD在此之前就共同拥有《小猪佩奇》的IP版权，收购之后，eOne对这一IP的特许经营权提高到了85%。2016年，《小猪佩奇》就在全球范围内通过了500多个授权协议，在多个国家进行了巡演，还在英国和意大利设立了《小猪佩奇》主题乐园。一年时间，《小猪佩奇》就为eOne带来了11亿美元的收入。在中国零售业市场上则采用“动漫爆款＋全产业链”新经营模式，我国香港地区山城集团是eOne在中国唯一的版权许可代理方，在北京、上海、广州的三处分支机构负责大陆市场品牌特许授权代理业务。《小猪佩奇》现有750项授权和衍生品协议，这些协议驱动了《小猪佩奇》及相关衍生产品每年零售额的增长(图7-5)。根据eOne的战略规划，《小猪佩奇》2020年的零售额目标为20亿美元，平均复合年增长率达到15%。其周边产品包括DVD、书籍、电影、玩具、文具、食品、衣服、游戏，等等。如今其甚至与优衣库等知名时装品牌开发同名款服装，《小猪佩奇》顺利从儿童品牌领域打入时尚品牌领域完成品牌融合，让自身拥有了实现更大商业空间的产品组合。

《小猪佩奇》饮品

《小猪佩奇》的玩偶

《小猪佩奇》的表情包

《小猪佩奇》服装

图7-5　《小猪佩奇》系列衍生产品

迪士尼集团通过品牌授权，使企业的利润呈几何式增长，每年授权产品的销售总额约为300亿美元。迪士尼的品牌授权始于1929年，当时公司财务不稳定，迪士尼考虑到依靠品牌授权能为公司带来一笔可观的收入，因此，迪士尼成立了消费品部开始了品牌授权的业务。现如今，迪士尼公司凭借其丰富的动漫人物形象成为了全球最大的品牌授权商。在行业刊物《The Licensing Letter》2011年美国最畅销娱乐人物授权商品年度榜单上，迪士尼公主系列位列榜首。除此之外，迪士尼公司另外六大系列人物也都跻身前二十名，其中星球大战系列授权商品凭借在北美15亿美元的零售额，位列榜单第二，第三是小熊维尼系列，第四是汽车总动员系列，第六是米老鼠系列，第八是玩具总动员系列。迪士尼旗下的几大系列形象以及美系的变形金刚、芭比，日系的奥特曼、阿童木等动漫品牌之所以在世界范围内深得人心，离不开品牌授权开发的各类周边产品，这些衍生产品都是对原有动漫形象的强化宣传，也是动漫品牌不断扩张的过程。

3. 针对性开发

动漫衍生产品的开发想要最大程度获取利润，并强化品牌价值，就必须对消费群体的购买因素有一个认真的分析，对产品受众有准确的定位，只有与市场需求做到无缝对接，衍生产品开发的获益才能最大化。

根据动漫作品消费群体的不同，衍生产品的消费群体包括如下四种：一是低龄群体，年龄在12岁以下，他们对于动漫产品的消费意愿非常强烈，但自主消费意识还未形成，消费行为大多依托于父母的意愿。二是上学群体，年龄在12～22岁，感情丰富，自主消费意识大幅度提升，对于产品质量和形象都有一定的要求，容易发展为忠实粉丝。三是上班群体，年龄在22岁以上，消费能力较强但很理性，而且更注重产品的实用性，大多会有怀旧心理，对儿时的动漫形象念念不忘。四是发烧群体，对于动漫作品和动漫形象喜欢到极致的人群。这一群体数量少，但消费能力极强，对于动漫形象和产品质量要求极高，甚至追求动漫场景在现实中的复制化的展现。不同群体的动漫需求侧重不同，低龄群体主要通过动漫提高自己的认知能力，获得信息价值引导；上学群体除了获得信息价值引导以外，还多了获得归属感、追寻自我价值的需求；上班群体侧重于满足娱乐消遣，缓解压力；发烧群体则重在获得归属感。所以，在开发动漫衍生产品时，商家必须结合不同受众的不同需求点进行策划生产，才能成功。比如，针对低龄受众人群，动漫衍生产品主要集中在毛绒玩具、儿童服装、启智玩具方面，形象追求简单直观，材质必须环保安全。针对上学群体和上班群体，由于他们都比较重视衍生产品的实用性，因此，针对前者倾向于学生用品的开发，如文具、玩具等；针对后者多倾向于服装、家居用品等的开发。针对发烧群体，动漫衍生产品要注重高品质创意产品的开发，满足他们展示个性、寻找归属感的自我价值追求。如有的动漫迷们会买Hello Kitty的手机和计算机。总之，细化市场分析和受众定位，有针对性地开发衍生产品，直击目标人群，才是成功获取利润的王道。

4. 精品化开发

原创动漫企业在挑选品牌授权合作企业的时候必须慎之又慎，因为动漫衍生产品的开发对于动漫品牌的建立和发展影响重大，如果产品质量出现问题，品牌信誉自然会受到重创，极不利于产业的长远发展。纵观“喜羊羊与灰太狼”“熊出没”等周边系列产品，整体上还处在初级开发阶段，动漫形象的直接贴牌生产占多数，缺乏科技含量高、精品化的衍生产品的开发。其实，精品化是相当多知名动漫公司在开发衍生产品时的宗旨，他们的授权行为非常谨慎。如在被授权商的选择上，迪士尼公司毫不含糊，确定了一系列规范的条例进行管理。不仅要求被授权商在制造、经销或零售方面具有最少5年经验，在相关专业产品方面具有5年以上行业经验，更是在被授权商的生产管理上做了详细具体的规定——《迪士尼全球劳动标准计划》。迪士尼公司对被授权商的严苛要求，不仅提升了迪士尼的品牌形象，也让依靠迪士尼的品牌形象销售产品的被授权商获益匪浅。英国阿德曼动画公司(Aardman Animation)，是世界顶尖的定格动画的制作者，他们只追求高品质的动漫创意产品，所有的授权事宜都由BBC的授权部分专门负责。阿德曼动画公司在英国市场上大约只有70个授权许可证，而在世界其他地区加起来也只有70个。衍生产品均由质优价高的零售商而非批发商经营，这种精益求精的意识有助于构建动漫品牌，值得信赖的品牌才是市场盈利的保障。所以，动漫企业应该以原创动漫原型为核心，大力开发种类多样的、精品化的周边产品，多渠道、多角度地建立动漫品牌形象。

二、动漫创意产品的产业链开发

动漫产业主要是通过动画、漫画或其他载体的广泛传播所塑造出来的动漫形象，进行产品版权的多次商品化开发，以创作动漫角色符号的直接产品为基础，最终以开发品牌符号形象的衍生产品为延伸，从而形成的以内容为核心的产业。

动漫产业是一个产业链很长的产业，是围绕动漫产品的创意、制作、发行、播出、衍生产品开发等活动组成的相互依存的一系列产业链。完整的动漫产业链条不仅是产品生产链条，也是动漫形象及其品牌效应逐步形成和扩散的传播链条，同时也是资金投入和逐步回收的价值增值链条。

对于动漫产业链而言，创意是基础环节，是产业链的上游，主要负责动漫形象的设计和动漫产品的策划，是整条链条的核心。市场的反响和大众的认可度决定着产业链的走向和生命力的长久。

动漫产品的制作、发行是动漫产业链上的重要环节，动漫作品在这一环节正式亮相并进行社会宣传推广，直接影响到动漫企业能否完成资金回收以及能否实现盈利。

动漫关联产品与衍生产品的开发是动漫产业价值链条的终端，也是附加值最大、最有操作空间的一环，以实现原创动漫的市场最大化和品牌价值最大化。动漫产业链主要收入来源就在此环节，若衍生产品开发成功，整条产业链便会产生源源不断的价值。

理想的动漫产业链从动漫产品的创意策划到生产制作到出版播映，再到衍生产品的开发消费，各个环节紧紧联系在一起，形成一个“上游开发、中游拓展、下游延伸”的环环相扣的有机链条，提高了原创动画品牌增值效应和产品盈利能力。

(一)打造动漫明星，创作精品动漫

成熟的动漫产业链离不开由动漫形象带动的动漫产品，动漫形象及动漫作品是否深入人心决定了产业链的命运。消费者只有对动漫作品喜爱、忠诚，才会去消费动漫产品的衍生消费品，这是一个无形资产创造有形资产的过程，也是动漫产业附加值的增值过程。只有做好动漫产业的无形资产，才能开启整个动漫产业链。这就要求精心设计动漫形象，将动漫作品做成精品。

动漫发达国家都凭借极具创意的动漫品牌形象带动了相关产品的开发和销售，进

而促进整个动漫产业的发展。以日本的机器猫“哆啦A梦”为例，这只蓝白色的卡通猫以设计制胜，其憨态可掬的形象亲切可爱，童趣十足，我们习惯亲切地叫它“蓝胖子”。这只大脸胖猫总是以乐观向上、与世无争的姿态示人，还可以从肚兜中找出永远都拿不完的“法宝”，帮助大雄实现愿望。正是它鲜明的动漫角色的创作以及简单生动的故事情节，造就了《机器猫》这部陪伴了我们40多年的动漫作品的成功。从1969年首次推出系列漫画获得市场认可以来，“哆啦A梦”系列动画电视、动画片、剧场版等产品不断推出。出人意料的是，这只小猫咪竟然涵盖了我们生活的方方面面，市场上标有机器猫形象的玩具、服装、文具、电子产品、日化用品、书籍、影像产品随处可见。它所涉及的领域已远远超出我们的想象，它的身后是一个成熟的产业链，各种衍生产品的开发和销售也形成了一套完整的运营体系。

动漫形象是动漫作品的灵魂，在整个产业链中起着至关重要的作用。若要给观众留下深刻的印象得到观众的认可和肯定，动漫形象就必须具有审美性和亲和力、独特性和鲜明性的特征。动漫角色形象的独特性和鲜明性主要体现在以下三个方面：一是夸张的造型。对角色形象的整体或某一部分进行夸张或突出，这样容易让观众印象深刻。例如，米老鼠的造型，打破了常规我们对老鼠的认知，令我们抛弃了脑海里对老鼠的厌恶感，这样的角色形象更容易深入人心，可以脱离故事情节独立存在，从而更利于衍生产品的开发。二是鲜活的个性。角色形象都应该有自己与众不同的性格，并因此而区别于其他的动漫角色形象，继而得到人们的喜欢。例如，我们所熟知的蜡笔小新和樱桃小丸子，虽然他们的角色造型都是小朋友，但他们个性鲜明，各不相同。三是打破常规的色彩运用。色彩也是让动漫角色形象区别于其他的因素之一。在人们常见和熟知的动物角色身上大胆使用无常规性的色彩，形成冲击，加深印象，如虹猫、蓝兔。

被大众接受、喜爱的动漫角色形象能产生巨大的明星效应，是动漫产业链中下游产品强有力的广告先锋，很多青睐这些动漫形象的消费者，因为对形象的喜爱而去购买和收集与之相关的衍生产品。所以，精心设计动漫形象，打造动漫明星，创作动漫精品，是动漫产业链开发的前提和基础。

(二)建立商业模式，完善产业链

美国、日本两个动漫强国在动漫创意产品的生产、发行、消费上已建立起清晰的商业模式，形成较为完善的产业链，引领着世界动漫产业的发展方向。

美国凭借其发达的电影业优势，把动画电影产品作为推动其动漫产业发展的基点。其动漫产业链发展模式主要按照如下路径发展：首先是创作和生产影视动画片，然后是通过电视台和电影院广泛地播出和放映影视动画片，接着是发行大量的动漫图书和音像制品，最后形成版权的授权代理，大量开发和营销衍生产品。美国的动漫产业表现为高风险、高投入和高回报的特征。依靠其雄厚的资本、先进的技术、成熟的市场经济机制和强大的经济实力，美国的动漫产业几乎完全采取市场化运作。几大动漫制作公司如迪士尼、梦工厂、环球影业等相互竞争，共同促进美国动漫产业的发展。动画片在故事内容上多选取娱乐性强且知晓度高的经典故事，在艺术风格上趋于商业化，画面制作逼真，技术含量高，配音多选择影视明星来担当，增强动画片的市场号召力。

在动画片上映前期则投入大量资金进行宣传发行，为影片造势。在放映时间上常选择寒暑假，以学生消费者为主体，保证票房。尽管影片的票房是回收成本的重要来源，但为美国动漫产业带来丰厚利润的还是周边衍生产品。动漫衍生产品种类繁多，渗透到各个行业和领域，为美国动漫产业创造了巨大的效益。如迪士尼公司的盈利模式被称为“轮次收入”模式，第一轮是动画制作，借助旗下 ESPN 和 ABC 有线电视网等平台的营销，使各种动画形象深入人心，影片成功赢得票房收益，让迪士尼的品牌走入了千家万户，为其衍生品打下了坚实的基础。第二轮是世界各地的迪士尼主题公园，吸引大量游客游玩消费。第三轮是品牌授权和连锁经营，为迪士尼集团带来的丰厚利润已经远远超越动画片播映的收益。

与美国动漫产业链以动画产品的创作作为产业链的开端不同，日本凭借其国人对漫画的喜爱，将漫画创作作为动漫产业发展的起点，电视和电影动画作为产业链的基点，建立起完整的产业链。其动漫产业链发展模式的路径是：首先，在动漫期刊上连载漫画，选择出那些优秀的作品出版单行本；其次，将那些优秀的漫画改编成影视动画片；再次，在电视台和电影院广泛地播出和放映动画片；之后，再出版和发行大量的动漫图书、音像制品和游戏；最后，形成版权的授权代理开发和营销衍生产品。由于漫画制作成本远低于动画的制作成本，日本通过发行漫画，培养固定的消费群体，从消费群体的数量来检测其受欢迎程度，然后选取市场畅销的漫画作品动画化，大大减少了投资风险。动画片按照制作流程完成后便进入电视台、电影院进行播放。日本动漫产品创意新颖，在主题、题材、情节、技巧、风格等各个方面不断求新求变，从背景制作、人物造型、画面处理、声音配置、音乐录制等各个环节精益求精，并且做到了产品细分、消费群体细分，各个年龄段都有适合消费的动漫。动画产品本身只是一个载体、一个运作平台，其强大的集聚和扩张功能在于通过版权转让，以不同形式进入文化娱乐市场、生活消费市场、教育教材市场，辐射渗透到生活的各个方面。在日本动漫产业链中，动画产品开发为音像产品和游戏产品较为普遍，此外，动漫展、声优产业、动漫舞台剧、同人会、动漫主题餐厅、动漫书店、漫画咖啡屋、服装道具设计等也是盈利的重要渠道。日本对动漫周边衍生产品的开发和市场，一般采取授权模式。

韩国是动漫产业的后起之秀。其动漫产业链发展模式的路径是：首先，打造动漫形象，使其深入人心，形成市场需求；其次，动漫制作商以动漫形象为载体制作动漫作品，通过媒体广泛传播动漫形象及其品牌；最后，加大衍生产品的开发与营销，实现巨额盈利。其动漫产业突破了国际动漫产业发展的常规产业链发展模式，关键在于以代表性的动漫形象为核心，创造了一种全新的赢利模式。此外，随着互联网的普及和网络游戏的盛行，韩国逐渐形成了动漫与游戏相结合的产业模式。

（三）利用高新科技，提高产业链水平

正如达·芬奇所说：“艺术借助科技的翅膀才能高飞。”科学技术是推动动漫产业发展的有效工具。高新科技已全面渗透融入到动漫产业内容创作、生产、管理、传播、消费等各个环节，对动漫产业链产生了重要的积极影响。

就动漫产品的内容创作而言，先进技术已广泛应用到动画片的创作和策划中，提升了动漫产品的创作生产效率，成为全面、深刻地阐释文化作品内涵的重要手段。传统的动画创作过程是一个非常费时、费力而且复杂的过程，首先，由一些具有丰富经验的动画设计者画出动画系列中的关键画面(早期主要是手画)；其次，由其他辅助的动画设计者画出那些位于两个关键画面之间的画面，为了使这些画面既符合指定的动作时间，又要让动作体现自然、流畅，这一过程往往需要数以万计的画纸。手工绘制动画有时需要几百万张原画、背景，历时长，耗纸量大。以国内动画的代表作《大闹天宫》为例，由于没有使用现代的特技、电脑和数字技术，完全手工制作，创作过程花费了4年时间，绘制了近7万幅画作，总时长120分钟的上下两集，仅绘制的时间就投入了近2年。如此低效的制作过程很难满足日益巨大的市场需求，动漫产业的发展需要高速度、高质量的制作流程，计算机的出现与应用是解决动漫产业发展瓶颈的救星。在迪士尼的动画大片《花木兰》中，一场匈奴大军厮杀的戏仅用了5张手绘士兵的图，电脑就变化出三四千个不同表情士兵作战的模样，由此可见，电脑技术的使用极大地提升了产品的创作效率，也使场面更加逼真细腻或震撼宏大。与之同时，技术的创新与发展也有助于激发动漫新创意的形成，催生出更有表现力的动漫产品和服务，打造产业发展的“新亮点”。

在动漫产品生产、管理、传播和销售等环节，科技创新的影响也非常明显。如随着互联网和手机终端的发展催生的新媒体动漫，使得动漫产业发生了翻天覆地的变化，被人们称为动漫产业第三次浪潮式变革。第一次动漫产业发展高峰是以传统纸质出版物和传统艺术动漫电影为主。第二次则是以日本和美国等动漫大国为主的电视动画片、图书、衍生产业相融合的“内容＋商品”产业化模式。以互联网和手机为代表的新媒体动漫则代表了数字动漫的发展方向，能够以更直观、更生动、更广泛的方式对动漫的内容和形式进行重新创意与设计，通过电脑、电视、手机、电影、网络等新媒体平台，展示数字化的漫画、动画、电子书、表情、彩漫、漫宠等，极大加速了动漫的传播，为动漫产业创造更多机会。

科学技术的应用为动漫产业提供了无限的可能性和广阔的技术平台，已被广泛渗透与融合到动漫产业价值链的各个环节，并逐步重塑着动漫产业价值链结构与形态，形成全新的商业模式，可以说科技创新已经成为支撑未来动漫产业发展繁荣的重要推动力量。

案例分析

国产动画创意产品《喜羊羊与灰太狼》

一、《喜羊羊与灰太狼》简介

《喜羊羊与灰太狼》是由广东原创动力文化传播有限公司自2005年起制作的原创动画系列作品，截至2018年，共完结TV动画16部，平均每部60～100集，播出将近1 000集，动画大电影9部，其中真人版动画电影2部。该动漫在全国近70个电视台播出，最高时收视率达到17.3%，超过同时段的国外动画片，并且在我国台湾、我国香港、东南亚等地也是风靡一时。除在动画影视领域夺得骄人的收视率之外，还积极拓展动漫周边衍生产业，包括儿童人偶剧、同名漫画、图书、食品、玩具、游戏等都获得了丰厚的成绩。尽管其经济价值未最大化凸显出来，但“喜羊羊”已经成为我国极具品牌价值、相当受欢迎的卡通形象与文化品牌。《喜羊羊与灰太狼》先后获得“五个一工程”“优秀国产动画片一等奖”“白玉兰奖”“最佳动漫品牌奖”“最佳动漫 IP 奖”等众多国家级奖项。有业界人士认为，《喜羊羊与灰太狼》最大的价值在于召唤国人重新关注国产动漫，唤起了人们对国产动漫的信心。作为国产原创动画片，它的成功对于我国动漫创意产品的开发具有积极的借鉴意义。

二、《喜羊羊与灰太狼》的成功之道

一个动漫创意产品的成功离不开几个因素：形象鲜明、制作精良、宣传充分、发行到位、产业链完整等。《喜羊羊与灰太狼》的成功正是得益于这几个方面。

(一)产品创意与策划

1. 原创卡通形象鲜明

卡通形象是动漫产品成功的关键因素，作为产业链的开端决定产业链的发展。对于卡通形象的构想，制作方广东原创动力文化传播有限公司设计总监黄伟明说，当时在制作动漫片时设计了很多题材，最后敲定羊和狼的形象，因为这两个形象是众所周知的天敌，就像猫和老鼠一样，矛盾鲜明，观众容易明白，不用太多的铺垫和说明，但同时又可以不断产生故事。经过较长时间的思考和多次磋商修改，确定了符合儿童心理的角色形象。《喜羊羊与灰太狼》里的角色造型简单、生动，是最容易让孩子们喜爱、接受的 1∶1 的 Q 版比例造型，且以扁圆的造型居多，他们有着大大的眼睛、可爱的鼻子、小巧的嘴(图 7-6)。圆、胖、可爱是羊儿们的共同标签，这样的造型从视觉效果来说，既柔和又舒适，也是最受儿童欢迎的。在角色形象相近似的同时，羊儿们又都具有各自独特的形象特点，例如，喜羊羊戴着铃铛，头上系着粉色蝴蝶结的美羊羊，顶着大便式发型的懒羊羊，系着臂巾的沸羊羊，以及暖羊羊身上背着的心形斜书包和慢羊羊的眼镜、胡子、拐杖，等等，它们都有自己不同的造型特点，让人一眼就认出，绝不会发生认错羊的问题。而且每个形象个性鲜明，如机智勇敢、聪明伶俐、乐观向上、坚强帅气的羊族小英雄“喜羊羊”，长相可爱、不爱运动、喜欢偷懒、大智若愚、喜欢睡觉、但运气好的“懒羊羊”，幽默乐观、怕老婆、爱老婆、心理素质强、具有百折不挠、坚持不懈的意志的“灰太狼”等，都给观众留下了深刻的印象。生动的卡通形象、突出的性格特征，造就了一部“有着最简单的人物关系但可以不断产生故事”的原创动漫系列剧。

图 7-6　《喜羊羊与灰太狼》主要动漫形象

2. 市场策划定位准确

(1)目标受众定位。首先,《喜羊羊与灰太狼》在动画片和电影方面做了有效的差异化定位。其动画片系列将观众群定位在4～14岁的青少年儿童,并以“童趣但不幼稚,启智而不教条”为精神基调,旨在通过简单、通俗的故事给中国的青少年带去快乐、智慧,同时启迪孩子们思考。这有效地打破了传统动画创作者的成人化思维和教条式价值灌输,因而动画片通过电视媒体循环播放,迅速锁定了中国上千万的儿童消费群,当然青少年在家中观看动画的时候也不免吸引父母家人参与。其次,“喜羊羊”系列大电影不仅沿袭了动画片中的儿童视角,但考虑到电影消费环境并不是家里而是在影院,那么也意味着消费人群结构发生了明显的变化,电影观众大多是父母陪小孩一起看,因此,制片方在制作大电影的时候有意识地加入了大众文化的成分,融入成人化视角和思维,老少咸宜。除此之外,喜羊羊动画及电影中涉及较多家庭、婚恋等方面的元素,作品还吸引了一批特殊的消费群体——白领人群,他们在工作之余也用成人思维去解读《喜羊羊与灰太狼》,因此形成了一种独特的文化现象。

(2)对衍生产品的预先定位。有了好的故事不意味着整个动漫产业链会成功,将前期故事创意与后期的衍生品开发方向早早结合起来考虑是非常必要的。制作方在2005年推出《喜羊羊与灰太狼》电视动画片时,对卡通形象设计还做了长远考虑。在设计卡通形象时,导演率领编剧、漫画师将设计好的卡通形象在公司内部进行投票选择,并对选出的形象进行修改。然后,将设计好的卡通形象拿到中小学、幼儿园找学生来评议,根据学生意见进行再次修改。最后,拿到玩具制造商那里去征求意见。经过这三个环节的推敲、修改,才确定好每个卡通形象。对此,广东原创动力文化传播有限公司总经理卢永强前瞻性地部署,在设计形象时就考虑到将来开发衍生产品的需要,先与衍生产品制造商沟通,刻意将所有角色的线条都做得非常简单,色彩鲜艳。这样不仅形象超级可爱,令人过目不忘,一眼就能分辨出不同角色,而且便于生产各种衍生产品,也便于被消费者接受。

因此,从策划《喜羊羊与灰太狼》开始,制作方就已考虑到衍生产品的开发和销售等问题,创作团队在角色命名、卡通形象设计、色彩搭配等各方面都凸显了比较敏感的市场化思维,非常符合后期的衍生品生产和市场流通。这种理念使《喜羊羊》电影推出时,部分衍生产品已经开始同期销售,并取得了不错的市场效果。

(二)产品的发行推广

1. 立体广告宣传

首先,《喜羊羊》电影在推出前,电视动画片《喜羊羊与灰太狼》在各地卫视轮播的情况,已为电影制造了广泛的观众基础。在此基础上,制作方与投资方对《喜羊羊》电影又展开了大规模的宣传攻势,整合电视、平面媒体、网络和户外广告等资源进行立体广告宣传。首先,电视广告宣传是《喜羊羊》的重头戏。一方面,SMG作为一个实力强大的传媒集团,自身拥有较强大的媒体资源,《喜羊羊》可在其旗下的电视频道,如东方卫视、炫动卡通等进行电影上映宣传,从而进一步锁定电视动画片带来的观众群。另一方面,除SMG、广东原创动力外,北京优扬传媒作为目前国内最大的儿童媒体运营商,是《喜羊羊》电影的第三家出品方,其所具有的一个优势是包括央视少儿频道等在内的全国几乎所有少儿电视动画频道的广告代理权均由其买断，这就使得《喜羊羊》电影预告广告得以在全国少儿动画频道中大面积投放。

其次，《喜羊羊》的推广战略不仅仅停留在电视媒体上，制作方与投资方在决定推出《喜羊羊》电影制作项目后，便开始了长达半年的密集立体宣传，包括平面媒体、网络媒体以及户外的广告投入。在传统媒体的广告投入上，《喜羊羊》电影的制作方和投资方分别地处北京、上海、广州三地，因此，三方在三地平面媒体均进行了广告宣传。北京的《新京报》、上海的《新闻晨报》和广东的《南方都市报》都分别推出了《喜羊羊》特刊。而一些专业媒体，诸如《看电影》《中国电影报》《世界电影之窗》和《动漫周刊》等也都对《喜羊羊》上映进行了密集报道。在户外广告方面，《喜羊羊》也展开了多方位的宣传。一是在北京、上海、广州的公交车站、地铁车站、公交车身投放喷绘广告，同时在公交车和地铁站移动视频上滚动宣传；二是将“喜羊羊”以及“灰太狼”形象的巨幅电影海报在全国各影院、商场张贴。多款“喜羊羊”“灰太狼”的巨型人偶立体雕塑也出现在公众视野。此外，《喜羊羊》还联手网络媒体进行整合传播。电视版《喜羊羊与灰太狼》获得2007年动漫金龙奖最佳创意大奖，拉开了电影版的网络传播造势序幕，使电影版的上映成为受众的一种期待。上映前期，制作方与门户网站搜狐网联合推广，并在腾讯、网易、百度、天涯社区等处投放广告。同时，在一些知名视频网站，如土豆网、优酷网、PPlive、悠视网等处发布片花进行上映宣传。电影上映后，制作方广东原创动力在其官网专门开辟了《喜羊羊》电影版的网站链接，其他网站也纷纷开展诸如“说说我最喜欢的羊”的征文活动，礼品则为《喜羊羊》动漫形象的文具、玩偶等。这些活动使《喜羊羊》的热度持续保持。如此，广东原创动力、SMG和北京优扬传播通过发挥各自优势，形成了包括电视、平媒、网络和户外广告等多方位的立体宣传架构，对《喜羊羊》电影进行了充分的宣传。

2. 整合资源开展营销

《喜羊羊》电影的营销团队由SMG、北京优扬传播和《动漫周刊》组成。其中SMG作为影片的投资方和出品方，是整个营销团队的“发动机”，也是整个营销计划的制订者和执行者。SMG采取“分区作战”的方法，设立了华南、华北、西南、华东四个营销中心。从各自优势看，SMG以其拥有的庞大新闻媒体平台，精于发动强大的宣传攻势；北京优扬传播负责整合全国少儿卡通频道的广告费；而电视覆盖的实现则主要归功于《动漫周刊》。

《喜羊羊》电影的主要目标受众锁定在15岁以下儿童，因此，营销团队在早期的宣传中策划了一系列小成本的营销活动。如《喜羊羊》在各地影院排上档期之前，发行方组成一支300多人的“喜羊羊别动队”向全国各地的影院运送各类《喜羊羊》贺岁礼品；与肯德基合作开展买套餐送“喜羊羊”玩具活动；大幅度启动市场在全国重点影院建立《喜羊羊》主题开心乐园，内设衍生品展台买电影票送对战笔、台历等小礼物以及开展“喜羊羊与灰太郎”人偶舞台剧全国巡演等。广泛开展的营销活动使《喜羊羊》的市场热度进一步升温。

《喜羊羊》电影的发行由三家发行公司进行。上海的东方电影发行公司负责苏浙沪地区的发行，广东省电影公司负责珠三角地区的发行，其余地区则交由民营电影发行公司保利博纳负责。三家发行公司展开发行竞赛，促使各地区票房竞相攀升。其采取的促销行为有：配合电影上映在肯德基等知名快餐店推出电影衍生品套餐；在各地影院强力推广贺岁红包、贺年卡、文具、玩偶、抱枕等具有亲和力和节日氛围的衍生产品等，由此《喜羊羊》电影的发行形成了全国三大地区宣传、营销深入当地的纵向整合效应。

(三)衍生产品开发销售

随着《喜羊羊与灰太狼》的热播，衍生产品业务随之展开(图 7-7)。衍生产品的运作方式主要是形象授权，包括影像图书、毛绒公仔、玩具服装、食品、日用品，还包括QQ表情、手机桌面、屏保等。原创动力将衍生产品独家授权给了国内一线授权商。例如，《喜羊羊与灰太狼》漫画书授权给了迪士尼的授权商童趣出版有限公司；冰激凌类产品开发权授权给了杭州裕康食品公司；在移动增值服务领域的衍生品业务则授权给了我国香港、上海等地的移动公司。通过独家授权一类相关衍生品生产企业，建立起国际化的产业经营模式，销售火爆。以图书为例，电视动画片带动了《喜羊羊与灰太狼》图书的第一轮热卖，相关图书品种有30多种，图书销量超过百万册，产值超过2 000万元。而大电影的热映又带动了相关图书的持续热销，系列图书多次登上春节期间书店少儿图书销售排行榜前列。

图 7-7　喜羊羊衍生产品

三、《喜羊羊与灰太狼》对国产动漫创意产品开发的启示

对于国内动漫产业的现状，曾有专家指出，我国动漫产业存在的主要问题是产业链断裂。动漫产业，是一个创意加技术，再加商业模式的行业。完整的动漫产业链涉及前期策划、动画制作，到品牌传播，再到玩具、文具、包装、服装等衍生产品的开发、经营、销售与监控管理等。在国外，“动漫生产—播出—衍生产品开发—收益—再生产”是一个完整的产业链，动漫创作应在创意之初就引入营销和市场概念，制作“既有收视卖点又服务于衍生产品”的内容产品。衡量一部动漫作品成功与否，不仅在于动漫原创产品开发的成功，更重要的是能否将卡通形象作为一个品牌进行开发和经营其

衍生产品。在这方面，国产动漫产品《喜羊羊与灰太狼》建立了相对完善的产业链，使其相较于其他国产动漫，取得了更高的收益和更大的影响力。

《喜羊羊》产业链模式为：电视栏目策划—动漫创意策划—原创动画制作—动画片在电视台播出—带动动漫图书音像制品—大电影制作及上映—动漫形象授权及衍生品开发—喜羊羊主题舞台剧上演—流动性的喜羊羊主题嘉年华活动。

第一步，《动漫火车》电视栏目。“喜羊羊”最初的兴起源头不是动画剧集，而是一档名为《动漫火车》的栏目。与电视台合作可以保证《喜羊羊》的动画片在同一时间、同一时段在全国同时播出，解决了动画的发行渠道问题；同时，这个栏目还可以配套做电视贴片广告，获得经济收益。可见，“喜羊羊”项目在策划之处，就凸显了较强的营销的理念意识。

第二步，《喜羊羊与灰太狼》动画片。原创动力公司2005年开始推出长篇系列《喜羊羊与灰太狼》动漫剧集，连续8年来产量稳中求进。动画片播出近1 000集，在全国70多家电视台、东南亚地区50多个电视台播出。大部分电视台反馈效果出乎预期，许多省市级电视台如浙江卫视、河北卫视等甚至取消了传统电视剧、综艺节目安排，在节假日全天档及晚间黄金档轮番滚动播映，最高收视率达17.3%，大大超过了同时段播出的境外动画片。

第三步，《喜羊羊》大电影系列。以“喜羊羊”为主题的大电影本质上也是“喜羊羊”动画片的一个衍生类目。在经历了动画片的热潮后，原创动力公司及投资合作方认识到“喜羊羊”品牌的巨大市场潜力。自2009年开始推出《喜羊羊与灰太狼》品牌大电影，原创动力最早将“喜羊羊”搬上大银幕始于一部名为《喜羊羊与灰太狼之牛气冲天》的动画电影，该片投资仅600万元，从筹备到制作，仅用了一年时间，在竞争激烈的贺岁档狂揽9 000万元票房。这一结果令原创动力和投资方信心倍增，自此以后每年定时推出贺岁档电影，包括2010年的《虎虎生威》、2011年的《兔年顶呱呱》、2012年的《开心闯龙年》、2012年暑期档的《我爱灰太狼》、2013年的《喜气羊羊过蛇年》、2014年的《飞马奇遇记》、2015年的《羊年喜羊羊》，票房累积过6亿元人民币，创下了国产动画电影的纪录，成为中国原创动画片的一个标杆和里程碑。据原创动力公司透露，2018年开始创作的《喜羊羊与灰太狼大电影8》是一部3D动画电影，将在2021年与观众见面。

《喜羊羊》在电影领域的另外一个创举是其真人电影的尝试。真人电影就是电影内容采用动画加真人的演绎模式，这种模式在西方已经很成熟，例如，《变形金刚》真人版、由篮球运动员迈克尔·乔丹主演的《空中大灌篮》等。2012年暑假，原创动力与卡通先生影业合作，将原有的动画故事改编为真人演绎，采取全新的表现模式，成功推出名为《喜羊羊与灰太狼之我爱灰太狼》的电影，并在2012年暑期档对决来自好莱坞的《马达加斯加3》以及《冰河世纪4》，最终取得了7 500万元的票房。2013年暑假推出《喜羊羊与灰太狼之我爱灰太狼2》，票房7 700万元。尽管票房不太理想，但其意义在于《喜羊羊与灰太狼》敢于在动漫领域大胆拓展和创新，向世界一流的动漫品牌看齐，向世界宣告着中国原创动漫文化的崛起。

第四步，策划推出同名漫画图书。从动画到漫画、从动态到静态，《喜羊羊与灰太狼》的原创故事已经被成功改编成漫画书。2009年，《喜羊羊与灰太狼》同名杂志创刊，发行量已从每月16万册达到每月50万册，超过北京童趣出版社的迪士尼杂志每月6万册的销量，成为国内销量第一的儿童杂志。《喜羊羊与灰太狼》杂志于2010年正式改版为双周刊，创刊以来短短三年间，杂志就带来了超过两亿元的产值，更于2011年8月荣获“中国邮政发行畅销报刊”称号，以扎实的市场数据证明了原创动漫的魅力所在。在国内，原创动力与童趣出版公司合作出版了“喜羊羊”图书1 400余万册，产值达1.7亿元。“喜羊羊”形象更获我国香港《儿童快报》“最受欢迎卡通人物”选举第一位，成功打败卡通常青树“哆啦A梦”。

第五步，从银幕向舞台跨越。《喜羊羊与灰太狼》率先依托动漫内容成立了全国首个卡通人偶剧团——喜羊羊人偶剧团，剧团聘请有丰富人偶舞台表演经验的专家作为演艺顾问培训演员，在内容编排、表演道具、舞美效果和表演技巧方面都向一流水准看齐。2012年，《喜羊羊与灰太狼之小灰灰的心愿》首次登陆广州大剧院，这标志着喜羊羊舞台剧已经上升到与当代歌舞剧、音乐剧相媲美的高度。据统计，原创动力已经连续推出《记忆大盗》《三个愿望》《小灰灰的心愿》共三部儿童音乐舞台剧，《喜羊羊与灰太狼》开创了国内动漫行业将虚拟形象向舞台转换的先例。

第六步，动漫文化落地——喜羊羊嘉年华(卡通游乐园)。喜羊羊嘉年华是原创动力在动画及电影成功的基础上，推出的一项颇受欢迎的大型实景主题乐园，也是将喜羊羊文化创意的真正落地。嘉年华吸取了风靡世界的迪士尼游乐园运作经验，将现代艺术与古老国粹文化有机融合，通过线下活动配合线上动画宣传，并现场售卖衍生产品。至今，原创动力已经在北京鸟巢、广东南海、江苏南京、湖北武汉等地成功举办。

第七步，《喜羊羊与灰太狼》衍生品产业兴起。随着动画、电影、舞台剧、嘉年华等高曝光率的艺术轮番上演，其品牌形象的市场效应逐渐凸显出来。喜羊羊的高收视率、高票房从经济效益的指标上衬托出其巨大的社会效益，折射出其庞大的市场受众群体。如此，众多商家也敏捷地从中看到了商机和合作的前景，与原创动力结成了战略伙伴，开发生产了音像图书、毛绒公仔、玩具礼品、文具服装、食品、日用品、多媒体等动漫衍生品。因此，原创动力当之无愧成为国内原创动漫企业衍生产品开发较早、规模较大、品类较全的动漫企业之一。据统计，喜羊羊主题的衍生授权行业已经超过250个。比较知名的包括与中国农业银行合作推出的喜羊羊信用卡，与肯德基合作推出的新年套餐，与中国邮政合作推出的集邮册等，据估计，喜羊羊主题产品零售销售总额估计为20亿元人民币以上。

梳理《喜羊羊与灰太狼》的产业链发展轨迹，总体呈现出循序渐进的态势，其链条组成部件组合而成一个比较完善的系统，其发展模式能给国产动漫带来一种模式上的参考。

首先，必须专注做上游内容。虽然内容本身并不赚钱，因为在国内目前还不能像西方那样，通过电视播映版权收入和电影票房收入赚取高额利润，但喜羊羊动画片和电影在各种媒介的播放，等于是免费而长期地经营喜羊羊的品牌形象，当其动漫形象牢牢锁住观众心智的时候，也就是品牌日趋成熟的时候，据此而带来的在图书、音像、衍生产品等方面的收入，从而做成一个成熟的产业链。

其次，动漫形象的品牌培育尤为重要。动漫一旦推向市场之后，必须长期保持其品牌形象的鲜活度，保持与观众的互动性和黏合度。在最终盈利前，可能要采取一些免费或低价的品牌宣传策略，必须积累相当的品牌美誉度，拥有稳定的受众群。在动漫品牌培育期，电视台播放渠道对动漫产品的资金回收、品牌传播作用是最关键的。参照发达国家经验，1987 年，美国著名玩具公司孩之宝做出过一个有意思的决策，将《变形金刚》的播映权免费送给上海电视台，随后凭借电视台打出的品牌效应，在国内捞取了近 50 亿元的衍生品收入。这种免费传播策略带来的是品牌形象资产的不断扩大传播。

最后，清晰规划盈利模式。成功的动画一定要从整个动漫产业链上下功夫，谨记动画片制作只是其中一个环节，下游的授权衍生产品的研发是盈利的无比重要的环节，动画制作方应在前期做好衍生产品定位。在美国、日本、韩国等国家成熟的动漫产业链中，围绕动漫周边的衍生品市场最终是动画公司最大的盈利空间。动漫内容本身的收入和品牌授权的收入比例可达 3∶7，衍生产品是动漫产业的主要利润来源。国内很多动画企业在借鉴国外商业运营模式的基础上，也对衍生品开发和品牌授权进行了尝试。《喜羊羊与灰太狼》的衍生产品占据总收入的 60%，而播映权的收入大约占据 40%，这在国内来说算是处于领先水平了。《喜羊羊与灰太狼》在立项之初就开始规划整个产业链的体系，经过策划、创意、融资、创作、制作、播出、形象授权、衍生品开发、资金回收、再创作、再投入等一系列步骤，从而呈现出一个系统化、链条式的过程。这样不仅加速了动漫产品成本的回收，一定程度地解决了运作过程中资金不足的问题，同时扩大了原创动漫品牌的影响力，有利于动漫产品的进一步开发。

（资料来源：石兰英. 浅析国产动画片《喜羊羊与灰太狼》营销战略[J]. 文学界(理论版)，2011(1)：243-244.）

思考题

1. 简要分析动漫创意产品的特点。
2. 比较分析美国、日本、韩国动漫产业的发展模式。
3. 以动画片《小猪佩奇》为例，谈谈如何打造动漫创意产品的“爆款”。
4.“喜洋洋”动漫产品产业链开发对国产动漫发展的启示是什么？

本章小结

1. 狭义的动漫创意产品主要是指漫画产品和动画产品，是以原创的动漫人物形象、故事为表现形式的文化创意产品。广义的动漫创意产品是指动漫产业链中开发、制作、传播、销售的各类创意产品，除了动画、漫画原创产品外，还包括其相关衍生产品。

2. 动漫创意产品除了具有以创意为核心、以版权为中心等文化创意产品的共通特征外，还具有种类丰富，载体多元；产品周期长，产业关联度高；虚拟性强，审美张力大的典型特征。

3. 从动漫产业链的视角出发，动漫创意产品可分为动漫原创产品和动漫衍生产品。

动漫原创产品分为漫画和动画两种基本类型。依据各自内部的标准，漫画和动画又可以分为数种不同的类型。动漫衍生产品可以分为直接衍生产品、形象类产品、综合类产品三类。

4. 漫画是动漫创意产品的重要组成部分，也是整个动漫产业的基石，它的生产、出版和发行自成体系，但同时又是动画产品生产的环节之一。动画创意产品的制作过程大致要经历创意策划、前期准备、中期作业、后期合成、产品制作五个环节。动漫衍生创意产品一般要在原创动漫产品基础上，通过品牌授权，进行有针对性的、精品化开发，建立动漫品牌形象。

5. 动漫产业链是围绕动漫产品的创意、制作、发行、播出、衍生产品开发等活动组成的相互依存的一系列产业链。打造动漫形象明星、创作精品动漫是动漫产业链开发的基础和前提，建立清晰的商业模式，通过高新科技赋能，形成完善的产业链，成为世界动漫产业发达国家的共通经验。

第八章　博物馆文创产品

第八章课件

本章学习目标

通过对本章的学习，学生应了解或掌握如下内容：

1. 博物馆文创产品的含义和特征；
2. 博物馆文创产品的分类；
3. 博物馆文创产品的开发模式和开发路径；
4. 博物馆文创产品的产业链开发。

学习重点、难点

1. 博物馆文创产品的开发模式、开发路径；
2. 博物馆文创产品的产业链开发。

随着我国经济的快速发展，各种物质消费品不断丰富，人民群众的物质生活水平有了极大地改善和提高。当人们的物质生活得到满足之后，必然将目光转向文化消费。博物馆作为文化生活的重要组成部分，是了解一个民族、一个国家、一个城市的文化窗口，对文化事业的发展起到了举足轻重的作用。为了使我国博物馆的运作更加合理有序、积极主动，就必须为博物馆注入新鲜的血液，将博物馆文创产品的开发融入到新博物馆理念之中，以适应市场需求为导向，通过合理的研究与开发，提供给大众丰富多彩的博物馆文化创意产品，同时也能增加博物馆的社会效益和经济效益，使博物馆的各项工作迈上一个更高更新的台阶。

第一节　博物馆文创产品的本质与特征

一、博物馆文创产品的本质

广义的博物馆创意产品，包括了博物馆为大众提供文化展览、教育、娱乐这一服务本身和从博物馆中的文化、藏品衍生而来的物质产品。将博物馆本身的服务被看作一种文化产品，它的生产价值在于通过促进人的素质的提高而为社会提供智力支持，从而促进整个社会的进步与发展，而它的价值补偿则主要是通过社会总收入的再分配即政府财政拨款来实现。

狭义的博物馆创意产品是指从博物馆中的藏品、展览、研究成果中衍生出来的，作为博物馆藏品和文化的延伸或浓缩的一部分，是为大众提供知识、教育、有纪念价值的创意产品。

本章所探讨的博物馆文化创意产品便是与该馆的藏品、展览以及历史文化特征相关的并在此基础上加入创新的成分制作成具有文化性和纪念意义的，并在博物馆商店进行出售的文化产品(图 8-1)。它是博物馆的重要组成部分之一，同时被赋予了不同的艺术品位和馆藏特色，承载着与博物馆主题相关的历史、文化和艺术信息。为了称呼上的直接性，我们可将博物馆文化创意产品简称为文创产品。

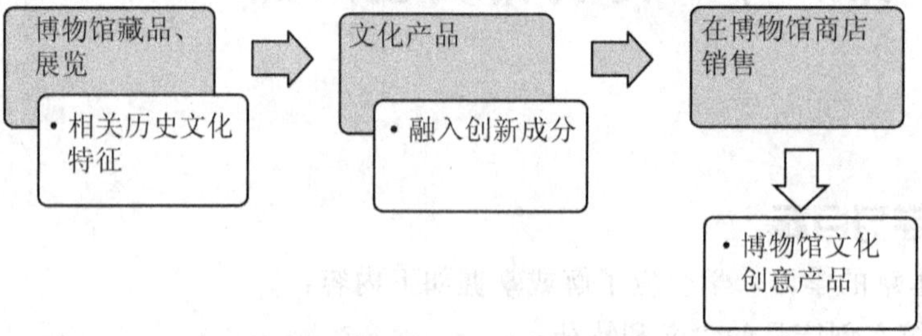

图 8-1　博物馆文化创意产品概念流程图

二、博物馆文创产品的主要特征

1. 独特性

每个博物馆都有其独特的主题和文化内涵，这就决定了博物馆文化创意产品具有原创性和独特性。像是北京地区有大大小小的各类博物馆百余家，从著名的故宫博物院、首都博物馆到老舍纪念馆、北京民俗博物馆、警察博物馆等，由于每个博物馆的主题都不同，因而每一个博物馆的文化创意产品也就具有差异性和个性化，如果将北京其他景点的旅游纪念品放进博物馆销售或将其他博物馆的文化创意产品直接拿过来销售，显然是不合适的，也不能引起博物馆观众的共鸣。

2. 创意性

过去将博物馆藏品进行简单复制的衍生模式已经无法满足消费者的需求了。同样一只马克杯、一件 T 恤在不同的博物馆的要求下，印上不同的图案的简单做法，让博物馆产品沦为了大量制造的工业产品，失去了博物馆文化产品原有的意义和美感，也对消费者失去了吸引力。因此，在新的时代条件下产生的博物馆文化创意产品，应加大产品的研发力度，不仅要在外形、功能上进行革命性的创新设计，还要采用具有现代感的表现手法，并且与其他设计行业如时尚设计、平面设计，形成跨领域的整合设计，将产品的种类、销售地点、销售渠道进行无限延伸。

3. 纪念性

博物馆的观众有很大一部分由游客构成，特别是一些本身既是旅游景点或身处名胜古迹和旅游景区中的博物馆，游客的比例更高，如是北京的故宫博物院、西安兵马俑博物馆等。因此，很多观众在参观完博物馆后，希望能买到带有纪念意义的产品，以便今后睹物思情，唤起对博物馆游览经历的美好回忆。就像由翠玉白菜藏品开发出来的系列创意产品一样，已经成为大陆游客游览我国台北故宫博物院后最受欢迎的产品之一。因此，纪念性既是博物馆文化创意产品的重要功能也是其特征之一。

4. 文化性

由于博物馆文化创意产品根植于博物馆文化，并且以博物馆中丰富的文化资源为创作素材，如果说每一件藏品都有一个故事的话，那么每一件博物馆文化创意产品都是从藏品背后的历史背景、文化内涵和故事传说演变而来，其中所包含的文化性和故事性是普通产品所不具有的。就像我国台北故宫博物院的翠玉白菜就可以令人联想到玉在我国文化中的地位及其所代表的意义，玉在我国的由来、产地，光绪皇帝与瑾妃、珍妃的历史典故等相关的文化背景。

5. 地域性

我国地大物博，在漫长的历史长河中，不同地域的民族、历史、文化、自然、经济都产生了或多或少的差异，自然地形成和构建了各自的地域性特色。而在资讯传播发达、产品同质化严重的当今社会，地域性特色成为了一张独特的文化名片，成为了文化产品设计中不可或缺的王牌。每个博物馆的文化创意产品既要与馆内藏品的主题息息相关也应体现博物馆所在地独特的地域文化，如厦门鼓浪屿钢琴博物馆的文化创意产品既应该体现出钢琴、音乐文化的主题又能反映出厦门鼓浪屿这一独特地理环境所孕育出的海洋文化、福建的闽南文化等地域文化。

第二节 博物馆文创产品的主要种类

博物馆文创产品一般包括如下几大类。

1. 出版类

博物馆的出版物主要包含有与博物馆相关的书籍、画册、多媒体光盘、导览手册、期刊等平面或是电子出版物，旨在宣传博物馆藏品、理念和研究成果，便于参观者在参观结束后进一步深入了解博物馆的展览和藏品，或是与亲朋好友分享体验。像是我国的故宫博物院就出版了与明清历史、故宫文物相关的各类图书，还包括了《故宫博物院院刊》和《紫禁城》等学术性刊物。

2. 复制类

复制类产品是指利用博物馆的馆藏资源和高科技手段，开发高度仿真的文物复制品，用于满足艺术品爱好者收藏和鉴赏的需要。复制类产品是最具有博物馆文化特色的产品，博物馆一般选取最能代表博物馆的藏品为复制对象，以求得到消费者的认同。如巴黎卢浮宫的《蒙娜丽莎》，我国台北故宫博物院有《溪山行旅途》《万壑松风图》等名家书画的复制品。复制类产品一般有两种路线：第一种是高价格的高仿复制品，一般采用限量生产模式来保持其在市场上的稀有性和珍藏性，并附有博物馆的证书来保证其真实性及珍贵性。这类复制品以高端消费者为主力，与普通消费者具有一定的距离。第二种的复制品价格较低，开发时考虑到市场及实用性，在体积包装上以方便携带为原则，但因属于大量制造，不免会丧失原有藏品的美感和艺术性。

3. 衍生运用类

泛指运用博物馆藏品、展览或馆徽等为设计元素，与日常生活用品相结合所衍生出来的各类产品。这类产品将博物馆的文化符号与其文化内涵转化为兼具美感和实用功能的实体产品，给予观众崭新的感官体验。这一类产品的开发通常会选取博物馆中最具代表性或知名度高的藏品进行衍生开发。例如，我国台北故宫博物院就以一件“翠玉白菜”为主题，开发出“翠玉白菜”手机吊坠、“翠玉白菜”钥匙圈、“翠玉白菜”筷架等一系列的衍生产品(图 8-2、图 8-3)。

图 8-2　我国台北故宫博物院藏品"翠玉白菜"

图 8-3　"翠玉白菜"衍生产品

博物馆中的衍生运用类产品，大致可以分为三大类：①生活用品：包括马克杯、咖啡杯、杯垫、餐具、钥匙圈、手机链、钱包、名片盒、雨伞、镜子等；②文具用品：包括笔记本、记事本、年历、电话簿、便条纸、资料夹、笔类、书签、镇纸等；③服饰织品：包括 T 恤、帽子、领带、丝巾、手帕、收纳袋、购物袋等。

4. 精选产品类

这类产品指的是博物馆从国外博物馆或当地引进一些与该博物馆主题无直接关联的优质文化产品，例如，地方传统手工艺品和手表、珠宝、首饰等高档精致礼品。这样做一方面可以减少开发成本和风险，另一方面也能够增进博物馆观众与当地文化的交流互动，保护和传承地方传统手工技艺，让博物馆的产品更加多元化和精致化。如苏州博物馆商店中就引进了一些由民间艺术大师手工制作的风筝和最具苏州代表性的苏绣等手工艺品。

第三节　博物馆文创产品的开发路径

博物馆文创产品有不同的开发模式，并且要经历不同的开发阶段。

一、博物馆文创产品的开发

(一)博物馆文创产品的开发模式

博物馆是一个国家和地区对外展示文明的窗口，汇聚着当地的历史和发展成就，展示着当地的特色和文化，同时也是一个国家国力的体现，一个地方经济文化实力的体现。博物馆具有自身独特的文化资源，在文创产品的开发上具有得天独厚的优势。博物馆对文化创意产品的开发可以采用多种方式，不同国家、不同地域、不同类型的博物馆情况各不相同，经过对不同国家、地区博物馆文化创意商品开发实例的归纳和分析，本章总结出四种主要的开发模式，分别是：自行开发、跨界合作、艺术授权和由行业组织统一开发。

1. 自行开发

由博物馆内部组织专门的部门对博物馆文化创意商品进行设计和开发，像我国的故宫博物院就专门成立了一家北京故宫文化产品开发有限公司，全权负责故宫内所有文化产品的开发。这种方式对博物馆的要求较高，要求开发设计人员具有较高的专业水平，不仅要对博物馆文化商品有较深刻的认知，还要对文化创意商品的市场有较准确地把握。此外，还要求博物馆具有雄厚的资金实力，能够承担产品开发的设计、生产成本和风险。

2. 跨界合作

博物馆通过与知名设计师、设计品牌、企业进行合作，以博物馆藏品为设计主题，设计出博物馆专属的文化创意商品。这种方法不仅可以通过合作形成一定的社会关注度，为博物馆文化创意商品进行免费的宣传及推广，并且通过与具有较高专业水准的知名设计师、设计团队合作，可以让博物馆文化创意商品的设计水平得到较大提高。博物馆通过与不同风格、不同领域的设计师进行合作，还可以让博物馆文化创意商品的品种和样式得到大范围扩展，这对于合作的双方都是有利无弊的。如我国台北故宫博物院就是通过与国际知名设计品牌 Alessi 公司合作，开发出清宫家族系列商品，不仅在市场上取得了非常好的销售成绩，而且通过 Alessi 的全球营销网络将我国台北故宫博物院这一品牌在全球范围内进行推广，大大提升了我国台北故宫博物院的品牌知名度。

3. 艺术授权

艺术授权是指将博物馆内藏品的高清图像授权给厂商进行复制生产或开发。如我国台北故宫博物院将书法名帖怀素的《自叙帖》授权给床上用品品牌印制于高档纯丝寝具上，还将清代著名宫廷画师郎世宁的《仙萼长春图》系列中的《牡丹》和《阿玉锡持矛荡寇图》两幅画授权给明基(BenQ)印制于其显示器的外壳上。

4. 由行业组织统一开发

这种方式是指由博物馆的行业组织或国家文化管理部门成立专门的机构，负责博物馆的文化创意商品的开发。例如，法国国家博物馆联合会(Réunion des Musées Nationaux，R. M. N)，作为法国文化暨宣传部的一个部门，不仅掌管着卢浮宫、凡尔赛宫、卢森堡博物馆等国家博物馆，还负责博物馆文化商品的开发，R. M. N 现已与全法国 32 所国家级博物馆协同开发馆藏复制品、文化商品数千种，商品营销全球各大城市。以这种方式开发博物馆文化创意商品不仅可以节约开发成本，提高开发效率，让资源得到最大化利用，而且对博物馆文化创意产品的设计和开发有宏观上的引导和调控作用，可以让一些没有条件自主开发的博物馆拥有具有本馆特色的文化产品。

(二)博物馆文创产品的开发路径

博物馆文化创意产品具有其特殊性，与一般的产品开发流程有所不同。博物馆是面向海内外各国观众开放的具有展示、教育和传播功能的公共场所。因此，在文化创意产品的开发过程中，我们必须以观众感受为重点，以传播传统文化为手段，以教育大众为目的，以获得社会效益和经济效益为最终结果这一核心原则来开发文化创意产品。根据这一原则，博物馆文化创意产品开发的整个流程可以大致分为五个步骤：科学的观众调研—组织策划—分工合作开发—生产销售—公众反馈。在这个五个步骤中，再进行细分具体的流程，如图 8-4 所示。

1. 产品市场调研阶段

以往的博物馆文化创意产品多以复制品和图书资料为主，这是因为博物馆没有充分考虑参观者的需求，缺乏科学的调研和市场分析，所以往往开发出的文化产品缺乏特色，很难满足观众的实际需求。科学的市场调研与评量是博物馆文化创意产品开发

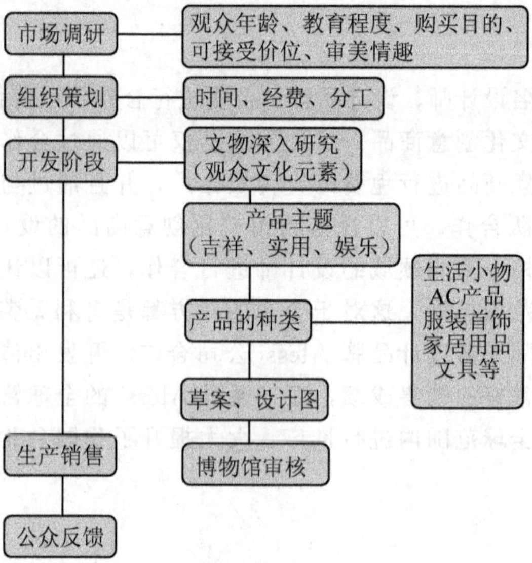

图 8-4　博物馆文化创意产品开发路径图

的基础，只有通过对现有观众进行调研，获取博物馆文化创意产品市场的准确数据，发现市场空白点及利润增长点，才能为后续的产品开发提供指导方向。实施文化创意产品开发，首先必须将文化产品与市场和资源进行对应分析，即以创意文化产品的环境为依据，从宏观外部和整体产品方面探讨文化创意产品的创新式开发。

博物馆文化创意产品的开发调研宜采用大批量问卷调查的方式，这种方法可以得到定量的验证数据，并且可以避免采访式的主观引导误区，可靠性较高。关于博物馆文化创意产品主要的调研内容如下：参观博物馆观众的年龄组成、性别构成、文化程度、购买的目的及购买倾向、可接受的价位、对现有文化创意产品的看法以及购买过的印象最深刻的文化创意产品等。之后统计得出消费者对文化创意产品的期望值分布包括：做工更精细、更具现代感、种类更具多样性、增强美观性、富有创意感、提高便携性、增加实用性、价格更合理等。最后分析出潜在的消费群体、市场容量、购买力、审美倾向、消费者对现有产品的满意度及最有代表性的文化产品等。

科学的调研分析结果是产品开发定位的主要依据，也是博物馆文化创意产品开发的基础，同时也是博物馆文化创意产品由概念设计迈向市场化的第一步，而观众心理需求的满足程度决定了他们是否会获得满意和高度享受。因此，对参观观众的市场分析不容忽视。

2. 产品组织策划阶段

经过以上一系列市场调查之后，文化创意产品开发就开始进入组织策划阶段。此阶段由博物馆文化创意产品开发相关部门组织策划，其他各部门积极参与协调辅助。参与整个产品的开发不仅仅是开发部门的工作，也需要陈列展览部、文物保管部、文化服务部等其他各部门的配合和帮助。在组织策划的过程中，我们需要与陈列展览部确定馆藏精品文物或临时展览文物的清单，与文物保管部门了解和学习有关文物的文化内涵和背景介绍，与文化服务部确定产品上架售卖的时间与产品的定价等。就我国博物馆的现状来看，我们还没有文化创意产品独立开发的能力，需要通过与企业合作的双赢方式来完成产品的开发，这就需要博物馆与企业进行沟通合作。在与企业的前期准备过程中，博物馆在充分提出需求的同时也要给企业的开发工作提供力所能及的帮助，并确定完成开发的时间，所需的经费预算，授权的时间等。只有发挥双方的优势，了解对方需求，才能达到互惠双赢的合作效果。

3. 产品实施开发阶段

与博物馆其他各部门和企业在开发实施前做好良好的沟通是非常必要的，在确定了开发的主题之后，文化创意产品开发就要进入实施开发阶段。

首先，在设计公司进行文化创意产品开发的过程中，设计师要对博物馆和馆藏文物有一个全面的认识，需要了解文物外在的器型、纹饰、质地、内在的功能以及精神层次的文化内涵、故事背景等。通过科学的方法提炼出与展览主题和博物馆特色相关的文化元素，为设计做准备和参考。其次，在对与主题相符的文化元素加以提炼之后，就要对这些传统的文化元素进行转换，将器型、纹饰等以现代人的审美情趣需求加以变形，并对现代科技手段和先进的材料加以利用，根据不同年龄层次的观众需求，对文化创意产品的种类进行分类，将转换过后的器型和纹饰组合成全新的产品构想。然后将产品构想以草图或设计图的形式表达出来，并进行细部的修改。最后，是博物馆的审核阶段，博物馆需要对文创产品设计的构想进行综合评判，包括产品的文化性、实用性、时代感、美观性，是否体现了博物馆的特色，是否具有原创性等，根据审核结果决定产品修改的建议和投入生产。

4. 产品生产销售阶段

博物馆文化创意产品的开发必须将开发设计、生产与营销环节紧密联系在一起，形成一个链条，才能形成良性循环。目前很多地方博物馆文化创意产品的设计、制造、销售各自为政，多数处于自发状态，行业统一规划和管理协作机制不健全。商品设计与市场脱节，生产环节与销售环节脱节，市场信息反馈渠道不畅，这些都严重地阻碍了博物馆文化创意产品的开发。由于所开发的文化创意产品的种类繁多，博物馆对文化创意产品的制造企业也提出了新的要求，敏捷的制造技术是解决这一问题的有效途径，博物馆可充分利用长三角与珠三角大量的闲置制造资源，通过网络化的管理，形成快速反应的动态制造群，能大大压缩从设计到产品的制造时间，降低制造成本。

除了做好博物馆文化创意产品的生产外，营销的重要性也不可忽视。一方面，博物馆文化创意产品的营销应充分依托陈列展览；另一方面，还应该积极开拓营销渠道。在对文化创意产品市场进行分析的基础上，博物馆要根据不同的产品选择不同的目标市场，使产品在规格、档次、款式上有所区别，在细分出的多个子市场中选择其中一个或多个作为自己的目标市场，集中进行营销活动。良好的品牌有助于消费者建立起消费偏好，也有利于经营者促销手段的实施。博物馆要进行品牌创造，目的是使旅游者能够分辨出各种文化创意产品的不同之处，以利于企业占领自己的目标市场。为了使旅游者容易识别，经营者要充分利用区域文化的独特性和垄断性，注意突出产品的独特文化特色，加快产品品种和档次的更新，力求适应当时的文化氛围和流行时尚。

5. 产品公众反馈阶段

产品经过一系列开发生产最后进入到千家万户，看似已经成功地完成了所有的工作，可是博物馆是为公众服务的文化事业单位，应把公众的感受放在第一位。博物馆应根据产品的销售情况分析其受欢迎产品取得成功的原因，以及对滞销产品进行处理和反思。博物馆除了从销售情况获取公众的反馈意见，还可以通过售后市场调查来再次了解公众的审美以及公众对新鲜事物的反应。博物馆只有摸准时代的脉搏和把握观众的喜好，并且随时调整，生产出的最新产品才能在众多博物馆中脱颖而出。

二、博物馆文创产品的产业链开发

随着市场经济的不断发展，人们精神文化消费需求的缺口越来越大，原有的博物馆文创产品开发模式已经远远不能满足如今社会公众的需求，进行博物馆文创产品全产业链的开发已经日趋受到各个博物馆的重视。博物馆文创产品的产业链开发，有助于提升博物馆文创产品的价值创造能力，拓展价值增值空间，博物馆文创产品全产业链建设也已成为促进博物馆文创产业发展的重要战略选择。博物馆文创产品的全产业链开发优化路径有以下几点。

(一)做好市场调研，提供优质创意产品

观众是博物馆文化创意产品的活力源泉。来博物馆参观的群众，正是对传统文化有着极大的渴求前来参观的。游玩过后，带走一件自己心仪的产品，可以加深观众对博物馆的理解和认知。博物馆应充分挖掘馆藏文物的潜在价值，打造出贴近大众生活的博物馆文化创意产品，使不同的观众都能选择到自己喜爱的博物馆文化创意产品。在不违背弘扬传统文化的前提下，博物馆应尽可能地设计出符合大众喜爱的产品，因为博物馆文化创意产品最终的流向还是要走向市场，如果设计的产品质量低下，又不具实用性，最终将会造成产品的大量滞销，甚至沦为“地摊货”。

(二)增强资金制度保障，加快品牌建设的路径

博物馆的发展离不开资金支持，资金的多少将直接决定博物馆发展的好坏。所以，必须要拓宽博物馆的资金制度渠道，为此应从以下几点入手。

1. 建立并完善博物馆会员制

会员制由于在市场营销中所具有的独特作用而备受欧美国家博物馆的青睐，会员制也是西方国家博物馆的一大特色，会员制基本上是每个博物馆的必备制度，会员每年所缴纳的会费是博物馆一项稳定并可观的收入。更重要的一点是会员制带来的人脉效应，博物馆通过会员制可在各个行业、各个领域建立起一个拥护群体，他们在某些方面对博物馆的支持起着不可估量的作用。唐泽慧在《抓住未来的赞助者—谈美国博物馆的会员发展策略》一文中，讲道：“纽约古根海姆的馆长里萨·丹尼森曾说过现在的青年会员很有可能在未来继续支持我们博物馆，并晋升为更高级别的会员，比如，国家理事委员会，甚至成为我们的董事。”①可能我们初期吸收的会员所缴纳的会费有限，但是他们带来的潜在效益是无限的，我们重视这些会员，就等于抓住了博物馆的未来。吴作相在《会员制——博物馆市场开发的重要方式》一文中从八个方面阐述了博物馆会员制的重要意义。② 而目前我国的博物馆界大多建立的是一些科研组织，参与人员极其

① 唐泽慧：《抓住未来的赞助者——谈美国博物馆的会员发展策略》，载《中国美术馆》，2006(2)。
② 吴作相：《会员制——博物馆市场开发的重要方式》，载《博物馆研究》，2010(3)。

有限，缺乏市场开发意识，没有认识到博物馆会员制对于博物馆今后发展的重要性。在博物馆转型发展、强化社会服务的大背景下，对博物馆会员制认识的不足将对于以后博物馆的资金募集、市场开发、完善服务的方面产生严重的制约。会员制符合今后博物馆发展经营的模式，会员制的有效实施将是今后国内博物馆拓展市场和提升服务的重要举措。

2. 社会赞助，设立基金会

这也是博物馆另一重要资金来源渠道，博物馆应同本地区的企业、公司及富裕群体建立友好联系，争取他们的资助。张勇早在 1993 年关于博物馆经费问题上提到博物馆要通过多种渠道，主动争取国内外人士及社会各界的捐助。[①] 张文立在《博物馆社会支持力市场培育开发的意义》一文中也提出博物馆不但需要政府的支持，更需要社会的支持，应争取更多的社会支持，扩大资金来源渠道，增强自给能力，减少对政府的依赖。[②]

还有一点是我国政府可考虑帮助当地博物馆设立基金会，吸收企业及个人闲散资金的注入，让他们承担对博物馆的社会责任。王悦在《博物馆运营与文化创意》一文中，讲道："如美国博物馆获得资金的渠道多样，大体分为专为特定博物馆建立的基金、政府基金、馆外民间基金、地方政府特殊拨款、私人捐款、公司赞助以及博物馆内一些销售服务的收入。"[③]政府财政拨款资金有限，今后博物馆必须朝向趣味性、多元性的方向发展，建立高尚的公众形象，吸引更多的社会观众参与到其中，这必将为博物馆获得更多的可用资金。

3. 利用国家税收政策，完善激励机制

政府可通过文化产业政策和税收优惠来吸引社会资金向文化衍生产品开发领域流动，使博物馆拥有充足的启动资金，通过法律手段使政策规范化、合法化，建立起博物馆自创收入的机制。对博物馆文化创意产品实行免税，对文创产业链进行税收优惠，鼓励博物馆依靠文化衍生品的开发经营来拓宽资金渠道，争取社会企业加盟到文创研发的团队来。目前我国现行关于博物馆相关的法律条款，对促进文创产业发展的力度还可加大。因此，博物馆相关主管部门可考虑尽快制定出相应的法律条款，对个人和公司捐赠的现金或实物予以减免税收，对公益性博物馆捐款数额较大的个人，政府可通过各种形式予以表彰，争取更多社会公益人士的加入，对捐款数额较大的企业，政府可授予爱心企业的称呼，以此来争取更多社会力量的参与。随着优惠政策的广泛实施，人们会逐渐改变自己的意识，必将引来更多社会资金的注入，从而解决博物馆发展资金困难的瓶颈问题。

4. 加快品牌建设

博物馆是我国传统文化的宝库，每天都吸引着来自各地的游客前来参观。源源不断的客流为博物馆文化创意产品营销提供了先天的优势。博物馆文化创意产品营销最

---

① 张勇：《文博工作的现状与思考——谈博物馆经费问题》，载《中原文物》，1993(1)。

② 张文立：《博物馆社会支持力市场培育开发的意义》，载《中国文物报》，2006(7)。

③ 中国博物馆协会纪念馆专业委员会、中国人民抗日战争纪念馆：《中国纪念馆研究》，78 页，北京，北京出版集团公司，2014。

根本的莫过于其本身的品牌。在市场竞争激烈的今天，品牌已经成为一项最有价值的资产。博物馆在融入市场经济的浪潮中，要想更好地经营与发展，也必须实施自己的品牌战略，博物馆能否获得观众的喜爱，很大程度上取决于品牌能否扎根在观众心目中。品牌效应是一笔巨大的财富。博物馆文化创意产品的出现为博物馆自身品牌的打造提供了基本的产品品牌定位。例如，北京故宫博物院的“故宫”“紫禁城”商标于2006年就被国家工商总局认定，并于2009年进行了注册。而对于其文化创意产品，从一开始就被深深打上了“故宫”的烙印，“来自故宫的礼物”“把故宫文化带回家”等口号伴随着文化创意产品的销售，在产品内外包装上也凸显了“北京故宫博物院”字样和其院徽。为了避免弱化故宫的特色，北京故宫博物院把与“故宫”无关的商品全部清理出去，以此彰显北京故宫博物院文化创意产品的独特性。同时，在质量上严格把关，故宫博物院通过公开招标的方式，选择有知名度的有实力的企业进行品牌授权，拓展品牌的发展空间。其他博物馆可以北京故宫博物院为榜样，加快自身的品牌建设，尽早注册自己的商标。我国台北故宫博物院也同北京故宫博物院一样拥有高水准的藏品、络绎不绝的游客和充裕的经费，然而它的门票收入占比不到30%，收入主要来自品牌授权、艺术品销售等方面，可见品牌效应的巨大潜力。菲利普·科特勒和凯文·莱恩·凯勒在《营销管理》一文中论述了创建品牌资产的重要性。[①]

（三）注重文创人才培养，积极吸收公共创意的路径

我国的博物馆建设已经到了快速发展的时期，随着对公共文化服务体系建设的高度重视，未来几十年都将是我国博物馆飞速发展的时期。博物馆要获得发展，相关专业人才起着关键作用。博物馆的专业基础需要高素质的专业人才，时代的发展要求博物馆应有高素质的复合型人才。为了适应博物馆的飞速发展，必须从现在开始加紧相关专业人才培养。文创人才的好与坏直接导致了博物馆文化创意产品的质量，今后博物馆界的焦点竞争必将是人才的竞争。面对百花齐放的文化创意产品，文创人才队伍的建设成为博物馆文创研发的基础。

我国台北故宫博物院的优秀博物馆文化创意产品的不断推出，这得益于其背后优秀的文创团队。原故宫博物院院长单霁翔在《从“数量增长”走向“质量提升”——关于广义博物馆的思考》一文中，对我国台北故宫博物院的引进和培养文创人才的做法进行了简单介绍。他们邀请70多个厂家进行初选，挑选出15个优秀团队，进行半年培训，使他们理解馆藏文物背后饱含的文化气息，最后进入产品设计。[②] 近几年来博物馆文化创意产品的研发已成为当今社会各个博物馆今后的工作目标，文创人才的培养与引进自然也成为当前博物馆的竞争热点。一款成功的博物馆文化创意产品的推出，能大大提高博物馆自身的知名度。各个博物馆应大力引进人才，培养人才，壮大人才队伍，提高人才队伍的整体素质，建立起一支高素质的文创产品研发团队，为博物馆培养一批既有专业能力，又有创新拓展能力的人才。为了使文创人才队伍能够快速成长，博物馆应把有无创新、有无成果作为员工考核和绩效评定的重要依据，激发人才队伍的

① 菲利普·科特勒、凯文·莱恩·凯勒：《营销管理》，265～297页，北京，中国人民大学出版社，2012。

② 单霁翔：《从“数量增长”到“质量提升”——关于广义博物馆的思考》，443页，天津，天津大学出版社，2014。

研发激情，将优势发挥到最佳状态。人才作为文创产业发展的基石，加强人才队伍建设，培养出文创领域内懂专业、善经营的文化复合型人才是我国博物馆今后发展的必经之路。

(四)规范博物馆文化创意产品研发，明晰社会文化效益优先的路径

长久以来，博物馆作为事业单位、公益机构没有自主经营权，使其文化创意产品的开发经营一直处于“不合法”的状态。近几年国家对文创研发工作的逐渐加大支持力度，文创工作逐渐进入各大博物馆视野，且从近几年的发展趋势看，国内博物馆日渐重视文创工作。博物馆文化创意产品与一般产品不同，就是在于文化因素是其中的一个特殊要素。博物馆文化创意产品的研发过程就是将博物馆的历史元素经过创意设计升华和物化的过程。观众与博物馆文化创意产品之间的交流就是通过产品的功能和形态来传达的，博物馆的创意产品就是馆藏文化与购买者之间交流的载体和工具。2015年，出台的《中华人民共和国博物馆条例》也明确规定鼓励博物馆开发文化创意产品。2015年9月，中办、国办印发了《关于推动国有文化企业把社会效益放在首位、实现社会效益和经济效益相统一的指导意见》，对国有文化企业提出要求，为其他企业树立了榜样，要求文化企业在社会价值和市场价值之间找到平衡点，杜绝粗制滥造的出现，注重产品质的转变。①

宋向光曾经说过：“博物馆是教育性、公益性机构，所以博物馆文化创意产品的开发也应该以教育为核心开展，有教育的意义在其中。对博物馆文化创意产品开发带来的社会影响应该予以监督，不能损害博物馆的公益性，比如，开发奢侈品、卖高价等。”文化创意产业同时具有意识形态和商品属性属性，博物馆作为公众教育机构，应当把社会效益放在首位，经济效益放在次要地位。博物馆文化创意产品的研发如果没有经济利益、没有利润，无法有效推动产业的发展。但是，如果仅仅注重经济效益，将偏离了博物馆文化创意产品的初衷和目标。博物馆向社会提供优秀的博物馆文化创意产品，将其隐藏在身后的中国传统文化发扬光大，本身就具有积极的社会效益。博物馆通过鼓励发展文创产品研发，也一定程度上解决了社会的就业问题。文化创意产业发展到一定规模以后，可以积极响应社会的号召，参与到社会慈善和社会公益活动中去。陈楠楠在《正确认识博物馆的社会效益和经济效益热》一文提到，博物馆要走可持续发展之路，寻求到经济效益和社会效益的最佳结合点。②

(五)完善产业发展模式，提高“互联网＋”意识的路径

“互联网＋”博物馆与传统博物馆的信息化有着巨大差异，传统意义上的博物馆信息化是仅仅希望依靠新技术为博物馆提供服务，而“互联网＋”博物馆则是以全新的思维重新看待博物馆，通过移动互联网拉近人与信息之间的距离，构建了人与物、系统之间沟通的桥梁，人们不再是单纯的信息接收者，而是文化的传播者。我国人口基数大，为“互联网＋”的兴起奠定了良好的基础，网民数量的剧增使网络营销具备了巨大的发展空间，彻底改变了传统的营销模式。互联网时代的到来，让博物馆也开始利用网络来塑造自己的形象和传递信息，增进其与社会公众关系的紧密度。

---

① 鲁元珍：《文化产业：供给侧改革将带来什么》，载《温州商报》，2016-02-17。

② 陈楠楠：《正确认识博物馆的社会效益和经济效益》，载《内蒙古科技与经济》，2015(2)。

国有大型博物馆的官方网站包含了网上参观、在线服务、门票预订等基本功能。大量的馆藏珍品分门别类，配有图片和文字解说，并进行三维展示，突破传统参观模式的界限，给游客身临其境的感觉，使游客“足不出户”便可对博物馆的一切了如指掌。张彬、任友和安睿翔在《开启“互联网＋”博物馆新模式》一文中介绍了在“互联网＋”大环境下，如何利用移动导览来为观众提供新服务[①]。

当然博物馆文化创意产品的营销也离不开互联网。如今的博物馆文化创意产品融合了历史题材、现代设计和生活需求等要素，兼具欣赏价值、使用价值和纪念价值，一经借助互联网的营销，立刻使消费者的眼前一亮。线上和线下同步实施是现在博物馆文化创意产品推广和销售的重要策略，甚至网上营销更为有效。邢勃在《从网上商店开发经营看博物馆文化产业的繁荣》一文中提出：“博物馆网店突破了时间和空间的限制，开拓了博物馆的展览空间。通过互联网连接到博物馆，任何人都可以欣赏到丰富的馆藏文物信息和网店中琳琅满目的文化商品。”[②]博物馆应注册并完善自己的官方微博、微信，使客户可以在第一时间了解到博物馆推出的最新文化创意产品的图片及使用功能。

网购不再是年轻人的专利，线上交易已成为大多数人的首选，足不出户就可以买到自己心仪的产品，“故宫淘宝”“故宫商城”营销成功的案例，就值得全国博物馆学习并进行推广。2015 年 8 月 5 日，故宫博物院淘宝店与阿里聚划算平台合作实现“互联网＋营销”，“故宫淘宝”的 1 500 个“御前侍卫手机座”和 4 500 个“八旗不倒翁娃娃”数小时后宣布售罄。2015 年 8 月 10 日一天内共有 1.6 万单故宫博物院文化创意产品在聚划算平台成交。2016 年 2 月 22 日聚划算又与中华航天博物馆联手发行航天文化衍生品，因为航天领域在线下接触到民众的机会极为有限，航天博物馆首次尝试“互联网＋”模式进行营销，设计出的文化创意产品让用户更好地了解了这一领域，拉近了与民众的距离。上述事件是典型的网络成功营销的案例。“互联网＋”不仅仅指营销，博物馆作为公共文化服务体系的一部分，通过“互联网＋公共文化服务”这一方式，能够有效融合互联网与公共文化，使公共文化能够在互联网畅通无阻，为人们提供更多优质便捷的文化服务，使人们享受到互联网发展带来的文化福利。博物馆使用新技术手段的目标在于以一种更为有效的方式来吸引公众走向博物馆，使全社会了解并认识到博物馆在社会发展中的价值、地位和作用。

(六)深化多方合作交流，制定区域和国家发展战略的路径

从目前国内的文化创意产品设计生产渠道来看，其已经形成了包括自主研发、合作开发和社会借鉴等开发方式在内的较为成熟的开发模式。自主研发只有国内大型的博物馆有能力和资源做好一些产品与项目。一些小的博物馆虽然不具备这些条件，但可以通过合作开发将自身做大做强。目前博物馆合作开发目前主要的形式包括如下几方面。

1. 与国内与或国际知名设计师合作

把文化的能量注入产品设计当中，这样消费者才会受触动，如果没有触动，博物

① 北京联合大学、北京数字科普协会：《博物馆的数字化之路》，294～298 页，北京，电子工业出版社，2015。

② 邢勃：《从网上商店开发经营看博物馆文化产业的繁荣》，载《丝绸之路》，2014(18)。

馆文化创意产品很容易沦为地摊货。文创设计追求的不仅仅是美感和造型，真正要表达的是背后需要承载的文化。

2. 与知名企业合作

由获得授权的厂商负责研发、生产的全过程，与知名厂商合作一方面能够拓展博物馆自身的知名度，另一方面也能保障高水平博物馆文化创意产品的推出。最后由博物馆进行贴牌销售，销售收入按约定分成。

3. 与文博单位交流协作

构建打造博物馆文创团队联盟，博物馆力求整合团队中优秀的设计力量，开发多元化的博物馆文化创意产品，并搭设博物馆文创产业之间的沟通桥梁，通过自身品牌、馆藏、人才资源的有效整合，打造文化创意产品的高设计平台，促进文创产业健康快速发展，将中华五千年文化传播到千家万户。美国学者尼尔·科特勒和菲利普·科特勒在《博物馆战略与市场营销》一文中谈到博物馆与其他文化机构合作，列举了共享展览和项目、共享设施、员工以及专家、共享市场促销和营销经验三个方面并进行阐释。[①]

通过与知名博物馆的合作办展、人员互访等形式，博物馆在文化创意产品工作等方面取长补短、互相借鉴，从而推动博物馆文化创意产业又好又快的发展。我们在建设文化强国、提高中华文化国际影响力的背景下，形成一批具有国际影响力的文化产品，打造一批具有国际影响力的文化品牌，使我国博物馆文化创意产品在国际文创产业市场上占据一席之地，使我国文化的整体实力和竞争力显著提升。

案例分析

苏州博物馆创意产品开发

苏州博物馆成立于1960年，馆内典藏文物近4万余件，以工艺品、书画作品为主。2006年，由世界著名建筑设计大师贝聿铭设计的新馆正式对外开放，新馆融合了江南地区传统的建筑元素，主庭院与旁边的拙政园建筑风格协调统一，现代化设施和历史性元素浑然一体，是一所综合的历史、艺术类的博物馆。苏州博物馆在发展中不断创新，早在新馆开放之际，将“苏州博物馆”作为唯一的品牌注册商标，用于苏州博物馆的文创产品上，其中包括自主开发的产品以及合作开发的产品。近些年来，苏州博物馆通过对特色文化元素的提炼与灵活应用，推进产品转型升级，使本馆文创产品不仅具有其他商品共有的观赏性、实用性，还富有历史性、文化性。

一、苏州博物馆文创产品开发现状

苏州博物馆典藏着众多华夏文物艺术的瑰丽精品，每件文物都是祖先的智慧荟萃及精湛工艺的呈现。随岁月流转越显珍贵，蕴藏着极大的艺术价值，可谓文化创意产业发展巨大的宝库。如今，现代博物馆的职能不再是单纯的为展示典藏文物、教育和

---

① 尼尔·科特勒、菲利普·科特勒：《博物馆战略与市场营销》，360～363页，北京，北京燕山出版社，2006。

科学研究，还具备了休闲、娱乐及购物的功能，让观众“把博物馆带回家”的理念越来越深入人心。在这种理念的影响下，博物馆衍生产品成为藏品、展览、建筑等的延伸和扩展。苏州博物馆在2008年被评为首批国家一级博物馆，这是对博物馆各方面出色表现的肯定，由此可见，苏州博物馆内的文物资源之丰富和特别。此外，建筑大师贝聿铭设计的新馆风格鲜明、独特，也让苏州博物馆名声远播。正是在这种时代背景下，苏州博物馆的设计师们设计出的文创产品蕴含了文化性、历史性、趣味性、实用性等特点。苏州博物馆网上旗舰店线上销售的文创产品共有近200件，其中包含了五种类别的产品，如表8-1所示。

表8-1 苏州博物馆文创产品

产品种类	实例
文房用品	手账本、书签、香炉、笔筒、镇尺、笔、胶带等
家居雅玩	杯子、团扇、茶垫、钥匙扣、眼罩、靠枕、手机壳等
珠宝首饰	胸针、手镯、耳环、项链等
文创食品	果酒、茶包、饼干等
服饰雅配	丝巾、布包、发带、手帕、领带、钱包等

二、苏州博物馆文创产品开发模式

苏州博物馆在实践中不断思考、吸取成功经验，为了设计开发出更具有设计感、美感和亲民价格的文创产品，在产品开发上积极对外寻求合作。苏州博物馆除了在博物馆内开设文创商店外，还和苏州市博欣艺术品有限公司共同打造博物馆品牌，以完善产业发展上的不足。同时，苏州博物馆认识到博物馆自身的特点，以此为基础进行改造，让博物馆的文化创意产品发展走上正轨。

苏州博物馆文创组成立于2013年8月，其主要工作是从馆藏文物本身发掘文化元素和亮点，将其与现当代手工艺制作融合，创造出代表苏州技艺，传承吴中风韵的各类艺术商品。2017年，苏州博物馆的文创产品营业额就已达到近1 500万元。苏州博物馆文创组紧扣时代脉搏，选取馆藏代表性文物秘色瓷“莲花碗”为原型制作的饼干大获成功。抹茶口味的设定使饼干的颜色和文物实物接近，“国宝味道”的概念，使观众购买和食用过程充满奇妙趣味，不知不觉与国宝文物发生了一次互动。苏州博物馆文创工作组不断调整定位、推陈出新，开发有设计感、趣味性、价格亲民的文创产品，给消费者以新鲜的感受，并试图将纪念品商店打造成博物馆内的另一个具有特点、有创意、吸引游客的展厅。

2008年6月，苏州博物馆对大众免费开放，转变为公益性质的博物馆。没有了门票收入的经济支撑，2009年，苏州博物馆联手苏州市文化经济发展公司，创立了苏州市博欣艺术品公司，该公司承担了博物馆文化创意产品开发的重任。博欣公司从成立初期，就不同于一般旅游纪念品没有包装或者随意包装的习惯，坚持产品外包装的精美度，每件商品均配以通俗易懂的中英文说明，使每件商品都成为一件有品牌、有品位、精美别致的礼品。目前为止，苏州博物馆自行设计开发的商品有百余种类型和款式，逐步形成了自主设计、制作和销售一条龙的发展模式。

三、苏州博物馆经典文创产品

1. 衡山杯(图 8-5、图 8-6)

中国人自古喜好品茗，衡山杯的设计灵感就来源于此。辞官后归隐苏州西山的诗画大师文徵明好茶，喝茶自然要有好的茶具与其相配，在苏州博物馆举办文徵明特展的时候，设计团队应景推出了这款衡山杯。该款衡山杯选用汝瓷精制，土质细腻，胎骨坚硬，釉色润泽，釉中含玛瑙，产生特殊色泽，其色以天青为贵，粉青为上，有“雨过天晴云破处”之称誉；杯盖精选天然楠竹，既可防尘，又富含印泥趣味；杯底用“文衡山”印章作为底款，手起杯落间，犹如在用文徵明“衡山”印。外包装上也选择了有书卷气息的牛皮纸，封条上的书法也很有讲究，可谓连细节都很精致。

图 8-5　衡山杯图

图 8-6　衡山杯包装

衡山杯每只的售价为 128 元，这个价格也是设计团队经过了详细的市场分析和调查后定下的价格。首先，产品的品质提高了，成本就必然会提高，但反过来，做工粗糙的产品可能连低廉的成本都收不回来；其次，设计团队还分析了消费者的心理活动，产品价格较低自然会影响品质，太贵的话又会无人问津。经过充分的探讨后，此价位的产品满足了大部分受众的需求，杯子的功能不言而喻，生活中每个人都会用到，作为馈赠亲朋好友的礼物也独具特性。最终这款产品果然获得了成功，在博物馆内的艺术品商店和淘宝网上商店内的年销售数量达到 1 500 个，年销售总额接近 20 万元。

2.“莲花碗”国宝曲奇饼干(图 8-7)

苏州博物馆在 2014 年的国际博物馆日，应景推出了一些文创产品，其中以典藏文物——“莲花碗”为灵感来源和基础设计的产品得到了人们的关注，它就是一款“莲花碗”曲奇饼干。

图 8-7　“莲花碗”曲奇饼干

饼干以馆内文物——“莲花碗”为原型，提取碗的颜色、图案，设计师根据文物的原本色彩寻找天然食材与之接近的颜色来体现文化，曲奇的表面纹理也是根据文物的图案来设计，文物活灵活现地体现到了曲奇上，生产出了独具特色的曲奇饼干。这款文创产品生产成本不高，价格适中，方便携带，相较于一般饼干又与众不同，包装精致，让人们在享受曲奇时联想到文物，让吃也变得有文化起来，形成了一种独特的、耳目一新的消费体验，同时还拉近了大众和博物馆、文物、历史的距离。

相比于普通商品，人们对食品的购买需求更高，消耗的也更快。因此，如果生产一款文创产品以食品的形式展现，必将受到欢迎。如果得到市场认可，后期人们的重复购买概率也较高。在国内很多旅游景点，食品类产品也因为具有地域特色和实用性而受到青睐，很多人会选择购买当地的特色食品作为礼物馈送亲朋好友。国内的大部分博物馆在食品类的文创产品开发上还刚刚起步，苏州博物馆推出的这款饼干文创产品，可以说是目前国内较为成功的。起初，苏州博物馆考虑到了人们在博物馆内的咖啡馆、阅览室时的小食需求，就计划推出一款代表苏州博物馆特色的文创食品，最后经过设计师们的探讨，生产出了这款曲奇饼干。该产品每盒定价 25 元，每个月的销售数量将近 1 000 盒，年销售总额达到 30 万元左右，得到了广泛关注。各省市的新闻媒体及新浪微博、微信等新媒体也都报道了这款产品，很多消费者购买后会在朋友圈、微博晒出该产品，由此可见，大众对这款文创产品的青睐，并在无形中免费推广宣传了博物馆文化。

（资料来源：蒋菡．论苏州博物馆文创产品开发的发展与蜕变[J]．博物院，2018(1)：89-94.）

思考题

1. 博物馆文化创意产品的开发模式有哪些？

2. 博物馆文化创意产品的产业链优化路径有哪些？

本章小结

1. 博物馆文化创意产品是博物馆的重要组成部分之一，同时被赋予了不同的艺术品位和馆藏特色，承载着与博物馆主题相关的历史、文化和艺术信息。

2. 博物馆文创产品具有独特性、创意性、纪念性、文化性和地域性特征。

3. 博物馆文创产品主要分为出版类、复制类、衍生运用类和精选产品类。

4. 博物馆文创产品开发模式主要有自行开发、跨界合作、艺术授权和行业组织统一开发四种模式；分为科学调研、组织策划、分工合作、生产销售和公众反馈五个步骤。

5. 博物馆文创产品的产业链开发路径为：做好市场调研，提供优质创意产品的路径；增强资金制度保障，加快品牌建设的路径；注重文创人才培养；规范博物馆文创产品研发，明晰社会文化效益优先的路径；完善产业发展模式，提高“互联网＋”意识的路径；深化多方合作交流，制定区域和国家发展战略的路径。

第九章　艺术创意产品

第九章课件

本章学习目标

通过对本章的学习，学生应了解或掌握如下内容：

1. 艺术创意产品的含义与特征；
2. 艺术创意产品的主要分类；
3. 艺术创意产品的开发过程；
4. 艺术创意产品的产业链开发路径。

学习重点、难点

1. 艺术创意产品的开发过程；
2. 艺术创意产品的产业链开发路径。

第一节　艺术创意产品的本质与特征

一、艺术创意产品的本质

在市场经济高度发达的现代社会，一切产品都是作为市场中的商品而存在的。即一般生产行为中的产品化，同时还意味着市场化和商品化。作为一种物质实体的产品，只有在最终成为一种商品以后，才能拥有真正的生命。艺术也不例外。商品性由此而成为艺术创意产品的主要价值性，在社会生产活动中占据着重要地位。

根据马克思的商品理论，任何凝结着人类抽象劳动的物品都具有价值，都可以作为商品按一定价格在市场上流通、交换。艺术创意产品也不例外。据此，西方马克思主义文艺理论家本雅明和马歇雷都直接称作家为“生产者”，称艺术作品为“产品”。伊格尔顿结合恩格斯的相关论述也曾这样提及艺术的商品特性：“艺术可以如恩格斯所说，是与经济基础最为间接的社会生产，但是，从另一种意义上，也是经济基础。它像别的东西一样，是一种经济方面的实践，是一类商品生产。”[①]

根据采取媒介手段和物化形式的不同，艺术创意产品主要有两种存在形态：一种是具有离开生产者和消费者而独立的形式，能作为可以出卖的商品进入流通领域，如书、画以及一切脱离艺术家活动而单独存在的艺术品。这种形式的艺术创意作品是艺术家创构的一种有意味的符号系统，具有物质产品的外貌，它们能在生产和消费之间的一段时间内存在。另一种是以直接的生产行为生成的艺术创意产品，如舞蹈家、歌唱

---

① 朱立元等：《二十世纪西方文论选》，712 页，北京，高等教育出版社，2002。

家、演员等表演艺术家，他们以自身的行为形态为物质载体，演出活动本身即为艺术作品。他们在进行艺术生产活动的同时，产品即被接受者所享用和消费。这种艺术产品不脱离劳动过程，具有“劳动活动”的形式。对此马克思曾在《剩余价值学说史》中指出：“一般来说，服务也不外是这样一个用语，用以表示劳动所提供的特别使用价值……它不是在一个物品的形式上，而是在一个活动的形式上提供服务。”简言之，艺术可以表现为一种具体的创意产品，也可以表现为一种服务。但无论是哪一种，在市场经济条件下，它们首先都是可以“用来交换的劳动产品”，即商品。

二、艺术创意产品的特征

作为商品的艺术创意产品，有着与一般商品共同的赖以产生的社会基础以及共同的社会表现形式。

首先，艺术创意产品作为艺术劳动的成果，首先总要附着于一定的物质载体，归根到底要体现为某种物质形式。商品虽说不一定是物，但总是与一定的物质形态相联系，只有附着于一定的物质形态，才能形成交换的基础。人们的艺术思想、艺术主张、艺术评判等总是需要通过一定的形式(通常是以作品或产品的方式)体现出来。这种艺术的物质体现形式，同时也构成了艺术的商品基础，产生了交换的可能性。这也正如李斯托威尔在《近代美学史评述》一书里所指出的：“艺术家必须是真实事物的制造者，他把他想象的烙印打在物质的东西上面，可是游戏者却什么都不制造，他只是单纯地把他的精力耗散在游戏的活动之中罢了。甚至他所得到的享受，也不能恰当地称之为艺术的享受。”[①]也就是说，只有艺术创意劳动形成产品(作品)后，才有可能生成商品。这一特点使创意艺术行为得与标准的游戏活动相区别。再有，艺术创意产品发挥其功能也需要相关的物质形态环境，如剧院、放映厅等。

其次，艺术创意产品是用来满足人们的精神需要的，主要是用来愉悦身心、陶冶情操、调整情绪、恢复与蓄积新的劳动势能等，因而同样具有使用价值。商品存在的前提，是对人们有用，具有一定的使用价值。艺术创意产品的使用价值体现为能够满足人们某种精神方面的需要，使人得到精神的愉悦和快慰。社会生活中的人，都有着物质和精神两方面的基本需求，在追求维持自身生存的物质满足的同时，也在寻求着精神满足。原始艺术阶段，艺术创作(准确地说应是娱乐活动)经常是自娱自乐式的自我创造和自我消费。人们对艺术的要求不高，即使是非常简单和粗陋，也能给人带来身心的愉悦。随着社会的发展，人们的审美能力和水平不断提高，自我创造常常不能满足对艺术鉴赏的要求，于是就向社会去寻找美。而最简便的方法，就是用自己的劳动产品同别人进行交换，或者到市场上购买“美”。艺术创意产品的有用性，不仅是其与其他商品交换的基础，客观上也刺激了艺术市场的发展，使拥有较高的艺术劳动技能、专业从事艺术生产的人有了把个人劳动变成社会劳动的可能。艺术创意产品的使用价值是形成它的交换价值的基础。当然，艺术创意产品使用价值的表现形式与一般商品是有区别的。一般商品的使用价值总是与它的物质形态密切相关，而艺术创意产品的使用价值的外部形式虽说是一定的物质，但其实质内容却是隐藏或内蕴于物质背

---

① 李斯托威尔：《近代美学史评述》，136页，蒋孔阳译，上海，上海译文出版社，1982。

后的艺术审美体验。

再次，艺术创意产品要同其他产品进行交换，势必也应有一个量的尺度，这个尺度就是价值。艺术创意产品的价值，首先凝结在产品中的艺术创造的一系列活动中，包括创意、选材、构思、艺术提炼、形象塑造、情感传达、布局结构、技巧运用等。这一创作过程，虽然没有以物质的方式体现，但却凝结在物化产品之中，对一个艺术创意作品(产品)质量的高低、价值的大小等起着决定性作用。这种掩蔽于作品背后的艺术劳动，既是艺术创意产品的实质内容，也是其参与市场交换的价值尺度的依据。在产业化时代，艺术创意产品常常会以工业制成品的形式出现，如印刷品或者音像制品。这样，艺术创意产品加工复制过程中所耗费的原材料价值、设施和设备的折旧等又形成艺术产品价值中的生产资料价值。例如，出版一部文学作品，需要耗费纸张、油墨、印刷设备；生产音乐 CD，需要耗费塑料、白银等，也需要专门的压片设备。此外，在艺术创意产品的价值结构中也凝结着生产商和各层销售商的劳动。关于艺术创意产品中的另一种存在形态——艺术服务，它的抽象劳动不是凝结在某一物的形式上，而是以服务活动形式表现出来的。给消费者提供审美享受，满足人们精神、文化的需求是其使用价值，服务的交换价值大致等于维持服务的物质商品价值和服务本身形成的价值。

最后，作为商品的艺术其实是一个非常复杂的问题。尽管艺术创意产品在劳动对象、劳动手段、形态等方面与一般商品确实存在着不同，但从作为商品的角度看，两者之间存在着通性。任何商品都有其自身特征，艺术作为创意产品也有其自身特征，但这些特征并不妨碍它成为商品的一种，与商品的普遍性并不对立，或者说是普遍性与特殊性的关系。

第二节 艺术创意产品的主要种类

一般认为，艺术是人们把握现实世界的一种方式，艺术活动是人们以直觉的、整体的方式把握客观对象，并在此基础上以象征性符号形式创造某种艺术形象的精神性实践活动，它最终以艺术品的形式出现。这种艺术品既有艺术家对客观世界的认识和反映，也有艺术家本人的情感、理想和价值观等主体性因素，它是一种精神产品，是艺术家知觉、情感、理想、意念等综合心理活动的有机产物。那么，艺术家通过审美创作活动所生产的有创意的产品就是艺术创意产品。对于定义什么叫作艺术创意产品是很困难的，众说纷纭。

尽管对艺术创意产品进行定义有一定的困难，我们还是基于艺术创意产业的分类试图对艺术创意产品进行分类研究。艺术产业在我国是一个新兴的产业，更是一门新兴的学科，欧阳友权教授从产业的生产经营过程着眼，将艺术产业分为三大类：一是各类营业性艺术团体或个人，如剧团、影视公司、文学创作组，出售艺术作品的画家、书法家、工艺美术家等；二是艺术传播业，包括各类营业性的艺术纪念馆、美术馆、博物馆、表演队、影剧院等；三是艺术经营业，如艺术品商店、艺术品拍卖行、画廊、艺术经纪人、艺术代理人等艺术中介。周星根据艺术产品和服务的形态将艺术产业分为两大类，包括了物质形态的可以批量生产的艺术产品，如书画、摄影、音像、拷贝、乐谱、歌词、工艺制品，以及精神技术交流形态的艺术信息、艺术设计、艺术策划、艺术评奖、艺术演出、艺术经纪代理等行业的整体商业服务活动。哈利·希尔曼·沙特朗在《论美国的艺术产业》中，将艺术产业同时从时空两个维度，按市场需求或者说艺术消费动机分为五个大类：一是业余艺术，主要指由个体自我表现、自我教育和自我认识推动的业余艺术实践；二是应用和装饰艺术，包括广告、建筑和城市设计、工艺品、珠宝和室内设计等；三是娱乐艺术，主要指电视、电影、音乐、录像和印刷媒体等；四是美术；五是传统艺术，包含业余艺术、娱乐艺术等。

根据上面学界对艺术产业的分类，我们对艺术创意产品进行不同标准的分类。

1. 根据媒介手段和物化形式分类

根据所采用媒介手段和物化形式的不同，艺术创意产品主要有两种存在形态，一种是具有离开生产者和消费者而独立的形式，能作为商品进入流通领域，如书、画以及一切脱离艺术家活动而单独存在的艺术品；另一种是直接的生产行为生成的艺术创意产品，如舞蹈家、歌唱家、演员等表演艺术家，他们以自身的行为形态为物质载体，演出活动本身即为艺术作品。

2. 以艺术的门类为依据分类(即横向分类)

按照艺术的门类划分，可以将艺术创意产品划分为：美术创意产品、舞蹈创意产品、音乐创意产品、戏剧创意产品、曲艺创意产品、杂技创意产品、影视创意产品等。

3. 以产业链为依据分类(即纵向分类)

按产业链划分，可以将艺术创意产品划分为：核心艺术创意产品(以艺术产品与服务的创作、生产、销售等为主要内容)，如书画业、音像业、戏剧业、曲艺业、设计业、艺术培训业等创意产品；上游艺术创意产品(为艺术产品的生产提供原料)；下游艺术创意产品(即把艺术创意产品应用于其他领域或行业)，如建筑业、时装业、休闲娱乐业、广告会展业、动漫游戏业等。

艺术创意产业是一个开放的产业体系。这一方面源于时代的发展、科技的进步为艺术形式的不断创新，提供了新的可能性；另一方面源于艺术本身极强的融合性与实用性。“人类所有的艺术的唯一目的是为生活服务。”艺术存在于我们生活的方方面面，并且不断以新颖的方式提升着大众衣、食、住、行、育、乐各领域商品的价值，在提升人们生活质量的同时不断增加着实用艺术的行业。同时，艺术以其特有的亲和力不断与其他行业融合，因此，不断有新兴艺术创意产业出现并兴旺。从长盛不衰的时装业到崭露头角的形象设计业，从风行一时的婚纱摄影业到方兴未艾的家装业，从“大富大贵”的游戏软件业到渐成“新宠”的动漫业……新兴艺术产业不断牵动人们的视线，撩动人们的心弦，壮大着艺术创意产业的阵容。

第三节　艺术创意产品的开发路径

一、艺术创意产品的开发

像物质产品的开发一样，艺术创意产品的开发也是一个动态的过程，人们将这一过程称为艺术的开发流程。艺术创意产品的开发流程包括艺术创意产品生产和艺术创意产品价值实现的全部工艺过程，它包含了艺术产品的生产资料、对象和生产主体的各种准备，产品的创造性生产和消费等环节。

1. 艺术创意产品的准备

在一般人的印象中，艺术的产生是一个短暂而浪漫的过程。人们常见艺术家们即兴赋诗、作画、谱曲，往往一挥而就，洒脱飘逸，而看不见艺术家们为此“十年辛苦不寻常”的准备过程。实际上，即使是艺术史上那些被誉为“神来之笔”的艺术作品，也并不像人们想象的那样如彗星破空而来，而是有一个漫长的准备过程。一件划时代巨作的生产，其过程往往要贯穿艺术家的一生。歌德很年轻时就萌生了《浮士德》的创作动机，然而诗人最终完成这部诗剧，却是在许多年之后。这段往往被人忽略的历史，便是诗剧创作的准备过程。诚然，某些短小的艺术作品，尤其是那类被人称为“灵感结晶”的小诗和小乐曲，其生产时并不需要一个独立的准备过程，因为它们的准备过程已融入生产者作为一位艺术家的整体的准备过程之中。而且，造成艺术家灵感降临的那种环境、氛围和情绪，实际上已不知不觉地完成了艺术生产者的心理准备。艺术创作的灵感恰如闪电，人们大都只注意到闪电的破空而来，却忽视了闪电孕育的大气变化，实际上没有大气缓慢的酝酿过程，便没有闪电的瞬间辉煌。

艺术的生产像其他物质产品的生产一样，都有一个生产的准备过程，而且，这种准备还是全方位的准备，既包括生产主体又包括生产资料，既包括精神材料又包括物质材料。生产主体的准备，即艺术家作为一位生产者必须具备的生活积累、审美积累和心理准备。这既涉及艺术家平时的生活修养、艺术修养和心理定式，也涉及艺术家为创作某一特定作品所进行的特定的生活、艺术、心理准备。生产资料的准备，即生产时所需的各种工具、材料的准备，包括笔墨纸张、画布颜料、乐器石料、服装道具及资金等。

艺术生产的准备，是生产者备齐诸种生产要素并使之逐渐进入生产状态，从而使艺术生产成为可能的一个过程。这是一个综合的、交混的准备过程，物质性的准备与精神性的准备，混合在一起，相互促进，相互影响。假如生活和艺术的准备不充分，艺术家便无法调节好自己的心理状态。如果工具、材料没有准备好，艺术家同样会在情绪上受到影响，无法进入创作情境。同样，艺术家的生活准备与艺术准备也是难以截然划分的，因而在具体的准备过程中，就更难独立进行。像作曲家雷振邦，在创作之前经常奔走于少数民族聚居区，从少数民族的民间音乐中汲取音乐素材和创作灵感。这一采风的过程，就很难说仅仅是一种艺术的准备，实际上作曲家在采风中不仅得到了少数民族的音乐素材，而且体验了他们的生产习俗、民族性格和民族精神。没有对少数民族生活的体验和性格与精神的理解，作曲家就难以深刻地理解其音乐形式，当然更难以创造和发展。艺术生产者总是在这种综合性的准备中进入生产状态的。艺术生产的对象、方式及工具、材料的准备过程，也就是艺术家渐次积累生活印象、酝酿创作激情、增强创作欲望、调整心理因素的过程。

当然，在艺术生产的诸种准备中，有些准备并不一定需要艺术家亲自去完成，像购买纸张、画笔、油彩，像安排剧场、道具、音响等，就不一定要艺术家自己去做。一般来说，艺术生产的物质性准备，可以由别人代劳。一个导演如果一切物质性准备都事必躬亲，那他就根本没有时间进行别人无法替代的准备。不过，对于有些艺术门类的生产者来说，物质性的准备最好由自己去完成，如根雕艺术，艺术家常常自己去采集树根。还有石雕家，他们也需要亲自去挑选石料。然而就总体而言，物质性的准备相对于生产主体的精神准备来说，则处于次要地位。

2. 艺术创意产品的创作

艺术创意产品的创作，是指艺术生产过程中艺术家的一种创造性的审美心理活动以及将其符号化的传达过程。简而言之，是艺术产品孕育和诞生的生产运作过程，也就是人们常说的狭义的艺术生产过程。这是人类的一种高级的、复杂的、特殊的、神奇的精神创造活动。人类通过艺术创作生产了艺术品，同时也实现了自己的某一部分本质。因此，从哲学的意义上来说，艺术创作是人类使自己逐渐挣脱动物性而愈来愈成为人自己的最坚强有力的手段之一；从心理学意义上来说，是人的潜意识和显意识在有机的双向强化中所形成的骤发性心理活动；从美学意义上来说，是形象思维与逻辑思维通过艺术想象而最终以灵感思维形式显现的审美创造活动。

长期以来，人们从不同学科的理论视角，对艺术创作进行了各种不同的描述和概括。这些描述和概括从各自特定的角度揭示了艺术创作过程中的某些秘密，然而它们汇聚到一起又使这一过程显得更为神秘莫测，使之成为了一种道不尽说不完的艺术现象。

如果仅就艺术创作的过程性而言，清代画家郑板桥所作的描述和概括是简练而深刻的。他依据自己多年画竹的艺术体验，将创作过程概括为“眼中之竹”“胸中之竹”和“手中之竹”三个阶段，从而形象地描述了艺术创作由认识到表现的双重转化现象。由“眼中之竹”到“胸中之竹”，是艺术创作的第一重转化，即艺术家调动自己长期的生活积累和艺术积累，将观察自然、体验生活的收获借助艺术想象和联想进行审美创造，完成艺术构思的过程；由“胸中之竹”到“手中之竹”，是第二重转化，即艺术家将自己审美创造的思维形式通过艺术语言物化为文本形式的过程。在艺术生产过程中，每一种艺术品的创造，都无一例外地要经历这种双重转化，因而郑板桥的概括也就超越了“画竹”的具体性，从而成为了整个艺术创作的过程论。

3. 艺术创意产品的消费

艺术作品一旦被艺术家创作完成，便具备了进入艺术市场进行分配、交换和消费的可能性。艺术产品是在以交换为目的的生产，并最终以劳动产品的方式与社会进行交换时，才成为艺术商品的。而艺术品也只有在成为商品之后，人们对艺术品的欣赏才变成了消费。

尽管艺术产品的生产，也像其他物质产品的生产一样，其过程是生产者、生产资料与生产对象的有机结合，但这种关系并未本质地决定艺术创作必然是一种商品生产。就艺术创造的本意而言，它是艺术家个人情感表现的需要和内在本质的对象化，同时也是人类自由创造意识及其实践的集中体现。在艺术的本质含意中，艺术的创造是一种生命的自娱，是一种创造力的确证，与商品交换无关。人类童年的原始壁画和图腾歌舞，就不是以交换为目的的商品生产。艺术最初的发生就曾是一种创作与欣赏浑然不分的状态，那时艺术家与观众之间并无职业分工；然而，伴随人类社会分工的精细和阶级的分化，艺术生产及其本质便发生了异化。到那时，艺术品为全社会所共有，艺术真正成为人类共同的财富。当艺术生产的生产工具和资料都是有价商品、被某些社会集团或个人所占有，甚至连生产者(艺术家)都为这些集团或个人所占有时，艺术生产的产品也就自然成为了有价商品，并成为这些集团或个人财产的一部分。艺术家生活在一个劳动产品交换的时代，他们赖以维持基本生活的物质都是商品，假如他们必须依靠自己的劳动养活自己，那他们出卖劳动产品便是必然的选择。即使是那些艺术家个人并不愿意出卖的作品，最终也都会成为商品。比如，画家生前没有出卖的遗作，作家、音乐家生前没有发表的遗稿，最终都会被收藏或发表，从而变成商品。

在不同性质的阶级社会中，由于艺术生产者和生产资料的占有方式不同，艺术生产力以及艺术品的分配、交换、消费方式也会有极大差别。在社会主义以前的阶级社会中，艺术生产资料(有时包括生产者)主要由统治者所占有和支配，生产者不仅未能拥有生产资料，甚至连人身自由都没有，这样便造成了马克思所说的生产者与生产资料"彼此分离的状况"；在这种状况下，生产者与生产资料"只在可能性上"构成了艺术生产的生产因素，而实质上却压抑了生产力的发展，生产者被奴役、被雇用的地位戕害了他们艺术生产的积极性。社会主义制度的生产资料(物质生产和精神生产)的公有制形式，实现了艺术生产者与生产资料的直接结合，艺术家以主人翁的身份使用和支配生产资料，社会为艺术家的生产提供了相对优越的环境，从而极大地解放和发展了艺术生产力，满足了全社会艺术消费的需要。但是，社会主义社会至今仍处于商品经济时期，在这一时期中，艺术产品仍要以商品形式进行交换、分配和消费。因此，社会主义的艺术生产是为满足社会艺术，消费需求，以交换为目的的商品生产，艺术家也仍然是以艺术为谋生手段的劳动者。广大社会成员要满足自身的艺术欣赏要求，仍然要以支付劳动、交换劳动产品为前提。

艺术创意产品一旦作为商品投入社会交换，便具备了使用价值和价值，同时也具备了价值和价格之间的矛盾性。与一般物质产品相比，艺术产品价值与价格之间的矛盾要大得多。因为艺术品的价值在本质上无法用价格标示。艺术作为精神产品，其价值在于满足人类的精神需要，而精神需要满足的程度，恰恰是最难用价格来衡量的。一部 40 元钱的《红楼梦》，绝不意味着它给人的审美满足只值 40 元。所以，尽管别的商品也存在价值与价格、使用价值与价值之间的矛盾，但远不像艺术品表现得突出。另外，一般产品的价值是由生产者创造的，而艺术品的价值却是由生产者和消费者共同创造的。艺术家生产了艺术品，只为消费者提供了创造艺术价值的可能性而不是价值本身。俞平伯读过《红楼梦》，提出了钗黛合一的美学理想；毛泽东主席则从中看到了中国封建社会必然灭亡的历史大势；而一个焦大式的农民，大概就只能对黛玉的娇弱和娇嗔感到反感……消费者消费水平的差异，导致了作品价值的差异，没有消费者参与创造，艺术品的价值就无法实现。一般物质商品的消费，是一个减值过程，而艺术品的消费则是一个增值过程。一把铁铲使用的时间越长，其价值就消耗得越多；一幅画则不仅不会因为欣赏的人多而消耗价值，反而会因众多人的审美再创造而愈来愈丰富博大。《蒙娜丽莎》的微笑之所以说不尽道不完，正是因为多少世纪以来人们的欣赏、阐释和再创造。优秀的艺术品都具备这样一种附着力和包容性，它能将任何消费者的创造凝聚和容纳到自己身上去，成为自己价值的一部分。因此，"一部艺术品的全部意义不能仅仅根据作者和同时代人的看法来限定。它是一个增值过程的结果，亦即历代无数读者对此作品的批评过程的结果"[①]。可以说，艺术品作为商品时所表现出的这些特殊性，是艺术本质的顽强显现，是对自身商品属性的反驳。这种反驳使艺术生产和消费一方面受制于艺术市场，一方面又在终极价值上超越了市场。人类历史上那些伟大的艺术品，尽管在艺术市场上各有标价，在所属权上各有其主，然而在其本质意义上它们属于全人类。达·芬奇的画、米开朗基罗的雕塑、莎士比亚的戏剧等，早已成为人类创造力的象征，人们并不用其原作或复制品的市价去衡量其价值，在人们心中它们永远是无价之宝。因此，尽管人们购买艺术品的动机可能多种多样，然而艺术品消费的终极目的只能是艺术欣赏以及由这种欣赏所引发的审美再创造。也正是在这种意义上，艺术品的消费成为了艺术价值创造过程的一部分。

二、艺术创意产品的产业链开发

作为文化创意产业中的一部分，艺术创意产品市场近几年在我国得到迅速的发展。艺术品消费逐渐成为新的经济增长点(图 9-1)，艺术品产业链存在的问题也逐渐引起学者及行业专家的关注。完整的艺术品产业链是指以艺术品交易为中心，包括画廊、美术馆、拍卖行、文交所等主体服务机构，以及艺术品鉴定、评估、抵押、典当、保管、保险、装裱、印刷、出版、物流等配套服务机构，甚至延伸到艺术品金融服务领域。处于产业链上游的是"生产艺术品"的艺术家，他们不断地创造作品，并将这些作品资源进行开发获得收益。处于产业链中游的是提供艺术品交易的机构，如画廊、美术馆、拍卖行、文交所等，它们通过办展，并提供网上预展服务，获得展览收益；或将艺术作品印制成拍卖画册，获得印刷收益；也可与出版社合作推出各种艺术图书、艺术光碟等形式来获得版权收益等。处于产业链下游的是艺术衍生品市场及相关配套服务机构。这些机构可以大量开发商业艺术影像产品、进行艺术品摄影、名家艺术品复制等，或通过数字扫描技术来仿制名家画作，从而将艺术品和艺术衍生产品转变为居民生活的必需品；也可提供资金支持，扩大艺术品市场的经营规模，使得投资者获得投资收益。

图 9-1　2009—2015 年我国艺术品成交总额变化图

（注：根据雅昌检测中心数据制作而成）

完善与社会主义市场经济相适应的艺术创意产品市场体系及其相应的运行机制，需要建立起一套比较完善的艺术创意产品的产业链路径，使艺术创意市场切实得到培养、规范、引导和发展繁荣。建立和完善与社会主义市场经济相适应的文化市场体系

---

① R. 韦勒克、A. 沃伦：《文学原理》，293 页，上海，上海三联书店，1984。

及其运行机制，是一个循序渐进的过程，当前要重点注意以下几点。

(一)拍卖行、艺术博览会、画廊等机构之间协调运作

目前大量的画廊、拍卖行等机构活跃在我国艺术品市场上。画廊作为一种常设性艺术机构，不能够仅仅以简单的盈利为目的。现今国内的拍卖行和画廊除了扮演交易中介的角色，其最大的发展及生存空间还需着眼于发掘和推出当代的艺术精品，为消费者指引正确的投资方向。这不单需要经营者具备深厚的专业功底和善于发现艺术的独特眼光，更需要经营者具备雄厚的资金基础和过人的投资胆略，以及一个良好的市场竞争环境，这些条件缺一不可。目前我国的艺术品市场，除了部分具备正规资质的拍卖行外，三线甚至二线城市中相当多的拍卖行都是以挂靠形式依附于少数大型拍卖行而存在的，对于大部分真正意义上的艺术品，这些中小型的拍卖行实际上并没有拍卖的资质，当然也不可能对艺术家和市场负责。因此，某些影响市场发展的不良情况就出现了。这使得目前的画廊、拍卖行出现了沉寂的态势，一级市场与二级市场之间的不协调运作直接导致了艺术品市场的不健康发展。

(二)规范鉴定体系

我国最权威的鉴定机构是国家文物鉴定委员会，各地也都有具备一定鉴别能力的专业机构，可以依靠这些可信赖的公共资源，建立起一个辐射面达到全国的艺术品鉴定系统。通常，持有人如对地方鉴定机构鉴定结果有争议，可送至上级鉴定机构，如争议无法立时解决，则可以申报提交国家文物鉴定委员会。基于此情况，政府等相关部门可以组织建立一批专业能力较强，信誉度比较可靠的社会鉴定机构，对这一体系进行有效补充。截至目前，我国尚不存在系统的规范、鉴定艺术品真伪的法律法规。如同市场各个环节需要法规的保障一样，艺术品真伪的鉴定同样需要相关部门管理和有效的法规约束。具备法律效力的权威鉴定机构，加上科学的鉴定手段以及规范的鉴定程序，会对制假、售假等不法行为起到很大的限制作用，独立的艺术品鉴定机构和鉴定师不应该从属于除政府以外的任何一家销售或中介机构。规范鉴定体系对于清除艺术品市场的不正之风将发挥不可估量的作用。

(三)加大对相关专业经纪人才的培养力度

经纪人这一角色应在画廊、拍卖会、艺术博览会这艺术品市场体制的三种形态中成为主角，而不应将其抛离于三种形态之外。应由各类型中介机构推荐艺术家，而经纪人则代替艺术家参与各种形式的拍卖、展会，这样就能够有效地将艺术家从奔波中解放出来，更利于释放艺术家的创作灵感。艺术品交易必须法人介入才能合法、有效，才能够在真正意义上实现对买家和卖家双方负责。如果说艺术家是艺术品的代言人，那么经纪人则可以说是艺术家的代言人。具备极强专业知识并且懂得法律、精通管理的专业经纪人才，应该成为沟通艺术品市场各个环节的桥梁和纽带。这样，不但解放了艺术家，激发其创作的热情和积极性；还规范了市场，确保了艺术品市场各个环节间的有效交流、沟通，从而促进艺术品市场健康有序地发展。经纪人的作用是实现艺术家的追求；对其进行包装、宣传以提高艺术家知名度；发掘有潜力的艺术家，指导其依法进行艺术品交易；引导市场的审美倾向，是市场规范化的标志。所以说，培养和管理专业经纪人才制度的建立不仅可以使国家、个人、企业等多方利益同时受到保护，还能够促进整个艺术品市场乃至文化产业市场健康有序地发展。

（四）建立诚信品牌，制定艺术品市场准入标准，加强行业自律

首先，企业要打造诚信品牌，建立切实可行的市场运行秩序。目前，我国相关艺术品经营和销售市场发展的层次参差不齐。所以，必须经过政府等相关部门的严格审批，无论是其经营资质和企业规模还是其从业作风及行内信誉，都要达到硬性标准，从真正意义上提高艺术品市场的准入门槛。其次，以资质考核和制度认证的形式选拔艺术品经营单位的从业人员，以提高其整体素质。对各类艺术品相关产业施行年检制度，以科学、公正的艺术品评定鉴赏机构作为打造诚信品牌的基本保障。最后，以企业为单位建立完整的诚信档案，并向社会定期公布其诚信情况，以公众的力量对其进行监督，做到对顾客及艺术家负责，对整个艺术品市场负责。建立一个规范、秩序良好的市场是拍卖行及画廊等经营方长期生存、持续发展下去的基础，拍卖行和画廊都具有鉴定拍卖或经营的艺术品以保证其真实性的义务。如果拍卖行及画廊因故意或过失而导致赝品按真品进行拍卖或销售，买方有权要求退还，因此造成买方的损失，拍卖行或画廊等经营方应连带地承担赔偿责任。同时，强化行业协会对其他市场机构的指导、带头作用，使市场参与者都能从中获取其应得的利益，以提高其参与的积极性，营造一个运行规范的、井然有序的市场环境。

（五）通过多种渠道为收藏、拍卖搭建平台，形成市场良性竞争

当前国内所有拍卖公司大大小小已达千家，各种类型艺术品拍卖也如雨后春笋一般，公司与公司之间对于资源的争夺激烈，对于资源市场的抢占已经由过去仅仅局限于我国传统的经典艺术品（古代、近现代）发展到涵盖了我国几乎所有艺术品（古代、近现代、当代）的范畴。拍卖行与艺术界、收藏家、博物馆、美术馆、艺术院校等社会各界广泛建立了联系，主管部门应实施有效手段，运用宏观调控措施，在掌握大量准确信息的同时，监督并帮助其建立稳定的商业渠道以形成良性的市场竞争。

（六）加强法制建设，完善法律体系，严惩违法行为

法律、法规是在道德约束之外调整人际关系的一种行为准绳。现阶段我国艺术品市场的某些方面存在诚信缺失的问题，主管部门不仅要着眼于建立完善的诚信道德体系，更要将完善的法制建设合理运用起来以承担起其应尽的责任。目前我国与艺术相关的法律、法规及行政文件虽然已颁发了近二十部，但问题依然严重存在，法制建设的不足显而易见。针对目前状况，行业主管部门可以逐步建立健全、完善现有可行的法律法规，也要以提案形式提请相关部门修订或设立新法以弥补现有的法律漏洞。在市场运行的过程中，一旦抓到某企业或个人有以盈利或其他不正当目的为借口的违法行为，一定严格遵循相关法律法规，严惩不贷，时刻警醒大家，法律的底线不可触及。只有真正做到有法可依、有法必依、执法必严、违法必究，才能够保障艺术品市场平稳有序地运行。

（七）加强监管力度，规范市场管理

管理力度不够是造成我国目前艺术品市场存在无序竞争的原因之一。从一方面来看，文物管理部门和工商管理部门对拍卖行和画廊等中介机构都负有管理和监督的责任，但就目前来看，其管理与监督的力度都有待加强；从另一方面来看，一些相关的法律、法规的具体执行机构尚不明确，政府应通过立法明确艺术品市场的主要管理部门及其主要职能，明确对不按标准操作的营业机构的处罚标准。对于拍卖行虚假成交

的，应严格执行税收政策，加大处罚力度；对于赝品，政府相关主管部门应该逐步建立起完整有效的艺术品档案，从根源上杜绝假货、赝品流入市场。

案例分析

湘南瑶绣艺术形态与艺术文化创意产品开发

湘南瑶族主要生活在湖南省江华自治县、江永县、莽山等县乡，该地区是湘南重要的民族文化旅游之乡，瑶绣是湖南瑶族典型的民族艺术形态与重要的民族文化遗产。

一、湘南瑶绣艺术形态

湘南瑶绣(图 9-2)历史悠久，工艺精致细巧，图案、色彩、材料、文化主题自成体系，是湘南瑶族人民的艺术瑰宝。

图 9-2 湘南瑶绣

1. 历史悠久

湘南刺绣色彩斑斓，图案优美，样式独特，是瑶族独特的精神图腾之一，其伴随着瑶族生产生活的不断发展，成为了重要的少数民族传统工艺。据湘、桂、粤史志记载，在汉代，湘南、桂东、粤北瑶族就有“好五色衣裳、衣斑斓，对襟齐领，椎髻跣足”的习俗，可见汉代瑶族先民的绣衣样式就已十分丰富；后有《搜神记》记载，“瑶人绩织不及，销以草实，好五色衣服，裁制皆有尾形”，说明瑶族绣衣在东晋时期得到了全面发展，且渐渐在民间广泛流行；再有《隋书·地理志》载，“瑶人承盘瓠之后，故服装多用斑布为饰”，“斑布”便是绣衣，其色彩斑斓，形式唯美，反映了瑶族人民的智慧与创造力；到宋末元初，马端临在编纂的《文献通考》中记载，“衣刺绣、亦古雅”，其所描述之物便是南岭走廊一带的瑶绣，这一时期湘南瑶绣已经相当成熟，其服饰千姿百态，古雅可人，是上流社会认可的一种典雅艺术。随着历史的变迁和瑶绣艺术的传承，湘南瑶绣风格也越来越多样化。随着工业时代与数字时代兴起，机器制造和织布工艺的发展使得瑶绣渐渐被忽视，今天的瑶族年轻人不再愿意去掌握这一复杂而传统的工艺，瑶绣面临着前所未有的发展困境。可喜的是，近年来我国对非物质文化遗产传承与创新十分重视，江永县、江华县、莽山等地区传统瑶绣工艺正试图融入现代技艺和流行元素，以期在市场化和产业化发展上探索出一片新天地。

2. 题材丰富

湘南瑶绣题材丰富，或来自神话传说或师法自然。①神话传说。瑶族流传着许多上古时代的神话传说，如盘王开天、龙腾四海、凤舞九天等，这些传说代代相传逐渐成为瑶族人民虔诚的信仰，这些从瑶绣题材上可窥一斑。在江永县、莽山等瑶族聚集地的“盘王印”，就是为了纪念盘王而将“盘王印”绣在衣服上，以示对盘王的崇敬与感激。神话传说的具体发源时空虽难考，但其已成为瑶绣与瑶族文化中不可或缺的内容，有警世祈福之作用。②花木鸟虫。江华县、莽山、江永县等湘南瑶族聚集地气候相对炎热，雨水充沛，花木鸟虫种类繁盛。丰富的动植物资源不仅为瑶族人民生活提供物质支持，还为瑶绣创作提供着丰富素材。瑶绣中的花木鸟虫，生动而寓意美好。如将牡丹花绣于女子外衣之上是期盼富贵平安；将梅花绣在男子裤脚上寄予男子勇敢刚强，不怕一切困难……各色花木鸟虫跃然刺绣之上，是自然之物、针线之工、巧妙思维的有机结合，是瑶族人民智慧及审美情趣的体现。③日月山川。湘南瑶族人喜欢将山川、日月等自然景观作为刺绣题材。河流孕育了湘南瑶族人民的农耕文明，山川给予生活中无限的物质馈赠，日月的光辉和神话传说相结合，构成了瑶民心中持久的信仰。在瑶绣中，山河日月线条粗犷、排列有序；花木鸟虫生动活泼，线条优美。这些都是瑶绣艺术的资源库，为瑶绣创新提供了诸多可能。

3. 形式独特

在色彩方面，湘南瑶绣斑斓的色泽是给人的第一印象，明清时期有“用五色线，杂绣花卉”的记载。瑶绣的取色全部来自于生产生活的日常材料，黑色取自木炭，红色取自百花，黄色、绿色取自树木。在传统瑶绣中，不同图案，挑花刺绣的颜色也不尽相同，如兽形纹路、人形纹路，用黑白两色；刺绣底布，须是纹路清晰、染印美观的黑色、蓝色或白色布料。瑶绣善于运用色泽的对比来进行艺术呈现，黑、白、红、黄、蓝等对比鲜明的色彩搭配，能给人巨大的视觉冲击力。斑斓的色彩是一种艺术的创造，让瑶绣呈现出严肃、典雅、深沉之感。在工艺方面，“挑花刺绣”技艺是在印染完毕的棉麻布上进行的，挑花风格多样，有正挑、反挑、十字挑、双面挑、单面挑等手法。“瑶家姑娘爱绣花，不会绣花找不到婆家”，这句在江永县、江华县瑶族中广泛流传的谚语道出了“挑花刺绣”在瑶族人心目中的位置。多种刺绣手法为瑶绣图案构成与创作提供了技术支持。在图案方面，传统的瑶绣图案纹样可分为单独式图案、连续式图案(包括二方连续、四方连续)、群合式图案，纹样亦十分丰富多彩。

4. 意蕴美好

在代际传承中，湘南瑶绣逐渐形成了稳定的文化意蕴。瑶绣五色是除了刺绣物质形态之外的视觉灵魂，黑色肃穆、富贵，用于底色，体现沉稳、尊贵和正派，寓意吉祥安稳，是瑶绣服饰不可或缺的色泽；红色象征着太阳，体现了火热与赤诚，表达了一种勇敢拼搏、坚守正义的热血与激情，湘南瑶族妇女喜欢佩戴绣有红色图案的头饰；蓝色象征着广袤、宽阔，体现了天高海阔的博大胸怀；黄色象征丰收与喜悦，是土地的颜色，体现了瑶民祈求丰收与富裕的心愿；白色象征干净、纯洁，表达了高雅与平静。湘南瑶绣起源于人民的着衣需求，渐渐地成为瑶族人民记录生活、感悟生活的物质载体。将神话传说融于刺绣之中，一方面，纪念神灵为瑶族人民的幸福生活所带来的福泽；另一方面，表达了瑶民对于未来美好生活的虔诚祝愿，希望可以继续在神灵的庇佑下安居乐业。瑶绣图案中的花木鸟虫、山川、日月是瑶族人民饮食起居所常见的物象，反映了瑶族人民热爱生活、享受生活的高尚情操，其珍藏的是江华县、莽山、江永县等地湘南瑶族人民对于富足、健康、快乐生活的美好祈愿。

二、以湘南瑶绣为载体的艺术创意产品开发思路

1. 打破固有产品架构，拓展瑶绣产品的类型

瑶绣用于服饰、家纺用品是对湘南瑶绣的固有思维，开发瑶绣创意产品须对瑶绣应用架构进行拓展。①多开发易携带的小型瑶绣创意产品。传统湘南瑶绣服饰或其他日常生活用品多较为厚重，不便于游客携带。易携带的小型瑶绣创意产品更符合现代消费偏好。主动寻找现代设计力量，可用现代审美思维开发出真正有时代美感、简约的实用物品，以有效开拓消费市场。可开发小型家纺创意产品，如手帕、丝巾、枕巾、壁挂、棉拖等；或是各类日用小件，如香包、布艺镜、布艺书、扇子、电脑包、手机袋等，便于带回家用，或赠送亲友用。②打破文化屏障，开发具有现代时尚艺术元素的DIY衍生产品。湘南瑶绣图案种类丰富，其中许多是瑶族特有的文化图腾。面对广大消费者，尤其是国外消费者，这些特有的民族文化元素可能造成文化屏障，不利于产品销售与品牌传播。为了提升消费者的文化认同感，瑶绣文化创意产品应是融合“现代时尚艺术元素”“瑶族文化”的DIY衍生产品(新民俗产品)。通过量化生产及高端定位、相对亲民的价格，推动商品化发展，以真正实现非遗的传承与活化。③开阔思路，开展市场细分。市场细分意味着根据消费者需求来进行产品设计，以消费者的需求开发新产品是精准营销的必要手段。比如：针对游客的年龄、职业、性别进行细分，可以开发儿童系列、女性系列等创意产品；根据文化寓意或瑶绣所代表的祈愿内容进行细分，则可以开发幸福家庭系列、金榜题名系列、国泰民安系列等创意产品。通过细分市场，能为瑶绣创意产品的开发设计打开广阔的思路，为消费者的价值追求和旅游经历增添更多物质载体。

2. 引入新材料、新技术打造现代瑶绣产品

新材料、新技术的不断研发和应用，给传统文化和民族产业带来了前所未有的冲击与发展契机，为瑶绣艺术的再设计提供了更多可能性。①引入新材料，整合开发瑶绣创意产品。不同的材质所传递的风格与美感是大不相同的。棉麻类作为传统瑶绣的主要材料，柔软舒适，配以传统瑶族图案，能给人古朴、肃穆之感。引入新材料，如用化纤质的丝光绣线，就可以展现另一番具有时代感的民族风味。因而，对瑶绣创意产品的开发应用其取材自然的思维，充分利用湘南盛产的竹材、木材及现代原生态材料展开设计。当然，在具体的产品款式设计中，材质搭配、材质设计应根据产品的用途、图案、色彩等进行选择，如一个钱包的设计，就可以采用棉质底布，丝光绣线，金属边饰——棉布、丝光绣线与金边交相辉映，既能展现民族特色又不失现代风格。②研发现代刺绣设备，推进瑶绣产品的自动化、标准化发展。挑花刺绣是湘南瑶绣之特色，也是其竞争力所在。传统的瑶绣的手工生产方式不仅效率低下，还难以实现标准化操作，不利于瑶绣创意产品规模化生产与产品标准的建立。在工业化和现代化不断发展的潮流下，研发、利用自动化挑花刺绣设备与现代复制技术，可解此难题。同样，在传统瑶绣印染工艺中，人工效率低下，还会产生众多残次品。研发、引进规模化印染设备，进行工业化印染实践则可以提高效率、降低成本、提升产品质量，促进湘南瑶绣创意产品的产业化发展。③在瑶绣创意产品开发设计过程中积极引入高新科技，以提升产品竞争力。如以“互联网+”思维积极利用大数据，开展瑶绣创意产品的市场调研，可为瑶绣创意产品开发提供数据支持和管理咨询支持；利用智能制造技术，

将线上线下相结合，根据用户的需求，构建瑶绣创意产品设计“O2O”模式，实现创意产品的私人订制开发，其不仅有利于瑶绣艺术的传承创新与数字化保护，还可以提升产品的技术含量与市场价值。

3. 以当代审美文化指引瑶绣产品款式设计

在当代流行审美文化的影响下，人们对富于创意、简洁、精致的东西有着较强的偏好。瑶绣创意产品的款式设计应简约、精致，富于创意，且具有一定的实用价值。①简约的产品款式能更好地呈现瑶绣本身的魅力。传统的瑶绣制品图案精美，多采用几何连续纹样，常有毛线球、绣带、小珠子等配饰，款式上有着浓郁的民族气息，但过多的配饰不利于突出瑶绣本身之精美，不符合广大消费者所追求的简约时尚之美。一些不带任何配饰的文化创意产品款式，不仅能够强化其实用功能，而且还能突出瑶绣的民族特色，既精美又简约实用。此外，略带生活情趣的款式设计也颇受现代人追捧，亦可作为瑶绣创意产品款式设计的一种尝试。如将传统瑶绣图案进行拼接，设计具有混搭趣味的款式，便可打破瑶绣的古朴传统，令人耳目一新。②用瑶绣取色自然、朴素的思维，突出款式设计的湘南瑶乡特色。瑶绣以取自自然万物的黑、白、红、黄、蓝“五色”为基础，色泽有肃穆、庄重之感。然而，基于“五色”进行产品款式设计难免有些单调，且难以迎合广大消费者的现实需求。故以丰富瑶绣色系(如竹绿色、土灰色等)用于款式设计，也是打造现代瑶绣创意产品的出路之一。设计宗旨应以“五色”为基础，结合产品类型与瑶绣特色，突出湘南瑶乡的民族风情。③顺应流行美学潮流，与时俱进，打造新颖的现代款式。在“眼球”经济时代，大众被各种审美时尚、审美风格和审美趣味吸引，“日常生活审美化”成为一种普遍性话语和时尚化的诉求，以“新美学”之名隆重出场，并迅猛崛起。在流行美学潮流下，瑶绣创意产品应重视“时尚混搭”，注重艺术性和实用主义的结合。如结合网络流行文化，展开与网络文化热词和网络文化现象相关的创作；或扩展文化覆盖面，将时装文化、影视文化等融入其中，从而赢得更广泛的消费认同与消费群体。在“眼球”经济时代，瑶绣创意产品的款式设计应当随着时尚文化发展与时俱进，不断将流行文化与瑶绣工艺结合起来，使产品不仅是传统的、民族的，更是时尚新颖的艺术载体。

4. 创造性地解构与重构湘南瑶绣艺术形态

从瑶绣艺术形态的系统整理开发入手，大胆推进现代文化创新符号的意义传达。如把瑶绣艺术元素从原生态情境中剥离，融入到更为亲切的当下文化情境中，创造与当代生活相关的可交流的情感符号，通过实用的产品、新材料及时尚款式设计，彰显瑶绣个性特征。①解构瑶绣艺术形式，选择典型要素与时代要素融合。以瑶绣艺术为载体进行产品化设计，既要保持瑶绣原有的民族个性又要适应新时代的要求，除了要在产品类型、材质选择、产品款式设计等方面予以创新外，形式创新的重要性亦不言而喻。传统的红、白、黄、黑等颜色，可以通过明度、纯度变化，形成渐变的效果，让图案更具层次感；图形样式也可以选择典型要素与时代要素融合，如截取瑶绣图案的经典几何纹，结合平面线描式图形，就可以获得具有时代属性的新创意图案，创作出兼具民族风情与时代感的产品。②创新瑶绣艺术题材，重构湘南瑶乡文化遗产新个性。传统瑶绣题材如日月山河、虫鱼鸟兽和象征王权的盘王印等图案，作为反映民族个性的内容，在进行创意设计时要与其他文化形态的题材、元素融合。新产品的开发设计应不论传统还是新兴艺术题材，古今中外所有的艺术题材和元素都可以引入其中，创意产品也不必像传统瑶绣艺术那样必须遵循传统审美规则，而是要将新题材从旧形态中抽离出来，或对旧题材、母题中所表现的内容进行具有现代意识的审视，重新构建起新观念和新视角，以反映湘南瑶乡文化遗产的新个性。③积极挖掘瑶绣艺术文化价值，促进瑶绣文化品牌化发展。作为湘南瑶族民族文化遗产之一，瑶绣创意产品的开发设计不能孤立发展，而应与当地其他民族文化及旅游文化相结合，作为湘南瑶族民族旅游发展与民族文化品牌的有机组成部分而存在。积极挖掘瑶绣文化价值，并通过品牌化的方式加以包装和传播，走品牌化之路，有利于形成瑶绣创意产品专属标示，赋予瑶绣创意产品更多的市场价值。瑶绣文化创意产品的开发，既是传承非物质文化遗产的一种形式，也是其经济价值与文化价值的体现。但从另一个角度来看，作为传统民族工艺美术，瑶绣传承与保护在发展经济、技术更新和文化变迁的背景下也存在诸多矛盾。如果过分的市场化、产业化，同样也会窒息。传承保护瑶绣艺术与推进瑶绣艺术的工业化发展，使其在市场条件下焕发新的生命力，二者如何平衡？是未来不容忽视的现实问题。

（资料来源：蒋艺芝．湘南瑶绣艺术形态与文化创意产品开发[J]．贵州民族研究，2018(3)：128-132.）

思考题

1. 艺术创意产品的特征有哪些？
2. 艺术创意产品开发的产业链路径有哪些？

本章小结

1. 艺术可以表现为一种具体的创意产品，也可以表现为一种服务。

2. 艺术创意产品总要附着于一定的物质载体，体现为某种物质形式；艺术创意产品是用来满足人们的精神需要的；艺术创意产品具有同其他产品进行交换的价值。

3. 艺术创意产品可以依据媒介手段和物化形式、艺术门类以及产业链等进行分类。

4. 艺术创意产品的开发过程分为：艺术创意产品的准备、创作、消费。

5. 艺术创意产品的产业链开发路径应注重拍卖行、艺术博览会、画廊等机构之间协调运作；规范鉴定体系；加大对相关专业人才的培养力度；建立诚信品牌，制定艺术品市场准入标准，加强行业自律；通过多种渠道为收藏、拍卖搭建平台，形成市场良性竞争；加强法制建设，完善法律体系，严惩违法行为；加强监管力度，规范市场管理。

第十章　数字创意产品

第十章课件

本章学习目标

通过对本章的学习，学生应了解或掌握如下内容：

1. 数字创意产品的含义与特征；
2. 数字创意产品的分类；
3. 数字创意产品的开发形式；
4. 数字创意产品的产业链构成和开发路径。

学习重点、难点

1. 数字创意产品的产业链构成；
2. 数字创意产品的产业链开发路径。

随着互联网、计算机、信息通信等数字技术的高速发展，人类社会迈入数字时代，数字创意产业应运而生。数字创意产业是在数字技术的发展和全球数字化、网络化的背景下，将数字信息技术融入设计服务业与文化创意产业而形成的新兴产业，涵盖了设计、制造、传播、流通、消费等产业发展全过程，是跨界融合的新型产业。

第一节　数字产业创意产品的本质与特征

一、数字创意产品的本质

数字创意产业是时代的产物，依托国家政治、经济的进步而发展。数字技术的进步为创意产业赋予迅速发展的能力，政治经济与技术创新两翼合力保障数字创意转换为现实生产力。《2016 年政府工作报告》中指出“数字创意产业……主要包含网络文学、动漫、影视、游戏、创意设计、VR(虚拟现实)、在线教育 7 个细分领域”。在中国，数字内容产业是文化产业的一部分，也是信息产业的一部分。以此为基础，数字创意产业是建立在数字通信和网络等技术基础之上，融合了出版与印刷、广播电视、音像、电影、动漫、游戏、互联网等多种媒体形态，从事制造、生产、储存、传播和利用文化内容的综合产业。[①] 根据研究的需要，本章涉及的数字创意产业领域主要包括数字动漫、数字游戏、数字音乐、数字视频产业等。

随着数字技术的普及，数字创意产品在生活中出现的频率越来越高。当前学术界对数字创意产品的研究在逐步深入，而且数字创意产品带来的问题越来越引起人们的

---

① 熊澄宇、孔少华：《数字内容产业的发展趋势与动力分析》，载《全球传媒学刊》，2015，2(2)。

关注，但由于数字创意产品出现的时间较短，有关它的系统研究还较少。基于对数字创意产业的概念，我们认为数字创意产品具有狭义和广义之分。狭义的数字创意产品是指信息内容基于数字格式的交换物或通过互联网以比特流方式运送的产品。而广义的数字创意产品除了包括狭义的数字创意产品外，还包括基于数字技术的电子产品或将其转化为数字形式通过网络来传播和收发，或者依托于一定的物理载体而存在的产品。[①] 比如，数字动漫产品、数字游戏产品、数字音乐产品、数字视频产品等。

二、数字创意产品的特点

通过上述对数字创意产业及其创意产品的概念分析，我们可以总结出一些数字创意产品的特征。

1. 高附加值性

数字创意产品以创意为核心，推崇创新，尊重个人的创造力，将具体的、原创的文化和科技创意转换成为具有高度经济价值的产品，并发挥产业的功能创造财富，增加就业，所以说数字创意产品无疑是高附加值产品。同时，在数字创意产品不同环节所创造的附加值也是不均衡的，形成了数字创意产业的“微笑曲线”(图 10-1)。

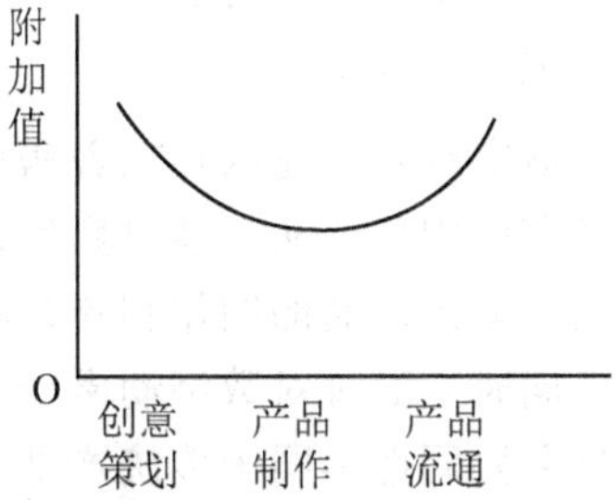

图 10-1 数字创意产业的“微笑曲线”

其中，附加值最高的环节就是产品创意策划这个环节。比如，作为数字创意产业的典型代表，数字动漫产品附加值最高的就是其具有原创性的生产环节，具体来说就是选题策划、动漫形象设计等核心环节。同时，在产品流通环节所带来的附加值也不容小觑。相对于附加值较高的“创意策划”和“产品流通”环节来说，“产品制作”环节的附加值要小得多。在动漫产业发达的日本，其动漫产品制作中附加值最低的动画部分和上色部分通常都外包给日本国内的小型动画公司或者是中国、韩国、菲律宾等国的动画公司，而把附加值较高的策划和流通环节留在日本国内。

2. 知识产权性

数字创意产业中有形产品较少，其核心生产要素是信息、知识、文化和技术等无形产品，这必然就将其与知识产权紧密联系在一起了。数字创意产品涵盖了诸多技术密集与知识富集的领域。创意产业对知识产权的依赖程度比传统产业更高，更需要从创意策划到产品流通的各个环节做好知识产权的保护和管理工作。因此，知识产权的生成和利用成为创意产业的核心资产和创造财富的主要方式。如果没有知识产权的保护，数字创意产业将面临任意仿制和随意复制的混乱局面，整个产业将面临生存和发展的危机。正如国内著名创意产业研究专家张京成所说，不讲知识产权，创意无从谈起，不讲知识产权保护，创意产业无所发展，拥有知识产权是发展创意产业之根，加强知识产权保护是发展创意产业之本。[②]

---

① 陈雪：《数字产品研究综述》，载《天中学刊》，2007(2)。

② 张京成：《中国创意产业发展报告(2007)》，86、149 页，北京，中国经济管理出版社，2007。

3. 高技术性

数字创意产品进行的文化价值创造和增值活动，是以数字技术、网络技术、现代通信技术和大众传播技术为基本的技术平台。同时，数字创意产品和服务具有强烈的网络传播特性和网络扩散的外部效应。因此，是否实现“数字化”“网络化”，是数字创意产业区别于传统文化产业的标志性特征。同时，这种高技术性也体现在数字创意产品制作者的文化素质上。据统计，创意产业从业人员中的高学历人才所占比例明显高于其他行业，其中研究生及以上学历者所占比例是所有行业平均水平的5倍多，本科和大专学历的比例分别是平均水平的3.5倍和2倍，而高中、初中及以下学历者所占比例低于平均水平。[①] 这无疑表明了数字创意产品的制作者是高科技行业，其对从业人员的素质要求较一般行业要高得多。

4. 横向协同性

在数字创意产业内存在着很强的横向协同性，这种协同性表现在各个环节之间和各个环节的内部。从上述对数字动漫产业的产品价值链分析中可以看出，从动漫创意的策划到动漫产品的制作和流通，每一环节的完成都是在其他环节的协同配合之下进行的。同时，通过对数字动漫产业中动漫产品流通环节的分析，可以看出数字创意产业的这种协同性不同于传统产业，突出体现在创意产品的流通环节之中。因为在数字创意产业中，对于同一创意内容的创作具有多种表现形式或物质载体。比如，在动漫产业中，创意产品不仅表现为动漫影视作品，还包括相关的衍生产品。在动画影片播映期间，衍生产品开发商会以各种方式宣传自己的产品，并同步进行市场销售。如果动画片收视率高的话，衍生产品一般都会销售火爆，衍生产品的大卖反过来又会提高动画片的收视率，从而形成极好的协同效应。

第二节　数字创意产品的主要种类

从数字创意产品的用途和存在形式进行划分，目前较为普遍的分类方法有两种：

王晓玲、孙德林[②]主要依据数字产品的用途的性质，将数字产品分为内容性产品、交换工具、数字过程和服务三种类型。内容性产品指表达一定内容的数字产品，主要有新闻、书刊、电影和音乐三种表达形式；交换工具指代表某种契约的数字产品，如数字门票、数字化预订；数字过程和服务主要指数字化的交互行为，如远程教育、网络游戏、交互式娱乐等。

袁洪清[③]认为数字产品都是比特流，消除了生产和使用的物理界限的前提下，将数字产品分为三类：

1. 信息和娱乐产品

如音频产品和视频产品等。

2. 象征、符号和概念

如航班、音乐会、体育场的订票过程，支票、电子货币、信用卡等财务工具等。

---

① 张京成：《中国创意产业发展报告(2007)》，86、149页，北京，中国经济管理出版社，2007。

② 王晓玲、孙德林：《数字产品及其定价策略》，载《当代财经》，2003(12)。

③ 袁洪清：《数字产品特征与定价策略的经济学分析》，载《宁波大学学报(理工版)》，2003(2)。

3. 过程和服务

如远程教育和交互式服务、数字咖啡馆和交互式娱乐等。

另外，杜江萍等①在《数字产品免费价格策略探析》中依据存在形式又把数字产品分为有形和无形两种。有形的数字产品是指基于数字技术的电子产品，如数码相机、数字电视机、数码摄像机、MP3 播放器、DVD、VCD 等；无形的数字产品，又称数字化产品，是指可经过数字化并通过数字网络传输的产品，进一步可将数字化产品划分为工具类(如计算机软件等)、内容类(如金融信息、新闻、搜索、书刊、音乐影像、电视节目、在线学习和虚拟主机服务等)和在线服务类(常见问题解答和在线技术支持、售后客户关系管理等)。凡计算机能够数字化、处理和存储的信息都可以归类为数字产品。

目前，在我们生活中经常出现的数码摄像机、掌上电脑、数码相机、MP3、DVD 和 PDA 也是人们口中经常提到的“数字产品”。如果不是从很严格的角度来看，这样的说法是没有问题的，但从目前所查到的资料来看，是没有把这些“数字产品”涵盖在内的。杜江萍的分类相对而言是比较合理的，但是混淆了数字创意产品和数字化产品。因此，我们应该把这类硬件产品定义为数字产品的辅助产品。根据这个定义，例如，手机、数码相机、掌上电脑、MP3 播放器、移动存储设备、数字式血压计和体温计等，甚至于数字创意产品所必须依托的网络都可被归类为数字创意产品的辅助产品，在这些商品上，数字创意产品的功能得到了体现。

第三节　数字创意产品的开发路径

一、数字创意产品的开发

为了便于论述，我们根据数字创意产品的分类及创意过程中使用的技术手段以及产出成果的数字化程度，把我国数字创意产品开发划分为五类分别进行论述，即设计服务类数字创意产品开发、动漫游戏类数字创意产品开发、影视传媒类数字创意产品开发、文博类数字创意产品开发及融合类数字创意产品开发。

1. 设计服务类数字创意产品开发

近年来，随着我国新型工业化、信息化、城镇化进程的加快，设计服务已贯穿在经济社会各领域、各行业，呈现出多向交互融合态势。设计服务产品具有高知识性、高增值性和低能耗、低污染等特征。2014 年，国务院发布的《国务院关于推进文化创意和设计服务与相关产业融合发展的若干意见》中明确指出，推进设计服务业发展，促进与实体经济深度融合，是培育国民经济新的增长点，提升国家文化软实力和产业竞争力的重大举措，是发展创新型经济、促进经济结构调整和发展方式转变，加快实现由“中国制造”向“中国创造”转变的内在要求，是促进产品和服务创新，催生新兴业态，带动就业，满足多样化消费需求，提高人民生活质量的重要途径。

2. 动漫游戏类数字创意产品开发

开始于 20 世纪 20 年代的中国动画创作虽然已有 90 多年的历史，但在 2004 年以前

① 杜江萍、薛智韵等：《数字产品免费价格策略探析》，载《企业经济》，2005(5)。

一直只是电影、电视的一个边缘小片种，出品机构寥寥。据有关统计，日本动画片年产量约为12万分钟。由此可见，我国动画年产量虽然在2008年就超过了日本，但优质的作品数量稀少。2004年开始，在各级政府的大力推动下，我国动漫产业迅速发展起来。与此同时，全国电视动画的年产量迅猛增加，2008年创新高，达到13万多分钟；此后产量仍在攀升，2009年为17万多分钟，2010年为22万分钟，2011年超过了26万分钟，达到了最高点，如图10-2所示，年产量更是日本的两倍多。但是，2011年我国动漫产业的总产值大约为621亿元(图10-3)，而日本动漫的年总产值已达到230万亿日元(折合人民币14 421亿元)。同样，美国仅迪士尼一家企业2014年的总营业额就达490亿美元(折合人民币约3 000亿元)。由此可见，我国的动漫大而不强，我国动漫产业也需转型升级。从2012年开始，国产动画片的年产量逐年递减，而动漫总产值却逐年递增。

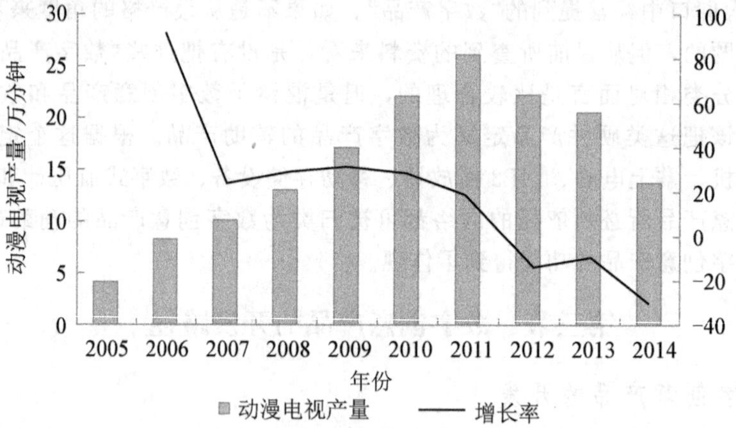

图10-2 2005—2014年中国动漫电视产量及增长率

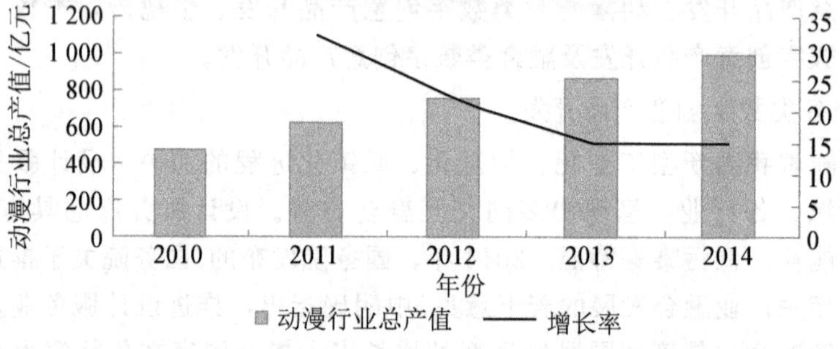

图10-3 2010—2014年中国动漫产业总产值及增长率

与动漫产业同步，我国的游戏产业也迅速发展起来。中国音像与数字出版协会游戏出版工作委员会、中新游戏研究中心(伽马数据)和国际数据公司(International Data Corporation，IDC)于2016年1月共同发布的《2015年中国游戏产业报告》显示，2015年我国全年游戏产值已达1 407亿元，同比增长22.9%。其中移动游戏产值为514.6亿元，同比增长87.2%，成为增长最快的产业(图10-4)。2018年年底，中国音数协游戏工委(GPC)、伽马数据(CNG)联合发布了《2018年中国游戏产业报告》，报告显示，我国游戏产业在整体收入上的增幅明显放缓。我国游戏市场实际销售收入达 2 144.4 亿元，同比增长 5.3%，占全球游戏市场比例约为 23.6%。自主研发网络游戏市场实际销售收入达 1 643.9 亿元，同比增长 17.6%。2018 年，我国游戏用户规模达 6.26 亿人，同比增长 7.3%。移动游戏市场实际销售收入 1 339.6 亿元，同比增长 15.4%。而据美国娱乐软件协会(Entertainment Software Association，ESA)2016 年 2 月公布的数据，2015 年全年美国游戏产业产值为 235 亿美元(折合 1 533 亿元人民币)，同比增长 7%。由此可见，目前在游戏产业领域，中国与位居第一的美国年总产值已相差不大，而且增长速度甚至快于美国。

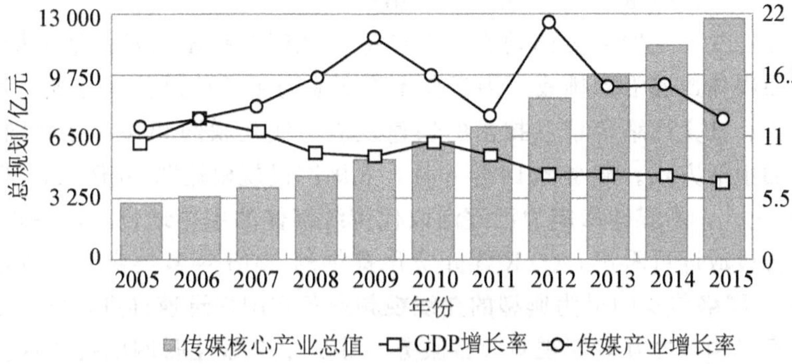

图 10-4 2005—2015 年中国传媒产业总规模及增长率

然而，快速发展的动漫产业也面临一些不足之处。首先，优秀作品不多，缺乏大品牌。不论是电视动画片还是动画电影或是网络、手机动漫，好作品即艺术价值和商业价值均高者仍然非常少，真正的品牌还没有诞生，这是中国动漫与美国、日本动漫的根本差距所在。其次，产业链不完整，没有高产值。迄今为止，我国动漫游戏一直没有建立起完整的产业链，一方面是作品创作活力不够，原创不足；另一方面则是动漫作品与衍生产品之间缺少专业的设计环节。最后，文化环境不佳，ACG 融合度低。虽然近年来在政府的大力扶持推动下，出现了 ACFUN、Bilibili 在内的二次元社区视频网站，我国动漫、游戏产业发展的政策环境也已经改善，但是由于美国、日本动漫及其相关文化的冲击，我国动漫游戏产业应有的以民族传统审美和现实生活体验有机结合为核心的文化环境尚未建立，同时有利于动漫、游戏 IP(Intellectual Property，IP 即知识产权)流通、跨界融合的 ACG 文化也尚未走进大众文化行列，因此整个产业的进一步发展可能会受到一定程度的影响。

3. 影视传媒类数字创意产品开发

我国传媒产业在“十二五”期间的发展呈现两大特点：一是整体平稳发展，产业价值保持持续增长态势。《中国传媒产业发展报告(2018)》数据显示，2017 年整体市场规模达到 1.90 万亿元，较上一年同比增长 16.6%。2005—2015 年发展情况如图 10-4 所示。二是产业内在结构发生着深刻变革，传统媒体市场仍持续整体衰落。互联网广告和网络游戏已成为传媒产业中的支柱行业，网络视频、手机游戏、数字音乐与数字阅读是增长潜力最大的细分市场，这些业务成为内容付费产品，已成为新的关注热点。随着下一代互联网 IPv6 的普及、5G 时代的到来，传媒竞争将更加激烈，内容付费、粉丝经济、数据跨境贸易或将成为传媒业新的经济增长点。未来传媒将向"媒介智能化、传播大众化、内容精品化、服务个性化、广告程序化、产业泛娱化、行业跨界化、市场集中化、运营国际化、监管自律化"的方向发展。预计未来五年，中国传媒业还将保持两位数增长，2020 年有望突破 3 万亿元；与此同时，电影行业呈现爆发式增长，表现出赶超北美成为世界第一大电影市场的巨大潜力。我国传媒业的快速发展也为世界传媒产业提供了源源不断的驱动力。麦肯锡公司发布的 Global Media Report 2015 数据显示，以中国为首的亚太地区已经成为世界上传媒产业消费最大的区域，2015 年以 5 583.59 亿美元占据了全球传媒产业总花费的 33.20%，北美与西欧分别以 4 970.51 亿美元与 4 075.98 亿美元的支出列第二位和第三位。

我国传媒业的快速发展主要体现在：①广播电视行业稳步增长；②电影行业爆发式提升；③平面媒体遭遇强烈挑战；④新媒体逐渐成为主流信息传播方式。移动互联、大数据、云计算、社交网络等信息技术的快速发展，使互联网和移动互联网技术深刻地改变着人们的生活方式。截至 2016 年 6 月，我国网民规模达 7.10 亿人，其中手机网民规模达 6.56 亿人。新媒体影响力已逐渐取代传统媒体的主导地位，这一点从占媒体收入主体的广告投放即可看出，CTR 媒介资讯提供的 2015 年各类媒介广告增长比例，如图 10-5 所示。网络传媒中最为典型的在线视频业务在国内迅速推进，截至 2015 年全国共批准 605 家机构开办互联网视听节目服务，建成了 7 家互联网电视集成播控平台，互联网电视用户终端覆盖数超过 5 000 万。全国 IPTV（Internet Protocol Television，即交互式网络电视）用户超过 3 800 万户，手机电视用户超过 5 500 万户。数字化技术的发展将对各个产业产生关键的引领作用，传媒行业自身也在不断进化以适应这一发展趋势。"十三五"期间传媒行业会在以下几方面得到快速提升：①媒体融合成为主流发展模式；②超高清技术引领视频行业发展；③沉浸式体验强化用户使用体验；④智能理念改变未来服务模式。

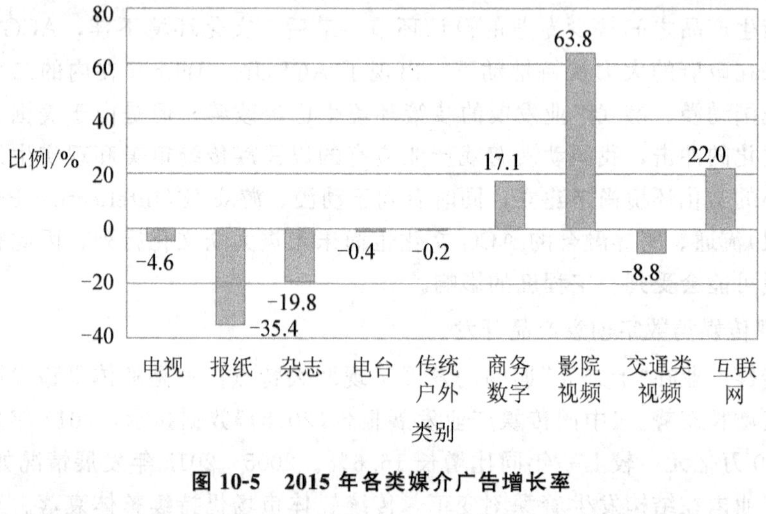

图 10-5　2015 年各类媒介广告增长率

4. 文博类数字创意产品开发

文博产业作为数字创意产业应用的重点领域，符合中国经济转型的大政方针，拥有较宽松的政策条件，因而近年来增长迅速，具有较大发展潜力。目前，这一综合性产业在中国仍处于初级发展阶段，人才、技术、资金等不断集聚，未来发展空间巨大。传统的文博行业更多地被认为是一种公益性服务，由国家提供扶持和保障。随着近年来国内外艺术品拍卖市场繁荣，民间大众收藏火爆，各类国营博物馆、私人博物馆、高校博物馆不断涌现并引起热议，文博行业的产业属性逐渐显现。由于其鲜明的历史性、民族性、物证性的文化特性，以及由此决定的无可替代的文化资源优势，文博行业可以被看作一种特殊的文化产业。从创意产业出发，数字技术引发的系列变革正在向文博产业迅速扩展。一方面，数字服务已经融入文博产业发展，大数据、4G(第四代移动通信技术)、VR等新兴信息领域层出不穷，有望为文博产业带来颠覆性的变革。另一方面，依托不断突破的数字技术，文博产业正展现全新的发展态势。信息技术让文博产业进入数字化阶段，文物的数字化生存、保护、展示、传播和创新，都离不开数字创意的技术范畴。可以说数字创意的发展，为文博产业带来了新的生机。与文博产业关系密切的新一代信息技术产业在中国保持快速发展态势，自主创新能力和企业国际竞争力不断提升。2015年3月20日，《博物馆条例》正式实施，该条例鼓励博物馆挖掘藏品内涵，与文化创意、旅游等产业相结合，开发衍生产品，增强博物馆发展能力。

目前，制约中国文博产业发展的因素较多，主要体现在不成体系、实用性差、数字化建设滞后于整体发展需求。同时，还存在着重硬件轻软件、信息资源零散且共享性差、开发程度和服务质量较低、技术人才短缺等问题。这表明依靠传统方式的发展已经遭遇到瓶颈，只有运用最新的信息技术、新装备，改造和提升文博行业，才能开创发展的新趋势。2016年3月4日，国务院印发《国务院关于进一步加强文物工作的指导意见》，全面部署"十三五"时期文物保护工作。该意见强调，要大力发展文博创意产业，支持引导文博单位和社会资本开发原创文化产品，打造文化创意品牌。"十三五"时期，中国新兴产业发展仍处于可以大有作为的重要战略机遇期，经济发展进入新常态。数字信息新技术的蓬勃发展，正在成为文博行业经济持续、健康发展的新动力，日益成为支撑传统文博行业转型升级、提质增效的一股关键力量。

5. 融合类数字创意产品开发

数字创意产业不仅在核心领域得到长足的发展，也渐渐延伸到周边传统行业，如旅游、体育、健康、智能家居等。主要融合手段是借助数字创意产业的新兴技术和创意创新，进行传统产品的转型升级，以获得更好的市场前景。未来的传统行业必定是与数字创意产业协同发展的。

(1)旅游类文化创意产品。

旅游产业作为全球经济产业中最具活力的朝阳产业，日渐成为中国国民经济发展的重要力量。旅游业作为一个产业集群，对相关产业起到带头作用。除了具有鲜明的营利性质，旅游产业还包括了许多发展旅游所必需的社会非营利因素，如文化教育、博物馆、古迹遗址等。旅游与文博相结合进一步延伸了旅游产业的边界，文化旅游成为产业发展的重要方向。文博产业能够成为发展文化旅游的一个亮点，为旅游提供源源不断的文化资源和产品创意。借助旅游的平台市场，可以更好地传播文化元素，实现对文化遗产的保护和再创造，从而使二者建立起真正的良性互动关系，实现高品位的文化旅游资源组合。国家发改委公布的"十二五"期间中国旅游业发展数据显示，"十二五”期间，中国旅游业发展较好，旅游及相关产业增加值占 GDP 比重为 4.33%，占服务业增加值的比重达到 12%，产业规模持续扩大，产品体系日益完善。

2016 年是中国实施“十三五”发展规划的开局之年，全球数字信息产业保持快速增长，新一轮科技革命和产业变革不断深化。《“十三五”规划纲要》提出：要实施创新驱动发展战略，文化旅游、传统工艺保护与利用等领域都是创新创业的重要阵地。2016 年 8 月 1 日，国家旅游局数据中心发布《2016 年上半年旅游统计数据报告及下半年旅游经济形势分析报告》。该报告显示，2016 年上半年，中国旅游市场规模稳步扩大，继续领跑宏观经济。2016 年上半年实现旅游总收入 2.25 万亿元，增长 12.4%。其中在线旅游代理(Online Travel Agent，OTA)市场交易规模所占比例持续增长，第一季度在线旅游市场交易规模达 1 301.2 亿元，环比增长 17.4%，同比增长 41.4%。可见新技术为传统旅游业格局带来了颠覆性影响。随着全球三大主题公园巨头华特迪士尼、默林集团主题乐园、环球影城主题乐园进驻中国，传统旅游业即将迎来全新的挑战与机遇。新技术与全球化对中国本土旅游业带来冲击的同时，也要求企业在挖掘中国文化元素、把握市场消费定位、IP 热点开发和科技转化等方面进行全面提升。旅游和影视、文化创意的结合，必将为中国旅游业带来更大的发展契机。

(2)体育与健康类文化创意产品。

“十二五”时期我国体育产业发展取得显著成就，对我国国民经济发展和全民健身活动的开展发挥了重要作用。截至 2014 年，中国体育产业总规模超过 1.35 万亿元，实现增加值 4 041 亿元，占当年 GDP 的 0.64%。2011—2014 年体育产业增加值年均增长率为 12.74%，超过了同期全国 GDP 的平均增长速度。大型体育场馆运营管理改革创新取得突破，产业结构明显优化，体育用品业稳定增长，体育服务业比重逐步提升，体育市场监管体系初步建立，全民健身上升为国家战略，公共体育服务体系建设速度加快，初步形成了以竞赛表演和健身休闲为驱动，以体育用品为支撑，以体育场馆、体育培训、体育中介、体育传媒等业态快速发展为特色的良好发展态势，显示出其成为国民经济新兴产业的巨大潜力(图 10-6)。

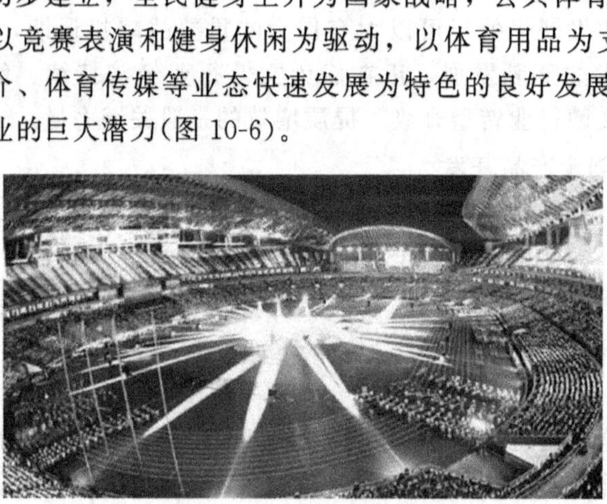

图 10-6　体育创意产品

我国体育产业发展在面临良好机遇和拥有自身优势的同时，存在着自身的劣势并面临着威胁。健康产业在我国是一个新兴产业，发展潜力巨大。但我国健康产业的发展步伐较慢，还存在产业体系不完善、产业链较短、产业资源城乡分布不均、缺乏专业人才等问题。目前，我国健康服务业仅占 GDP 的 5%左右，而美国 2009 年已达到

17.6%。这表明在保证基本医疗卫生需求的基础上，人民群众正迫切期待多元化的健康服务供给，我国健康服务产业发展具备巨大潜力。2013 年 10 月，国务院印发的《国务院关于促进健康服务业发展的若干意见》指出，到 2020 年，我国健康服务业规模将达到 8 万亿元，占 GDP 的比重将达到 6.5%。另一项数据则显示，截至 2012 年年底，我国医药产业总资产还不到 1.7 万亿元。随着"十三五"规划"健康中国"战略的提出，医疗健康产业正被越来越多的人关注。从全球范围看，医疗健康产业正处于快速发展阶段。而伴随着中国经济水平的不断提高，广大民众对医疗健康的重视程度也日渐提升，中国的医疗健康产业开始进入高速发展时期。

"十三五"期间，党和国家对体育更加重视，建设健康中国、全民健身上升为国家战略。体育产业作为新兴产业、绿色产业、朝阳产业，有条件和潜力成为未来中国经济发展新的增长点。信息化、全球化、网络化交织并进，为体育各领域的发展提供了技术新引擎，"中国制造 2025""互联网+"行动计划、"大众创业、万众创新"为体育发展激发新活力。新时期，体育产业迎来新的发展机遇。中国体育产业在"互联网+"的东风下，逐渐形成了以赛事直播平台为中心，以用户偏好为基础，覆盖智能穿戴、O2O(Online to Offline，即线上到线下)运动、爱好者社区及运动电商等衍生行业的产业生态圈。而智能硬件、穿戴设备的不断发展也让运动变得极为便利。与此同时，体育产业资源通过移动互联形式，无论在内容制作还是输出上，都有更大的发展前景。在健康产业方面，政策红利密集出台，"健康中国"写入"十三五"规划相关议题，并上升为国家战略。2016 年 8 月 8 日，国务院正式印发《"十三五"国家科技创新规划》，将健康保障列为"科技创新 2030—重大项目"，围绕"健康中国"建设需求，重点部署精准医学、医疗器械国产化、智慧医疗、主动健康等关键技术领域。中国庞大的人口总量和社会日趋老龄化也为健康产业提供了极具潜力的市场，而新一代信息技术、互联网应用的普及以及生命科学领域研究和临床应用等的不断突破，则在提升医疗水平和健康管理能力、提供技术保障的同时，也给健康产业带来新的变革，医疗器械、养老服务、医药电商和移动医疗等产业迎来新的发展机遇。

(3)智能家居类文化创意产品(图 10-7)。

图 10-7　智能家居类创意产品

智能家居是以智能终端和家庭网络为基础，以健康服务、数字娱乐、智能安防等典型应用服务为实现方式，通过家庭内部、家庭与社区、家庭与社会的信息互联互通和智能控制，实现舒适、安全、便捷、个性化家庭生活的综合服务平台。当前，智能家居创新十分活跃，不同类型企业竞相布局，智能家居在技术、产品和服务方面持续演进，产业有望迎来新一轮变革发展。

全球智能家居市场规模在2014年达410亿美元，增速逐渐趋缓，预计仍然维持每年约80亿美元的增速。全球市场研究与咨询机构 Strategy Analytics 发布的研究报告《2018年全球智能家居市场预测》指出，2017年全球智能家居市场规模达到840亿美元，较2016年的720亿美元增长约16%。2018年全球智能家居设备，系统和服务的消费者支出总额将接近960亿美元，并在预测期(2018年至2023年)的复合年增长率达到10%，达到1 550亿美元。北美将占总支出的41%，约400亿美元，其次是亚太地区260亿美元，西欧则为170亿美元。2014年中国智能家居市场规模达46亿美元，预计未来几年呈现爆发式增长，增速达50%左右，2018年市场规模将达到225亿美元。中国的智能家居市场逐渐成为全球智能家居市场增长重心，占全球智能家居比重有望从2014年的11%提升到2018年的31%。根据测算，中国智能家居潜在市场规模约为5.8万亿元，发展空间巨大。其中，智能家电产品所占市场份额最高，市场占比超过70%。但是由于产品价格和功用性等问题，智能家电类家居设备整体增速较慢。此外，智能照明、家用摄像头等小型产品不仅价格较低，而且能够满足消费者的即时需求，因此市场增速较快。预计中国智能家居市场未来3～5年的整体增速约为13%，市场爆发时点尚未到来。

当前，全球经济和社会发展面临经济全球化、第三次工业革命及信息时代来临的三重背景，产业生态孕育着重大转变。中国智能家居产业同样如此，“十三五”期间在资源、技术、市场、组织诸方面都面临着不确定性日益增大的挑战和机遇：①经济环境下行压力增大，产业逐渐进入低速增长期；②第三次工业革命和信息时代来临引发深刻的产业变革；③工业互联网和物联网加快构建，智能制造协同创新现成效；④可穿戴市场结束酝酿期，产品的应用场景亟待丰富；⑤对外开放格局不断深化，“一带一路”国家战略进入实质性实施阶段；⑥国家级重要战略密集出台，产业政策体系不断完善。“十三五”期间，智能家居产业应紧紧围绕“构建现代产业体系，支撑服务《中国制造2025》”这一中心任务，以智能制造为切入点，实现软硬融合、两化融合、产业与服务融合，以全面提升的整体产业能力为全面实现《中国制造2025》与“互联网＋”的战略目标奠定良好基础，主要举措包括强化支撑、培育生态、推动融合、完善体系、深化合作、深化安全。

二、数字创意产品的产业链开发路径

(一)数字创意产品的产业链构成

数字创意产品产业链主要由五大重要部分构成，分别为内容提供商、数字内容服务提供商、网络运营商、终端设备商、用户，除此之外还有广告商、衍生品等一些其他组成部分也参与产业链中。

1. 内容提供商

内容提供商(Content Provider，CP)，为数字内容服务商提供内容基本素材，主要有小说、动画、影视视频、音乐、出版物、创意等原始版权内容，涵盖教育、文化、娱乐、艺术等领域。内容产品提供商既可以是个人，比如，琼瑶、韩寒、郭敬明等文学小说作者；可以是创作团队，比如，开心麻花、大学生内容创作团队等；也可以是企业，比如，影视制作公司、游戏制作公司等。内容提供商在产业链中处于重要地位，是产业链的源头，是内容产品的垄断者，具有较强的定价权，尤其是优秀的原创内容产品。近些年来我国出台的相关法律法规、政策加强了对内容创作版权的保护力度以及对侵犯版权行为的处罚力度，提高了数字内容产品提供商的创作积极性，同时也使得内容提供商的地位得到了进一步增强。因此，内容提供商具有较高盈利水平，在数字内容产业链各要素中具有较强的主导地位。

2. 数字内容服务提供商

数字内容服务提供商(Digital Service Provider，SP)在产业链中处于第二道环节，通过向内容商付费从而获得内容版权，然后对其进行数字化加工，制作成可以使消费者直接使用的数字内容产品，通过无线或有线方式进行网络增值、内容供应和电子商务等服务。数字内容服务提供商是移动互联网服务内容、应用服务的直接提供者，根据市场的需求向用户提供满足大众需求的数字化服务内容。服务提供商具有电信运营商接入通道，利用自己的网络接入平台对内容商所提供的内容进行整理，并提供给电信运营商。一般来讲，数字内容服务提供商可分为综合型和专业型服务商两类：(1)综合型服务提供商。即通过网站和应用软件提供综合化的各种数字内容服务，服务内容主要有新闻、文字、图片、视频、在线游戏等。代表企业：深圳腾讯计算机系统有限公司、搜狐公司、网易公司、新浪等。比如，腾讯推出的QQ阅读、QQ音乐、QQ游戏平台、腾讯视频等诸多相关的数字内容服务。(2)专业型服务提供商。从提供服务品种来看，其与综合型服务提供商几乎完全一致，但区别在于专业型服务提供商仅提供某项专业型的服务，同时这也是优势，可以通过专业化、创新型的数字内容服务吸引更多用户。代表企业：酷狗音乐、盛大文学、爱奇艺等。比如，爱奇艺仅提供在线视频服务。数字内容服务提供商具有较高盈利水平，一方面是由于服务提供商在内容产品的基础上，综合运用动画、图像、视频等数字化处理技术进行加工、整理，最终成为可供用户直接使用的数字化产品，内容提供商对服务提供商具有较强的依赖性；另一方面，服务提供商直接与用户接触，通过市场营销手段向消费者进行市场营销，是沟通数字内容产品提供商和用户的桥梁，掌握着销售端的用户消费信息。因此，服务提供商具有较高的附加值，在产业链中具有较强的主导地位。

3. 网络运营商(Operation Provider，OP)

以中国移动、中国联通和中国电信三大运营商为代表，它们为数字内容产品的传输提供网络服务，具有不可缺少的重要作用。虽然三大网络运营商在我国具有绝对的垄断权，但其在数字内容产业链中盈利水平并不高，因为它们仅仅提供网络通信服务，起到通道作用。且国家对其提供服务也进行了限价，相当于提供了一种收费较低的公共物品，用户仅仅需要向其缴纳一定的费用，通常为一年几百元，就可以享受便捷的网络服务。

4. 终端设备商

终端设备商即数字内容产品的播放载体，主要有电脑、智能手机、数字电视机、电子阅读器等电子产品。播放数字内容产品对于终端设备有较高的要求：一方面要有较强的运算处理能力、足够的存储空间、较强的电池续航能力、精美的屏幕显示等硬件要求；另一方面还要有开放的软件运营环境，兼容多种不同的操作系统平台。代表厂商有联想电脑、小米手机等。在数字内容产业链中，终端设备商仅作为一个播放载体，并未参与到数字内容产品的生产过程和营销过程，且设备生产厂商数量较多，处于垄断竞争状态，所以，盈利水平较低。在数字内容产业发展初期，由于存在一定的技术和规模壁垒，设备厂商数量较少，市场竞争较弱，具有较高的盈利水平；但随着科技水平发展、新进厂商增多以及企业生产规模的扩大，市场竞争日趋激烈，手机、电脑、数字电视机等终端设备盈利水平较低。

5. 用户

用户处于数字内容产业链的末端，是数字内容产品的最终购买者、使用者和评价者，因而，用户需求是决定数字内容产品发展的决定性因素，数字内容产品提供商和服务商都应该以用户的需求为导向来生产自己的产品。综上所述，数字内容产业链主要由内容提供商、服务提供商、网络运营商、终端设备商和用户组成，产业链构成如图 10-8 所示。

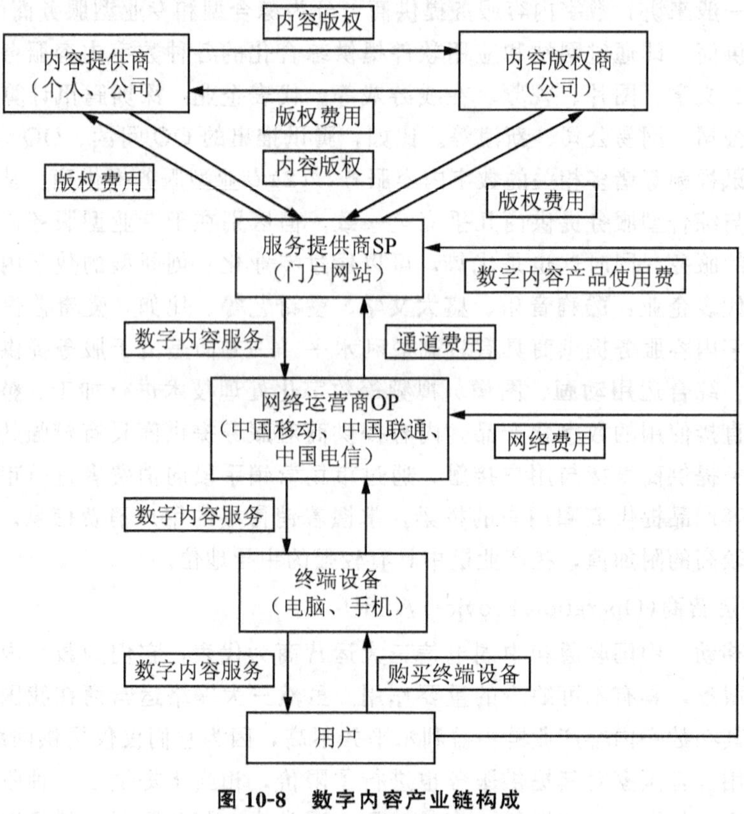

图 10-8　数字内容产业链构成

以上各要素在产业链中发挥着不同的角色特点，如表 10-1 所示。

表 10-1　数字内容产业链角色分析

角色	功能	核心资源/能力	相关营收	营收能力
内容提供商(CP)	创作内容产品	内容版权、创作能力	内容版权销售收入	强
服务提供商(SP)	数字内容产品制作与推广	数字内容产品制作能力、媒体品牌、营销能力、用户数据分析能力	推广费用、广告收入	强
网络运营商(OP)	提供电信网络服务	网络通道资源	电信网络使用费	弱
终端设备商	提供数字内容终端设备	—	设备销售收入、第三方软件费用	弱

6. 其他利益相关者

除以上所阐述的数字内容产业链构成部分外，还有其他组成部分也参与到了产业链中，这些组成部分并不构成产业链主体，但对于产业链价值的实现也至关重要，其中最典型的就是动漫衍生品和广告商。

(1)动漫衍生品。动漫衍生品是指利用卡通动漫、影视中的原创人物形象，经过专业的卡通动漫衍生品设计师的精心设计，所开发制造出的一系列可供售卖的服务或产品，如动漫形象模型、各种游戏、玩具、服饰等；也可以以形象授权方式衍生到更广泛的领域，比如主题餐饮、漫画咖啡馆、主题公园等旅游服务行业等。衍生产品通过上下游带来更大的利润空间。根据清华大学《世界数字内容产业发展现状与趋势 2014》显示，2013 年全球动漫产业规模超过 3 000 亿美元，而动漫产业相关的衍生品产业规模达到 6 000 亿美元以上。新兴科技也促进了动漫产业内容的整合。

(2)广告商。数字内容服务提供商往往会利用软件注册会员数、用户流量、点击量等相关数据来吸引广告商投放广告，获得相应的收入后与内容提供商进行收入分成。一般来讲，用户流量越高，广告收入越高。在几乎所有的数字内容产品中，都可以看到广告商的身影，因此，广告商也构成了数字内容产业链的一部分。

(二)数字创意产品的产业链开发路径

通过以上介绍，我们可以看出，在传统的数字创意产品产业链中，数字创意产品提供商和服务提供商具有较高的盈利水平，而网络运营商和终端设备商盈利水平较低。随着信息科技的发展以及企业资本的追逐，现在数字创意产品的产业链中各组成部分间的界限已经逐渐模糊，产业链一体化趋势开始凸显，因此，优化数字创意产品的产业链显得尤其重要。数字创意产品的产业链优化开发路径主要表现在以下几点。

(1)上游的数字创意产品内容提供商向下游发展。内容提供商拥有原创内容产品，在产业链中具有优势地位，并积极转变发展模式，为了获取更大的利润，他们不满足于仅仅作为内容提供商，而向下游服务提供商发展，因而可以占据数字内容产业链中两大高利润环节。

(2)网络运营商看到上游的巨大利润空间，努力使自己从“通信管道”向“内容渠道”角色转变，争做数字创意产品内容服务提供商。网络运营商依靠自身丰厚的人力资源、资本资源和用户资源，在产业融合背景下，大力发展手机阅读、移动视频和移动应用平台，整合各类资源以获得更大的利润。

(3)终端设备商不满足于仅销售终端设备获取利润，也积极拓展利润空间。这包括为传统数字创意产品内容商提供数字支持、构建公共服务平台，通过提供数字内容传播途径获得盈利，通过终端用户服务费用而获取盈利。其中最为成功的案例是美国苹果公司苹果手机的 App Store(在线商店)，苹果公司建立一个开放式平台，内容商和第三方开发者可以将自己创作的手机软件上传至 App Store 中，用户付费下载后，苹果公司和 App 的提供者按照一定的比例进行收益分成。App Store 这一平台可以优先地增加苹果公司利润总额，年收入 26 亿美元。苹果公司推出 App Store 的主要原因有：一是可以使得苹果公司由终端设备商转向服务提供商的战略转型；二是有助于苹果公司通过 App Store 来提高设备产品苹果手机的市场定价。

(4)随着信息科技、社交网络扁平化发展的趋势，用户可以通过网络上传自己所制作的数字创意内容产品供其他用户下载使用。在这种情况下，用户既是数字内容产品提供商，又是数字内容产品服务提供商，但往往仅限于一些较为简单的数字创意内容产品，而一些规模较大的数字内容产品仍然需要专业型、相互独立分工的团队来完成。然而，在现实的数字内容产业中，产业链的构成部分纷杂众多，而某一产业链组成部分内部中往往又会引发出新的产业链，本章所阐述的只是简化模型。

案例分析

数字内容产业链——以中国知网为例

中国知网(China National Knowledge Infrastructure，CNKI)，属于国家知识基础设施的概念，该概念由世界银行于 1998 年提出。CNKI 工程是以实现全社会知识资源传播共享与增值利用为目标的信息化建设项目，始建于 1999 年 6 月，由清华大学和清华同方共同发起、同方知网数字出版集团运营建设。同方知网数字出版集团利用数字技术与信息处理技术，构建了一个包含学术期刊文献生产、传播、增值利用、评价以及资源战略保存和未来增值开发利用的全过程的系统平台，体现了信息资源整合传播、增值利用和知识服务的理念。

经过多年努力，同方知网数字出版集团采用自主开发并具有国际领先水平的数字图书馆技术，建成了世界上全文信息量规模最大的“CNKI 数字图书馆”，并正式启动建设《中国知识资源总库》及 CNKI 网络资源共享平台，通过产业化运作，为全社会知识资源高效共享提供最丰富的知识信息资源和最有效的知识传播与数字化学习平台，现已成为我国最具专业化、收录论文数量最多、影响力最强的数字论文资源库，在全国高校、科研机构、学术界等单位中具有较强的影响力。

同方知网数字出版集团与国内外众多具有影响力的学术期刊、出版社、报社、高校、科研机构等相关学术群体有稳定的合作关系，前者将会定期向杂志社购买学术论文版权，向高校和科研机构购买高校硕士、博士学位论文。购买期刊学术论文的费用主要由该杂志社的级别和引用数量决定，而购买高校硕士、博士学位论文也主要是由该高校学位论文整体质量和引用数量来决定。因此，同方知网数字出版集团作为数字内容服务提供商，而期刊杂志社、高校、科研机构等作为内容提供商，构成了产业链的主体部分。

同方知网数字出版集团的营业收入主要包括以下两类：一类是机构包库服务模式，机构用户通过向同方知网数字出版集团支付一年的使用费从而取得CNKI的授权，一年内可以在CNKI网站无限量地下载数字内容资源。主要目标客户群体主要为全国各高校、科研机构、期刊杂志社、党政事业单位等，该类客户群体具有较高的稳定性和数字内容资源消费需求，而包库使用费用则根据该机构人员数量、使用频率等变量来确定，通常为(10万～100万)/年，因此该模式收入构成了主要收入来源。另一类是流量计费服务模式，用户注册个人账号、充值后，通过网站可以下载数字内容资源。不同类别的数字内容资源收费不同，常规数字出版0.5元/页，独家数字出版1元/页。主要目标客户群体为零散个人客户，这部分客户并不经常使用CNKI数字资源，仅在需要使用时才会进行充值服务。因此，用户稳定性较弱，所占总收入比例较小。

在这条数字内容产业链中(图10-9)，产业链主要由以下各部分组成。①内容提供商有如下：期刊杂志社、高校学生论文库、科研机构等；②服务提供商：同方知网数字出版集团；③电信运营商：中国移动、中国联通、中国电信、中国教育网；④终端设备商：电脑、手机、电子阅读器等终端设备；⑤用户：高校学生、高校教师、科研机构研究人员以及党政事业单位等其他用户；⑥其他：广告商。

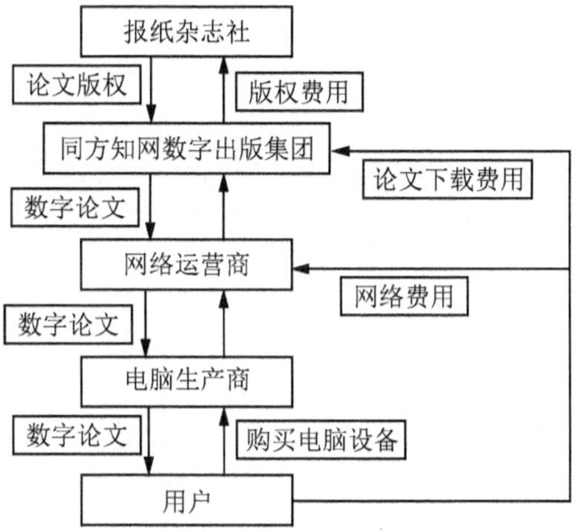

图10-9　中国知网数字内容产业链构成

(资料来源：李子联．图书出版与经济增长：一个传导机制的分析[J]．出版科学，2018，26(3).)

思考题

1. 简述数字创意产品的定义及数字创意产品的特征。
2. 数字创意产品的产业链开发路径有哪些？

本章小结

1. 数字创意产业是时代的产物，数字创意产品具有高附加值性、知识产权性、高技术性、横向协同性等特点。

2. 数字创意产品种类主要依据产品的用途和存在形式进行划分。

3. 数字创意产品的开发主要涉及设计服务类数字创意产品开发、动漫游戏类数字创意产品开发、影视传媒类数字创意产品开发、文博类数字创意产品的开发及融合类数字创意产品的开发。

4. 数字创意产品的产业链构成：内容提供商、数字内容服务提供商、网络运营商、终端设备商、用户及其他利益相关者。

5. 数字创意产品的产业链开发路径：上游的数字创意产品内容提供商向下游发展；网络运营商整合各类资源；终端设备商积极拓展利润空间；用户的积极参与。

第十一章课件

第十一章　广告创意产品

本章学习目标

通过对本章的学习，学生应了解或掌握如下内容：

1. 广告创意产品的含义与特征；
2. 广告创意产品的分类；
3. 广告创意产品的开发；
4. 广告创意产品的产业链开发。

学习重点、难点

1. 广告创意产品的开发过程；
2. 广告创意产品的产业链开发路径。

当今商品经济社会，大概很少有哪一行或哪一种产业能够像广告那样迅猛发展而又风光无限了。形形色色的广告遍布在各种大众传媒，出没于大街小巷，渗透到社会生活的各个层面，五花八门，光怪陆离，已成为了现代社会的一个显著特征。据考古研究发现，早在远古时期，当时的人类虽然还生活在极度落后的原始的生活状态下，但他们已经懂得利用在大石块上刻出各种图形来传递信息，这种大石块和刻在上面的图形自然也就成了原始媒体广告产品。经历了上万年的发展演变，人类信息的传播不再仅仅局限于大石块或简单图形这样一种单纯的产品。伴随着广播、电视、网络、手机等新媒体相继出现，广告产品在经济和文化创意方面都扮演了重要的角色，既是传播信息的重要载体，又是一种创意的艺术产品。

第一节　广告创意产品的本质与特征

一、广告创意产品的本质

通常认为，广告(Advertising)早在17世纪末期就随着英国商业活动的规模化而得到广泛流行和使用。截至目前，人们对广告的理解和认识仍然存在很大差异，较具代表性的看法主要包括如下。美国市场营销协会定义委员会认为："广告是由可确认的广告主，对其观念、商品或服务所做的以任何方式付款的非人员性的陈述与推广。"美国专业广告杂志——《广告时代》认为："广告是由广告主支付费用，通过印刷、书写、口述或图画等形式，公开表现有关个人、商品、劳务或运动等信息，用以达到影响并促成销售、使用、投票或赞同的目的。"《简明不列颠百科全书》对广告的定义："广告是传播信息的一种方式，其目的在于推销商品、劳务，影响舆论，博得政治支持，推进一种事业或引起刊登广告者所希望引起的其他反应。广告信息通过各种宣传工具，其中包括报纸、杂志、电视、广播、招贴海报及直邮等传递给它想要吸引的观众或听众。广告不同于其他传递信息的形式，它必须由登广告者支付传播信息媒介一定的报酬。”哈佛管理丛书中的《企业管理百科全书》认为：“广告是一项销售信息，指向一群视、听众，为了付费的广告主的利益，去寻求有效的说服力来销售商品、服务或观念。”由上可见，对于广告的定义经常会由于观察视角的不同和时代的变化而发生变化。不过，从现有广告定义的共性出发，结合我国广告活动的实际情况，可以认为广告有广义和狭义之分。其中，狭义广告就是我们通常所说的“商业广告”或“经济广告”，是由明确出资人通过各种媒介采取艺术手段和非人际传播方式，传播企业及其产品(商品、劳务和观念)信息，塑造品牌形象以满足消费者需求的营销传播活动。而广义广告则包括所有以广告名义和形式进行的信息发布活动，可理解为将广告主付出某种代价的信息，经过艺术加工并通过不同媒介向大众传播，以期改变或强化人们观念和行为的信息传播活动。狭义广告在各类广告中所占比例极高，而且其社会影响和经济功能又非常强大。

本章广告概念主要是指狭义广告，由狭义广告概念衍生出来的广告创意产品的概念就是以营利为目的的广告主，通过传播媒介所进行的有关商品、劳务、市场、观念等方面的广告传播活动而产生的有创意的产品。因商业广告以营利为目的，所以不管商品广告所传播的广告创意产品信息内容是什么，最终目的都是为广告主的企业或个人获得盈利。

二、广告创意产品的主要特征

广告是一种特殊的大众传播形式。它是商品经济发展的产物，也是传播事业发展的催化剂。在商品日趋同质化、广告数量浩如烟海的今天，优秀的广告创意产品应该是经济、审美及文化三要素的完美结合，它不仅成功地传递产品信息，同时以其新颖的构思、生动的画面、动听的音乐以及精良的制作也使之从单纯的信息传播升华为具有审美意味的创意产品。

(一)广告创意产品的经济功能

来自瑞典的“绝对伏特加”，是享誉国际的顶级烈酒品牌。绝对伏特加口感圆润，质量上乘，但是因其特殊的颈长肩宽的酒瓶外形，最初并不被看好。于是，有了一场持久的关于“绝对”的创意，绝对伏特加的广告不仅大力渲染产品本身，还致力于强化其个性形象，其广告都是以酒瓶特写为中心，下方加一行表示品质的英文，来展现绝对伏特加独特的品牌个性。随着广告宣传的不断深入，绝对伏特加广告只保留酒瓶的形状和大小，并选择能体现优秀品质的物品来代替，如黄金、大型体育运动等。其凭借优秀的广告创意和独特的品牌魅力吸引了大批年轻忠实的追随者。

之后绝对伏特加的广告都延续着这种“标准格式”，主题和表现方式不断变化，采用源源不断的创意来传达品牌个性。直到波普艺术大师安迪·沃霍尔把波普艺术与绝对伏特加广告结合在一起，绝对伏特加更是以全新的形式展现在了世人面前。从此，绝对伏特加开始渗入多种视觉艺术领域，品牌不断地增加曝光度，如时装、音乐、雕塑和美术等。这时的绝对伏特加广告已经悄然跨越了广告与艺术的界限，定位时尚、尊贵、高雅，广告的效果也被数倍放大，其酒瓶更被人们视为艺术珍品。而绝对伏特加代表的也不仅仅是伏特加酒，更是一种生活态度，是种个性与品位。绝对伏特加不断采取富有创意、高雅、幽默的广告设计诠释其品牌个性：纯净、简单、完美，并屡获大奖。广告赋予了绝对伏特加蓬勃的生命力和鲜明的品牌个性。

这个成功的广告案例告诉我们：广告创意产品对于企业的生存和发展有着不可估量的重要作用，广告可以作为企业的促销手段，以推销产品和服务为核心内容，提高企业知名度、树立企业形象、提高企业信誉。从简单推销到宣传推广甚至改变人们的生活习惯和思想观念，从而不断提高消费者对企业商品的了解，对企业及品牌的识别。在市场经济条件下，任何企业、任何产品想要实现其价值，就必须得到市场和消费者的认同，运用广告创意传达相关信息，进而实现双向交流，就成了市场沟通的最基本方式。一方面，商品生产者通过广告传达有关商品的信息，实现销售促进，从而实现商品的价值转移，最终实现商品价值；另一方面，消费者对广告商品的行为和态度又通过市场反馈给生产者，使生产者能够依据这些信息，合理地调节生产，生产出符合市场需求的商品。可以说，在引导消费的环节上，广告创意产品的设计沟通了生产和销售两大关键环节，从主流上引导了消费，同时也促进了生产和销售资源的合理配置。在市场经济的格局中，如果仅仅凭借对商品单纯的信息传达，广告所产生的经济收益十分有限。在 20 世纪 80 年代以后，许多大型的消费产品企业的成长都依赖于品牌战略，即从其他公司取得有价值的商品品牌。而广告创意的任务就是维护并强化企业的品牌声誉。

（二）广告创意产品的审美功能

现实生活中，广告已经渗透到社会的各个角落，而且随着社会经济的不断发展，广告设计作为一种广泛存在的现象，成为人们获得信息、了解市场、学习知识、丰富生活的一条重要渠道。对于广告，有人认为它是一种商业，也有人认为是一种艺术。对此，广告业内人士也有争论。美国广告大师大卫·奥格威就曾经指出：广告不应该被视为一种艺术形式的表现，广告唯一的功能就是销售，而不是娱乐大众，也不是运用原创力或美学天赋给人们留下深刻的印象。而另一位广告业内著名人士威廉·伯恩巴克却说：“从本质上看，广告是劝说，劝说便不是科学，而是艺术。”李奥·贝纳也曾这样回答记者的提问：“怎样找出关于商品能够使人们发生兴趣的魔力，以引起他们的兴趣，然后极为迅速地引导他们得出应该买哪种东西的结论，实在是一种艺术。”事实上，从目的性和实质来讲，广告是一种商业经济行为，它依靠并运用一定的客观规律来达到特定的商业目的，但这一过程乃至结果的实现又必须借助于一定的艺术手法加以表达。一方面，就广告形象本身来说，它已经是一种艺术的加工，虽源于生活，却高于生活；另一方面，任意一则广告，从创意，到制作，到消费过程，都伴随着艺术的创作及欣赏行为。创意是构思艺术创作的形式之一，制作是工艺艺术创作的一分子，消费则是对艺术感受和理解的审美过程。众多成功的广告案例充分说明了广告过程是美的创造、形成和感受的过程。如孔府家酒的广告所体现出的人伦亲情之美，意大利婴儿用品 Cam Curiosity 的平面广告所体现出的童稚之美。

（三）广告创意产品的文化功能

人类所创造的世界是一个文化的世界，文化是协调人与自然、人与人以及人与社会关系的媒介。在人们的社会生活中，从衣食住行到人际交往，从民风民俗到社会体制，从科学技术到文化艺术，一切由人所创造的事物，都是一种文化现象。广告设计也不例外。

一方面，广告创意产品在人们的社会生活中，常常以劝导和说服为目的，它经常被作为企业竞争的武器使用，在繁荣市场经济和促进生产力的发展上有着不可替代的作用。但同时，广告创意也是一种不可小觑的文化交流行为，对消费者具有特殊的宣传教育功能。广告创意以文化为基础，以一定的价值观为导向，为人们的生活方式提供物质、精神的依托，实质上是一种文化的整合过程(以社会的需要为依据，使各种文化在内容、形式、功能和价值目标的调整中重新组合起来)。公益广告正是如此，其主题具有社会性、文化性，运用创意独特、内涵深刻的广告艺术制作手段，以不可更改的方式、鲜明的立场及健康的方法来正确引导社会公众。其实，广告创意也是一种文化创造。世界香烟广告史上成功的典范——万宝路，其广告中的牛仔形象，使得万宝路香烟获得了与美国西部牛仔粗犷奔放的男子气概相联系的精神和文化意义。然而鲜为人知的是，万宝路香烟最早推向市场时，其目标消费者是女性，使用了“像五月天气一样温和”的广告口号。但事与愿违，万宝路销量一直平平。妇女们抱怨白色的烟嘴常会染上鲜红的唇膏，红点斑斑，很不雅观。后来虽然把烟嘴换成红色，销路依然不佳。于是，菲利普·莫里斯公司决定对万宝路香烟进行全新的品牌塑造。经过周密的市场调查和创造性的构想后，李奥·贝纳塑造了奔放、粗犷、刚强、奋斗的牛仔形象。这种牛仔是自我奋斗、开拓事业的刚强男子汉的化身，可以说是美国精神文化的代表。

另一方面，广告创意产品与文化的联系是通过“人”这一文化主体来实现的，广告受众生活在特定的文化语境中，受到文化的熏陶，他们在整个广告活动中的所思所为都会受到文化语境的制约和影响，从而表现出文化性的倾向。同时，广告设计中的信息和观念也要对受众的思想、情感和行为产生影响，受众才能根据自己的消费需要和审美体验对广告传递的信息作出评估和反应。不同的群体、不同的民族有不同的文化标准、感知与审美情趣，他们对广告中的事件、情景、人物、图形、语言、文字、风格等都会有不同的文化体验。

由此可见，广告创意产品中的文化是商品文化和营销文化的结合，并和大众文化、民族文化、艺术文化互相交织，广告文化以附加值体现在商品上。商品的广告创意，在传播过程中必须考虑不同民族的风俗习惯、文化心理、价值观念及审美趣味等。三宅一生的香水广告，这个把布料当成寿司来呈现的作品，除了可以留下强烈的视觉印象外，也不留痕迹地标示出品牌内在的地域风情，将日本文化与西方设计较好地融合在一起。

第二节　广告创意产品的主要种类

我们对广告创意产品进行分类，有助于我们进一步认识并把握广告产品的特征，能够加深对广告研究对象具体内容的了解，为进行正确的广告策划，采取相应的战略策略打好基础，同时也为开展新颖独特的广告设计制作、运用不同的传播技巧提供依据。由于受到市场特点、社会经济制度、商品劳务的交换方式、分配制度、流通渠道等多方面的影响，广告按照不同的标准，可以划分成若干种类型。从总体上来说，广告创意产品可分为两大类：非商业广告创意产品和商业广告创意产品。

一、非商业广告创意产品的种类

非商业广告创意产品一般是指具有非营利性目的并通过一定媒体而发布的广告创意产品，主要包括以下三类。

1. 公益广告创意产品

公益广告也可称为公共广告。一般来说，公益广告创意产品是指为维护社会公德，帮助改善和解决社会公共问题而产生的广告产品。这类广告创意产品所传播的信息内容主要是有关道德、教育、环境、健康、交通、公共服务等，涉及人们当前关心的社会问题，与社会公众利益密切相关。公益广告创意产品的主要特征：一是不以营利为目的；二是为社会共同利益而不是为某些团体或组织服务，有别于企业广告或公共关系广告产品，体现企业等所承担的社会责任。随着社会精神文明建设的加强，公益广告产品也越来越多。如中央电视总台播出的“广而告之”，北京电视台播出的“公益广角镜”等就是公益广告节目。在我国，随着广告业不断发展和完善，公益广告的发展也取得了可喜的成绩。特别是近年来组织开展的“中华好风尚”“节俭养德全民节约”“世界地球日”等主题公益广告活动，具有创意性，产生了较好的社会影响。

2. 个人广告创意产品

为满足个体的各种利益和目的，运用媒体发布的广告产品，如个人启事、声明、征婚、寻人、婚丧大事等广告产品。目前来说，这类广告产品形式多样化，蕴含丰富的文化创意。

二、商业广告创意产品的种类

商业广告创意产品是广告学的主要研究对象。对商业广告创意产品进行分类，可根据营销战略、目标市场、目标受众、传播目的、种类范围、信息内容、表现方式等多重因素加以细化。

1. 按照使用的广告媒介分类

按广告媒介的使用进行分类是较常使用的一种广告产品分类方法。使用的媒介不同，广告产品就具有不同的特点。在实践中，选用何种媒介作为广告载体是制定广告产品媒介策略所要考虑的一个核心内容。传统的媒介划分是将传播性质、传播方式较接近的广告媒介归为一类。因此，一般有以下七类广告产品：①印刷媒介广告产品，也称为平面媒介广告，即刊登于报纸、杂志、招贴、海报、宣传单、包装等媒介上的广告产品。②电子媒介广告产品，是指以电子媒介如广播、电视、电影等为传播载体的广告产品。③户外媒介广告产品，是利用路牌、交通工具、霓虹灯等户外媒介所做的广告产品，还有利用热气球、飞艇甚至云层等作为媒介的空中广告产品。④直接邮寄广告产品，是通过邮寄途径将传单、商品目录、订购单、产品信息等直接传递给特定的组织或个人的广告产品。⑤销售现场广告产品，又称售点广告产品或 POP(Point of Purchase)广告产品，就是在商场或展销会等场所，通过实物展示、演示等方式传播广告信息的产品。如橱窗展示、商品陈列、模特表演、彩旗、条幅、展板等形式。⑥互联网广告产品，就是利用国际互联网作为传播载体的广告产品。这种广告产品因为可以保证全天候投放，具有传播范围广、反馈迅速等特点，因而代表了广告产品的未来趋势。⑦其他媒介广告产品，主要是指利用新闻发布会、体育活动、年历、各种文娱活动等形式而呈现的广告产品。

2. 按照广告创意产品的目的分类

制订广告计划的前提是必须明确广告目的。根据广告目的确定广告产品的内容和广告投放时机、广告发布形式和媒介，才能做到有的放矢。据此，可以将广告产品分为产品广告、企业广告、品牌广告和观念广告等产品形式。①产品广告，又称商品广告，是以促进产品销售为目的，通过向目标受众介绍有关商品信息，突出商品的特性，以引起目标受众和潜在消费者关注的广告产品。它力求产生直接和即时的广告效果，给目标受众留下美好的产品印象，从而为提高产品的市场占有率、最终实现企业的目标埋下伏笔。②企业广告产品，又称企业形象广告产品，是以树立企业形象，宣传企业理念，提高企业知名度为直接目的的广告。虽然企业广告的最终目的是为了实现利润，但它一般着眼于长远的营销目标和效果，侧重于传播企业的信念、宗旨或是企业的历史、发展状况、经营情况等信息，以改善和促进企业与公众的关系，提升企业的知名度和美誉度。它对产品的销售可能不会有立竿见影的效果，但对于企业声望的提高，使企业在公众心目中留下较美好的印象，对加速企业的发展具有其他类别的广告产品所不可代替的优势，是一种战略意义上的广告产品。具体还可以分为企业声誉广告产品、售后服务广告产品等。③品牌广告产品，是以树立产品的品牌形象，提高市场占有率为直接目的，突出传播品牌的个性以塑造品牌的良好形象的广告创意产品。品牌广告产品一般不直接介绍产品，而是以品牌作为传播的重心，从而为铺设经销渠道、促进该品牌产品的销售起到很好的配合作用。④观念广告产品，即企业对影响到自身生存与发展的，并且也与公众的根本利益息息相关的问题发表看法，以引起公众和舆论的关注，最终达到影响有关立法或制定有利于本行业发展的政策与法规，或者是指以建立、改变某种消费观念和消费习惯的广告产品。观念广告产品有助于企业获得长远利益。

3. 按照广告创意产品信息传播的目标群体分类

企业在组织市场营销活动时，首先确定一个目标市场，并以这个目标市场中的潜在顾客为信息接受者，传递企业的各种信息。作为市场营销活动中的常用手法，广告信息的传播也需要针对不同的目标群体(即广告受众)而采用不同的策略。依据广告所指向的目标群体的不同，广告创意产品可分为工业企业广告、经销商广告、消费者广告、专业广告等产品类型。①工业企业广告产品，又可称为生产资料广告，主要是向工业企业传播有关原材料、机械器材、零配件等生产资料的信息，常在专业杂志或专用媒介上发布的广告产品。②经销商广告产品，就是以经销商为目标群体的广告产品。它以获取大宗交易订单为目的，向相关的进出口商、批发商、零售商、经销商提供样本、商品目录等商品信息，是比较注重在专业贸易杂志上刊登的广告产品。③消费者广告产品，其目标群体直接指向商品的最终消费者，是由商品生产者或经销商向消费者传播其商品的广告产品。④专业广告产品，主要是针对职业团体或专业人士而设计的广告产品。他们由于专业身份、社会地位的特殊性和权威性而具有一定的社会消费影响力，是购买决策的倡议者、影响者和鼓动者。此类广告多介绍专业产品，选择专业媒介发布。

4. 按照广告创意产品诉求方式分类

按照广告诉求方式分类，是指广告产品借用什么样的表达方式以引起消费者的购买欲望并采取购买行动的一种分类方法。它可将广告创意产品分为理性诉求广告产品、感性诉求广告产品和情理结合诉求广告产品。①理性诉求广告产品是指广告诉求定位于受众的理智动机，通过真实、准确、公正地传达广告企业、产品、服务的客观情况，使受众经过分析、判断、推理等思维过程，理智地做出决定。②感性诉求广告产品是指广告诉求定位于受众的情感动机，通过表现与广告企业、产品、服务相关的情绪与情感因素来传达广告信息，以此对受众的情绪与情感带来冲击，使他们产生购买产品或服务的欲望和行为。例如，为了抓住2008年北京奥运会所提供的巨大商机，青岛啤酒制作了充满奥运激情的一系列广告，借中国跳水队的良好形象，及时地传达了产品的情感诉求。③情理结合诉求广告产品是一种结合上述两种广告的优点并同时弥补各自不足而出现的第三种广告。在广告诉求中，既采用理性诉求传达客观的信息，又使用感性诉求引发受众的情感，结合二者的优势，以达到最佳的说服效果。以上广告分类只是依据一些常见标志而进行的，如果从不同的目的和出发点来观察，广告创意产品还可以有很多分类方法。而且，随着广告实践活动的不断发展，广告产品的分类也会不断地发展变化。

5. 按广告创意产品的传播地区分类

每一则广告产品所选用的媒体往往不同，这样广告影响所涉及的范围也就不同。按广告产品传播的地区分类，广告可分为全球性广告、全国性广告、区域性广告和地方性广告等产品。①全球性广告产品，也称国际性广告产品。广告主或广告代理商选择具有国际影响力的广告媒体，如国际性报刊、卫星电视和计算机网络等现代媒体，为国际性广告提供了更有效和高质量的广告媒体。②全国性广告产品，主要选择全国性的传播媒体进行刊播，如在全国发行的报纸、杂志及面向全国的电视台、广播电台等刊播。其目的是通过全国性广告激起国内消费者的普遍反响，产生和增加对其产品的需求。一般来说，这种广告所宣传的产品多是通用性强、销售量大、选择性小的商品或专业性强、使用区域分散的商品。③区域性广告产品，是选择区域性的广告媒体发播的广告产品，如省报、省电视台、省广播电台，其广告覆盖范围局限于某一区域内。这类广告宣传的产品具有明显的地方特点，销售量有限，选择性较强，在中小型企业中使用较多。大中型企业为配合差异性市场营销策略，也常用此类广告产品形式。④地方性广告产品，比区域性广告的覆盖范围更窄，市场范围更小，选择使用的媒体大多是地方性的报纸、路牌、霓虹灯、招贴画等。这类广告主要是配合密集性市场营销策略实施的，广告主主要是商业零售企业和地方性小企业，广告的重点是促使人们使用地方性产品或认店购买。

第三节 广告创意产品的开发路径

一、广告创意产品的开发

2011 年，世界营销大师菲利普·科特勒力作《营销革命 3.0》推出，这本书不仅改变了营销理念，也改变了广告业。它提出的“从产品到顾客，再到人文精神”的核心理念，除了让广告企业意识到企业必须开发出能够刺激和反映消费者价值观的产品、服务和公司文化，也让广告企业对自身的角色定位有了全新的思考和出发点：传统的营销法则已经失去作用，广告公司为了获得更大的商机，眼光已经不再仅仅放在广告和营销的层面，而是逆流而上，从“上游”介入，从广告产品核心概念的确立、目标对象和受众的设定，全面参与到产品的开发及营销中。

因而，在这样一个消费多元化的时代，帮助品牌主打开销路，激发消费者的消费热情，并将这种热情转化为信念，需要广告产品具有更新鲜更多元的创意。特别是在当下新媒体发展迅速，借助新媒体的发展，介入“上游”的广告产品创意开发，也让更多消费者能够有机会全面地参与到信息的传播、产品的销售甚至产品的开发过程中来。也就是说，广告公司之前的做法是根据广告主原有的方向做调整或改进，而现在介入广告产品开发的形式则是广告公司与广告主一起寻找品牌发展的方向，以更好地多元化创意吸引消费者。

当然，这种“上游”介入的方式目前还只是一种趋势，是一个广告行业新的价值增长点，并没有在全行业中推广开来。相对来说，食品和饮料等技术门槛较低的行业的前期创意介入会比较容易一些。像汽车等高技术含量的行业，广告人会比较难介入，但是这并不意味着这是一个难以攻克的高地。撇开核心技术方面的因素，我们可以从一些创意者擅长的角度去介入，比如，我们可以从车型的设计或者新功能的开发等方面提出一些概念性的理念供广告主参考。如何在新媒体环境下让更多的广告主接受这种“上游”创意介入的方式，是现在广告人需要认真思考的问题。

（一）广告创意产品主题的确定

广告创意产品主题的确定是整个广告活动的基础。合理的广告目标，科学的广告资金计划，完整的媒体规划都是成功广告的前提。

广告目标的确定是执行广告活动的前提，是统领广告活动的指挥棒，它指导广告活动的发展方向、实施计划，是实现产品战略和广告策略的具体方法。目标制定依据以下两个方面：①依据产品市场战略制定广告目标，根据产品的市场定位（产品市场占有率、产品价格、产品种类及结构、产品销售渠道）、品牌策略、促销策略制定广告目标，也便于日后检测广告活动的有效性。但是市场受多种因素的影响，因此在制定广告目标时要结合其他因素进行。②依据消费者的行为制定广告目标，消费者的消费习惯和方式会影响广告目标的制定。通常消费者接收信息的方式有上网浏览资料、到卖场比较、电话查询、经验咨询等，当产品的销售情况没有明显的差异时，可以采用适合消费者的信息接收特点制定广告目标。

广告商在确定平面广告目标时，一定要从实际出发，根据平面广告的制作需要，从以上这两部分中制定能够完成的目标。

(二)广告创意产品图形元素的开发

广告创意产品图形有着传递特定信息的使命，所以广告图形的创意想象应该围绕着广告传播的目的，以之为主题，集中创意，发散联想，从一切可能表达概念的角度去寻找最佳的表现，不拘一格地展开积极有效的联系，从而可以利用文学上使用的比喻、比拟、幽默、夸张、象征和对比等修辞手法，创造出新颖独特的新视觉图形。

1. 比喻

如果想让人们理解一种新鲜事物，那么最简单的方法就是将它和我们熟悉的事物进行比较，并且借用熟悉事物的性质概念来了解新事物的性质概念。比如，说狐狸很狡猾，那么我们可以说一个滑头的人像狐狸一样狡猾。再如，为了表明“约克”牌的薄荷饼的清凉感觉，那么我们可以打个比方：咬一口“约克”牌的薄荷饼就仿佛自己正从雪山上滑下，或者正站在冰凉的瀑布之下。由此而获得超值的享受，以此非常巧妙的方式来让那些新鲜的事物变得易于理解，并且要避免平铺直叙式的直白表述，可以将问题阐释得更加清楚和更易于理解，其效果也往往使我们更加难以忘怀。

2. 视觉类比

在广告创意产品设计中我们为了把主题阐释得更加清楚和更易于理解，可以采用视觉类比的方法。视觉类比是基于事物之间相似的特性而做的比较，在两种事物之间建立联系，用其中一种来表现另一种，从而清晰地传达出准确的意图。用视觉类比来简明扼要地表现出问题情境，从而获得趣味生动的视觉效应。人的各种感觉，包括听觉、嗅觉和味觉都是互不相同的，但是也存在相通的一面，并且彼此之间可以相互移借。在表达人的意念的时候，视觉可以营造出味觉、触觉和听觉，并带动其他的感官一起进行感觉，以此来启发观者去联想和体味图形所制造的意境。将刺耳的尖叫、冰凉的清爽、牛奶的香醇、针扎的疼痛和温馨的耳语等分别用视觉图像来表达出来，我们的脑海中会显现出什么？我们让隐形的食物视觉化，将看不到的情感、音乐等非形态的视觉形象表现出来。各种感觉是相辅相成并互相伴随着同时表现的，透过声音我们可以感受到与之相应的动作，通过形态我们也可以听到相应的声音，如图 11-1 所示。

图 11-1　视觉类比

3. 幽默

幽默的性质和特点可以用“意料之外，情理之中”这几个字来进行综述，或者也可以提炼为奇巧的概念，因为奇所以变得独立于林，巧则正中下怀，越是出奇和精巧就愈加动人。格式塔完形心理学的研究表明，人类观察事物的过程并不是线性发展的，并非每次只认识到其中的细节，而是要把握住事物的基本特征。观察者用他原有的经验对这些要素进行补充从而完成整个认知过程。这种理论假设在观察者的记忆中存在着某种特定的心理模式，他们会在观察的结果中加入独特的个人体验，由此来得到自己对事物的一些见解，而这些假设或者说结论在观察对象的过程中是根本不存在的。

因此，我们可以利用这一点。首先，通过一些简单明确的要素来唤起观者心中的某种固有模式；然后，再用另外一种出人意料的新规则去打破这种显而易见的常规，由此来碰撞出幽默的火花。两种不同层面上的认知同时出现时会产生爆炸性的效果，从而让人开怀大笑。

4. 对比

我们将两种具有可比性的事物并对照产生差异，突显出产品的优越表现，这似乎是一种老套惯用的表现手法，但是如果我们能够根据目标对象的特点进行幽默和夸张的表现也会产生绝妙的创意。将具有相似形态的不同事物的形态同时铺列出来，它们之间能够产生意义间的联系和对比关系，同时我们也可以尝试着表现使用目标产品后的前后场景的对照关系，从而显示出产品本身的优越性，想象出所有可以描绘该产品优越性的词汇。比如说对于一款时尚的手机而言，具有表达力的词汇可以是新颖时尚、薄而轻、待机时间长、高档次、物超所值、音质悦耳、多功能等，与这些词汇相反的则是陈旧落伍、厚重、待机时间短、低档次、价格高昂、音质刺耳、单一功能等，那么是不是这些反义词可以激发我们的某些创意灵感，从而带给我们无限的想象力，如图 11-2 所示。

图 11-2　对比

5. 夸张

为了表达我们强烈的思想情感，我们在客观现实的基础上，能够通过故意夸张或者缩小客观事实的表现方法来揭示出事物的本质或者是强化突显出物象的性质特点。实际上在现实生活中，有很多的奇思妙想都源自我们夸张的想象。比如说，我站在教室的第一排感觉到特别口渴，而我又知道在教室的最后一排桌子上有一瓶水，那么可以想象，我的胳膊突然像超人一样延伸变长，直达最后一排。虽然这些是显而易见的不可能的，但是却是智慧的夸张表现。

广告创意产品可以通过夸张某个产品的质量从而迅速直达广告的主题，比如说，大众汽车太坚固了以至于大卡车都不能把它压坏。夸张同样也可以制造出令人耳目一新的感觉，从而突出目标对象的优势。如果我们想展示某种产品的某种功效则可以将其无限夸大，同时也可以把它加大、加高、加长，让最终的颜色更加漂亮、更具有吸引力，让一切皆有可能。夸张是故意制造出明显夸大其词的广告效果，将一目了然的不真实表现出来，从而让人们在这种不可能的真实中体会到创意，因此夸张不是盲目地吹捧，不同于一则虚假的广告，它是智慧的幽默表现，人们不会由此对广告的可信度产生歧义，如图 11-3 所示。

图 11-3　夸张

（三）广告创意产品文字元素的开发

文字是最基本的信息传递符号，人们能够通过文字来传情达意，进行信息交流。并且在广告设计中，文字更能够直接地将商品的信息特征表现出来。

1. 文字的分类

广告中文字部分的内容被称作文案，并且根据不同的文字在广告设计中的不同作用和地位可以将文字分为标题文字、正文和内文等。标题文字是广告中主要的语言信息，并且能够直接传达广告的信息，是最有传播力度的主打文字，所以广告中出现的标题文字应该简短有力、简洁明了、字体醒目、字号相对较大、笔画较粗。正文中出现的文字主要是解释主要信息的广告正文，广告表现的诉求目的是需要通过精简而准确的文字表述来传达，并且配合图形将创意完美演绎，表达主题，并最终体现广告的策略。内文中出现的文字主要涵盖商品和企业的相关信息，一般需要选择较小的字号和较细的文字。

2. 文字的形式

文字作为信息传达的视觉符号，在广告设计中必须以恰当的形式来体现信息的意义。

(1)字体的大小(图 11-4)。广告设计中出现的标题和正文等文字由于功能的不同，突出的重点也是不尽相同的，使用的文字大小大都不同。标题因为在文字信息中居于第一层次，所以字号要大一些，笔画要粗一些，才能显得醒目。

(2)字体的类型(图 11-5)。文字的类型主要指的是文字的风格款式，并且不同的文字显示着不同的风格特征，我们在设计的时候必须认真分析和研究广告的信息特征以及表现的氛围，从中选择与之匹配的字体进行表现，或者是创造特别的字体来配合文字信息的传达，并使之和图形之间产生完美的结合，最终传递出广告的信息。现代设计的发展，给我们提供了大量不同风格特征的字库，有成百上千种字体能够供我们来选择，并且我们可以根据自身喜好及需要，精心选择数十种各具风格的字体装于电脑上，再根据实际广告的需要来选择所需要的字体。中文字体包括楷体、行书、草书、隶书和魏碑等。我国传统的书法艺术博大精深，每种字体都有自己不同的视觉印记，我们应该配合广告创意和图形设计的特点来选择最恰当的字体进行相应的搭配。变体字体：字库中的字体虽然成百上千，但是并不能满足所有设计的需要；或者说为了更好地体现设计个性的需要，我们可以根据主题表现设计出极具个性的变体字。有时候通过精心设计的变体字能够营造出某种特殊的韵味。创意字体：创意字体是将字体根据意义进行深入的设计，用字形来表达字义从而体现出文字携带的内涵意义，更深入地体现广告的创意。

尽管电脑字库中有许多风格的字体，可以给我们更多的选择，但是在版面安排中，除非创意设计的特别需要，一般是采用 1～3 种相匹配的字体为最佳，并且不宜有过多的字体出现以避免视觉上的混乱，从而保证广告作品的干净、整洁、有序。当然，在广告设计中为了分清主次，活跃画面，可以将一种字体在字号的大小、字形的粗细、字体的倾斜和字体的颜色等方面进行节奏上的变化，但是不要同时出现这几个方面。

图 11-4　字体的大小

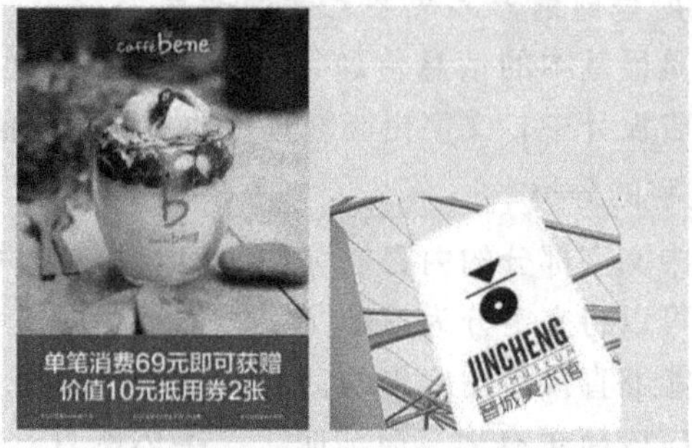

图 11-5　字体的类型

(3)字体的粗细。文字可以根据具体的文字含义将标题文字或者主要的关键文字用粗体表现出来，以突出它们的视觉感并引起我们的注意，而将具体的内文用细体表现以拉开图画的视觉表现层次。粗细不同的字体能够形成不同的视觉注意力，而我们的视觉中心是在一个直线的状态中不断变化的，我们需要根据对象的特征和表现的重心有选择性地使用不同粗细的字体。

3. 文字的组合(图 11-6)

一个文字在图画上可以看成一个点，一排文字在图画上成为一条线，多排文字组织在一起形成一个面，这个面的形态、虚实、大小由设计师进行着智慧的调配，可以闪现出无穷的魅力。文字和图像一起构成画面视觉美的元素，并且有着图形无法替代的功效。每个文字都是一个极具生命力的符号，它们或强或弱，或虚或实，构造着不同的视觉形态。

图 11-6　文字的组合

4. 文字的层次(图 11-7)

很多广告并非单一的一条文字或者一组文字，有时候会有几组不同功用的文字按照需要同时安排在一个图画上，这时我们应该分清主次，将文字进行合理的组合并营造出一种清晰的文字层次。

图 11-7　文字的层次

(四)广告创意产品色彩元素开发

色彩在广告创意中有着特殊的表现力：吸引注意、促进传播、刺激消费、引起联想、传递情感。在广告设计中，很少会单独使用一种色彩，当一种色彩与其他色彩组合在一起时，视觉效果往往会发生变化。广告色彩运用的成败不在于使用了多少种色彩，而在于色彩使用得是否恰当。

1. 广告色彩的整体效果

一幅广告的色彩的整体效果，是倾向于冷色还是暖色，是倾向于明朗鲜艳还是素雅质朴，取决于广告主题的需要和消费者对色彩的喜好，并以此为依据来决定色彩的选择与搭配。如药品广告的色彩大都是白色、蓝色、绿色等冷色，这是根据人们的心理特点决定的。这样的总体色彩效果，能给人一种安全、宁静、可靠的印象，使广告宣传的药品易于被人们接受。如果不考虑广告内容与消费者对色彩的心理反应，凭主观想象设计色彩，其结果必定适得其反。如图 11-8 所示，矿泉水广告，画面简洁，如使用淡蓝色为背景色调，表现它的纯净和天然，容易使消费者联想到它的商品特性。如图 11-9 所示，该则广告，则运用深色做背景，衬出眼镜的高贵和品质。

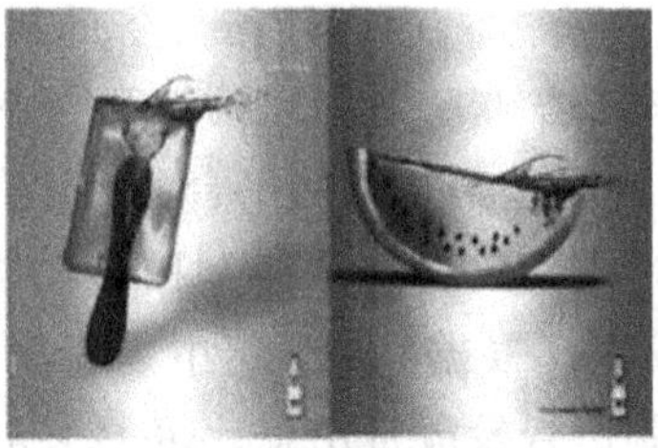

图 11-8　广告的色彩(1)

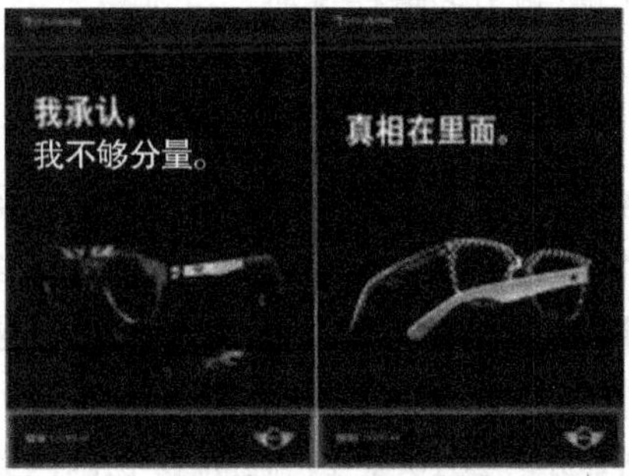

图 11-9　广告的色彩(2)

2. 广告色彩的情感定位

不同的色彩使人产生不同的情绪和情感，是实际生活中实物色彩在头脑中的反映，如红色刺激性强，给人暖的感觉，使人们联想到火焰、太阳、鲜血等。根据不同色彩对人产生不同心理联想的规律，合理地去利用和发挥广告中色彩的情感作用，是促进广告成功的有效因素。

在视觉传达中色彩具有第一性的作用，越来越多的设计注重“视觉先行”，广告也不例外。要达到最佳广告效果，色彩的积极有效运用是一个重要前提。好的广告必须由好的创意来表现，好的创意必须由好的色彩来搭配，好的色彩能给人一种审美的愉悦，最大限度地取得商品价值和消费者心理需求的统一。广告创意产品以色彩自身的变化规律作用于消费者，同时，通过色彩组合搭配形式来提升广告宣传力度，加强记忆，促进企业产品销售，才能确保广告走向成功。

二、广告创意产品的产业链开发

广告创意产业，是指通过广告创意策划、设计、制作、发布、调查、效果评估等方式获取利润的产业门类。广告创意产品的产业链是指以现代传媒技术为基础、满足不同受众需要而建立的跨领域、相互衔接的共同获取利润的产业链条。在广告创意产业时代，“围绕广告创意产品展开的广告生产、广告制作、广告消费以及其他经济活动所构成的市场，即广告市场，由广告主、广告公司、广告媒介和广告受众四部分所组成”的广告创意产品产业链各个部分在新媒介的冲击下发生了巨大的变革，因而，我们围绕这四部分分别谈一下广告创意产品产业链的开发路径。

(一)广告创意产品的广告主结构变革路径

随着互联网在线广告的低成本、目标受众的精确性、广告的可预测性等优势被传统广告主所认识以及金融危机之后企业对于广告成本的看重，再加上互联网络多年的发展，淘汰了众多竞争力弱小的网站，形成了一大批实力强劲的网站。一些门户网站(网易、新浪、腾讯、搜狐等)、网络搜索引擎(百度、Google等)、视频网站(优酷网、爱奇艺、腾讯视频等)、网络电子商务网站(淘宝网、当当网、拉手网、京东网上商城等)以及一些市场细分网站(专门服务旅游者的春秋旅行网、专门提供恋爱交友平台的珍爱网、百合网等)在激烈的网络市场竞争当中胜出，培养出了大批忠诚的受众。这就使得网络成为了一些新品牌试水新产品、老品牌塑造自身形象，进一步拓展在这些受众群体当中影响力的最佳场所。

另外，数字化媒体对传统广告主的另一大吸引力：一切媒体投放效果都可以被实时监测。从投放本身而言，这意味着精准、及时和有效，因而网络广告的投放越来越受到大批传统广告主的重视。2010年是中国网络广告市场让人刮目相看的一年。在这一年里，世博会、世界杯、亚运会等大事件集中，在基于互联网平台的大事件营销中，企业的触网实践迈出了更大的一步。越来越多的传统广告主认识到网络的强大力量，开始重视视频、搜索、微博、社区网站广告的投放。根据《2011年中国新媒体品牌报告》的数据显示：2010年1—11月，我国网络品牌广告投放费用总计达124.5亿元，投放达620.7万天次，广告主总计17 716个，广告投放量较2009年有了大幅度提高。由此可见，当前传统广告主显然已经认识到网络广告的巨大潜力，不断加大对网络广告的投放。

互联网自身实力的不断增强以及传统广告主对于网络广告投放力度的不断加大，使得新型的互联网行业广告主开始崛起。一些电子商务网站、社交网站、服务型网站、门户网站公司，在自身发展不断壮大的情况下，开始成为新型的广告主，不仅在互联网上开展广告营销传播活动，宣传自身的品牌，更开始整合线下营销，利用传统的电视、报纸、杂志、户外广告来进一步提升品牌认知和品牌价值，继而又反向推动网络广告的传播效果，最终实现投资回报率的最大化。2011年，淘宝网官方表示，投入2亿元广告预算用于四季度淘宝商城的营销，由此我们看到淘宝商城的广告大量出没在电视、户外、互联网等各类媒体上。2011年4月7日，新浪微博启用weibo.com独立域名，当天，新浪微博的大幅平面广告在《广州日报》等数十家主流都市日报上同步出现。无独有偶，腾讯微博依然矢志不渝地斥巨资投放电视广告。面对传统的广告主在广告投放上的新媒体转向以及新型的、发展迅疾的互联网络广告主群体的崛起，广告公司如何转变自身，推出创新的营销传播服务，满足这两大广告主的品牌传播需求，这将会是未来广告公司持续生存发展的重要砝码。

（二）广告创意产品的传播媒介形态变革路径

新媒介的不断发展，使得广告传播的媒介形态发生了巨大变革，对于广告行业的媒介策划与购买提出了严峻的挑战。以前在传统媒介环境下，广告主选择三五种广告媒介，进行版面、时段的组合搭配后，对受众进行“套餐式”传播就会有不错的效果，但在新媒介时代已经行不通了。媒介的选择菜单不断拓宽与交叉，数字电视、报纸、网络、移动客户端的受众呈现日益细分又不断交融的状态。网络融合的本身使得广告投放人员需要动用越来越多的媒介种类，并要把这些媒介有效地整合。媒介组合包括传统媒介之间的组合、传统媒介和新兴媒介的组合以及新兴媒介内部的组合三种。如何实现媒介的联动与互补，同时避开不必要的资源重复与浪费等，这些都需要进行严谨的科学调查和详细的数字分析，只有借助高级计算机软件程序才能完成这项工作。广告传播媒介的增多，以及媒介选择时操作过程的复杂化，恰恰对传统广告公司提出了挑战。

另外，在网络广告迅猛发展的情况下，一些新媒体（Google、百度类的搜索引擎，Face book类的社交网站等）已经不满足于做单纯的广告传播渠道，而是开始跳过传统的广告公司模式，直接为一些大的品牌提供线上广告服务，从而对传统广告公司的发展构成了严重的威胁。在这种格局下，广告公司如何转变自身，在新媒介环境下推出创新的营销传播服务，以满足新媒介环境下广告商的口味，将会是未来广告公司持续生存发展的重要砝码。《第一财经周刊》在《互联网公司正在瓦解传统广告业》这篇文章中提到：“那篇叫作《未来广告》的报道在麦迪逊大街投下了一颗重磅炸弹：在层出不穷的新媒体浪潮下，80年代华尔街一手凑齐的四大广告集团WPP、宏盟（Omnicom）、IPG（Interpublic Group）和阳狮即将分崩离析，科技变革在过去两年内已经让美国广告业16万人无所事事，曾经代表创意本身的广告公司现在不得不接受二选一的局面——成为技术恐龙，或者改变自己的DNA。广告公司谋杀者，这是《Fast Company》对Facebook的新称呼。”尽管这段话在我国现在的广告公司看来可能有些危言耸听，但是我们不得不承认的是，无论是Google、百度之类的搜索引擎网站，抑或是Facebook、Twitter、Instagram之类的社交网站，正慢慢地成为各大品牌的广告传播载体，并直接与广告公司竞争大品牌客户。面对昔日的合作伙伴变成了强大的客户竞争对手，未来我们的广告公司蜕变之路任重而道远。

（三）广告创意产品的受众地位变革路径

无论广告受众是碎片化、小众化，或是在消费价值观、消费行为上的变革，还是表达性社会媒体和合作性社会媒体带来的受众对于广告营销活动积极主动的参与，都推动着广告营销方式的全新变革，以适应时代的发展。随着广告传播媒介、传播渠道的日益增加，广告传播的受众几乎都被淹没在信息的海洋中，时时刻刻被信息包围，呈现出大众化→分众化→小众化→碎片化的发展态势，并且每个消费者对于信息的感知、记忆也变得越来越弱。

同时，网络技术的不断完善以及对于消费受众的培养，人们的消费行为、消费观念日益发生着巨大变化，网络购物以其无可比拟的便捷、安全、实惠以及商品信息透明化等优势成为今后消费的主流市场。2017年，我国155万亿元的第三方支付市场中，银行卡收单规模已降至18%，互联网支付比例从2013年的32%降至17%，而移动支付比例从2013年7.2%提升至2017年的64%，且未来三年有望进一步取代银行卡收单(图11-10)。亚太地区移动支付渗透率为53%，而北美和欧洲分别为33%和35%。2016年，我国网民手机网上支付的使用比例由57.7%提升至67.5%。截至2016年12月，我国手机网上支付用户规模达到4.69亿，年增长率为31.2%，预计2019年移动支付使用人数将增至7亿。由此可见，在当前消费社会中网络购物增长的迅猛态势。一边是受众的碎片化以及消费行为的巨大变革，另一边是“同质化”带来的诸多困惑，这都对广告营销提出了重大挑战。

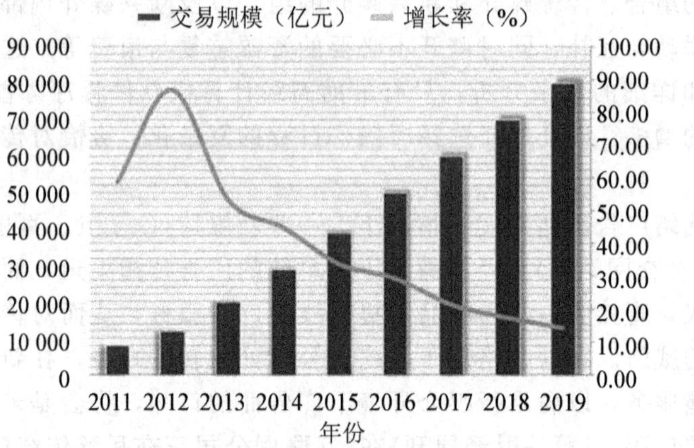

图11-10 2011—2019年中国网上零售市场规模及预测

与此同时，新媒介的互动特质、信息传播的便捷性，使得受众在信息传播上由被动的信息接受者成为了主动的信息搜集者以及传播者。普拉·哈拉德(Prahalad)和拉马斯瓦米(Ramaswamy)指出，消费者的传统角色正在发生转变，他们不再是一个个孤立的个体，而是开始汇聚成一股股不可忽视的力量；在做出购买决策时，他们不再盲目地被商家引导，而是主动积极地收集各种有关信息；他们不再被动地接受广告，而是主动向企业提出实用的反馈。丁俊杰在《观察与思考：中国广告观——中国广告产业定位与发展趋势之探讨》一文中就认为：消费者“碎片化”和媒介“数字化”使得受众信息行为和媒体商业模式发生改变。一方面，融合后的媒介形态改变了受众的信息接收模式；另一方面，数字化与媒介融合带来媒介市场的无限的生产、无限的传输和无限的需求，最终使得广告媒介的竞争愈演愈烈。

(四)广告创意产品的创作模式和运营模式变革路径

科特勒指出：“数字科技大幅度改变了资讯和力量的失衡状态，广告行业如果试图在数字经济中成功地运营和发展，就必须在业务和营销思维上做出更重要的改变。”新媒体的高速发展，使得传播的门槛降低，传播主体无限地增多，传播的内容海量化，受众的注意力高度分散。企业在信息方面高度透明化，使企业更多地裸露于受众和消费者面前，传播的效果很难像以前那样易于把控，同时，由于多元化的传播，企业也极容易受到舆论攻击。这些都导致以传统大众媒体为核心的传统广告服务模式，已经不能满足企业的需求。这迫使广告公司开始研究新的媒介环境，放弃传统广告服务模式，探索适应新的传播环境、新广告服务模式，并重新明确自身在新媒体环境下营销传播的任务，重新强化和提升自己的价值。

近年来，越来越多的广告公司在利用网络开展品牌营销活动，从而使得新型网络广告营销方式不断增加。随着广告主体的意识转换，市场规模大幅度增长，我国的广告市场酝酿新变，热点营销方式的创新、营销手段的多元、垂直媒体的成长、广告网络的崛起和移动广告平台的搭建等不断在网络广告市场展现。另外，为了适应新环境带来的挑战，我国的广告公司开始逐步变革自身的发展模式。众多实力比较弱小的广告公司以及同广告相关联的机构开始向着集群化的方向发展，通过建立产业集群，实现集群内部各个广告要素的联合合作、明确分工，使广告公司及其他机构能够充分发挥各自资源、人才、技术、市场的优势，各司其职，在不同领域形成具备核心竞争优势的广告文化产品，以满足广告主多方面的专业化服务需要，形成集合竞争优势。

总之，媒介环境的快速变迁和广告产业环境发生的深刻变化，已经引起广告产业链发生前所未有的变革，无论是产业链上游广告主的变革，新媒介自身整合线上、线下营销进行品牌塑造，或者是广告公司在广告营销方式以及自身发展模式上的创新，或是广告受众向着新型消费者的转变，都是广告产业链各个主体创新发展的结果。广告产业要更好地发展，必须大力推动广告创意产业的发展，通过创意形成产业的核心竞争力，用创意提升各个产业主体争意力，从而实现整个产业的升级换代。而这势必会在未来引发一场更为深刻的广告产业革命，从而使广告创意产业的时代到来。因此，我们认为，顺应当代广告产业发展的基本趋势，全面实现广告产业的转型升级和变革，是我国广告产业未来发展的基本取向和必由之路。

案例分析

案例一　飘柔广告创意产品的开发优化途径

一、飘柔广告的创意表达及媒体选择

1. 飘柔广告的创意表达

飘柔的创意广告有“人生中，相遇最美。当与飘柔相遇，柔顺丝滑，一注而下，秀发最不可思议的巅峰，来自我们能触碰、能感知的最基本的元素。飘柔激活每一缕发丝所存在的潜力，让头发秀出建筑般的华美。”“飘柔，你是我生命中最美的相遇。”广告创意中主要描述的侧重点在于情感的诉求，用华丽且优美的语言将“柔顺”的含义深入理念之中，进而打动消费者的心。文案的下半部分主要侧重理性的诉求与感性诉求相互结合，从而使飘柔的主打品牌的概念深入人心，以达到更好的宣传效果。飘柔的品牌定位主要在其秀发的“柔顺”上，吸引那些为了使头发更加柔顺的消费者，飘柔中所提取的汉草精华，使头发更加乌黑光亮，防止断发掉发，为飘柔的市场发展打下了更好的品牌基础。广告创意文案中“全新的飘柔汉草精华防掉发系列，由宝洁亚洲护发科研中心借鉴中药巨著《本草纲目》，提炼生姜、首乌和大叶茶精华，专门针对亚洲人发质研发而成”。这则广告主要描述了飘柔的防掉发与脱发的产品品质，并具有药用价值，使女性的秀发更加柔顺与有光泽，并具有汉草的清香，为广大需求者所欢迎。“公车柔顺篇：广告中的男主人公在公交车到站下车时初遇了女主人公，女主人公的秀发柔顺，发卡掉到了男主人公的手上，男主人公跑到了公交车的下一站点把发卡交给了女主人公，进而两人一见钟情，暗生情愫。”把广告做得这么唯美，让人们在看广告的

同时像看电视剧一样，无意识记忆记住了广告的主题也就是飘柔的吸引力，让女主人公在任何情况之下都特别出彩，特别吸引人，以其靓丽又清新的装扮为其添加色彩，使广告具有一定的故事效果，进而加大了广告在人群中的美誉度与知名度，促进消费者购买飘柔产品。

2. 飘柔广告的宣传以电视广告为主

一想到电视上靓丽的广告语与清新的广告创意故事情节，就让人们想起了飘柔洗发水，飘柔广告的宣传以电视广告为主，带给人们的主要含义是以其便利与愉悦的感觉吸引消费者的眼球，并以柔顺与飘逸打造品牌的主体特色。飘柔在目前一直是宝洁公司洗发剂的主打品牌，由于历史悠久，品牌深入人心，广告创意的吸引力大，所以，以电视广告为主要传播与宣传媒介的手段，迅速地扩大了其品牌的消费市场。飘柔洗发水的社会地位仅次于海飞丝和潘婷。飘柔对电视广告越来越依赖，使其自身有一定的发展局限。目前，打造飘柔广告创意的主要目的是满足家庭对产品的需求。飘柔刚进入我国市场时价格定位比较高，所以，只有一些小资阶层的城市家庭使用。由于我国经济发展处于社会主义初级阶段，农民占人口的绝大多数，农民的消费市场未来发展非常广阔。为了更好地适应市场的需求与社会的发展，飘柔在市场上的价格定位比海飞丝低得多，并且功能也越来越完善，为广大家庭所欢迎。

二、飘柔广告创意产品的主要问题

飘柔产品隶属于宝洁公司，而当前日用品行业的激烈竞争也促使各企业的广告宣传力度不断加大，广告的各种新形式层出不穷。宝洁的广告策略相对来说还是有着相应的优势地位，但并不能说明飘柔的广告就十全十美。优势的同时必定有着相应的弊端，飘柔的广告策略也是如此，其中仍然存在着一些相应的问题，主要表现在以下几个方面。

1. 广告的创意稍显不足

纵观宝洁公司的大部分广告，大多是为了适应新媒体环境的要求而表现得中规中矩，而且日用品有别于其他产品，相比较而言更为贴近人们的生活。因此，其广告的特点也基本显得比较温和，无形中以十足的“亲民”感觉吸引着人们的消费。但是再好、再吸引人的广告其效应也是有限的，先抛开广告的质量不谈，若是广告长久不变则必然引起人们感官上的审美疲劳，此时就会产生负面的效应。飘柔的广告也是如此。一成不变只会让人们产生厌烦的心理，从而给行业对手更多的可乘之机。飘柔的广告虽然更新频率较快，但究其模式仍然大同小异，广告的表现形式也过于雷同，容易给人们一种“换汤不换药”的感觉。如此，飘柔的广告缺乏创意、模式单一是一个较为严重的问题。

2. 宣传的目标市场过于单一化

随着社会的经济发展，人们的生活水平显著提高，物质生活日渐丰盈的同时，思维观念也在与时俱进。人们观念的改变，已经使各个种类的新鲜事物都有了广泛的市场。在这个追求“美”的潮流时代，不仅女性越来越注重个人的形象，男性也在“顺势而为”，不断对自身形象进行着“更新”，对于“美”的追求完全不逊于女性。因此，男性洗发水的诸多品牌应运而生，比如，阿迪达斯、清扬、欧莱雅，等等，男性洗发水已经有了比较广阔的市场，然而飘柔却忽略了男性的目标群体。这种单纯开拓女性洗发水市场的观念也在一定程度上限制了飘柔产品的拓展。

3. 宣传的市场覆盖率不够

飘柔产品在近些年以“飘逸、柔顺”的宣传风格形成了很高的知名度，其品牌可以说已经在一定程度上深入人心，赢得了大多数俊男靓女的青睐，其广告的风格与情调也对年轻一族产生了巨大吸引力，飘柔产品的目标市场由此确定了较为清晰的定位，但与此同时，却忽略了低端市场。虽然人们的生活水平已经在当前有了显著提高，但是仍有许多人消费能力有限。这样的群体被飘柔产品忽略，因此出现了市场覆盖率小的问题。

4. 广告语的设计夸大其词

纵观飘柔历年来的广告语，“发动、心动、飘柔”“柔顺丝滑、一注而下”“让头发秀出建筑般的华美”等此类，基本均为口号式的过分宣传，而其早年的“飘柔，就是这样自信”式的有效号召力已经不复存在。如此一来，这在很大程度上导致了消费者共鸣的损失。对于消费者而言，广告只是一个打发时间的工具，对于缺乏新意的广告语，人们已经不屑一顾，而一旦广告语充满新意，并且接地气，则能够让人们记忆深刻。在这一点上，飘柔产品的广告语设计水平有待提高。

三、飘柔广告创意产品开发优化途径

以上飘柔广告存在的种种问题，都或多或少地制约了飘柔产品的发展。因此，我们只有通过分析问题的原因，进而总结出相应的对策，才能更好地解决问题，使飘柔广告充分发挥其应有的效用和价值。

1. 加强创新力度

虽然在人们的心中，广告的地位不太重要，但具有创意的广告仍然能够对人们产生极强的吸引力。对于飘柔产品来说，先讲授功效，然后立即切换到一头秀发的漂亮女性的老套模式，已经远远无法满足人们的品位要求，必须加强广告的创新力度，以更加新颖的方式使飘柔的品牌影响力再度深入人心，才是飘柔产品持续发展的有效保障。

2. 倾力打开男性消费市场

时代的快节奏发展，使得男性的生活与工作压力日益加大，同时，为了满足社交的需要，男性已经开始重视自身的形象。飘柔要以此为依据，大力拓展男性洗发水市场，以现有的品牌影响力，为男性洗发水的建设与宣传提供有利的条件。

3. 保证高端市场效益的同时做好低端市场的宣传

对于宣传广告的定位，不应当再局限于“小资情调”和“浪漫情怀”，也应该适时反映一些“人间疾苦”“接地气”等的宣传内容，这样能够更加有力地调动起低端消费者的共鸣，增强对宝洁企业的认同感，能够更加有效地刺激消费。

4. 在广告语上下足功夫

对于广告语的设计，夸大其词只会让人们更加“不屑”，使人们产生逆反心理从而制约了产品的营销。因此，飘柔的广告语设计一定要贴合实际，不仅是为了迎合人们的审美需求，更是对自身产品负责。因此，单从产品的信誉度角度来讲，也要使广告语的设计与产品相符。

（资料来源：王琳. 飘柔广告创意分析[J]. 商场现代化，2014(29)：75-76.）

案例二 年轻化是一种战略选择，不是一场营销策划

2018年“双11”之前，江小白获得了香港国际葡萄酒与烈酒品评大赛的最高奖特等奖，这个品酒大赛是专为亚洲创立的酒类评比，成为公认的亚洲市场优质葡萄酒与烈酒指南。

按说江小白能获得国际级评酒最高奖项，是白酒行业的大事，但偏偏很多人颇有微词。实际上，整个品评大赛是很严格公正的，都是匿名参评，评委打分；有时候，同一款酒，让评委两次打分，若分数差别太大，评委都会被开除；组委会还会从市场购买参评的品牌，如果与送评的酒，差别比较大，也会把品牌除名。所以，整个品评还是很严谨的，是实至名归，能获得这么多的国际奖项，恰恰说明江小白的味道是符合国际主流口味的，但为什么有些消费者却喝不惯江小白呢？

这就要从他们的味道战略说起了。

一、味道战略

欧美的烈酒口味，其实是讲究清爽甘洌，欧美人钟爱烈酒，见客户、朋友，或者一人独处，随时随地都可以喝上一杯，但他们却接受不了传统白酒复杂的口感，浓郁的窖泥香味。

既然外国人喝不惯我国的传统白酒，为什么还给江小白这么多奖项呢？这是因为，我国传统白酒的主流是酱香型和浓香型，而江小白作为高粱酒是清香型，这个类型在国内的市场占比1%左右，所以，习惯喝传统白酒的人，就不太习惯江小白的清香口味，感觉不好喝。

但是，陶石泉却说，小曲清香酒是最有可能被年轻消费群体接受的中国酒香型，也是最有可能获得国际消费者认可，真正成为国际流行的白酒品类之一。原因就是清香型的酒比较符合国际主流口感评价体系，主要是因为它选用优质单一的高粱作为酿酒原料；再结合传统手艺和现代技术，延长发酵周期，缓火蒸馏，看花摘酒，掐头去尾，只取中段精华；最后酿出来的高粱酒低度利口。

最重要的是，相比较酱香型、浓香型白酒，江小白的酒体比较适合与饮料一起调制混饮，这跟国际烈酒的口感是一致的。这一消费习惯的共性，是江小白获得年轻用户青睐的根基，也是江小白能获得那么多国际奖项的关键。如果你的酒真的不适合外国口味，不可能在一个又一个国家、一个又一个比赛中获奖。

此外，对整个中国白酒行业来说，当前一个特别不好的现象是，年轻人离白酒越来越远，主要有三方面原因。

第一，白酒文化的停滞与年轻人追求时尚潮流的矛盾。我们的白酒一直强调产地基因和历史基因，这些品牌趋向，年轻人无感，他们关注的是潮流时尚，所以，他们就算喝酒也多喝国外的酒。

第二，白酒的口味太辣太冲，与年轻人追求的舒爽口感，有矛盾。年轻人更喜欢口味的变化、色泽的丰富、味道的清爽。所以，江小白的花样喝法不是对传统白酒的背离，只是在用年轻人喜欢的方式满足他们。

第三，饮酒习惯的矛盾。白酒强调文化，所以在比较庄重的场合才喝，对消费者来说会有压力。但是在独饮、对饮、群饮三大饮酒场景中，年轻人更习惯前两者，对于群饮被硬灌酒的餐饮习俗，很是反感。现在的年轻人，很少被灌酒了。所以，这就

导致了白酒行业普遍的品牌老化问题，年轻人离白酒越来越远。

二、年轻化战略

不只是白酒行业面临这个问题，连奔驰、可口可乐都面临品牌老化的问题，去年，可口可乐全球的净利润降低了80%。不过，奔驰这几年的年轻化努力还是不错的，以前，奔驰主打S级高级轿车，广告口号都是“驾驭未来”这种针对老板的广告。在传统的营销做法中，这种广告可以建立奔驰的品牌势能，让消费者仰望。

但是现在，奔驰也变了，不再强调高端，不再建立所谓的品牌势能，而是反向势能，就是主打年轻群体。一方面在主推产品上，主打更具时尚感的C级车；另一方面品牌口号也变成了“做人生的主角”这种更能激发年轻人共鸣的诉求，不是所有人都能“驾驭未来”，但每个人都想“做人生的主角”。

不只是产品、品牌年轻化，奔驰的渠道也年轻化。以前，为了照顾高端客户，4S店里都是放置一些按摩椅，现在，奔驰在三里屯开的旗舰店则不会考虑按摩椅，而是一个电影室或是迷你电竞馆；不是茶具，而是咖啡，这些都是奔驰年轻化的方式。

奔驰把年轻用户抓到以后，反过来对原来的高端用户也会产生一个反向带动。从奔驰的年轻化方法论可以看出来，绝不是只靠营销就能成功的，在产品和渠道方面，他们都做了很多改变。品牌不能倚老卖老，反而要放低姿态跟年轻人对话，这个非常重要。江小白也一样，曾经有不少人都以为江小白是靠营销做起来的，再加上喝不惯江小白的酒，就觉得他们没什么了不起。

其实，他们真正了不起的地方，恰恰不是营销，不是创造了表达瓶这种形式，而是做到了骨子里的年轻，是针对年轻群体的战略选择，远远不是一个营销策划，在产品年轻化、品牌年轻化、活动年轻化等各个方面都下了一番大功夫。产品年轻化是江小白的战略。一方面，江小白把口味做的和国际主流口味一样；另一方面，提倡新的喝法，三分之一的白酒兑上三分之二的饮料，是江小白的标准喝法，这样不会有白酒的辣和冲，不易醉，让年轻人享受微醺的醉意蒙蒙，又不会丧失理智。喝酒是为了社交，为了娱乐，又不是为了拼命，这种理念是符合年轻人诉求的。品牌年轻化，是江小白最拿手的文案，但又不只是文案，而是一系列的品牌动作，比如，动漫IP的包装。不过最关键的，还是要跟年轻人玩在一起，比如，年轻人喜欢说唱，喜欢街舞，喜欢动漫，喜欢二次元，喜欢游戏，品牌怎么才能跟他们玩到一起呢?

2012年，江小白靠着表达瓶获得市场认可，大家都以为，原来互联网思维或者年轻化的营销就是做文案。然而，江小白后来却没有把文案作为自己的主打，而是深入做了一场又一场的年轻化活动。

2016年，他们在重庆、成都、武汉等城市举行了“江小白 YOLO 音乐现场”。邀请GAI等圈内知名rapper加盟，成为他们音乐路上的伯乐的品牌出现，但说唱音乐仍旧是比较“边缘”。

2017年，《中国有嘻哈》大火，说唱艺术随之成为新潮主流，江小白比《中国有嘻哈》更早地发现了年轻人的这一潮流阵地，并举办了第二季“江小白 YOLO 音乐现场”，在北京、上海、澳门、长沙、广州、重庆、南京、武汉8个城市举行了9场演出。2018年“江小白 YOLO 青年文化节”，基本上每场观众都在三万人以上。

江小白举办说唱巡回演出，并不是简单的冠名，而是在打造一个活动IP，“江小白 YOLO 音乐现场”就是一个 IP，除此之外，还有两个，“江小白 Just Battle 国际街舞赛事”“JOYBO 街头文化艺术节”，其中艺术节以“JOY IN BOTTLE 涂鸦赛事”“JOYBO 市集”的形式，将单一涂鸦比赛打造成融合赛事、美食、潮流时尚等体验感极强的街头文化艺术嘉年华。此外，江小白动漫《我是江小白》在二季中也加入了说唱、街舞元素。

这几大活动打通了年轻潮人圈层，组成了江小白街头文化的 IP 生态链，成功地向他们传递了江小白的“Live young”的品牌理念，IP 之间形成配合协同，共同支撑起一个更宏大的流行文化。

除了活动造势，江小白还发明了一个新玩法，“江小白小酒馆”在全球各地巡回举办，向路人赠送江小白的混饮。跟音乐节一样，江小白举办的活动，从来都不是单纯的活动，而是要激发消费者的共鸣，每次都会有不同的主题，比如“跳出条条框框，向不喜欢的事情 say NO!”等。

“江小白小酒馆”致力于传播江小白的 MIX 混饮文化，主张由消费者自主调制出符合自己心情与个性的饮品。以单一高粱酿造的江小白金奖青春版为基酒，按比例调配出江小白＋橙汁、江小白＋冰红茶、江小白＋奶茶、江小白＋绿茶等创新喝法，口感更轻，味道更丰富，颜色更多样。无论是音乐类 IP，还是动漫 IP，或者是地推 IP，这些丰富的活动，都是年轻人喜闻乐见的。走到年轻人的生活里，跟他们一块儿玩，激发他们的情绪，记录他们的喜怒哀乐，解救城市青年的孤独，这是其他年轻化品牌所没有做过的。

三、年轻的代名词

江小白从产品到品牌，再到渠道，再到新青年文化运动，一波又一波，一环扣一环，既不追随主流白酒品牌的历史印记，也不为外界不理解的声音所干扰，就是换着花样地服务年轻人。

在这种情形下，江小白成了年轻的代名词，很多高端但是年龄较大的消费者也会被反向吸引过来，这个时候，区分高端低端，不再按收入了，而是按品味。著名营销人陈绍团总结了几句话：江小白就是在用味道基因，去实现自己的年轻化，打败身份基因和经典基因，从而跳跃文化代际产生的鸿沟，成长为新一代的品牌。

（资料来源：江小白. 年轻化是一种战略选择，不是一场营销策划[EB/OL]. 百度网，2018-12-05.）

思考题

1. 什么是广告创意产品？广告创意产品的特征有哪些？
2. 广告创意产品的产业链开发路径有哪些？

本章小结

1. 广告创意产品是以营利为目的的广告主通过传播媒介所进行的有关商品、劳务、市场、观念等方面的广告传播活动而产生的有创意的产品。
2. 广告创意产品具有经济功能、审美功能和文化功能三个特征。
3. 广告创意产品主要分为非商业广告产品和商业广告产品两大类。

4. 广告创意产品的开发过程分为广告创意产品主题开发、图形元素开发、文字元素开发、色彩元素开发。

5. 广告创意产品的产业链开发路径：广告主结构变革路径；传播媒介形态变革路径；受众地位变革路径；创作模式和运营模式变革路径。

第十二章　文化旅游创意产品

第十二章课件

本章学习目标

通过对本章的学习，学生应了解和掌握以下内容：

1. 文化旅游创意产品的本质与特征；
2. 文化旅游创意产品的分类；
3. 文化旅游创意产品开发流程；
4. 文化旅游创意产品产业链开发模式。

学习重点、难点

1. 文化旅游创意产品的主要特征；
2. 文化旅游创意产品的策划原则；
3. 文化旅游创意产品产业链开发模式。

文化是旅游的灵魂，旅游是文化的载体。旅游是文化实现产业化的一种重要方式和途径，文化则为旅游产品品质的提升提供源源不断的内容。文化产业与旅游产业作为国民经济着力发展的两大支柱性产业，由于二者在文化资源、文化产品、文化创意、文化消费者等方面的共通性，两者逐渐突破产业边界而融合发展，逐渐形成交叉产业、新兴业态，延展了各自的产业边界，丰富了产业发展的内容。

文化旅游是一种知识含量高、寓教于乐的旅游类型，随着人们的物质生活水平的提升，加之文化素质的不断提高以及闲暇时间的充足，其消费结构也逐渐升级，其中对精神文化的需求和消费逐渐增长和旺盛起来。表现在旅游消费层面，就是人们对个性化、多元化、高层次、精神类的文化旅游产品表现出了极大的兴趣，其旅游出行不仅仅是为了满足低层次的求新、求异、求奇的走马观花式的旅游目标和心理诉求，而是对文化旅游目的地人文资源，如历史建筑、民俗节庆、文化表演等文化传统的关注。游客的消费行为由原先的单纯观光转变成了实际的文化体验、参与和互动。游客希望能够在旅游目的地深度体验当地的文化，满足他们对异文化的求知、审美、愉悦和享受的高层次精神文化需求，从而实现自我发展和提升。这是文化旅游产业发展的内在动力。国家促进文化产业与旅游产业融合发展政策的陆续出台，为两大产业间的交叉、渗透和融合发展提供了外力的支撑和推动。2018 年 3 月，国家文化部、国家旅游局职责整合，组建成立文化和旅游部，更预示着旅游产业与文化产业有机融合而成的文化旅游产业有着巨大的发展前景。

我国文化历史悠久，在开发文化旅游产品、培育文化旅游项目、打造特色文化旅游品牌等方面创造了许多成功范例，积累了许多宝贵经验。例如，“印象刘三姐”“印象西湖”等“印象”系列旅游演艺产品；“平遥古城”“凤凰古城”“乌镇古城”等“古城”系列文化遗产旅游产品等。但与此同时，也出现文化旅游产品雷同、文化旅游主题挖掘深度欠缺、文化旅游特色缺乏等问题。因此，加强文化旅游产品开发的理论问题和实践路径的研究，对不断探索文化旅游发展的新途径、新方式、新形态，促进旅游产业和文化产业的融合发展，形成经济效益和社会效益共同提高的良好局面，具有重要的理论意义和实践价值。

第一节　文化旅游创意产品的本质与特征

一、文化旅游创意产品的本质

何为“文化旅游”？目前国内外学者还没有给出统一的定义。综合国内外学者对“文化旅游”的定义，有如下共性：第一，强调文化资源，认为“文化旅游”是指以文化资源为支撑，旅游者以获取文化印象、增智为目的的旅游产品；第二，强调旅游者的体验，认为“文化旅游”是指旅游者为实现特殊的文化感受，对旅游资源内涵进行深入体验，从而得到全方位的精神和文化享受的一种旅游类型；第三，强调文化的融入，“文化旅游”是指以文化的差异性为先决条件，只有旅游消费者对于异质异地文化有了渴望和需求，才会前往目的地对该类文化旅游产品进行消费。

何为旅游产品？一般而言，旅游产品是指旅游经营者通过开发、利用旅游资源，向旅游者提供的旅游活动中所需的各种物质产品与服务产品的总和，包括旅游吸引物、旅游设施、旅游交通以及所需的全部服务，既有物质产品，也有非物质产品。

由此推论，文化旅游创意产品是基于文化旅游这种旅游类型而衍生出的旅游产品，指旅游经营者以民俗、遗迹遗址等文化旅游资源为基础，借助各种手段向旅游者提供的以获取异地文化印象为目的的旅游产品及服务的总和。

文化旅游产品是实现对传统文化的提炼、挖掘、传承及新兴文化普及、教育与娱乐的一种良好载体，对于促进旅游业综合效益的提高及文化产业的发展等有着重要的现实意义。

二、文化旅游创意产品的主要特征

文化旅游创意产品除了具有一般旅游产品的基本属性，如综合性、无形性、不可转移性、生产交换与消费的同一性、对社会公共物品的依赖性、脆弱性等[①]，还具有以下突出特征。

1. 地域特色性

处于不同民族、地域的人们的文化观念存在差异，所形成的文化特色也具有差异性。这种基于民族地域色彩的文化旅游产品会对文化旅游者形成强大的吸引力，运用产品设计、科学技术、规划建设等手段，可以吸引游客产生强大的文化旅游动机。地域文化的特色是吸引文化旅游者的主要因素，也是文化旅游者进行旅游地选择和评判的主要依据。地域特点越独特，其对旅游者的吸引力就越强。旅游的过程就是对不同

① 田里：《旅游经济学》，46～49页，北京，高等教育出版社，2006。

地域的文化的鉴赏和体验过程。

2. 文化厚重性

文化旅游产品与传统旅游产品相比，突出特点是旅游吸引物的文化积淀深厚。文学艺术、历史古迹、革命遗址、民族习俗、宗教哲学、科技、医药等文化资源，是文化旅游产品开发的基础。具有深厚底蕴的文化资源得到开发、展示，是文化旅游主体旅游过程中最想欣赏、了解及体验的。文化旅游产品是地区文化特色的表达载体，这就要求旅游开发经营者注重地区文化旅游资源的分析，使产品设计能凸显出地区文化历史、民族特色、审美等，并合理规划旅游地区居民及游客旅游空间，协调当地居民与游客的和平相处关系，进而发动居民带动游客体验当地人文风情和自然场景，满足旅游者追求的旅程价值。

3. 艺术融入性

文化旅游产品与文化密不可分，与艺术也密切相关。文化旅游产品在艺术处理、艺术表现方面的表现，如艺术形象的鲜明具体性和典型性、艺术情节的生动性和曲折性、艺术结构的严谨性和完整性、艺术语言的准确性和鲜明性、艺术手法的精当性和多样性、艺术表现的民族性和独创性等，对文化旅游产品的市场有着很大的影响。艺术性不仅体现在文化旅游项目的策划、文化旅游产品的设计之中，有时可能还表现于某个细节的考虑。同为大型山水实景演出，"印象"系列产品因对当地特色文化资源的高度艺术化的融入与呈现，成为旅游演艺市场的品牌产品。因此，在进行文化旅游产品开发时，一定不能忽视文化的艺术性表现，缺乏艺术性的文化旅游是难以持续发展的。

4. 体验互动性

由于旅游观念的不断更新、发展，旅游者对旅游体验的要求越来越高。他们已不再满足于"有物可看"的传统旅游经历，而是希望通过视觉、味觉、嗅觉、听觉等全方位的参与，充分体会旅游目的地的文化内涵和地方特色。同时，文化旅游比一般旅游更注重旅游者的文化感知与心理愉悦，但是由于文化旅游是存在多种差异的价值观、价值标准及内在差异文化相互接触、碰撞的过程，是对"异质"文化的追求，这种碰撞会有愉悦感，也会有不愉悦感的产生。因此，注重互动可以减少旅游者在接触新文化因素时的不适，更好地理解与欣赏差异文化带来的愉悦感。只有建立在良好互动性基础上的文化旅游产品，才能使游客通过消费获得景色环境或者文化的熏陶等多种体验。

5. 原真性

任何文化旅游产品的设计开发都是当地文化的衍生物，其目的是清晰表达这种文化的特征、特色以及引导购买者对本产品所代表的文化进行精神上的构思、感受。这就要求作为文化直接载体的旅游产品塑造出来的各项活动、展品、集会等必须保持原真性，特别是历史遗迹类、民俗类、宗教类的文化旅游产品，只有本着真实性的构思对文化及其意境进行充分的表达，才能提高游客高质量的精神感知水平。

第二节　文化旅游创意产品主要种类

由于文化旅游的定义在一定程度上没有统一，对于文化旅游产品的分类，学者们以旅游主题、旅游者需求、文化资源等为分类标准，有不同的分类。从实践角度看，目前常见的文化旅游产品大致可归为以下几类[①]。

一、文化遗址遗迹类旅游产品

文化遗址遗迹类旅游产品主要包括文化遗产中文物和遗址两类旅游资源的开发，这类产品从历史、艺术、科学、美学、人种学或人类学角度看，具有突出的普遍价值，可以满足旅游者了解人类历史演变、体验人类传统文化、了解古代科学技术发展等方面的需求。其产品主要包括：一是反映史前人类活动的，如周口店北京人遗址(图 12-1)、四川三星堆遗址等；二是反映社会经济文化等活动的，如甘肃敦煌莫高窟、陕西秦始皇陵及兵马俑(图 12-2)、西安唐大明宫遗址公园、北京圆明园遗址等。

图 12-1　周口店北京人遗址

图 12-2　陕西秦始皇陵及兵马俑

二、文化历史建筑群类旅游产品

这类产品在建筑式样、整体和谐或与所处景观结合方面具有突出的价值，主要包括历史文化名城、历史街区、古镇、古村落、少数民族聚落等，如平遥古城、丽江古城(图 12-3)、凤凰古城、西递宏村等。此类文化历史建筑群也包括因战争或自然灾害等原因受到破坏后进行修复或原址重建的建筑，如世界上仅有的两座因第二次世界大战毁坏而重建的我国的台儿庄古城(图 12-4)和波兰的华沙，就是世界文化遗产重建的城市。

图 12-3　丽江古城

图 12-4　台儿庄古城

---

① 杨祎、梁修存：《文化旅游产品开发的路径与模式研究》，载《南京社会科学》，2015(3)。

三、文化景观遗产类旅游产品

文化景观是自然与人联合的工程，反映了因物质条件的限制和自然环境带来的机遇，以及人类社会和定居地的历史沿革。按照《实施保护世界文化和自然遗产公约操作指南》的定义，文化景观遗产类旅游产品开发主要包括三大类型：一是以园林类景观、田园类景观和宗教类文化类景观为代表的人为有意设计和创造的景观，如英国伦敦皇家植物园邱园(图 12-5)、河南嵩山古建筑群等。二是有机进化类景观，包括古代残迹类文化景观，如阿富汗的巴米扬山谷(图 12-6)；近现代残迹类文化景观，如古巴东南第一个咖啡种植园；反映对特殊环境的征服利用、特殊生产方式、多元文化传统、田园栖居延续类的景观，如意大利的韦内雷港、广西龙脊梯田、尼日利亚的苏库尔文化景观、莱茵河中上游河谷。三是以自然因素强烈的宗教、艺术或文化关联性为特征，而不是以文化物证为特征的关联性景观，如汤加里罗国家公园(图 12-7)。

图 12-5 英国伦敦皇家植物园邱园

图 12-6 巴米扬山谷

图 12-7 汤加里罗国家公园

四、文化主题公园类旅游产品

这类产品主要以文化复制、文化移植、文化陈列，以及运用高新技术等手段塑造虚拟环境以满足旅游者多样化休闲娱乐需求和选择而建造的一种具有特定文化创意性活动方式的现代旅游场所。主要包括三种类型：一是在地域本土主题文化基础上创意的主题公园，如西双版纳傣族园、蚌埠花鼓灯嘉年华主题乐园(图 12-8)、开封清明上河园等；二是基于外来文化基础上创意的移植性文化主题公园，主要以外来文化的复制、陈列为主，如深圳中华民俗文化村(图 12-9)、各类影视城等；三是以现代科技为手段，通过虚拟技术而创意的文化动漫游戏为主题的公园，如迪士尼乐园(图 12-10)、方特欢乐世界等。

图 12-8 蚌埠花鼓灯嘉年华主题乐园

图 12-9 深圳中华民俗文化村

图 12-10 迪士尼乐园

五、文化演艺类旅游产品

这类产品主要是依托地方独特的旅游文化资源和自然人文景观创作出的一种大众化、时尚化、精致化和品牌化的表演艺术产品，具有编演阵容庞大、艺术叙事宏观、音乐舞蹈原创、舞美声光时尚、服装道具华美、演出场地自由、观众层次广泛、市场需求稳定等显著特征。现代文化旅游演艺产品主要有三种类型：一是植根于民俗民间歌舞基础上创作的民族风情展示型旅游产品，如木府古宴秀、云南映像、多彩贵州风等；二是依托于积淀丰厚的物质与非物质文化遗产基础上创作的文化遗产演绎型旅游产品，如芙蓉国粹、宋城千古情、敦煌韵等；三是以古代王朝宫殿大遗址或自然山水为真实背景而创作的山水实景演出型旅游产品，如张艺谋的"印象"系列等。

此外，今天广受欢迎的文化旅游创意产品还有民俗文化类、宗教文化类、科学探索类等。

第三节 文化旅游创意产品的开发路径

一、文化旅游创意产品的开发

1. 文化资源的调查评估

文化旅游创意产品的开发首先需要对文化旅游资源进行调查，主要包括文化旅游资源基本条件调查和旅游资源分析与评价。前者包括对调查区概况、文化旅游资源概况、文化旅游资源开发条件及环境的调查；后者包括文化旅游资源自身特点和价值的分析评价、旅游资源开发条件的分析评价和旅游资源环境的分析评价。文化旅游资源开发者通过调查评估，明确自身的优势，明确哪些资源、条件是同类型旅游地或景区所不具有或欠缺的，从而能够从本地资源禀赋、优势出发，构建差异化的文化旅游产品。

2. 旅游市场的调查分析

无论什么产业，在进行产品策划之前都要做好市场调查和分析工作，对市场和消费者的需求进行初步的了解，同时，还要了解同行业中其他产品的发展状况等，这些都是产品策划的借鉴来源与策划依据。旅游市场调查分析包括对旅游者的调查、对旅游动机的调查、对旅游行为的调查和对市场环境的调查。其中市场环境调查又包括政治环境调查、法律环境调查、经济环境调查、科技环境调查、社会文化环境调查和地理环境调查等。通过旅游市场调查分析，旅游企业可以预测开发新产品投入资金的风险和机会成本，预测环境及竞争形势的变化对产品发展潜力的影响，进而作出营销战略的初步决策，如目标市场定位、确立营销目标、出台促销措施等。旅游企业在对旅游产品进行市场调查分析时可采用两种方式：一是由企业内部的营销人员和专家进行；二是利用企业外部的专家或外界的专门研究机构进行。

3. 文化旅游创意产品的设计开发

(1)产品策划。

文化旅游创意产品的开发，首先需要有充分的创造性构思。旅游产品构思可以来自旅游者、旅游中间商、旅游营销人员、竞争对手、行业顾问、管理顾问和广告公司经营者等。旅游企业或相关组织通过奖励方法，鼓励以上人员及组织提出各种构思，同时促进内外部有效沟通，以设计出优良的旅游产品。文化旅游产品策划应遵循以下的主要原则。

创新性原则。文化旅游创意产品的特色已成为市场竞争中获胜的“法宝”。随着旅游业的发展，不断涌现出新的趋势和潮流。新市场、新需求和新竞争格局要求旅游产品要不断创新。必须随时跟踪分析和预测旅游产品的市场生命周期，根据不同时期旅游市场和旅游需求的变化，及时推出新的旅游产品，从而保持旅游业的持续发展。文化旅游产品无论是在资源开发、设施建设，还是在提供的旅游服务方面，都要有鲜明的特色与个性，做到“人无我有，人有我优，人优我新，人新我奇”。特色鲜明的旅游产品往往能使旅游者产生深刻的印象，使人难以忘怀，增强旅游吸引力，加大与其他旅游产品的区别，减弱与其他旅游产品在销售上的冲突。

市场导向原则。文化旅游创意产品开发必须以市场为导向，以市场需求为出发点，包含两层含义：一是确定目标市场定位；二是分析目标市场需求状况。首先，根据当地的社会经济发展情况和当前旅游业的发展趋势，确定主要客源市场，使旅游产品开发具有针对性。其次，进一步掌握目标市场的需求内容、规模档次及发展趋势，开发适销对路的旅游产品。同时，不同时期、不同细分市场的需求不同，只有建立“产品—市场—产品”的反馈机制，才能根据市场的变化情况，开发适合旅游者需求的产品。

可持续发展原则。在旅游业快速发展的今天，保护生态环境和文化遗产，推动旅游业可持续发展，是当今世界环境与发展的一个重要课题。可持续发展原则是旅游产品开发的重要指导性原则。旅游产品开发应强调科学的发展观，协调好人与自然的关系，不能破坏资源和环境，注意保持旅游产品的生命力和发展潜力。

精品化原则。文化旅游创意产品开发要强调产品特色，突出该旅游资源的独特性和差异性，如旅游地点特殊地形、自然风貌、当地习俗等都可展现其独特性，防止旅游产品众多、产品质量低劣的恶性竞争。同时，为提高旅游文化产品的档次，必须注重挖掘其文化内涵，只有以文化内涵的挖掘为核心，实现市场、资源及其他生产要素的整合，使旅游六要素合理化和高级化，并在旅游产品的资本投入方式、经营模式、产品开发等方面全面创新，才能打造文化精品，塑造品牌，形成独特的品牌效应。例如，北京故宫博物院的文化旅游，以世界上现存规模最大、保存最为完整的木质结构的宫殿型建筑游览为基础，在一些宫殿中设立了综合性的历史艺术馆、绘画馆、分类的陶瓷馆、青铜器馆、明清工艺美术馆、铭刻馆、玩具馆、文房四宝馆、玩物馆、珍宝馆、钟表馆和清代宫廷典章文物展览等，展示了大量古代艺术珍品，成为世界著名的古代文化艺术博物馆。同时，故宫又以各种特色元素为素材，设计开发了数千种文创旅游纪念品。故宫博物院无论是有形的部分，还是无形的部分，都可以满足旅游者多方面的物质和精神需求，是我国文化旅游产品的典范之作。

(2)策划筛选。

初选的文化旅游创意产品构思并不都是可行的，因此，需要筛选、甄别出有吸引力、切实可行的构思，放弃那些不具可行性的构思，以免造成时间和成本的浪费。文化旅游产品开发构思可以通过两个途径筛选：一是运用德尔菲法、专家评定等进行首次筛选；二是建立评估表，确定评价因素和权重，运用数学分析法对构思进行评判。

(3)发展完善。

文化旅游创意产品开发构思是经营者提供给市场的一种产品设想，一个构思可以形成几个产品。如某地要开发山地旅游，这个产品构思可以转化为山地攀登、探险、考察、野外拓展等多种产品。一个有吸引力的产品构思要用文字、图片、模型等形式提供给消费者，然后通过问卷调查等方式了解旅游者的购买意图、消费能力，以便旅游经营者可以针对目标市场开发具有吸引力的产品。文化旅游产品的开发需要反复测试，旅游企业或其他组织可邀请国内外旅游专家、经销商和旅游者等进行实验性旅游，请他们提供意见，以便进一步修改完善。

(4)试销。

为了解旅游者的反应，减小新产品失败的风险，研发后的文化旅游创意新产品需要投入具有代表性的市场进行试验性营销。通过试销，旅游企业或其他相关组织可以了解新产品在正常环境下的销售量、利润额；了解新产品在营销过程中存在的问题，并及时改进；确定新产品的主要市场及其构成；估计新产品的开发效果。旅游产品试销成功后，旅游经营者应选择合适的时间、地点、方式，将新产品投入市场。

总体来说，文化旅游产品的开发一般需要经过以上程序，旅游经营者也可根据实际情况，结合不同类型的文化旅游产品的特点，做出灵活选择与调整。

二、文化旅游创意产品的产业链开发

文化旅游是指游客通过各种形式体验、感知、了解当地文化内涵的过程，是将当地文化转化为产业的重要形式和有机载体。文化旅游不仅能够满足人们多方面的精神需要，也会在一定程度上提升人们的生活质量，甚至是改变人们的生活方式。目前，作为文化产业与旅游产业融合的产物，文化旅游产品在整个旅游市场呈现出供需两旺的局面，文化旅游类景区的游客增长速度明显快于其他类型景区。这样的局面当然也吸引了大量投资主体，在各地不断投资开发了众多的文化旅游创意产品。然而，随着旅游业进入"大旅游"新阶段，传统的文化旅游发展模式已无法为投资者带来理想的收益，从产业链的视角出发对我国文化旅游产品开发创意模式进行思考，有如下三种模式①。

1."文化+旅游"双核驱动

所谓的文化旅游产业，就是文化产业与旅游产业相融合的产物，如何实现两大产业链中相关要素的完美对接之后而产生的双核驱动效应，是我国文化旅游产业实现全产业链发展要解决的首要问题。产业链是一个复杂的系统，由上下游的各大要素、流程、环节组成，两大产业的融合发展，首先是要将产业链中的各要素进行对接；其次是要实现文化产业链中各要素与旅游市场的对接；最后是旅游产业链与当地特色文化的对接。

(1)文化产业链与旅游产业链中各要素的对接。

伴随着经济结构的调整和消费需求的改变，产业联动发展的趋势愈加明显。旅游产业链与文化产业链有天然的耦合性，两大产业链中各要素的对接可以通过多种途径实现，例如，文艺表演、影视作品等与旅行社实现对接，专门开辟以某文化产品为主题的旅游线路，在国外就有很多专门组织去维也纳欣赏歌剧表演，去米兰参观时装表演的旅行团队。再例如，在旅游景区与文化产品进行对接的过程中，可以采用影视拍摄、工艺美术品制作、图书出版等传统开发方式，同时，还可以引进集趣味性、参与性、体验性、挑战性、知识性于一体的现代文化创意产品开发模式，直接将文化产品转化为旅游产品，力求使旅游产品与文化产品融为一体，文化传播功能与旅游休闲功能集于一身。

(2)文化要素对接旅游产品。

虽然很多地方都拥有丰富的历史文化及民俗文化资源，但市场运作、开发创新的总体情况不容乐观，文化消费"有市无场"的情况时有发生，资源优势未有效地转化为产业优势。因此，需要实现文化产业链中各要素与旅游市场的对接，即开发出的文化创意产品要适应旅游市场的需求。

文化旅游的发生过程实际上是通过各大流通渠道，将文化创意产品传达或送达到游客的手中、眼中和脑中，满足人们精神需求的服务活动过程。以影视文化旅游为例，要想将文化产品和服务交由游客使用并使其满意，从影视场景、影视剧本、文艺表演到各式文化体验活动，都必须系统研究游客对于不同文化旅游产品的需求及偏好，通过科学的市场分析制定可行的营销策略，并精心设计具有吸引力的产品定位。目前，旅游产业与文化产业的发展现状与当前日益增长的市场需求还不完全适应，我们需要准确把握市场需求和变化规律，结合两大产业自身发展的现状和客源市场需求两项指标确定联动发展的目标、方向以及对策。

---

① 马勇、王宏冲：《基于全产业链的我国文化旅游发展模式研究》，载《世界地理研究》，2011(4)。

(3)旅游产品融入文化要素。

不同地方的文化差异性是游客前往异地的重要动机之一，但当地特色文化一般需要借助于其他载体才能将文化内涵外在化、显性化，以满足消费者文化精神层次的需求。旅游正是重要的载体形式之一，但其充分发挥载体作用的前提是实现旅游产业链与当地特色文化的对接。两者的良好对接就需要对当地最具代表性的文化进行准确、深入的挖掘，再通过旅游产业链中的各大要素进行演绎和包装。例如，可以以当地特色文化建设主题酒店，开辟特色文化旅游线路，打造地域特色文化主题公园等景区。此外，从文化传承和保护的角度来看，在旅游产业链各要素与当地文化的对接过程中，一定要避免旅游业对当地文化造成负面影响。在很多地方，随着游客数量的增多，旅游区居民逐渐改变了过去长期处于封闭状态的生活环境。他们的社会制度、思想文化以及生活方式在外界的冲击下悄然发生着变化，一段时间后便被同化，甚至是消亡，而该旅游区的价值也随之荡然无存。我们要解决此问题，一方面，可以通过限制游客流量的方式，减少对旅游区地方文化的冲击；另一方面，可以用一部分由旅游业带来的经济效益构成专项资金，用于对当地文化的保护，毕竟文化才是旅游业发展的灵魂。

2. 横向拓展

旅游业本身就是一个综合性很强的行业。随着我国市场经济的不断发展和各项机制的不断完善，我国文化旅游产业链需要进行跨行业、跨领域地横向拓展，如向金融业、IT业、手工制造业等进行拓展。只有这样才能真正实现对优势资源的有效整合，全面释放产业动能。

近年来，以云计算、物联网等新技术的利用为标志的“智慧旅游”受到了社会各界的广泛关注。在“智慧旅游”时代，人们可以通过互联网、移动互联网，借助便携的终端上网设备，主动感知旅游资源、旅游经济、旅游活动、旅游者等方面的信息，从而能够及时安排和调整工作与旅游计划。可见，目前已迎来文化旅游产业链向通信、IT等行业拓展的重要机遇期。各大文化旅游企业可以考虑与数字移动电视合作，授权播放旅游景区或各大剧院中的各式文艺表演。这样既扩大了文化旅游产品的交互式宣传效应，又开辟了数字移动电视市场的版图。与移动通信合作开辟手机视频等业务，既能开发衍生文化旅游产品，使演艺资源得到循环利用，又可以开辟文化旅游产业在价值链上的增值环节。还可以与视频网络平台、微博等社交网站合作开设互动式的新产品体验平台，与智能手机应用商合作开发旅游App，这些手段对于整合、改良文化旅游产品，调整运营方向和投资方向等方面都有一定的帮助。

文化旅游产业链向手工制造业横向拓展的具体表现，就是通过旅游产业与文化创意产业的融合，增加游客的参与体验性，同时开发出各式各样的旅游商品。旅游业要想取得更大的经济效益，一定要加强对旅游商品市场的开发。目前，在我国出现了众多旅游主题街区与文化创意产业相结合的开发模式，如镇江西津古渡历史文化街区，它在对唐宋以来的青石街道、元明的石塔、晚清时期的楼阁等特色建筑进行保护的同时，引入了包括制醋、美术、雕刻、编织等多项工艺的文化创意作坊，吸引了大量游客参与其中。这种模式与过去的主题商业街区相比具有更加丰富的旅游功能，也为文化旅游商品的开发提供了良好的氛围。我国手工制造艺术品的历史悠久、技艺精湛、久负盛名，不仅是大宗的出口产品，也是旅游者向往的佳品，如雕塑工艺品、金属工艺品、刺绣工艺品等商品都受到国内外游客的青睐。从长远来说，文化旅游产业链向手工制造业的横向拓展还要注意新工艺、新技术的开发和利用，以使我国文化旅游商品能够不断创新，在世界旅游商品市场上也能经久不衰。

3. 纵向延伸

所谓文化旅游产业链的纵向延伸是指在传统产业链要素的基础上衍生出一些新的要素。传统的文化旅游产业链主要是围绕历史文化、民俗文化等传统文化内容所进行的简单式陈列，所运用的表现形式也都是属于基础层的旅游功能。随着文化的展示形式日益多样化，包括影视产业、动漫产业等新型文化业态迅猛发展，旅游功能也不再局限于过去的基础层面，而是可以向众多新的领域延伸。例如，设计是文化旅游产业链纵向延伸的一个重要环节，是连接上下游产业链的枢纽，也是提高文化旅游创意产品附加价值的关键。文化旅游产业链中的设计环节包括旅游宣传册编辑、影视旅游策划、旅游工艺品设计、美术设计、戏剧曲艺编导等活动。此外，为了更好地满足现代消费者的需求，在未来文化旅游发展中必须注重时尚文化的融入。时尚作为一种社会现象，可以有多种表现形式，如名人时尚、名牌产品时尚、重大活动时尚等。总之，文化旅游产业的纵向延伸还有很大的发展空间，未来的发展趋势应该是通过创新包装和策划打造文化旅游产业链，形成文化旅游产业集群，带动区域价值的提升，继而开发多种类型的产业组合，形成一种全产业链的发展模式。

西安曲江新区是国内在文化旅游产业链的纵向延伸方面的成功案例，也是文化旅游综合体的典型代表。曲江新区原名西安曲江旅游度假区，是陕西省人民政府于1993年批准设立的省级旅游度假区。2003年7月，经陕西省西安市政府批准，更名为“曲江新区”，区内有大雁塔、大唐芙蓉园、大唐不夜城等著名旅游景点。曲江新区很早就确立了“文化立区、旅游兴区”战略，为曲江新区文化产业的区域化、规模化奠定了良好的基础。曲江新区在落实“文化强省”战略过程中，通过实践成功探索出了“文化资源＋文化旅游＋城市价值”的曲江模式，并在2007年被授予“国家级文化产业示范园区”称号。曲江新区的成功在于运用独特的创意手段把文化资源转变成旅游产品，将重大的文化旅游项目、知名文化企业、重大文化活动集结，建构了一批内涵丰富、影响力大、示范性强、市场前景广阔的文化旅游项目，促进城市资源价值再提升，在不断提升城市价值的同时也反哺公共文化事业发展。目前，曲江新区的产业链延伸已涉及影视、戏剧、会展、演出、棋牌等，实现了文化旅游产业链的纵向延伸，并成为中国文化旅游产业的“巨无霸”。区内规划建设了出版传媒产业区、国际会展产业园、国际文化创意区、动漫游戏产业区、文化娱乐产业区、国际文化体育休闲区、影视产业区、艺术家村落等九大文化产业园区。而且还开辟了文化产业创业孵化器，为入住曲江的文化企业提供“基金＋担保＋风投＋财税＋房补”五大优惠措施等，扶持中小企业，铸就文化旅游产业的发展平台。

案例分析

古镇文化旅游之“乌镇模式”

古镇文化旅游产品是改革开放以来发展比较迅速的旅游产品之一。在快速发展的背后，古镇文化旅游也产生了诸多问题，如过度商业化导致古镇灵韵不再、产品同质化导致恶性竞争、破坏性开发危及文化资源、旅游开发与古镇居民发生诸多矛盾等。这些问题影响了古镇文化旅游的进一步发展。

乌镇在旅游开发中很好地避免了上述问题，更因其在“历史遗产保护与再利用”方面的成功而入选2010年上海世博会城市最佳实践区案例馆，其合理的发展模式也被联合国称为“天人合一”的“乌镇模式”。可以说，乌镇以全新的开发模式实现了古镇文化旅游的提升和转型，为中国古镇可持续发展提供了一种可借鉴的样板。因此，系统解析乌镇模式对我国古镇文化旅游新一轮的发展具有重要意义。

一、乌镇概述

(一)资源概况

1. 区位条件

乌镇地处浙江省嘉兴市(地级市)、桐乡市(县级市)北端，西临湖州市南浔区，北接江苏苏州吴江区，为浙江、江苏二省三市(嘉兴、湖州、苏州市)交界之处。乌镇距桐乡市区13千米，距周围嘉兴、湖州、吴江三地分别为27千米、45千米和60千米，距杭州、苏州均为80千米，距上海140千米。一条流水贯穿全镇，以水为街，以岸为市，两岸房屋建筑全部面向河水，形成了水乡迷人风光。

乌镇地处河流冲积和湖沼淤积平原，地势平坦，无山丘，河流纵横交织，气候温和湿润，雨量充沛，光照充足，物产丰富，素有“鱼米之乡，丝绸之府”之称。由于处于杭嘉湖平原腹地，属亚热带季风气候，四季分明，年平均气温16℃，1月最低气温3℃，7月平均气温30℃以下；年降水量1 200毫米，以春雨、梅雨为主；夏秋之际有台风侵袭。

2. 旅游资源

乌镇是一个有着1 300多年镇史的古镇，人杰地灵。旅游资源可以分为人文和自然两大类。自然旅游资源主要是河网密布的水乡景观，而人文景观主要是保存完好的古建筑和历史文化名人曾经的居所。古镇保存完好的文物古迹中有茅盾故居、谭家湾古文化遗址、六朝遗胜、唐代银杏、修真观戏台等。整个古镇街道被河网分割，呈“十”字形分布，分为东南西北四个栅(四条街)。古镇的整体风貌保存较好，景点连片分布，便于开发成旅游景区。

1999年，桐乡市人民政府成立了乌镇古镇保护与旅游开发管理委员会，并联合中青旅、IDG共同成立了乌镇旅游股份有限公司，目前完成开发并投入经营的包括东加量区和西栅景区两部分，占地面积4.3平方千米。2010年乌镇景区被正式授予全国AAAAA级景区称号。

1999年，景区制定了《乌镇古镇首期整治保护总体规划》，开始着手东栅修复与整治工作，2001年正式对外开放，以其原汁原味的水乡风貌和深厚的文化底蕴，一跃成为我国著名的古镇旅游胜地。景区包括汇源当铺、访庐阁、皮影戏、翰林第、修真观、古戏台、茅盾故居、余榴梁钱币馆、木雕馆、蓝印花布染坊、公生糟坊、乌镇民俗风情馆、江南百床馆、传统作坊区、香山堂、拳船表演、逢源双桥(通济桥、仁济桥)等20多个景点。

西栅景区主要以“休闲度假商务游”为主。在乌镇东栅景区获得成功后，西栅景区的开发紧随其后。2002年开始建设，历时4年多，投资近10亿元，占地面积3.2平方千米的乌镇西栅景区于2006年11月揭开神秘面纱。与东栅保留原住民不同的是，西栅景区一开始就买断了原住民所有的民居产权，精心规划成“理想中的水乡”，以供游客“体验度假和观光休闲”，与东栅景区形成特色与功能上的错位互补。

(二)发展现状

1999年，上海同济大学历史文化名城研究中心根据乌镇历史和现状制定了《乌镇古镇保护规划》，计划在3～5年内分区、分3期完成乌镇的保护和修缮工程。一期工程先后投资1.1亿元，完成中栅与东栅区整治，该期工程于2001年1月竣工，正式对外向游人开放，呈现在游人面前的是100年前古色古香的水乡古镇风貌。当年接待游客数达78.9万人次，门票收入4 000余万元。开业以来，乌镇每年吸引200多万海内外游客前来观光游览，成为浙江省年接待外宾数量最多的单个景点。东栅景区占地面积约为0.9平方千米，设有10多个景点，景区游程达2 000米，可供游客游玩一天。2010年4月9日，乌镇跨进了全国AAAAA级景区的行列，成为浙江省第4家、嘉兴市首个AAAAA级景区。

鉴于乌镇有大量的经典明清建筑群尚待保护、修复，乌镇古镇保护一期工程成功运作后，开始逐步更大、更深层次地对二期西栅进行了规划，从2003年开始，启动省级重点项目乌镇古镇保护二期工程(西栅景区)，投入10亿元巨资对乌镇西栅实施保护开发，保护工程实施范围近3.4平方千米，是东栅景区的3倍多。西栅位于乌镇西大街，毗邻古老的京杭大运河，并有公路直通苏州、江苏其他地区和桐乡市区，交通十分便利。与东栅以旅游观光为主题不同，西栅着重打造商务旅游、休闲度假区。二期西栅街区秉承“保护利用历史建筑，重塑历史街区功能”的理念，相对一期保护开发工程，二期西栅景区的保护开发更加完善彻底，人和环境、自然、建筑更为和谐。

西栅景区占地3.4平方千米，纵横交叉河道9 000多米，环境优美，而且需坐渡船出入，有古桥72座，河道密度和石桥数均为全国古镇之最。景区内保存有精美的明清建筑25万平方米，横贯景区东西的西栅老街长达1.8千米，两岸临河水阁绵延1.8余千米。景区北部区域则是5万多平方米的天然湿地。与一期工程的“观光型”景区相区别，二期是一个我国罕有的“观光加休闲体验型”古镇景区，完美地融合了观光与度假功能，街区内的名胜古迹、手工作坊、经典展馆、民俗风情、休闲场所让人流连忘返，自然风光美不胜收，泛光夜景气势磅礴。还有各类风格的民居特色客房和各种档次的度假酒店、多家设施齐全的会议中心和商务会馆，可供800余人住宿。游客服务中心、观光车、观光船、水上巴士、直饮水、天然气、宽带网络、卫星电视、电子巡更、泛光照明、星级厕所和智能化旅游停车场等配套设施一应俱全，整体上创建了一个食、宿、游、购逐渐完备的新型古镇社区。

(三)设施与产品

1. 酒店

乌镇的酒店分为两类：一类是民宿，即沿河北侧的民居，通过整体改造，形成准4星标准的度假酒店，每幢冠名为"××客栈"，每个客栈有4～8间客房、两张餐桌、4～5名工作人员。客房形式多样，有标准双人房、大床房、家庭房等，装修风格家家各异，但都充满了浓浓的江南人家风情。尽管是民宿，但得益于西栅街区的保护开发，每间客房都配有现代化的生活设施，安装有空调、热水器、电话、有线电视、免费宽带网络及免费直饮水、独立卫浴。被褥与盥洗品每客更换，统一送洗衣房洗涤消毒。这些客栈由开发公司统一经营管理，工作人员即为原住居民，他们需要对客房进行打扫和清洁服务，公司给予餐饮的经营权，但控制在两桌。乌镇用此类方式盘活了民宅的使用价值，也提高了就业率，同时也调动了原住居民的积极性，培养其服务意识。另一类是标准的酒店，目前已形成以乌镇行馆、度假酒店、青年旅舍和经济酒店为体系的住宿接待体系。更有享誉全球的小型豪华酒店组织(SLH)授权经营的乌镇会所，部分会所达到了五星级标准。酒店均布局在民宿的北侧，不沿河设置，但提供高端的商务配套，满足商务客的需求，成为举行商务会议、公司年会的不二场所，由此也扩大了古镇旅游的客源面，提高商务客源在此居住的可能性，消费水准趋于高端。

在酒店预订方面，住宿预订有专门的在线预订网和电话预订中心，房东一般不接受私人预订，游客经预订中心预订成功后得到一个预订号，到景区内的民宿总台办理相关入住手续。为保障接待顺畅，西栅拓宽渠道，在"淘宝"上设立乌镇淘宝旗舰店，预订景区的客房及其他特色项目。

乌镇旅游股份有限公司注重对房东的管理。首先，要成为一名西栅民宿的房东，需要先经过公司客房部的常规培训，再进行托运行李、现磨咖啡、各类服务礼仪等专业培训，经过半个月至一个月的技能培训后，由本人提出房东入职考核申请，通过考官与公司的统一考核认证，才能成为一名真正的房东。其次，为提升民宿房东的业务技能，为游客提供更优质的服务，公司还常常组织房东参加各类才艺大比拼，让房东在技能比拼的过程中共同进步。除此之外，公司还安排酒店行政总厨和各个酒店的厨师长轮流给房东们开班授课，教授多种菜系的烹饪方法，以满足各地游客的口味。

酒店餐饮方面，每家民宿的墙上都贴了"民宿餐饮价目公开表"，不仅标明了菜名和菜价，还标明了每份菜的主料、辅料、分量和规格等，这就是乌镇景区与工商部门联手创建的"旅游消费无虑"景区的一项透明服务，一律明码标价，杜绝商家恶意竞争，游客们也消费得更加放心、明白。此外，乌镇的"民宿"都有统一的管理，每家"民宿"不论场地大小，都只能同时接待2桌客人，既保证了服务质量，又保证了就餐环境的悠闲气氛，有效预防经营中的拉客宰客行为的发生。"民宿"还包早餐，早餐分中、西两种风格，由游客自选，餐后还有咖啡、红茶和水果。

此外，乌镇旅游股份有限公司授权民宿管理部按季度开展"好房东"评选活动，旨在提升房东服务的个性化、亲情化和主动性。通过评选，树立优秀标杆，推动房东不断进步，从而使乌镇民宿的品牌更具特色、为更多人所认同。

2. 餐饮与旅游商品

西栅景区由于拥有区内所有的产权，所以有效地规避了过度商业化与同质化的古镇旅游通病。目前乌镇的收入结构中，门票和经营收入的比例为5：5，优于大部分国内其他景区。

乌镇西栅景区除了门票收入外，物业商业性收入的获取显得非常谨慎。对外出租餐饮店面时，并不是价高者得，而是要求承租户给出经营的内容和装修的效果图，符合整体经营需要的承租户才有机会获得店面。乌镇西栅景区除了大型餐馆之外，原住户也可以租赁原有住宅开展餐饮服务。

为防止历史街区居民“第一步自己破墙开店，第二步转租开店，第三步满街开店”现象的出现，乌镇旅游开发公司采取了各种措施，包括招收老街群众到公司各个岗位工作，公司出钱对老街低收入者发放生活补贴，对开发形成的部分商铺及游船等配套设施，以低价定向分配给老街上有劳动能力的居民经营。同时，在不影响古镇风貌的前提下新建旅游商品交易区，无偿提供给老街居民设摊。

在乌镇，商业不是简单地赚游客口袋里的钱，更多地表现为文化上的呈现。比如有一条女红街，主要用来展示当地的刺绣艺术；酱园，请来乡下的老师傅，专做手工酱菜和酱油。这些不是以营利为目的，甚至是亏本的。很难找到两家相同的店铺，因为这里遵循的是“一店一品”，以避免同质化竞争。而为了减少对游客的干扰，商业区和居住区仍旧按照历史原貌加以区分。

3. 商务会议

乌镇二期内共有大小会议室100余个，其中包含了大型多功能会议厅、小型会议室、贵宾接待厅等，设施齐全。自2007年景区开放至今，已成功接待大小会议千余个，如中科院院士会议、中法文化遗产保护论坛、IBM全球总裁高峰论坛等国际高规格会议都曾在此举办。2000年11月11日，第五届茅盾文学奖颁奖地从人民大会堂搬到乌镇，并将乌镇作为永久颁奖地。2014年，世界互联网大会永久落户乌镇，每年一届，持续举办。

4. 文化演艺

文化演艺方面，一是延续历史文脉，举办大型节庆活动，如具有浓郁乌镇特色的香市节，相当于当地的“狂欢节”，移植过来与旅游结合，聚敛了人气。二是将评弹、皮影戏等一些文艺节目按旅游需求重新编排，在夜间露天表演或公开表演，丰富旅游夜生活的内容。三是强调传统手工艺市场机制的建立和历史街区传统老店的恢复。值得一提的是，设施堪比悉尼歌剧院的乌镇大剧院业已竣工，成为乌镇新的名片，为乌镇搭建了一个戏剧表演和交流的舞台。

(四)商业形式

乌镇的商业形式主要分为两类：一类是散落分布的特色小吃、书店、服装店等店铺，此类店铺多集中在民宿周边，通过购物加深游客对于水镇风情的情感体验，这也是众多古镇最常见的业态。另一类也就是乌镇最大的特色，导入主题式的商业购物理念，设立了女红街，引入创意性的以女红工艺为主的商业业态，而且对于店铺的要求甚高，必须提交店铺的可行性方案，经过审批后，方可开业。同时，为了鼓励店铺的创意性，特设一定的创意奖励基金，一方面提高了商业的竞争力，另一方面也控制住了店铺之间的恶性竞争。最重要的是，对于商铺的整体管控，形成了古镇旅游重要的组成部分。

二、乌镇文化旅游产品开发

（一）开发背景

相比其他的江南古镇，乌镇的先天基础并不突出，开发时间远晚于周庄、同里；与上海市区的距离较远；除了原有的茅盾故居，并没有特别突出的文化内涵。但是乌镇吸取了此前古镇的开发经验，凭借优秀的开发和管理能力，成为六大古镇中客流量第二大、收入最高的景区；同时脱颖而出，成为客户满意度最高、盈利能力最强的江南古镇。乌镇景区 2012 年的综合客单价为 115 元，远高于周庄、同里等景区 30～40 元的客单价。目前，乌镇已经成为全国净利润规模最大的单一景区公司。

（二）开发理念

乌镇开发的理念可以总结为“文化传承，资源保护，改善民生，未来遗产构建”。在乌镇旅游开发前，桐乡旅游局局长陈向宏就提出了科学保护与合理开发相结合的理念。乌镇一开始并不是在做旅游，而是在做保护，在科学保护的前提下，合理开发。陈向宏认为只有把两者有效地结合起来，才能保持老街、老房子的原真性。另外，为了避免“边规划，边开发，边保护”的陋习，乌镇在开发之前就确立了“整体规划，分步实施，一次推出”，确保了乌镇的有序、合理开发。

（三）开发阶段

1. 观光小镇(2001—2007)

1999 年，时任桐乡旅游局局长陈向宏主导成立乌镇旅游投资有限公司，开始东栅保护工程，在吸取了周庄等其他古镇的开发经验和教训后，为保证景观整体风貌，首创“整体开发”“管线地理”“整旧如故”等模式，拆除不和谐建筑，清理河道，为居民进行改厕工程，同时采用泛光工程提升乌镇夜景。乌镇东栅 2001 年对外开放。河东以小型展览馆为主，包括江南百床馆、酒坊、染坊、茅盾故居等。河西以特色商品销售为主。

2. 度假小镇(2007—2013)

2007 年西栅景区对外运营，西栅内居民全部迁出，保护和修缮工作进行得更加完整，西栅面积比东栅大 3 倍。景区内的酒店、餐饮、商铺基本都为公司直营，成为国内较少的“观光加休闲体验型”古镇景区。

3. 文化小镇(2013 年至今)

挖掘小镇民俗文化，与当时的中央电视台合作展现地方特色的年夜饭、长街宴、堂会等现已是中央电视台民俗活动。与黄磊、赖声川等演艺界人士合作，举办乌镇戏剧书，增加乌镇的文化元素，创建难以复制的旅游文化平台。

（四）开发模式

乌镇成功的开发模式被联合国专家考察小组誉为古镇保护之“乌镇模式”，成为“中国古镇保护进程中值得推广的典型”。总结来看，“乌镇模式”主要包括整体规划、集中产权、注重休闲三点。

1. 整体规划

公司建设初期就进行了一次性整体规划，强调保存水镇风貌。拆除不符合风格的新建筑，用“修旧如故”的方式保护原有老旧建筑。而管线地埋、河道清淤等方式保存了原有的古朴景观，使得游客能够更直观和强烈地感受到小镇的江南水乡特色。

2. 集中产权

一般而言，古镇开发旅游，大多采取租赁经营，或者集体经营。因为古镇既是旅游景区，又是居民区，各处房产归属不同居民，产权很难统一。乌镇在其二期开发中采取整体产权开发模式，这是全国古镇开发中独一无二的模式。乌镇二期在开发中采取先投资、后开发的方式，即先以全资买断西栅所有原商铺和住家的房屋产权，此举投入资金达3.5亿元之巨，在此基础上实现整个景区开发的主体一元化，规避开发中主体多元化带来的诸多弊病。乌镇开发时吸取其他古镇开发的经验教训，把景区内所有店铺的产权都拿回，西栅内的居民全部迁出，酒店、餐饮和大部分的店铺均为公司直营，避免景区商铺过于雷同、商业化气息太重的风险；直营模式也保证了经营质量，提升了游客体验。

3. 注重休闲

西栅建设更侧重体验性的旅游消费，高档会所、精品酒店、民宿满足了各个层次的住宿需求。同时，结合中青旅自身优势，侧重发展会议旅游，符合旅游形态由“观光游”向“休闲游”转化的需求，也增加了游客在乌镇的逗留时间和人均消费。

另外，“乌镇模式”还体现在管理体制与运作机制的选择上。在政府主导下成立相应的项目股份分公司，由政府相关部门注入资产作为抵押再向银行贷款，滚动推进保护工程和旅游项目开发。探索所有权、管理权与经营权分离，乌镇旅游公司与管委会、镇党委、市旅游局不再实行主要领导兼职，政府只对古镇旅游开发进行宏观管理。2007年年初，国内著名旅游运营商“中青旅”控股乌镇旅游景区，一个是充满魅力的旅游资源“内容商”，一个是有着遍布全国旅游服务网络的“运营商”，两者强强联合。

(五)开发前景

乌镇具有持续增长的潜力，集中表现在以下三个方面。

1. 西栅景区定位散客休闲游，旅游需求持续旺盛

2013年受“禽流感”疫情和炎热天气影响，整体浙江团客流量明显下滑，以团客为主的东栅上半年客流下滑19%。但西栅定位为休闲度假游，客流以散客为主，上半年仍然实现了19%的强劲客流增长，并拉动整体乌镇收入增长10%。未来乌镇西栅客流和客单价的提升将成为整体景区收入增长的主要动力。此外位于乌镇周边，由周星驰投资的“大话西游”影视公园，也将成为刺激客流长期增长的重要因素。

2. 戏剧节吸引观演客流，创造难以逾越的旅游文化高地

2013年5月，乌镇旅游与黄磊、赖声川、孟京辉等戏剧界知名人士成功举办首届“乌镇戏剧节”，获得较大的业界反响和客流提升效应，为乌镇景区打造了独特的竞争优势。此后，乌镇剧院计划打造常态化的戏剧演出，进一步延长盈利产业链。2014年，木心美术馆也已开业迎接观众。

3. 乌镇南、北栅还拥有开发空间

乌镇旅游公司具备南栅和北栅的开发经营权和部分土地储备，未来拥有进一步的开发空间。乌镇成功的开发成为中国古镇景区开发中的标杆，多地政府希望能够与乌镇旅游公司联合开发项目。乌镇旅游曾计划在我国香港单独上市，实现“走出去”的连锁经营战略，后由于景区门票问题而搁浅。北京密云古北水镇的开发是乌镇旅游实现外地扩张的第一步，未来预计将会有新的景区开发项目诞生。

目前，桐乡市正式获国家旅游局批复，成为全国首个旅游综合改革试点县，计划建设“中国旅游第一大县”，将以桐乡城区为游客集散地，打造四大旅游特色精品小镇，即乌镇世界一流风情小镇、濮院时尚旅游购物小镇、石门乡村休闲体验小镇和崇福运河文化小镇。

三、乌镇文化旅游产品的经营管理

(一)市场营销

1. 市场状况分析

作为江南古镇的典型代表，乌镇旅游业的发展离不开社会经济发展的大背景。改革开放以来，乡镇工业在小镇兴起，农业文明面临着工业文明猛烈的冲击，小镇道路、房屋结构、水文环境等也发生着巨大的变化，宁静、淳朴、轻松、洁净、保护完好的古镇成为人们追忆故乡的载体，客观上催生了乌镇景区的火爆。此外，景区本身错位互补的定位，有效地激发了观光客源与商务度假客源。

2. 竞争状况分析

自 1983 年费孝通先生发表“小城镇，大问题”的论述后，吴江同里镇以修复退思园和保护古镇为契机，使江南古镇旅游业首先在古镇同里萌动。接着周庄开始修复沈厅，为古镇旅游业做准备。至 20 世纪 90 年代中期，上海、江苏等周边省市越来越多的“城里人”到古镇寻踪访古，出现古镇旅游热。南浔、西塘、甪直、乌镇、木渎、锦溪等镇，也相继加入古镇旅游开发的队伍。

东栅景区在营销古镇思想下采取不同的营销策略，作为各相关活动的总体指导，立足“原汁、原味、江南水乡神韵”的营销理念，打着“一样的古镇不一样的乌镇”的口号，既凸显了乌镇与其他景点的差异之处，又很好地保护和利用了该镇的特色民居资源。在发展中根据具体情况，运用传统营销手段进行推广。从目前来看，乌镇通过创新产权结构和产品体系、规范经营和重视社区参与走出了一条与其他江南古镇差异化的道路。

(二)商业模式

1. 复合多元运营

目前，乌镇景区主要分为东栅和西栅，两者采取了差异化经营策略。东栅以古镇观光为主，在帮助修缮原有古镇民居的基础上，保留原住民，以此增加古镇的生活气息，提高游客体验。西栅秉承“保护利用历史建筑，重塑历史街区功能”的保护理念，创建了“古镇社区”，打造了以“民宿”为代表、配套设施功能完备的集休闲、观光、度假、商务为一体的综合休闲度假区。

乌镇东栅的开发在修缮古屋的基础上保留了原住民，部分原住民可以在自家拥有的房屋里经营当地传统的美食，也可以售卖旅游纪念品，赚取收入。这使得乌镇的形象不仅仅是一排排的民居，更充满生活气息，给游客以畅游江南水乡古镇的真实体验。同时，为增加古镇的可游性、可观赏性，东栅景区设置了浙江分府、江南百床馆、江南民俗馆、三白酒作坊、宏源泰染坊、江南木雕陈列馆、余榴梁钱币馆、文昌阁、茅盾纪念馆、茅盾故居、修真观、古戏台、皮影戏馆等超过 30 个景点。其中的很多景点不仅仅用来观光，还允许游客参与体验。如古戏台每天早上 8 时起就会定点上演地方戏“桐乡花鼓戏”；皮影戏馆每天也在上演精彩的节目；布鞋作坊里的“乡亲”也不断地纳着千层底，向游客们展示正宗的“土气”布鞋；刨烟作坊里不但原原本本地保留着一整套刨烟工具，更有老伯操作刨烟，有兴趣的游客可以现场亲自体验一番；在糕点作坊，游客可以一边听一段流传甚广的民间故事，一边观看制作过程，再一边品尝姑嫂饼……一言以蔽之，东栅的观光景点，不仅仅可以看，还可以听、可以品、可以触，使游客获得多重体验。

乌镇西栅古镇休闲度假区着重打造“古镇社区”的形象。“社区”以“民宿”为代表，配套以完备的功能设施，集休闲、观光、度假、商务为一体。所谓“民宿”，是指老房子经整修和改造，由景区统一管理的民居式酒店。民宿“房东”是其管理员，“房东”大部分是原古镇居民，他们是老屋原来的主人，现在生活在这里，除了负责客房的清洁、整理外，还自行经营一些富有当地特色的餐饮。民宿保留古镇的外貌，但每间客房都配有现代化的生活设施，这样就既保留古镇之美，又可以使游客享受生活的舒适。民宿由“房东”接待客人、清理房间，为客人提供餐饮，给客人宾至如归的感觉。而民宿被褥与盥洗品每客每换，并有统一洗衣房洗涤消毒；“房东”为客人提供的餐饮原料也由公司统一配送，以保证餐饮的品质。乌镇西栅古镇以创新的保护模式，打造了真正的“古镇社区”；以独特的经营模式、创新管理和营销方式，创造了良好的社会效益和经济效益，使“乌镇西栅古镇休闲度假区”成为了全国古镇开发保护的典型。

2. 打破门票经济

乌镇西栅打破原有的门票经济，在景区内开设商店、酒店、酒吧、咖啡馆等，变单一门票收入为多元渠道创收，有效保持了景区收入的持续、快速增长。

乌镇的商店有两个特点：第一，商店不多，但个个是精品。进入乌镇西栅景区的商店，都要经过公司的严格筛选，以保证景区购物点所提供的产品质量和特色，并限制和防止景区内的过度商业化。第二，所有商店都体现着古镇的意蕴。首先，所有西栅景区商店的装修方案必须经过乌镇景区管理公司的同意，以确保商店的装饰符合古镇的格调；其次，部分商店的商品与游客体验性产品结合，如1859年始创的叙昌酱园，前店后坊，不仅供游客体验观光，也进行纯天然的“陶叙昌手工酱”的售卖；乌镇传统的蓝印花布的专卖店也开在印染坊的后面，让游客先看工艺，培养好感，再购买。

乌镇古镇融合了观光与休闲度假功能，景区内拥有各种档次的度假酒店、设施齐全的会议中心和商务会所，拥有客房1 600余间。此外，着眼于满足休闲度假、商务会议市场需求，以推出古镇休闲商务度假产品为主，把乌镇打造成了休闲度假、商务会议目的地。乌镇目前拥有锦堂、盛庭、恒益堂3个商务会所，其中以锦堂为规模最大、装修最为豪华，其硬件配套设施按超五星级标准配置。占地15 000平方米的两层古典硬山式园林建筑却只设豪华单人间30间、套房4套、大小会议室2个、茶室和音乐厅各1个，主要服务于前来修身养性的高端顾客。盛庭则提供完整的配套高级会议设施：董事会议厅、小型接待厅等，主要服务高端商务客人。恒益堂除了提供高档的住宿设施外，还以提供健康、营养的药膳汤煲等绿色养生饮食见长。除此之外，乌镇建设的枕水度假酒店和通安客栈，是集观光娱乐与商务休闲于一体的综合性豪华旅游度假酒店，不仅配以高规格的客房，还拥有超过6 000平方米的宴会、会议设施。同时，乌镇古镇也创造性地推出了与当地居民合作经营的新型住宿产品，即“民宿”，且于2010年荣获“我最爱的特色酒店”国际品牌称号。

乌镇的酒吧、咖啡吧虽然是景区内的经营场所，但却主要扮演打造景区慢生活的角色。如“似水年华”红酒坊提供优质的葡萄酒，也提供适合多人聚会的宽敞明亮的大堂以及幽静的私密雅座。这里不但成为葡萄酒爱好者分享葡萄酒悠久历史、感受多元文化的高雅沟通舞台，更让游客在风格独具的环境中品味美酒，沉醉不知归处。乌镇有好几家咖啡馆和咖啡吧，多由老房子改建而成，用毫不张扬的装饰，打造咖啡馆的淡雅情致，给游客以美妙的体验。

3. 专业管理

乌镇古镇在管理上创新一体化管理方式，实行统一规划，统一经营管理，确保了乌镇古镇建筑布局科学、商业经营有序、服务质量统一，也为游客的人身安全、食品安全提供了保障。

在业态上实施复合经营，在管理上却实施统一，乌镇二期成功破解古镇过度商业化和业态同质化两大难题。在整个景区内，游客绝对不会遇到强买强卖，更不会听到吆喝叫卖声。在二期中所有商铺的承租户由公司来发工资，卖茶的就只能卖茶，捏面人的店铺只能出售面人，亏的钱由公司补贴。二期也对外出租餐饮店面，但是承租并不是价高者得，而是要求承租户给出经营的内容和装修的效果图，符合二期整体经营需要的承租户才有机会获得这个店面。乌镇二期除了大型餐馆之外，原住户可以租赁原有住宅开展餐饮，但是每户只能同时接待 2 桌客人，并且菜品和菜肴价格由公司统一制定，这也有效预防经营中的拉客宰客行为的发生。

在公司运营管理上创新一体化的景区经营管理模式：大销售、大配送、大配套，使成本得到有效的控制。景区大配送，通过公司组织架构的设置管理，建立公司层面的采购仓储物流中心及物流系统，避开批发商，直接从厂商批量采购，建立公司配套管理公司，并通过物流、保修系统及标准化的管理流程，整合了人力、物力等资源，最大限度地压制成本，实现了边际效益最大化。通过景区协同系统对公司各收银点进行管理，实行收支两条线，对资金进行统一调度，最大限度地提高了资金使用率。

（三）营销传播

乌镇经营管理层采取不同的营销策略以应对来自竞争者的挑战，在总体营销理念的指导下进行保护开发和营销策划，提高正面旅游形象知名度和独特性，有效避免了其他先发展的古镇形象遮蔽的效应，以在竞争中处于有利的地位。

东栅景区在营销古镇思想下采取不同的营销策略，作为各相关活动的总体指导，立足“原汁、原味、江南水乡神韵”的营销理念，打着“一样的古镇不一样的乌镇”的口号，既凸显了乌镇与其他景点的差异之处，又很好地保护和利用了该镇的特色民居资源。在发展中根据具体情况，运用传统营销手段进行推广。如推行门票价格低价政策，以门票的优惠政策（免票、八折票、儿童票）吸引游客。与上海电视台结盟，进行高效率地宣传推销。在上海国际机场入口至上海地铁的门口，甚至社区街巷设立广告牌，通过参加上海旅游节等节庆活动，加快文化旅游业主动接轨上海的步伐，在上海打响“乌镇”品牌。

西栅景区在原先营销理念的基础上有所创新，在保持古镇风貌的基础上注重“休闲体验游”的开发，提出了“最后的枕水人家”的口号。它的营销手段具有强势的预见性，采用网络营销、事件营销，充分利用了中青旅营销网络。积极运用媒体力量，宣传方式多种多样，营销向世界市场看齐。参加国际展销会，在国际平台上打造乌镇优质品牌。

目前，互联网平台已经成为知名旅游目的地的主要宣传平台。通过网络视频、博客软文等网站推广的手段宣传旅游景区已然成为旅游营销的新趋势。为了在国内旅游市场买方占据主导地位的形势下彰显优势，乌镇旅游部门利用互联网平台，全面撒网，广布宣传渠道，建设乌镇旅游官方网站，联手博客大巴网站进行旅游体验宣传，开设微博、微信等移动社交平台进行新媒体宣传，以及在“淘宝”“天猫”“京东”等电子商务平台进行旅游线路、住宿和产品的销售。网络平台的营销从宣传介绍到购买服务，形成立体营销的一条龙式推广。乌镇旅游在自主研发的“乌镇预订网(Ewuzhen)”上销售自己的旅游组合产品，销量可观，且迎合了现代游客的自助购物的喜好。乌镇旅游进驻“淘宝旅行”，在网购时代独占旅游景区销售领地，借助“淘宝”平台扩大了旅游产品的网络预订与销售，增强自己在旅游市场的主观能动性。

此外，借助中青旅旅游品牌价值及其在游客、酒店、景区等旅游全产业链强大的资源整合能力，使乌镇得以快速成长为国内盈利最强的水乡景区与一流旅游目的地。并与其他旅行社合作营销，建立综合性的合作关系网络，提高乌镇旅游的市场推广能力，特别是在近目标市场江、浙、沪地区争取更多的份额。

四、乌镇文化旅游开发的借鉴意义

1. 以保护为前提的适度开发

旅游是一个大商业，要有商业的元素，但是要避免过度商业化。过度商业化是旅游业的噩梦。由于乌镇开发较晚，在制定规划时吸收、借鉴了其他古镇的经验教训，按照古镇保护的要求，坚持超前规划、高起点规划，确立了“一次规划，分步实施”的原则，先后从“面、线、点”三个方面对乌镇镇区、保护区、重点建筑进行不同功能的规划，自主编制了《乌镇古镇保护规划》《乌镇历史文化名镇保护规划》等，提出了“保护古镇，开发新区”的保护思路，明确了古镇保护和旅游开发的整体发展方向，使古建筑得到了及时保护。同时，市政府制定了《乌镇古镇保护条例》，以政府规章的形式规范了具体行为。在乌镇，不会看到成堆成片的小商小贩，看到的是乌镇百姓祥和的生活状态。乌镇的夜晚是宁静的，没有现代城市的喧闹声，没有工厂机器的隆隆声，更没有汽车的轰鸣声。在整个古镇开发过程中，始终保护优先，在恢复原真性上下足功夫，将修复目标定位在100年前，多处征集寻求100年前的建筑材料，对部分重要厅堂、典型民居进行了彻底的整修，恢复了原镇，真正做到了修旧如旧，使游客一进入乌镇景区就犹如走入100年前的生活场景。

2. 打造差异化产品

古镇旅游产品大多定位观光，乌镇则定位休闲和商务市场，并立足此定位设计、开发和经营产品，获得了巨大成功。游客需求千差万别，旅游资源各有不同，找到自己的目标市场，并围绕此需求打造产品，这是乌镇模式的启示，也是其他古镇在开发中应该借鉴的。乌镇的定位需要一线城市的市场支撑，这点在其他古镇开发中可能并不具备。合理定位是古镇要重点考虑的议题。产品在打造中要与现代游客的需求匹配。一般古镇在审美层面往往能吸引游客，在功能层面的落后往往留不住游客。乌镇系统改造的模式值得借鉴，国外类似产品打造中也很强调现代生活设施的配备。古镇如果只是一味守旧而不改进，其成就可能在岁月侵蚀中灰飞烟灭。

3. 历史性与现代性相统一

乌镇以“历史街区再利用”的先进保护理念，提出了打造可以居住和生活的“古镇社区”。首先，乌镇在改善历史建筑的居住质量上进行了重点突破，对涉及的 8 万平方米民居居住格局和居住功能进行全方位整体修缮改造，从而更好地为现代人所利用。古镇街区在电力、自来水、天然气、垃圾处理、消防管理、环境整治等城镇配套上采用甚至超越了现代小区的居住要求，但民居内的家具、装饰等仍保持古镇特色。这些做法使得古镇在保护理念和实践上大大提高了一步，一改老建筑“只能看不能住”的窘境，传统与现代、旅游与生活达到了较为完美的融合。譬如，在改善古镇生活设施的措施上，乌镇将电线、排水管等设施采取埋藏入地的处理方式，使游客和居民既能够享受现代生活的便利，又能保证现代化的生活设施不影响古镇原有的景观。其次，通过恢复传统产品作坊的生产，借助场馆展现传统生活方式；举办专题展览，充分利用空间使游客了解过去；利用历史遗存，恢复历史人文环境，营造江南古镇气氛；将闲置的传统建筑注入新的功能，如利用原有厅堂改造小型旅馆或特色酒店等一系列方式，实现对乌镇古镇的再利用。整体上创建了一个食、住、游、购、娱逐渐完备的新型“古镇社区”，将历史街区功能的重新焕发作了独特而又创新的实践。最后，乌镇是个真正的“古镇社区”，这里的人们在延续古老生活方式的同时，享受着现代的生活氛围和活力。社区利用特色的民俗节日以及古镇建筑，组织了一系列具有现代气息的文化活动。例如，染坊里的亲子竞技、经营户的端午节包粽子以及民宿“房东”大拜年等，所有这些都是景区里活着的风景线，使得乌镇展现在游客面前的不是死气沉沉的古建筑，而是一个个真真切切的、拥有人情味的生活场景。

4. 强化古镇的文化特性

“小桥、流水、人家”是江南水乡古镇的共性，乌镇在充分展现共性的基础上深入挖掘历史文化。突出抓住茅盾故居、木心故居这一特殊历史文化资源，做好“名人文化”文章，争取中国最高文学奖——茅盾文学奖回到茅盾故里乌镇颁奖，并定期组织许多与茅盾相关的研究活动；建设木心纪念馆、木心美术馆，举办各种展览纪念活动。同时，积极弘扬传统文化，在景区内重现传统节日“香市”、皮影戏、花鼓戏等表演活动，组建了乌镇越剧队、老年京剧队等群众团体，为乌镇的旅游增添了人文气息。

5. 市场宣传的针对性

对于不同的客源市场，乌镇在宣传促销方面加强针对性。对海外游客，大力宣传乌镇的中国古镇特色，体现中国传统文化；对北方游客，宣传乌镇“小桥、流水、人家”的江南水乡特色，用原汁原味的“枕水人家”吸引了大量的北方游客；对城市居民，则打出乡土品牌，吸引城市人来体验纯朴的乡土气息。通过科学的市场分析和定位，乌镇的旅游宣传取得了较大成功。

乌镇模式是古镇文化旅游产品开发的创新模式，对我国其他古镇开发有着重要的借鉴意义。我国其他古镇也应该立足自身资源，精准定位，系统开发，寻求适合自身发展的新模式，更在不断的实践中丰富古镇旅游的内涵，丰富古镇发展模式。

（资料来源：吕宁，崔莉．旅游管理案例集[J]．北京：旅游教育出版社，2017.）

思考题

1. 如何区别文化旅游产品与传统旅游产品?
2. 如何提高文化旅游产品的市场接受度?
3. 在历史类文化旅游产品开发中，该如何实现保护与开发的并举?
4. 比较分析乌镇与其他江南水乡古镇文化旅游的差异。

本章小结

1. 文化旅游创意产品是基于文化旅游这种旅游类型而衍生出的旅游产品，指旅游经营者以民俗、遗迹遗址等文化旅游资源为基础，借助各种手段向旅游者提供的以获取异地文化印象为目的的旅游产品及服务的总和。

2. 文化旅游创意产品除了具有一般旅游产品的基本属性外，还具有以下突出特征：地域特色性、文化厚重性、艺术融入性、体验互动性、原真性。

3. 目前常见的文化旅游创意产品大致可归为以下几类：文化遗址遗迹类、文化历史建筑群类、文化景观遗产类、文化主题公园类、文化旅游演艺类、民俗文化类、宗教文化类、科学探索类等。

4. 文化旅游创意产品的开发一般要在对文化资源的调查评估和旅游市场的调查分析基础上，遵循创新性原则、市场导向原则、可持续发展原则与精品化原则，对产品进行创造性策划，通过筛选、完善、试销等环节后，将产品投入市场。

5. 产业链视角下文化旅游创意产品开发主要有“文化＋旅游”双核驱动、横向拓展、纵向延伸三种模式。“文化＋旅游”双核驱动模式强调将两大产业链中的各要素进行对接，实现文化产业链中各要素与旅游市场的对接，旅游产业链与当地特色文化的对接。横向拓展模式是指文化旅游产业链通过跨行业合作，实现优势资源的有效整合。纵向延伸是指在传统文化旅游产业链基础要素上衍生出一些新的要素，向众多文化新领域延伸。

参考文献

[1]郝鑫．浅析文化创意产品的内涵和外延[J]．现代交际，2012(7)．

[2]余人，袁玲．出版与融合——新媒体环境下的出版创新思考[M]．北京：科学出版社，2017．

[3]张岩松，穆秀英．文化创意产业理论与实践[M]．北京：清华大学出版社，2017．

[4]徐毓琦．数字艺术语境下的文化创意产品研究[J]．大众文艺，2017(18)．

[5]方凌智，张丹，方浩森．基于定性比较分析的文化产品的创新模式研究：以电子游戏产品为例[J/OL]．管理现代化，2018(5)．

[6]沈晓华．"一带一路"背景下中国文化产业走出去的路径探讨[J]．吉林工商学院学报，2018，34(4)．

[7]"新文创"对"泛娱乐"的超越[J]．人民论坛，2018(22)．

[8]张钟灵．文化创意产品的内涵及其外延探析[J]．大众文艺，2017(20)．

[9]尼尔·科特勒，菲利普·科特勒．博物馆战略与市场营销[M]．北京：北京燕山出版社，2006．

[10]连凯．南京博物院文创商店的创意与经营思路[J]．科学教育与博物馆，2015(1)．

后记

文化创意产品开发是目前文化产业学界与业界共同关注的热点问题。将我国文化创意产品开发中的先进经验进行总结、整理与理论提升是学界的责任。如何编写一本既适应我国文化产业人才培养需求又适合业界应用的普及性教材，是我国目前文化产业发展过程中的重要问题。本书正是在我国文化创意产品开发经验的基础上，结合本领域的经典案例与近几年本领域的文献资料，由山东财经大学文学与新闻传播学院文化产业管理系孙丽君、李军红、李海燕老师与几位研究生共同完成。其中，孙丽君教授主要负责统筹全部书稿；研究生吕梦佳、张雪和崔萌分别编写了绪论、第一章、第二章、第三章和第四章的主要内容。李军红教授编写了第五章、第六章、第七章和第十二章；李海燕副教授编写了第八章、第九章、第十章和第十一章。同时，吕梦佳还负责了全书的校对与整理工作。

在此，谨向所有关心、帮助本书编写，提出宝贵意见的专家、教师和学生及广大读者致以最诚挚的敬意和感谢！

孙丽君